探究船政

TAN
JIU
CHUAN
ZHENG

◎主　编　李　文
◎副主编　陈俊英
　　　　　彭俊芳

海峡出版发行集团 THE STRAITS PUBLISHING & DISTRIBUTING GROUP
福建人民出版社 FUJIAN PEOPLE'S PUBLISHING HOUSE

编写组

主　　编： 李　文

副 主 编： 陈俊英　彭俊芳

编　　委： 吴小勇　吴榕樱　陈李玲　俞建国　林培彬　唐　政
陈　诗　郑守德　葛莉茜　张晓霞　陈　蕾　陈丽芳

图片提供： 陈　悦　池志海　池　远　陈　奇　李国忠　王晓峰
张永艳　陈李非　陈　凯　刘述先　吴伯锋　念望舒
谢炜炜　陈世忠　叶　诚　欧阳进权　视觉中国
中国船政文化博物馆　马尾船政文化研究会
福建船政文化管理委员会　马尾造船股份有限公司
福州市长乐区文投贸易有限公司

地图绘制： 中国地图出版社　福建省制图院

策　　划： 中锐网络股份有限公司
福建塔联研学教育科技有限公司

★本书使用的个别图片，由于权源不详，无法与著作权人取得联系，未能及时支付稿酬，在此深表歉意。请著作权人与我们联系。

· 序 ·

2016年11月，教育部等11部门发布了《关于推进中小学生研学旅行的意见》，对研学旅行的重要意义、工作目标、基本原则、主要任务和组织保障作了深刻阐释。在这个文件指导下，各地积极探索开展研学旅行，涌现出很多内容丰富、形式多样的实践成果。《探究船政》便是其中之一。

阅读《探究船政》这本书，感到它不仅仅是一本有着详尽设计的研学旅行指导读物，还是一本有着宏大历史叙事的船政普及读物，一本有着浓厚家乡情结的乡土读物。一个地区开展研学旅行可以有不同的线索、不同的主题，李文老师团队选择的研学主题是“探究船政”，这是一个很有历史厚重感，而且具有福建特色的主题。

本书共有十章，从章名就可以大致勾勒出船政的发端、沿革，乃至今天的发展脉络。本书每一章的第一节均安排船政知识讲解，其中涉及不同的时代背景、重要的历史人物和重大的历史事件。如果将这十个第一节串联起来，就好似在学生面前徐徐展开了一部恢宏的船政历史画卷，学生不仅能够了解船政的发展，更重要的是可以了解福建、福州在船政历史发展中的重要地位及其所起的巨大作用，激发学生对祖国、对家乡的热爱。

回到本书的书名《探究船政》，“船政”是客体，“探究”是对客体反复深入的探讨研究。那么如何“探究”呢？本书给出了详尽的指导。

本书每一章的第二节，即以本章第一节的内容作为知识背景，从研学旅行的角度进行课程设计，包括“研学目标”“研学线路”“实践点”“考察点”。最有指导意义的是，书中分别为小学、初中和高中学生提供了研学过程中的“任务清单”，使学生明确在每个考察点上应该看什么景物、想什么问题、做什么事情，从而把研学真正落在实处，让学生在真实的场景中获得真实的感受，体验成长的快乐。

基础教育课程改革正在进行中，不论是2018年发布的《普通高中课程方案和课程标准（2017年版）》，还是2022年发布的《义务教育课程方案和课程标准（2022年版）》，都将实践作为重要的育人方式之一。研学旅行作为实践育人的一种方式，将研究性学习和旅行体验相结合，将学校教育和校外教育相结合，不仅要“研”起来，更要“走”起来，相信在基础教育课程改革的浪潮中，其育人的功能和价值会越发显现出来。

《探究船政》立足于福建、福州，对当地的研学旅行教育活动有实际指导作用，然而这本书的作用不仅于此，它对全国各地研学旅行活动的开展都具有启发、借鉴意义。

在此，特别感谢和敬佩李文老师团队，正是他们饱含对基础教育课程改革的热情，经过不懈的努力，花费了大量心血，写就了这本融思想性、知识性和工具性为一体的研学实践用书！

韦志榕

国家教材委员会专家委员

人民教育出版社原总编辑、编审

目录 CONTENTS

第一章 船政寻址

在闽江入海口，有五座巨大的礁石，形态各异，宛如五只猛虎并排蹲在波涛汹涌的江口中心，凝望着浩瀚的大海。元末明初，洪武皇帝令征南大将军汤和率军进攻福州，汤和来到闽江口，看到峥嵘的五虎礁及其周围散布的大小岛礁，还有看不见的水下暗礁，若无人引航则难进闽江，于是知难而退，改道由乌猪港进闽江，攻克榕城。

马江海战期间，法国海军舰队居心叵测，绕过五虎礁，闯入闽江。后趁船政水师不备，突然发炮偷袭，船政水师损失惨重。之后法军舰队欲从五虎礁退出闽江口，在长门遭清军驻守的炮兵还击。由此可见，五虎礁确实是防护福州港安全的门户，“五虎守门”在闽江口形成了天然屏障。

近代船政之所以选址在闽江下游“马江”段，除了五虎礁之外，还有哪些战略要地的山水形势值得我们探究呢？

◎ 闽江口五虎礁

第一节 马江山水

福建依山面海，海岸线曲折。占总面积近 90% 的丘陵山地地形限制了福建与内陆的交通。亚热带季风气候与西北高东南低的地势使得海洋水汽不断抬升，给福建带来了丰沛的降水，滋润了丰富的物产。湿润的气候在福建山地中孕育出众多水流量较大的河流，可以通行船只。其中支流众多的闽江，其流域面积约占福建全省面积的一半，向东注入台湾海峡，成为历史上沿海港口连接内地的重要通道。福建山区覆盖着茂密的森林，它在很长一段时期内是取之不竭的建材之源与燃料之源。古代福建的造船业之所以长久不衰，与造船用材来源的便利性密不可分。大大小小的船只通江达海，让福建的百姓及物资可以通达四方。福建曲折的海岸线、沿海低山丘陵造就的港湾和下游河道，连接着台湾海峡，随着海运的发展，台湾海峡成为福建与外部联系的重要通道。

战略要地

福建依山面海，丘陵山地约占全省总面积的 90%，而平原约占 10%。福建素有“东南山国”之称，是中国山区比例最大的沿海省份，“八山一水一分田”是福建地形的生动写照。闽西武夷山脉，闽中鹫峰山、戴云山、博平岭等山脉，大致平行于海岸。这样的地形格局，使得福建与内地的交通自古艰难，史上有“闽道更比蜀道难”的说法。毛泽东《如梦令·元旦》中有“宁化、清流、归化，路隘林深苔滑”的真实情境写照。所幸闽江沟通了福建内陆与沿海。

闽江是福建省最大的河流，源于福建、江西交界的武夷山脉南麓。因流经地域为古越族生息的“七闽”之地，故名“闽江”。闽江中下游自西北向东南流经福州盆地，途经闽清、闽侯及福州市区，在马尾折向东北，经长乐，分别从长门水道和梅花港水道入东海。中游流经山地，水流深切，形成狭窄峡谷，滩多流急。下游流经平原，水流缓慢，多河漫滩。闽江打破了福建多山地丘陵形成的交通障碍。

◎ 福建省地形图

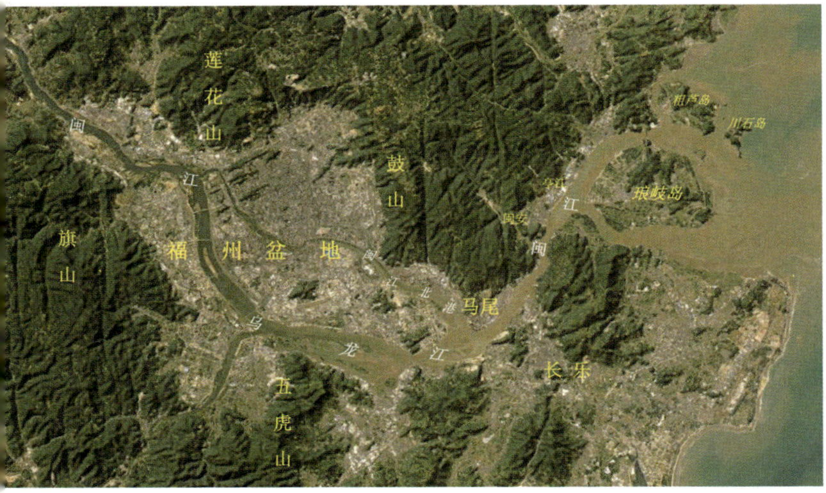

◎ 闽江下游山水形势示意图

马尾位于闽江下游北岸，处于闽江环南台岛分流的台江（闽江北港）与乌龙江（闽江南港）的汇流处，西距福州水路16.4千米，沿闽江至入海口26.6千米。马尾附近的闽江河段落潮时显露出的巨石形似石马，故被称为“马头江”，后演变成“马江”。马尾周边群山环抱，鹫峰山、戴云山等山脉的低山丘陵遍布，闽江两支汇合处宽约4 000米，航道宽600～1 000米，水深一般在3米以上，锚地及航道水深多在7米以上，罗星塔锚地可泊万吨级船舶。马尾沿水路上溯福州中心城区，由于江水浅，2 000吨以上船只则无法航行。自马尾沿江而下则是水面狭窄的闽安峡谷。由于江面宽阔，水深流缓，四季可通航，马尾便成了福州古今对外贸易的主要泊船港埠，是福州的东南水上门户。

知识链接

福州古海湾

福州依山、跨江、面海的特点与其由古海湾变为陆地的地质史有着密切关系。中更新世（距今约78万—12.8万年），闽江河谷开始下沉，周围山地上升；进入全新世（从11 700年前开始），这里继续下沉，中间河谷大约在海平面37米以下；更新世晚期，海水首次进入福州盆地，至中全新世，海水淹没整个福州盆地，全新世后半叶海水西达甘蔗，闽江古河口退至白沙附近，今马尾港是福州古海湾残遗部分。在海侵时期，现在南台岛的高盖山、大顶山、妙峰山以及盆地其他小山曾是海湾中的岛屿，后来连成陆地。［据福州闽侯县昙石山新石器时代的贝丘文化层发掘报告，可断定约在新石器时代晚期，即约在四五千年以前，福州古港的海岸线已经深入现在闽侯县的甘蔗、白沙、大小箬（ruò）一带。］从新石器时代晚期开始，福州河口盆地又开始缓慢上升。加上闽江流沙冲积，海岸线逐渐向外移动，并且裸露河口地区的许多沙洲和礁屿。总的来说，福州古港的地理形势，是在长期的不规则的地质运动中形成的。由于这种不规则的地质运动，加上坚硬的底层不断破裂解体，于是河口的滨海区域出现了许多巉（chán）岩壁立、水深险阻的大小港湾，其中包括闽江河口五虎门外的乌猪港及马祖列岛以内的黄岐湾、定海湾所共同构成一个大喇叭形的海域。海退发生后，海平面趋于稳定下降，加之河流沉积加剧，福州古海湾的沙洲陆续涌现，陆地向海扩展，海岸线后退。约 1 800 年前，福州沿海基本形成现代海岸线。

闽江在福州马尾以下突然收窄，两岸峰峦夹峙，水流受阻，穿山而过，切割出一段长约 6.3 千米的闽安峡谷，江面宽度约 400～600 米，最窄处仅 300 米。闽安峡谷从长乐大屿延伸到福州亭江，流经马尾闽安村，峡谷名称由此而来。峡谷两岸山体险峻，峰峦重叠，山势颇像五虎，被称为“虎门金锁”。峡谷落差 70～180 米，水深 10～32 米，谷内没有暗礁，水流充沛，含沙量少，随东海潮汐涨落，便于航运。

闽安村，古时为闽安镇，位于闽江出海口北岸，邢港河汇入闽江处，三面背山，是闽江水道的要塞和福州海防咽喉。邢港河原名“迴龙河”，源于马尾天马峰，曲折蜿蜒，两岸沉积形成冲积平原。重要的地理位置、复杂隐蔽的地形和通江河道使闽安千余年来一直都是重要港埠和兵家必争之地。邢港古航道水深 15 米、港阔 70 米、港长约 5 000 米，四面环山、弯曲如龙，是天然的避风良港。在闽安峡谷靠长乐区航城镇的石龙山峭壁下有一濒江陡伸的巨石，形似金刚脚穿靴子濯（zhuó）足江滨，故被称为“金刚腿”，处于闽江江水和海水的分界线上，是闽江的天然航标。闽安峡谷以下在琯头、长门、金牌等地便于设防，加上闽安江峡、五虎礁、双龟巨石形成的自然险道，和圆山水寨、罗星塔炮台，在近代构成了闽江口一道道屏障，利于防御海外入侵。闽安峡谷距上游三江口 1 100 米，下游是宽

◎ 金刚腿

1 600 米的亭江江面，亭江以下是喇叭状的闽江口。亭江以下形成一个喇叭状河口，河口内五虎礁、粗芦岛、川石岛和琅岐岛作为门户，河口外有马祖列岛等作为屏障，湾口沿岸峰峦重叠。这样的山川形势具有较强的隐蔽性，使闽江口成为福州的海上门户。

川石岛与粗芦岛之间是闽江出海主航道，有五个连体的巨大礁石挡在航道当中，航线从其南侧通行。这五个连体的巨石叫“五虎礁”，又称“五虎山”。一字摆开的五个礁石形似五只猛虎蹲伏在闽江入海口，守护着福州门户，故史称“五虎门”。五虎礁的成因有多种说法：第一种说法是 1.35 亿年前侏罗纪晚期燕山运动时，由火山喷发的岩浆或火山灰凝结而成，后经漫长的风化、剥蚀形成现状；第二种说法是元末大地震，五虎礁连同附近的浮江岛（后称“壶江岛”）“浮出”海面；第三种说法是方山分裂形成，据说与五虎礁相邻的粗芦岛上方山南麓断面和五虎礁断崖面高宽相当。在历史上的多次战争中，五虎礁对防卫福州起到了一定的天然屏障作用。五虎礁也是从水路出入福州的标志。历史上福州人出海谋生，离开五虎礁时往往伤心落泪；海外游子回乡，望见五虎礁时又会热泪盈眶。

闽江下游南岸的长乐琴江满族村与马尾闽安隔江相望，地处闽江之畔，与隔江的闽安及江面上的圆山互为犄角，共同构成了闽江下游的海防要地。它是古代控制马江、保卫福州的要塞，是清代福州八旗驻防所属三江口水师旗营故地。琴江上游宽、下游窄，江面宽窄变化之处犹如人的咽喉。水师旗营位于该处宽阔江面的南岸，对抗击企图进入三江口的敌舰起到事半功倍的效果。呈南北向的低丘鲤鱼山构成了水师旗营的西面屏障，江面散布的岛屿和巨石成为水师营的北面掩体，西侧较为高大的低山丘陵作为安全屏障，使得琴江满族村具有很好的军事隐蔽性。

琅岐岛位于闽江入海处，是闽江口的江心岛，它把闽江分成南北两支，北支称为“北港”，过琯头镇经历史上著名的长门要塞自五虎门入海；南支称为“南港”，由潭头至梅花镇入海。琅岐岛较出名的有白云山、九龙山、鼓尾山等。琅岐岛三面环江，东临台湾海峡，烟台山、金牌门和北岸的长门呈犄角之势，扼闽江主航道的入口。金牌门下游的“双龟锁口”，以及雄踞入海口的“五虎守门”，构成了省府门户的天险要塞。明清时为了抗击倭寇，在琅岐岛北部山上筑有烽火台，烟台山也因此得名。在虎头山和鳌山上也有古烽火台。金牌山一带于明代开始设防，用于防倭。金牌炮台始建于清朝，此后历代修整。在中法马江海战中，法国战舰撤到金牌门时，金牌炮台曾向法舰开火，进行激烈交战。

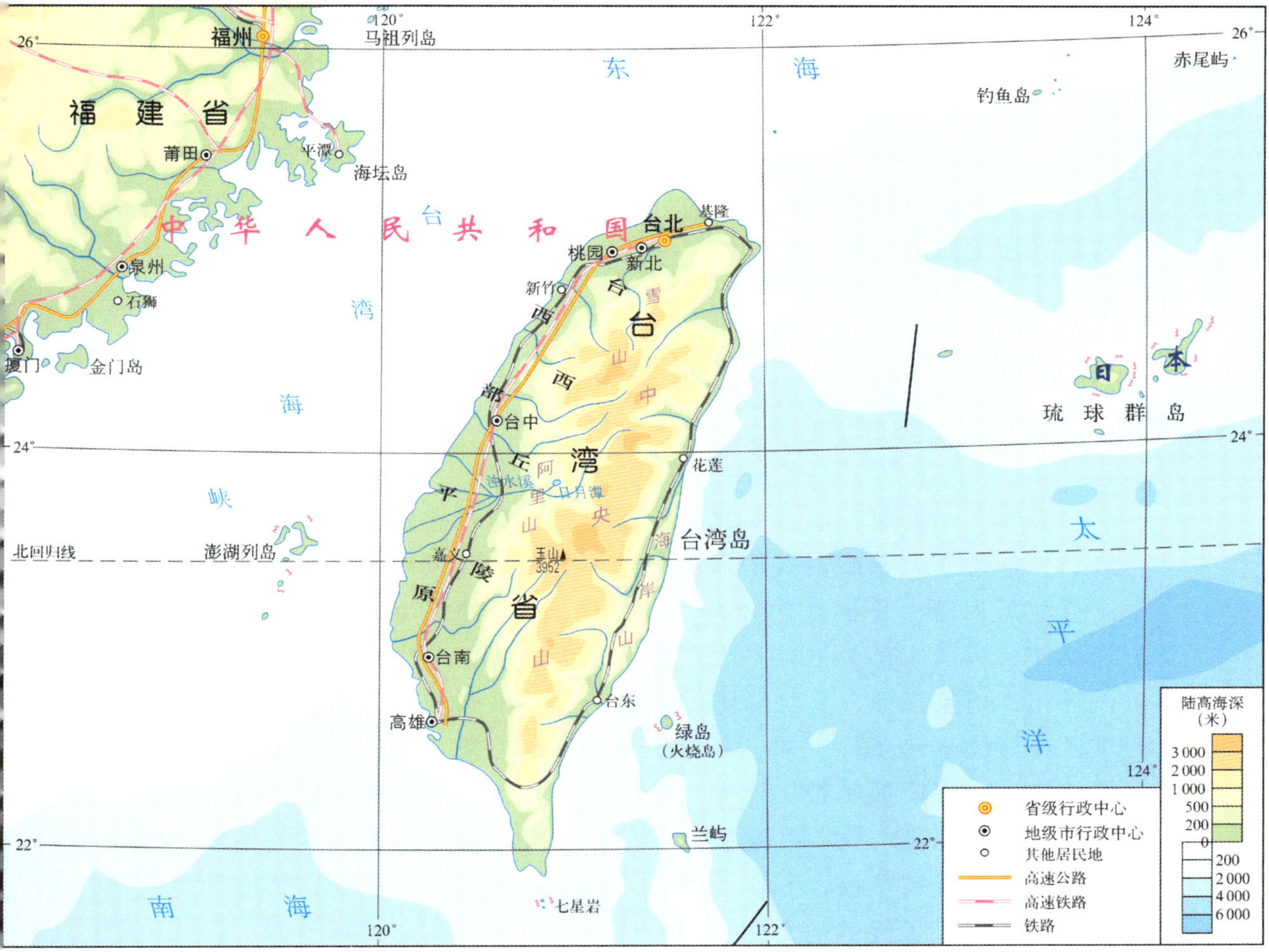

◎ 台湾海峡位置示意图

闽江在流经琅岐岛后，分别从长门水道和梅花港水道注入台湾海峡。台湾海峡介于福建和台湾两省之间，北部最窄处宽 100 多千米，是东海及其北部邻海与南海、印度洋之间的交通要道，是台湾与福建两省的航运纽带，战略地位十分重要。台湾海峡属南亚热带海洋性季风气候，规律的春夏东南季风，秋冬东北季风有利于帆船时代的海上往返交通。春夏季出闽江口可北上东北亚，秋季可南下东南亚。因此，台湾海峡自古以来一直是亚太地区重要的贸易通道，全年通航。海洋经济时代，台湾海峡作为国际海上咽喉、战略通道，具有重要的国际航运和军事价值。新时代建设 21 世纪海上丝绸之路，通过台湾海峡航道，辐射东亚、东南亚、西亚、非洲、欧洲乃至美洲等地区，能够实现“海丝”“陆丝”的对接，为建设“一带一路”作出积极的贡献。

因而，连接闽江和台湾海峡的闽江口是中国古代的航运中心，是中外贸易的主要通道，也是海上丝绸之路的主要起点之一。如今，闽江口与新时代国家的海洋发展战略、海洋权益、国家版图的统一、“一带一路”建设以及世界的和平与发展都息息相关。选址福州马尾的船政、早年的中国海军，其奋发自强的精神在新时代必将得到进一步发扬光大，为中华民族的复兴作出新的贡献。

舟楫传承

福建背山面海，横亘西北的武夷山脉和遍布省内的低山丘陵，像屏障般挡住冬季北方寒冷空气的入侵。夏季受东南季风环流的影响，海洋的暖湿气流可以源源不断输向陆地，并受山地地形抬升而产生丰富的地形雨，这就使得福建大部分地区冬无严寒，夏少酷暑，形成暖热湿润的亚热带季风气候，雨量充沛，平均降雨量 1 400～2 000 毫米，为多种乔木的生长提供了良好的水热条件。加上福建山地丘陵地形复杂，形成了多种多样的地方性气候。除山麓基带属于中亚热带气候外，随着海拔高度上升，出现北亚热带、暖温带气候，甚至中温带气候，降水量也随着高度的不同发生变化。复杂多样的气候，起伏的地形，形成不同的生态环境，为各种生物的生息繁衍提供了优越的自然环境。广布的山地丘陵上森林茂密，森林覆盖率和森林蓄积量居全国前列，盛产杉木、樟木、毛竹等植物。

认真观察福建省地形图就会发现，东北—西南走向的山脉与西北—东南流向的河流，组成一个个大大小小的“X”，几乎填满福建全省。山高、坡陡、谷深、流急、滩险的交通障碍出现在古今福建交通的背景图上，“闽道难行”成了自古以来闽人与入闽者共同的感慨。省内多个水系自成体系，既不属于长江水系，也不属于珠江水系，主要有闽江、晋江、九龙江、汀江、霍童溪、木兰溪等水系，对沟通多山地区和河流下游区域的交通较为有利，但对省内不同区域间的交通不利。在这样的背景下，只能依靠贯通福建南北东西的闽江水系作为闽地交通的主轴。闽江水系呈扇形，支流分布广泛。从水系的构成情况看，沙溪、富屯溪与建溪三大支流在南平汇合形成闽江干流，至福州闽江口琅岐岛总长约 238 千米，闽江干流全程皆可通航。闽江流域，山多水密，支流纵横交错，水路四通八达，加上流域内山岭横亘，陆路交通甚为困难，因而水路交通成为流域内的主要运

◎ 福建省江、溪流域分布图

输方式。闽江上游三大支流流经山高林密之处，便于就近取材，木排或竹排几乎是当时唯一的运输方式。福建先民很早就伐木造舟，木船和木帆船作为民间传统的水路运输工具，在近代也活跃于闽江航道之上。根据考古发现和史料记载，闽江上游武夷山的船棺达“数千之数”，间接证明了当时闽江流域水路交通的繁盛。

在福建山区，人们将砍下的大树或竹子沿山间辘道滑入溪河，集中后再用竹钉、硬木及竹篾捆扎成排，每排头各有一名排夫操驭，驾筏顺江而下至南平，再到福州，就地销售或装上海轮出口，为沿河地区以及福州造船发展提供丰富的物料。在闽清、闽侯等地，也有人直接将木材放入溪流，通过闽江漂至福州，再捞起出售。

用毛竹编成的竹筏制作简便，是福建山区先民的原始水运工具，也称“竹排”“竹箅（bì）”。竹子天然的轻巧与浮力，使其成为福建山区水上航行工具最佳的材料。竹筏浮力大，吃水浅，水上行驶平稳安全，使用轻便、灵活，不易搁浅，特别适用于山涧溪流和平水区域航行。约在新石器时代，就有了竹筏，福建先民再也不用半身浸泡在水中抱着树干等渡水了，可以利用编制的竹筏渡水、捕鱼、运送物资。直到近代，竹筏仍活跃在闽江水系的河溪中。随着时代的发展，竹筏的发展逐渐专业化，有渡筏、货筏、鸬鹚筏和旅游筏等。明清时期，闽北各地城镇墟市兴起，便有各类墟船和货筏在水埠间交织往来，武夷山九曲溪上的旅游筏，自唐至今，长盛不衰。

◎ 福建省水系分布图

知识链接

货筏和鸬鹚筏

明清时期，闽北各地各类墟船和货筏在水埠间交织往来，每筏一般载重 0.5 吨，顺水可增至 1 吨，有的也可乘客 1~3 人。清末民国时期，崇安县（今武夷山市）内的崇溪水系上，很多竹筏在短途中运送茶叶、稻谷、大米、布匹、百货等到各乡镇。崇安县下梅村是福建著名的古村落，至今已有 1 000 多年的历史，原是农耕渔捞小村庄，清代因经营茶叶生意形成圩场而兴起，是武夷山岩茶最早的外销产茶地之一。下梅村曾每日有数以百计的竹筏运载茶叶，顺流而下，接力运至福州等地销售。

抗日战争期间，水陆驿运组织也使用竹筏参加驿运。福建省成立闽东船舶运输处、闽南船舶运输处、闽东人力运输处、闽南人力运输处，后统一整编为福建省驿运管理处。该处分设竹筏队、航海民船队、内河民船队、驿车队等，其中竹筏队有 200 多条竹筏。20 世纪 70 年代中期，河道碍航，加之公路发展，货物多改为陆运，货筏逐渐少见。

在闽江水系中的许多河流、溪涧中，经常可以看到一种特殊的渔筏——鸬鹚筏。在清末民国时期，福州螺洲龙祥岛居住着几百位水上居民，用鸬鹚捕鱼的就有 40 多户，一般一户都有两三个竹筏，筏上有三四只鸬鹚。灰黑色的鸬鹚一只接一只地钻入水中，又一只接一只地叼着鱼浮出水面。从乌龙江一直工作到上游几十千米处。

鸬鹚筏是用毛竹做的。竹筏的毛竹要用嫩竹，一般是当年出笋的竹子，一个竹筏用八根毛竹，一丈多长，三尺多宽，前头一尺多长的竹用火烤后翘弯，便于减小阻力。此外，还要有一根一丈多长的撑竿，撑竿有的是用木头做的，有的是用比较老的细毛竹做的。过去，龙祥岛的水上居民把撑竹筏用鸬鹚捕鱼当成一项主业。抗战爆发后，连年战乱，龙祥岛撑竹筏用鸬鹚捕鱼的人越来越少，鸬鹚筏行业也就没落了。

夕阳下的下梅古街

随着人口的增长、货物运量的增加，能够在大江航行且比竹筏更加结实的木船开始在闽清一带出现。这些木船个头很小，两头尖尖的，像老鼠，因此被称为“鼠船”。鼠船以载货为主，每船载重 0.5 吨或 1 吨，兼乘旅客，每船可载 10 人。鼠船航运经过的各个乡镇，都是临溪修建的镇中心街道，街道沿溪一侧的店铺底层都有石块砌成的台阶式码头，以便鼠船的货物装卸和旅客上下。鼠船除了在闽清县内溪道航行外，还经闽江航道上行到闽北，下行到福州。鼠船通常由福州承运食盐、糖和日用工业品，分赴闽北的延平、顺昌、将乐、邵武、光泽、泰宁、建宁、沙县、永安、尤溪、建瓯等地，然后从上游运输大米、土纸等土特产品下行到福州。在陆上交通不发达的时期，鼠船在促进闽江上下游物资流通、水路贸易运输和人员交流沟通上发挥了重要的作用。

阅读

闽清鼠船

闽清鼠船也称“舴艋舟”。五代十国，王审知建立闽国。闽国建立后，南征官兵大都在福建获得田地赏赐，定居下来，其中大批南征官兵，移居地广人稀的闽清。闽清多山，陆路交通极为不便。但闽清也多水，除了闽江贯穿全县，县内还有梅溪、芝溪、金沙溪、古田溪、安仁溪五大水系，河道宽阔，可以行舟。因此，移居闽清的南征官兵，大都傍江或沿溪择居，平时交通主要依赖舟船。而最初活跃在闽清县内的舟船，主要是竹筏。到了北宋初年，随着人口增加，闽清县越来越热闹，人们觉得竹筏不够结实，不便在大江航行，遂改建木船。由于木船形似老鼠，因此被称作“鼠船”，它有独特的建造工艺。据记载，鼠船选用既耐水湿又坚韧耐磨的板材，两旁船板选用樟树或松杉并配以韧竹，船底选用枫树木材。每船配备三竿竹篙、一柄桨、一根尾舵。船行靠竹篙撑行，船尾定向。船上装竹篷，可遮阳防雨。鼠船在闽清县内溪道航行承接着各个乡镇的物资运输，还经闽江航道上行承运日用工业品到闽北，下行运输各种土特产品到福州。鼠船

◎ 闽清鼠船

独特的建造工艺，后来还传播到海外，成为马来西亚闽清移民的主要交通工具之一。鼠船也为革命立下了功劳，在攻打顺昌洋口镇时，保证了红军队伍顺利过江；抗战时期，多达千余艘的闽清鼠船参与大量后勤物资的运输，为福建的抗日战争事业作出了重大贡献。社会主义建设初期，曾出现闽西北各县争相向闽清调鼠船的现象。其时，闽清鼠船在闽西北深山峡谷中勇闯条条荒溪野流，过激流险滩，避暗礁旋涡，出现在从未见过舟楫的偏僻山村，极大地促进了山区物资流通和经济发展。

福建沿海山地丘陵直逼海岸，形成了众多由半岛和岬角环抱、口小腹大的天然深水港湾群。福建沿海从北到南，海湾连绵，海岸线十分曲折，南北海岸直线距离500多千米，但大陆海岸线达3 700多千米，海岸线曲折率达1∶7.01，居全国首位。港湾众多、港域广阔、水深避风，掩护条件好，可停泊大型船只，形成了福建“非梯航不通”的地理条件，是福建海洋文化发展的天然有利条件。此外，山多平地少的地形特点使得福建人大多集中生活在沿海狭长的平原上，阻隔了当地人们与周围省份的联系。驾舟出海、逐浪而徙、探寻生存之路成为福建先民的必然选择，这也逐步形成福建人敢闯敢拼、善于商贸的特点。

5 000多年前，福州盆地还是海湾，海水与闽江口的交汇处就在昙石山一带。从昙石山遗址出土的陶器纹饰多呈齿状、水波状、漩涡状，具有明显的海洋文化特征。遗址发现有较厚的贝壳堆积，说明先民可能就近捕捞鱼类为食。这种生活环境形成了闽越人善于造舟及用舟的技艺，“以舟为车，以楫为马，往若漂风，去则难从”就是对闽越人这种本领最好的诠释。先秦时期，福建属闽越人居住的地区，在陆地上尚处于“火耕水耨”，但有着靠海吃海的便利和胆略，先民开始充分利用其靠海、多水的地理位置，制造和使用船只，发展对外交通，从事海上生产和生活。20世纪70年代中期，福建连江发掘出土一艘由樟树树干制作而成的独木舟，在舟体上留有金属加工的痕迹，据科学测定，其时间上限为公元前290年，下限为公元前100年，证实了福州悠久的造船历史。

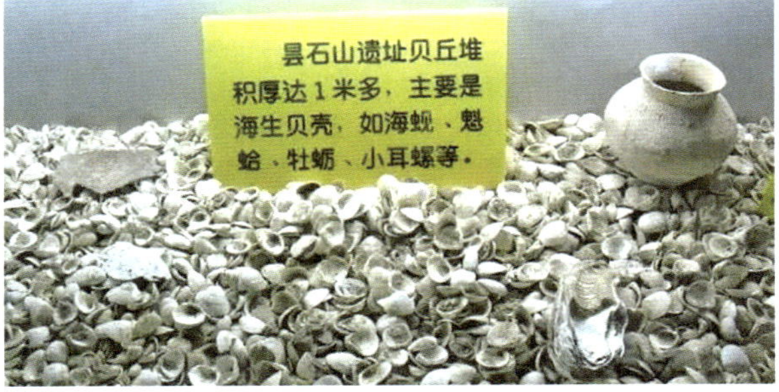

◎ 昙石山遗址贝丘堆

◎ 中国古代造船场景模型

自5世纪以来，福州一直是中国重要的造船基地之一。自唐代起，福州造船工艺大步提升，造船厂遍布各内河流域。福州为盆地地形，周边林木不足以支撑造船业发展，必须依赖闽江上游输入木材。闽江上游木材不仅存量大，而且木材优良。福州造船所需的木料，包括松木、柏木、樟木等都可从闽江上游的山区砍伐，然后经闽江顺流而下，直抵福州。在明清两代，闽江流域，尤其上游延、建二府所产的杉木最适合造海船，当时出使琉球的册封舟，多采用建宁、泰宁等地所出杉木作桅杆。据考证，闽北各地所产杉木多集中于台江义洲、帮洲一带。大樟溪流域德化、永泰所出少量杉木则集中在尚干、南通、江口一带，福州成为造船工场集中的地区，发展造船业极为便利。造船完毕后，通过闽江，所造船舶也可以驶向海外。

据《长乐县志》记载，春秋时期，吴王夫差在今福州市所辖的长乐区六平吴航头设造船基地。三国时，孙吴在福建设立建安郡后，大力发展造船和海上运输，增强水上作战的实力。东吴景帝时，设立典船都尉，促进造船与航海事业的发展。当时的建安郡侯官（今福州）成为吴国的船业中心之一，并在福建长乐专置造船之所，福州长乐也因此有了“吴航”的别称，进一步推进海外贸易往来。三国时就有福州人在海外经商，海外也有商人到福建来开展贸易。当时，海船大的可载600~700人，装载物资万斛（300吨）以上，堪称“巨舶”。东晋许多优秀的航海家多出自福建、广东，他们具有高超的航海技术。

据《福州府志》记载，在今福州开元寺之东的东直巷原名“都尉营”，即为三国时期典船校尉仪旧址，这也是福建第一个官办造船厂。从自然地理变迁的角度来推测，东汉三国时期，今福州市鼓楼区开元寺以东仍是一片江河潮水所到之区。这里靠近古代“冶城”的治地，在此造船可顺潮出海。

东晋末年，起义军首领反晋受挫率舰队抵达晋安（今福州），并在东南沿海建造新船型“八槽舰”。据推测，八槽舰最大的特点在于把船体分隔成相对独立的八个舱，船体若一处触礁破洞进水，其他舱不至于受到影响，且在船只行进过程中可对受损的船舱及时进行修补，这就是对后世福建造船工艺产生重大影响的水密隔舱技术。从武夷船棺到连江独木舟，再到八槽舰，都证明了福州港早期造船水平具有起点高、时间早的特点。

唐代，福建人口大量增加，农田得到大面积的开垦，商业贸易日益繁荣，福建的造船能力有了明显的进步。福建船舶以船身大、容积广、构造坚固、抵抗风力强、适于远航著称。在造船工艺方面，唐代福建船舶已大规模采用榫钉接合和油灰捻缝技术，这种技术的独到之处在于整个船身以榫卯及铁钉连接，船体的空隙处皆用油灰捻缝，从而保证了船舶的牢固性和抗风力。这种接合及捻缝技术，远比外国用椰子皮连接等技术先进得多。在榫钉接合和油灰捻缝技术的基础上，福建海船继续使用水密隔舱技术。

五代时期，王潮、王审知入闽后，积极促进福建社会经济的发展，发展海外贸易，福建社会经济渐趋繁荣，造船业也有所发展。

宋元时期，福建日益受到中央政府的重视，把福建纳入直接统治之下，促进了福建造船业的发展。福建盛产宜于造船的木材，工匠的技术造诣又十分高超，统治者认为与其官方造船，不如由民间制造，或向民间征募更为便利。元朝在福州弥勒院之北设置了一个官营造船工场，专造东征战船。这一时期，由于政府对民间造船业的倚重以及社会经济发展的需要，福建民间造船业的发展迎来了一个新的高潮。福建造船工艺不断发展，达到了全国领先水平，时人叹称“海舟以福建船为上，广东、西船次之，温、明船又次之”。根据对文献记载及出土文物的分析，宋元福建海船有以下特点：其一，载重量大。据有关学者研究，福建海船已具有600吨左右的载重量。其二，福建海船一般为尖底造型，上宽下窄。这样的造型有利于船只破浪而行，既提高了航行速度，又适于深洋远航。其三，各个船舱功能分明，分别为住人、装货及日常生活之用。船舱的增多，也增加了船体的横向强度。宋代福建海船船舱数已达13个。其四，结构坚固。福建海船底部为二重板构成，舷部板则由三重木板合成，在木板结合处采用榫钉接合和油灰捻缝等技术，大大增强了船体的牢固性。其五，福建海船普遍采用指南针来辨别航向。可依据不同风向使用各种类型的风帆，风正时用布帆，风偏时用利篷。

明代东南沿海广大地区抗倭防盗之战舰，多由福州地区船厂建造。明初，厉行海禁，但福建民间造船业还能够不断向前发展，福建沿海百姓历来以海为田，海外贸易的厚利驱使不少沿海百姓不顾海禁政策，纷纷违禁造船出洋交易。另外海禁政策对内河船只的建造影响较小，官府对民间造船业的管理也较为松散。因此，福建省内四大河系流域的民间造船业日趋兴盛，其造船能力反而提高到了一个新的水平。

而后明代福州造船业的发展进入黄金时代，福建造船业继续保持领先地位。为防御倭寇，明太祖朱元璋多次下诏，在浙江、福建濒海造船。福州、泉州、漳州三府都设有官营造船厂，主要制造战船和册封舟。战船有大福船（官船）、冬船（海沧船）、哨船、快船、乌船等不同类型。福建的官营造船业还承担了建造赴琉球册封舟的任务，这种舟体积大，长可达15～20丈。当时先进的大船多为福州、泉州等地建造。在郑和七下西洋的壮举中，福建的官营造船业亦作出了不可磨灭的贡献。长乐太平港为郑和下西洋重要的泊舟、修船、补给、起航基地，其持续时间之长、造船规模之大、科技水平之高，为东方造船史上少有。福州也因此成为中国海上丝绸之路的重要始发地之一。明政府规定，册封舟只准在福州建造。明朝中央政府对福建官营造船业的倚重，官营船厂的造船能力可见一斑。

借助福建作为国家海防重地、郑和下西洋的中转站及赴琉球册封舟的建造地等区位优势，福建官营船厂造船能力不断提高，其所造海船，无论从技艺或工艺方面考量，在全国都居于领先地位。福船是官营船厂承造的最主要的船型之一，吃水较深，适用于远洋航行。福船当时与广船、沙船并列为我国的三大木帆船。

知识链接

福　船

福船是我国古代航行于海上丝绸之路的木质帆船，是中国尖底型海船的典型代表。自南宋远洋航海贸易时期至郑和下西洋时期，福建福船成为主要海运工具，是中国“四大名船”之一。福建海岸线曲折，台湾海峡狭管效应较为显著，海峡西岸风速增大。在冬夏季风影响下风向不稳定，夏秋经常有台风登陆，风大浪高，且台湾海峡处于冷暖流交汇的海区。复杂的地理环境对福船的性能和结构都有较高的要求。福船以尖底造型、小方头阔尾营、多水密隔舱为主要特征。船底加装压舱石，吃水深、稳定性能好，在海中可以不畏风涛，破浪而行。福船操纵灵活，浅海和深海都能进退自如。首尾舷弧大，当船艏下陷水中时，宽大的艏部产生较大的浮力，避免船头下陷。福船普遍采用分格式水密舱结构，隔板下方靠近龙骨处，左右各有“肚脐”两个，既可排水，又可堵舱防漏。鉴于福船具备适合破浪远洋的优良性能和坚固的结构，既可用于航海运输，又可用于海上作战。明代沿海水师多配备有福船，并把它当成明朝水师装备的主要战船，有坚实的龙骨和骨架，不怕冲撞，在深海中占优势，在抗击倭寇的海战中起到了关键的作用。戚继光在福建指挥抗倭时，就是凭福船克敌制胜的。更为可贵的是，福船在经历数百年的发展和完善之后，终于演变成一种独立、多样和完整的船型。明清两代，中国册封琉球和琉球进贡中国也都使用福船船型的船。明代中叶，在福州建造的册封舟需要两年的建造周期，由福州五虎门出洋到琉球那霸港行程需一个月。到了清代，册封舟变小，建造周期缩短，海中行程仅需一周。册封舟的船型和帆装也日趋成熟，说明福州的造船技术也在不断进步。

◎ 福船的船艉

如今福建宁德漳湾福船全面传承了古福船的水密隔舱建造工艺，宁德漳湾水密隔舱福船制造技艺被联合国教科文组织列入急需保护的非物质文化遗产名录。

清初，为孤立东南沿海抗清势力，清政府实行严厉的海禁政策，给福州造船业带来了毁灭性的打击。且清承明制，官方负责战船的制造和维修。清军入闽之初，福建海防用船大都为明代遗留的战船及从沿海各地征调的船只。而后，清政府收复了台湾，其过程的长期性和战争的残酷性，使得发迹于马背上的清政府逐渐意识到战船对维护海疆稳定的重要性。清政府开始把目光投向官方造船业，试图建立一支具有威慑力的水师舰队。地处东南海域、具有悠久造船历史的福建，自然成为官方理想的造船基地，当时的官方造船业也借此契机逐步发展起来。清代中后期，随着海禁的开放及巩固海防的需要，福州造船业又逐步复苏，为中国近代第一个专业造船机构——船政的建立奠定了基础。

19世纪60年代，清政府在福州马尾设立船政，引进欧洲的技术设厂造船，从而使马尾成为近代中国造船中心，中国古代造船与近代造船技术借此找到了机缘与连接点。此后的30多年里，船政为清朝造出了40余艘军舰，组建了第一支近代化海军舰队，并为北洋、南洋两支水师输送了大量舰船和将领。

抗日战争时期，日本侵略军两度占领马尾造船所，大肆洗劫破坏，船厂几乎成为一片废墟。到新中国成立时，船厂已是满目荒凉，杂草丛生。

新中国成立后，工厂恢复修造船生产，主要产品是木质机帆船，还修复了发电设备，为马尾居民送电照明。20世纪70年代，中央调整战略布局，国家对马尾造船厂予以一定投资，扩建工厂基础设施，增添大型设备，造船能力显著提高。党的十一届三中全会后，改革开放的春风吹拂祖国大地，福建省政府组建了福建船舶工业公司。马尾造船厂作为福建船舶工业集团有限公司的骨干企业，不断加大企业内部改革的力度，大力引进高新设备，应用新技术、新工艺，迎来了全面振兴的局面，并于20世纪90年代后期迈上了建造万吨级轮船的新台阶。21世纪初，工厂建造出口北欧国家的船舶，有适航于冬季冰区的干散货轮，同期还有多艘其他类型的船舶。为适应新的国际市场竞争，在新船建造中，工厂加大转换造船模式的力度，努力开创生产新局面。

21世纪初，马尾造船厂成功改制为福建省马尾造船股份有限公司。沿革了135年的马尾造船，从此进入一个新的发展时期。在福建船政创办150周年之际，老厂整体搬迁至连江粗芦岛马尾船政园区。“百年船政　薪火相承”，如今福船集团及马尾造船股份有限公司加快科技成果转移转化，形成了具有研发、设计、制造和修理各类船舶的能力，并向海洋工程装备产业链高端延伸，尤其在设计建造各类高附加值海洋工程装备，金枪鱼围网渔船，深远海养殖装备，多用途集装箱船、散货船、油化船等方面有着丰富的经验。

建港开埠

《山海经·海内南经》记载：“闽在海中。”闽人很早就开始与海洋打交道。由于闽北、闽东山地广布，路险难走，作为福建流域面积最大、流程最长、支流最多的闽江自然成为由闽北出山、自闽东入山的要道。闽江支流从西北向东南横贯，是连接山区和沿海地区的黄金水道。福建沿海地区自古盛产海盐，但是粮食自供不足，山区和沿海地区的人们需要进行粮盐交换，各取所需，闽江发挥着上行运盐、下行运粮的重要运输通道的作用。闽江上游为茶叶产地，以武夷山为盛，闽江则把上游的闽北产茶区和中下游的福州地区连通起来。自农耕文明以来，闽江长期承担着货运和客运的重任，其中以货运最为频繁，闽江作为福州与内陆之间商品运输的主要通道，使得通江达海的福州必然成为物流、人流交会的重要港口。在历史上，由于不同时期和不同的区位作用，福州港曾先后被称为“东冶港”“甘棠港”“邢港”“太平港”“乌猪港”“马尾港”等。

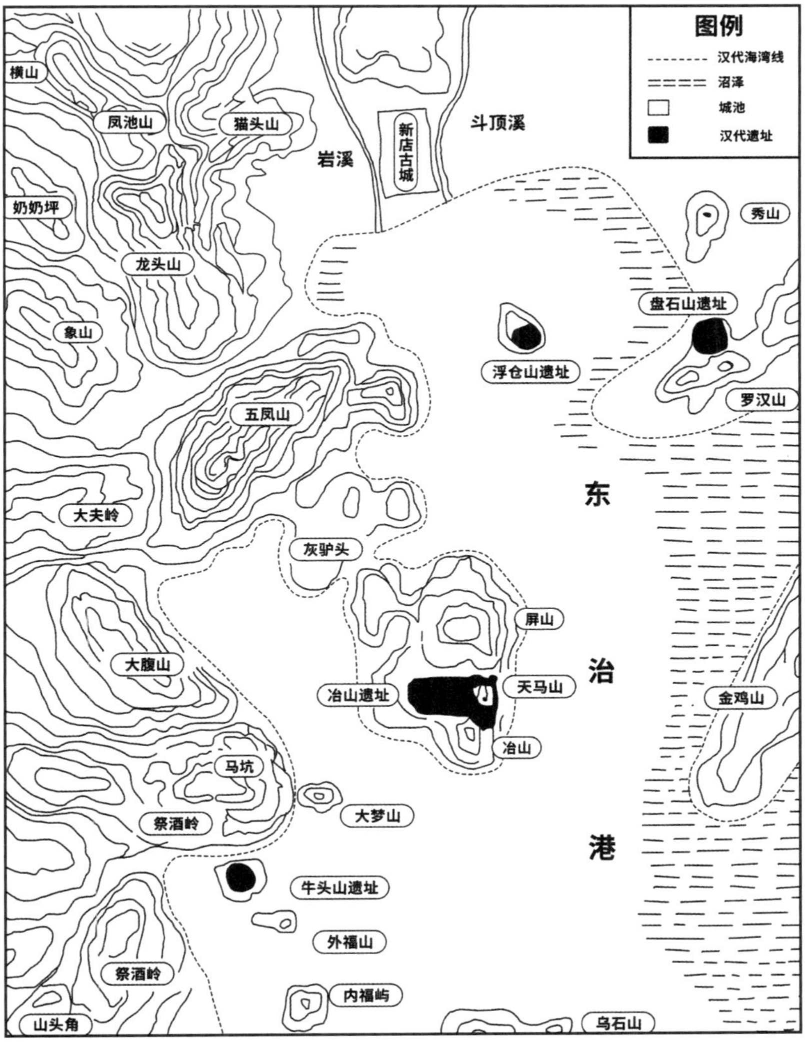

◎ 汉代福州地形示意图

东冶港是福建最早有文字记载的港口。东冶，即今福州在汉代时的称谓。汉高祖五年，闽越王无诸建立冶城以后，开埠福州港，福州港便开始承担中央王朝和东南沿海地方势力之间朝贡转运及军事战争等活动，并开辟了海外贸易通道，使港口的运输功能得以发展。闽越时期，东冶港是一个极具战略意义的港口，形成了以东冶港为核心、闽江水道为动脉、上游山城重镇为屏障的军事防御态势，对内可以筑屏以自保，对外是抗击中央与周边割据政权的重要中转地带。汉代时，东冶港就有通航东南亚的记载。汉王朝交通运输与对外贸易，皆以福州东冶港为枢纽，东冶港也与中南半岛开辟了固定的交通航线。

到了三国时代，东吴开发江东，造船业发达，大力发展海外贸易，在福州设置典船校尉与温麻船屯。一方面对内河航道进行整治，连通闽江上游地区；另一方面，通过开辟与中亚、西亚的航线，积极开展对外贸易活动。

福州海港正式形成的标志是唐末甘棠港的开辟。晚唐时，闽王王审知主政，为发展海外贸易，“辟海通津”“引舶入市”，对福州城内河和闽江通海航道进行修浚，正式开辟福州海港甘棠港。在闽江口开辟甘棠航道，连接了通往辽东等地的海上通道，开拓了远到阿拉伯国家的海上丝绸之路。甘棠港的闸门设在福州城下，万国商船随着海潮可直接来到鼓楼前，盛况空前，成为世界东方巨港。据考证，闽王王审知在位近 30 年，甘棠港前后兴盛了约半个世纪。而后，由于战乱频繁，甘棠港及相关内外贸易失去了政权的支持，逐渐衰败。

知识链接

甘 棠 港

甘棠港，旧名“黄岐”。“碎巨石于洪波，化安流于碧海，敕号甘棠港。”唐末五代，闽王王审知开辟了甘棠港，与泉州的刺桐港齐名，同为海上丝绸之路的起点。王审知德政碑中有关于福州甘棠港的记载：“闽越之境，江海通津。帆樯荡漾以随波，篙楫崩腾而激水。途经巨浸，山号黄崎（岐）。怪石惊涛，覆舟害物。”

甘棠港遗址在哪里呢？学术界说法不一，分别有福州马尾、琅岐岛，连江定海、黄岐岛，福安下白石诸说，不一而足。

2016 年，福州市王审知研究会一行专家学者配合福州电视台海丝文化专题节目组，对长乐黄岐澳旧港遗址进行勘察，现场专家一致判定，黄岐澳就是闽王时期被朝廷赐名的“甘棠港”。专家认为长乐位于江海交汇之处，闽江在此注入东海，形成“江海通津”地带，地理形势完全符合史书所记载的“海上黄岐”的情景。长乐黄岐澳海岸奇峰异石，石壁矗立波涛之上，古人谓其岸“横石巉峭”，符合史籍所描绘的甘棠港特征。专家认为，长乐古地形地貌与历史文献的描绘吻合，长乐开辟甘棠港与其造船能力相符合，长乐黄岐港遗址摩崖石刻能够佐证地名。

据考古发掘和海洋水文资料，今日海水与闽江水的交汇之处在长乐金刚腿一带。2 000 多年前的汉初，三山（于山、乌山、屏山）均在海水中，只有退潮时屏山才形成半岛。福州鼓楼区七星井考古工地地表下两米处发现有 3 000 多年前的海岸滩涂。四五千年前的海岸线在今闽侯甘蔗昙石村。在唐五代王审知时期，从福州城内甘棠闸到琅岐岛，均为甘棠港范围。

闽安具有悠久的历史和良好的口岸条件。闽安位于闽江口北岸，群山环绕，流经的迴龙河通江达海，形成了天然的避风港。优越的自然条件和近海优势，使闽安的水上贸易自汉唐以来就很活跃。唐代以前的闽安，就已是闽江入海口的第一要地。东汉章帝建初年间，迴龙河因其地势优势被辟为南北货物中转站闽州（今福州）港的重要港口，俗称“邢港”。至今闽安还留存着“贡船浦”，就是外国船舶进入福州接受检查时停泊的地方。闽安邢港可供海船、商船、货船停泊。

◎ 闽安古镇俯瞰图

闽王王审知开辟了甘棠港后，闽安是甘棠港中的枢纽港埠，是福州海上贸易集散地和国内外商船海船停泊地。唐朝闽安邢港贸易空前繁荣，中央在此设立了巡检司衙门，负责缉私与巡捕海盗及设关课税等。王审知亲自主持建造了通海大石桥——迴龙桥。迴龙桥的修建沟通了邢港南北岸的交通，打通了闽江口与福州的陆上交通，让甘棠港口形成连贯一致的对外交通网络；加强了闽安与周边军事设施的联系，巩固了闽江下游及闽东的军事设防。自唐朝以后，闽安镇历代都是福州的军事重镇和海上贸易重镇。

宋元明清出海商船大多从闽安码头出发，北上或南下，通往海内外。宋代始设闽安巡检司，元代官府从福州调运粮食为辽东的官军提供粮食补给，明清琉球进贡的船只在此受检封舱。

明代，福州港以太平港为主。太平港位于长乐，两岸有山脉作为屏障，是天然良港。长乐太平港在郑和七下西洋的航行中担负着驻泊港的重要角色，为郑和船队提供了物资支持、技术保障和训练有素的船员。具体来说，明代开始，福州港的腹地经济有了长足且稳定的发展，各种物资的增加与商品经济的繁荣，能为郑和下西洋的远洋航行提供充足的物资支持；宋代福州港的造船业发展到了顶峰，长乐太平港的造船技术达到郑和下西洋航海远行的标准，为郑和七下西洋提供了完备的技术保障，大大提高了航行的准确性和安全性；长乐自古以来就是福建沿海造船和训练水手的要地，素有“水手之乡”的美誉，有助于郑和船队完善装备和提高船员素质。从自然条件上看，福州港受地理位置的影响，季风性气候特征显著，郑和下西洋在此停泊的主要原因便是利用了港口的季风特性。因此，帆船在冬季趁着东北风航行而去，在夏季迎着西南风而返，从而减小航行的阻力，大大缩短了航行的时间。福州港有着重要的军事位置，长乐太平港位于闽江下游出海口，周边重峦叠嶂，为易守难攻之地，且水深港阔，能容纳大量的船只，这为闽江出海口建造军事防御体系提供了条件。因此，长乐太平港成为郑和下西洋船只停靠的重要港口。

在明朝郑和下西洋结束后的几百年间，由于海禁和倭乱，福州港的发展受到严重的阻碍。明成化十年，福建市舶司从泉州迁往福州，福州港又一度活跃起来。明朝廷规定，中国与琉球的朝贡贸易主要通过福州港进行，福州是对琉球开放的唯一口岸，也是册封使团离国的启航地。中琉之间的朝贡贸易，直接推动了海上丝绸之路的发展。后因海禁的实施，福州港走向衰弱。清康熙二十三年开放海禁后，福州港再度兴起。清政府在福州市舶司的基础上设置了闽海关，管理福建的对外贸易。

怀安古渡、洪塘古渡、林浦港、上下杭等作为福州古港口，在不同时期的对外贸易中都曾发挥过重要的作用。怀安古渡地处乌龙江与闽江分流处。在宋朝至明朝时期，闽江上游的物资在运往福州之前，均要先寄于怀安古村，然后才运到福州，故而称其为“怀安渡”。洪塘古渡位于南台岛北部，在清末为福州府侯官县的洪塘区，故称“洪塘渡”，也称“塔江渡”。洪塘古渡分为南北两岸，南岸的渡口又称“浦口渡”，位于今上街镇浦口村；北岸渡口则位于洪塘。洪塘古渡是各乡村进出省城的必经之地，也是福州人进京的必经之路。林浦港作为重要的贸易交流港，在宋元时期主要发挥运输和贸易的作用。当年林浦一带的商人将福建的木材运送至江浙一带，又把江浙一带的丝绸、棉布等运回福建。不仅如此，其还往来于东南亚地区，所以林浦港在当时是闽江下游地区商品交流的集散地之一。

上下杭的“杭”是从福州话“航”音衍化而来的，因为当时来往商货都是靠船运输，古时闽江水绕过大庙山，上下杭便是那里的津口埠头。唐宋以来，上下杭商贸的兴旺发达与这里丰富的内河息息相关，街区与三捷河、济南河相向而行，这些内河与闽江一起，形成了港口与腹地基本的网络布局。闽江是大水系干流，上下杭是小水系支流，在交通不发达的年代，这种天然联通的水系成为最好的交通网络。明末清初，福州地区自然寄泊的港口码头，逐渐由西部的洪塘南移至上下杭。上下杭因水陆交通便捷，逐渐成为闽江上下游货物集散的枢纽，福建内陆的木材、笋干、粮食、毛竹、木炭、纸张，以及大量的茶叶通过闽江水系汇聚到这里，再由这里运往世界各地。

19 世纪 40 年代，福州成为被迫开放的五口通商口岸之一。福州海关丧失了自主权，西方国家的工业产品通过福州海港向内陆腹地倾销。同时，福建大量土特产品也以低廉的价格通过福州海港运往西方国家。随着买办经济的发展，上杭街、下杭街一带百业俱兴，商业、金融业日趋繁荣，商铺、钱庄林立，成为福州商贸繁荣的区域之一。鼎盛时，上下杭曾聚集了 260 多家商行，经营货物达 500 多个品种，商品销往全国各地，甚至远销东南亚各国。上下杭成为辐射全省、连接外省及东南亚地区的商品集散地，上下杭随之名闻海内外。

鸦片战争后，清政府发起了洋务运动。福州的马尾港有着优越的自然条件，这里虽距闽江口还有 20 千米之遥，但由于闽江口的潮差大，马尾罗星塔附近的平均潮差达 3.7 米，最大可达 5.6 米，万吨轮船可趁潮驶入马尾港。这是我国少有的衔接海口的内河良港。五口通商前，进出福州港的

◎ 罗星塔

大船，都是在接近闽江口的琯头镇寄泊装卸。1842年五口通商后，大船停泊罗星塔锚地，马尾成为福州港的主体港。清同治年间，左宗棠在马尾创立船政，而后由沈葆桢接办。从此，爱国、科学、创新、图强的船政精神载入中国近代历史的卷轴。

马尾地区最为著名的景点莫过于罗星塔。罗星塔原为木塔，明天启年间重建，改用石砌，楼阁式结构，七层八角，高31.5米。罗星塔是国际公认的重要航标，同时也是闽江门户的标识。五口通商以后，各国船只纷纷进入闽江海口。为绘制海图，清政府船政衙署和港务当局在闽江口下游设验潮站，并请德国工程师对闽江下游水位和流量进行长达30年的系统观测，确定了以罗星塔零点作为闽江罗星塔段固定的最低水位观测标记，这是近代中国第一个水准零点。

知识链接

罗零基准点

马尾罗星塔公园的罗零基准点纪念碑记载：“罗星塔零点，简称‘罗零’，设于罗星塔对岸[①]马江低潮水位。为闽江流域工程部门常用的高程起算点……”罗零比黄海零点低2.179米。

◎ 罗零基准点纪念碑

① 罗星塔对岸，即长乐营前伯牙礋（tán）。

中华人民共和国成立后，福州港的面貌开始发生重大变化。随着改革开放，福州港的建设实际是以马尾港的建设为主干的。马尾港从 1970 年开始现代化港口的建设，在改革开放政策的指引下，福州被列为全国十四个沿海开放的港口城市之一。随着经济技术开发区的建立，马尾港的建设日益加速，逐步新建了 6 个泊位码头（其中万吨级 2 个，五千吨级 3 个，三千吨级 1 个）。这些大泊位码头的建成，使马尾港的海运功能大大地超过了前几代。再加上这些码头和铁路线紧密衔接，所以马尾港成为一个水陆联运的开放性港口。

福州港因港域广大，自闽江口向内、向外扩展，包括整个福州外海及闽江入海口，由河口港与海港两部分组成：河口港主要以闽江口河口段为主，如台江港区、马尾港区、琯头港区等；海港分布在闽江入海口南北两翼的福清湾、罗源湾等深水港湾。2011 年，福州港由原福州港和宁德港整合而来，由“一港九区”（福州港、平潭港区、江阴港区、松下港区、闽江口内港区、罗源湾港区、三都澳港区、白马港区、三沙港区、沙埕港区）组成。福州港将以开发外海深水港区为重点，建成以大型干散货运输中转为特色的国家级主要港口，逐步向国际深水大港迈进，成为福州发展外向型经济的重要支撑。马尾港区在福州港域发展将积极利用自身优势，发挥沟通福州内外港区、河海港区的作用，助力福州加快打造 21 世纪海上丝绸之路核心区枢纽城市。

◎ 罗星塔日落

第二节 船政探源

研学目标

1. 查阅地图和历史资料，通过自主学习和小组合作，探究闽江下游马尾到闽江口段的自然地理概况，感受闽江下游马江段战略地位的重要性，认识船政选址马尾的主要自然原因，初步掌握野外考察的基本方法，培养科学的探究精神。
2. 参观探访中国船政文化博物馆和马尾造船厂，结合福建自然地理环境特征，了解福州舟楫发展历史，通过自主学习和合作探究，认识船政选址马尾的必然性，培养综合分析能力和正确的人地协调观。
3. 查阅地图和历史资料，通过自主学习和合作探究，探求福州港埠兴衰和新港区发展的主要原因，并提出福州港发展的合理建议，培育实践创新能力。

研学线路一 搭乘游轮，从马尾港出发到粗芦岛进行闽江口一日游

实践点 马尾港到闽江口粗芦岛

考察点 马尾港到闽江口粗芦岛闽江段及其两岸

◎ 福州马尾港景观

审图号：闽S〔2021〕76号

◎ 马尾区地图

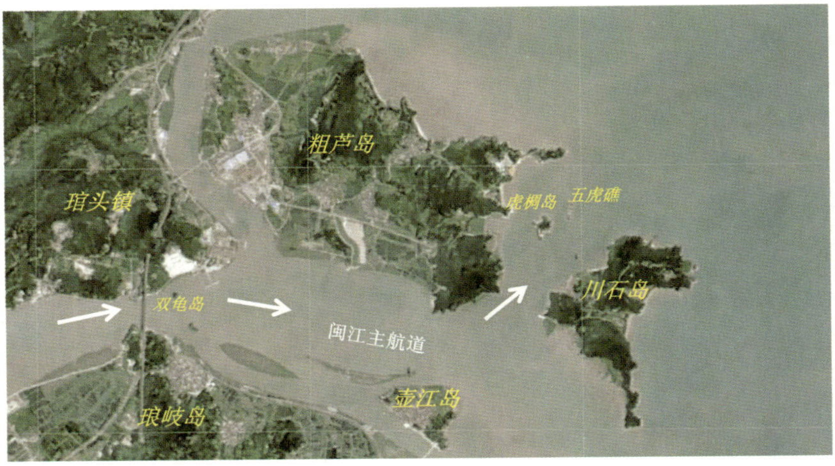

◎ 闽江口闽江主航道山水形势示意图

马尾位于闽江下游北岸，是福州东南水上门户，战略地位十分重要。闽江在福州马尾以下突然收窄，形成闽安峡谷。闽安峡谷从长乐大屿延伸到马尾亭江，流经闽安村。峡谷两岸山体险峻，峡谷水流落差大。闽江在福州马尾亭江以下形成一个喇叭状河口，即闽江口。口内有粗芦岛、川石岛和琅岐岛等作为门户，口外有马祖列岛等作为屏障，湾口沿岸峰峦重叠。这样的山川形势具有较强的隐蔽性，口内的马尾港、福州港是福建的主要物资集散地。闽江口的水系分汊较多，闽江自马尾亭江分为南、北两支：南支名为“梅花水道”，绕琅岐岛南侧至梅花镇入海；北支以长门水道为主流，被岛屿分割为乌猪水道、熨斗水道、川石水道和壶江水道，四支水道分流入海，其中，以川石水道为主航道。梅花水道已建立闽江河口湿地自然保护区。闽江口濒临东海，气候温暖湿润，雨量充沛，江水自闽西山区而来，带来了丰富的有机物，哺育着河口附近的海洋生物。

任务清单

· 小学 ·

1. 随着游轮在闽江上行驶，欣赏闽江和闽江两岸的风景，注意观察并拍照记录闽江宽窄的变化，并对照地图判断是否吻合；数一数游轮行驶过程中你看到的岛屿数量，试着在纸质地图上标记出看到的岛屿。

2. 在游轮向闽江口行驶的过程中，注意回头观察罗星塔的位置，看看从哪个位置开始就看不到罗星塔了；绘制示意图说明历史上罗星塔在航运中发挥的作用；

注意老师对金刚腿位置的提醒，游轮经过附近时给它拍张照片，比一比谁拍的照片最像“巨腿”的样子，注意听老师对闽安位置的提醒，看看能不能观察到流经闽安的邢港河及迴龙桥。

3. 从亭江开始注意观察闽江口附近分为几个河道，观察游轮是从哪个河道行驶的；按照老师指向的方向远眺五虎礁，试着给五虎礁拍个照，看一看它们像不像扼守闽江口的“五只老虎”，说一说它们对江上轮船航行的影响。

4. 在闽江下游地图上圈出马尾、闽安、金刚腿、五虎礁等观察点的位置，看看哪个组标得最准确。

5. 以小组为单位设计一张“马江研学，探究船政”手抄报，比一比哪个小组做得最美观。

· 初中 ·

1. 注意观察闽江哪一段最宽，哪一段最窄，根据定位做好位置记录；观察两岸坡度的陡缓及地形高差，并拍照或录像记录；数一数你看到的岛屿数量，并在手机地图或纸质地图上找到这些岛屿，说一说这些岛屿的地形特点。

2. 在游轮向闽江口行驶的过程中，观察从哪个位置开始就看不到马尾罗星塔了；绘制示意图说明历史上罗星塔在航运中发挥的作用；用手机地图定位闽安，在游轮经过闽安时，注意观察闽安的地形，看看能不能观察到邢港；用手机地图定位金刚腿，轮船经过时给它拍张照片。老一辈人常说：“金刚腿分咸淡。”请说一说这句话的意思。

3. 从亭江开始注意观察闽江河道的分汊情况，看看你能找到几个闽江分汊河道，简要绘制闽江口河道示意图，感受闽江口水道的复杂性；游轮行驶过程中注意观察闽江的流向，观察闽江流向和游轮行驶方向是否一致，若不一致，想一想为什么，与同学交流你的想法。

4. 在乘坐游轮的过程中，查找马尾到粗芦岛段闽江两岸古炮台的位置，看一看谁找得快，并观察这些炮台所处的地形；在闽江口定位五虎礁的位置，远眺五虎礁，选择合适的位置给五虎礁拍张照，说一说五虎礁对闽江口航运的影响。

5. 以小组为单位制作“马江研学，探究船政”演示文档，并在班级汇报研学心得。

· 高中 ·

1. 注意观察闽江下游河道的宽窄变化和两岸坡度的陡缓及地形情况，根据定位做好位置记录，并拍照或录像记录；数一数你看到的岛屿数量，并在手机地图或纸质地图上找到这些岛屿，试着分析这些岛屿的地形特点和形成原因。

2. 用手机地图定位闽安，在游轮经过闽安时，注意观察闽安的地形，看看能不能观察到邢港，绘制简要地形剖面图说明闽安和邢港的隐蔽性；用手机地图定位金刚腿，分析金刚腿的岩石类型，从内外力作用的角度简要说一说这条“巨腿”形成的过程；老一辈人常说：“金刚腿分咸淡。”但如今这句话已经不适用了，说一说其中的原因。

3. 从亭江开始注意观察闽江河道的分汊情况，看看你能找到几个闽江分汊河道，简要绘制闽江口河道示意图，感受闽江口水道的复杂性；在游轮行驶过程中注意观察闽江水的流向，观察闽江水流向和游轮行驶方向是否一致，若不一致，想一想原因是什么。

4. 在乘坐游轮的过程中，查找马尾到粗芦岛段闽江两岸古炮台的位置，看一看谁找得快，并观察这些炮台设置点的地形特点。

5. 以小组为单位制作“马江研学，探究船政”美篇或演示文档，并在班级展示汇报研学成果。

研学线路二　罗星塔公园—马限山—中国船政文化博物馆—船政造船厂旧址—马尾港

实践点　马尾

考察点① 罗星塔公园

罗星塔公园俯瞰图

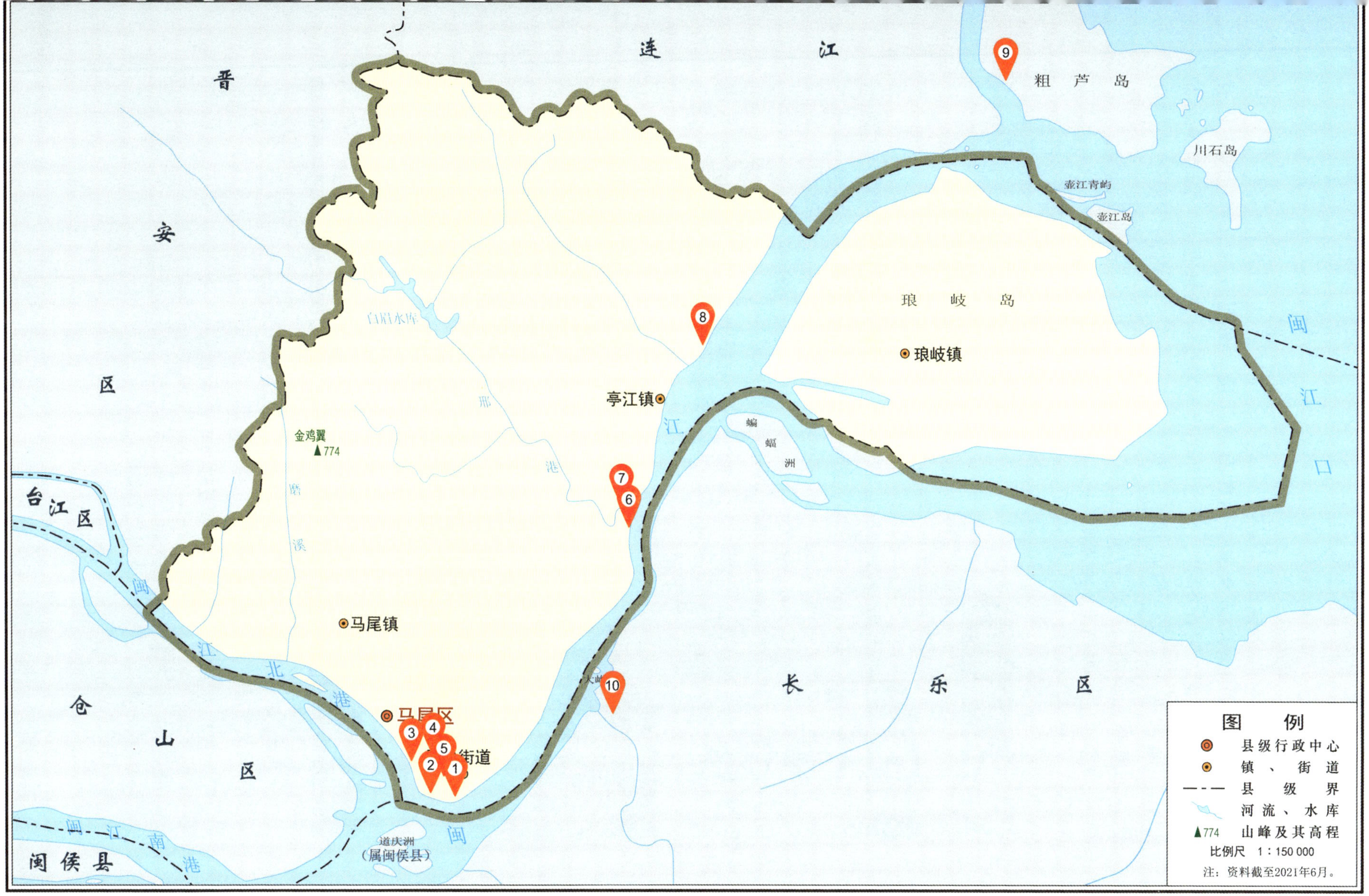

审图号：闽 S〔2021〕76 号

◎ 马尾区地图

罗星塔公园位于马尾罗星山，面积 2.33 公顷。山脚沿闽江砌驳岸，围栏杆，堆叠假山，广植草木。西侧有溯江楼，南麓有望江亭。园中还有忠魂台、鸣潮阁、友谊轩等。园内四时花木繁茂，风景宜人。四周参天古榕，郁郁葱葱，像绿色的城墙，环抱着巍巍古塔。园内的罗星塔是国际公认的航标，是闽江门户的标志，有“中国塔”之誉。山侧有一名木，叫“中国塔榕”，是福州十大古榕之一。

任务清单

· 小学 ·

1. 观察罗星塔所在位置，说一说石塔发挥的重要作用及其被称为“中国塔”的原因。

2. 以罗星塔为主要标志设计一份罗星塔公园宣传手抄报。

3. 在望江亭处远眺闽江，欣赏三江口宽阔的江面和远处沙洲的美景。

· 初中 ·

1. 观察罗星塔所在位置，说一说石塔发挥的重要作用及其被称为“中国塔”的原因。

2. 以罗星塔为主要标志设计一份罗星塔公园宣传明信片。

3. 在望江亭处远眺闽江，欣赏三江口宽阔的江面和远处沙洲的美景；利用纸质地图或者电子地图计算该段江面最宽处的大致宽度，并探讨沙洲形成的原因。

· 高中 ·

1. 罗星塔所在的罗星山古时是江心岛，如今已经和陆地相连，试着分析产生这种变化的原因。

2. 以罗星塔为主要标志设计一份罗星塔公园宣传简报。

3. 在望江亭处远眺闽江，欣赏三江口宽阔的江面和远处沙洲的美景；描述此处沙洲形成的过程，并分析沙洲的变化趋势。

考察点② 马限山

马限山高 54 米，在中法马江海战法国军舰炮击船政船厂时，船厂受到了马限山这一天然屏障的掩护。当法国军队派出的登陆分队接近江岸时，马限山周围伏兵四起，法军立即被击退，法国企图破坏和占领船厂的阴谋被粉碎。战后，马限山扩建前坡炮台，重建中坡炮台和后坡炮台。马限山山顶中坡炮台遗址至今仍在。中华人民共和国成立之初，人民解放军曾在马限山山顶设置高炮分队。

◎ 马限山中坡炮台

任务清单

· 小学 ·

参观马限山山顶中坡炮台遗址，远眺闽江和船政船厂，和同学们一起探讨当时在这里设置炮台的原因。

· 初中 ·

参观马限山山顶中坡炮台遗址，远眺闽江和船政船厂，观察并描述马限山、闽江和船政船厂间的地理位置关系，和同学们一起探讨当时在这里设置炮台的意义。

· 高中 ·

参观马限山山顶中坡炮台遗址，观察马限山地形特点，描述马限山、闽江和船政船厂间的地理位置关系，和同学们一起探讨当时在这里设置炮台的意义。

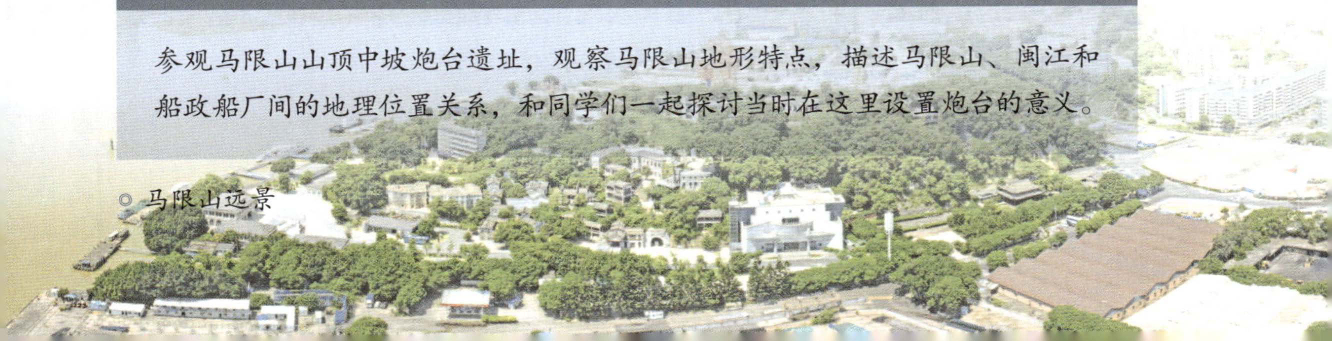

◎ 马限山远景

考察点③ 中国船政文化博物馆

中国船政文化博物馆是中国首个以船政为主题的博物馆，馆内有大量珍贵文物、图片和模型。博物馆以爱国、科学、创新、图强的船政精神为核心，综合展示了中国船政在近代中国先进科技、新式教育、工业制造、西方经典文化翻译传播等方面取得的丰硕成果。船政文化博物馆展厅第一层为序厅，有大型主题浮雕、临展厅和公共服务大厅。第二层为基本陈列，以“自强之道——船政历史文化陈列”为主题，从千年变局、船政诞生、船政教育、船政制造、船政海军和船政文化六个方面全面介绍了船政深厚的历史和文化，以及中华民族向海图强、伟大复兴的磅礴气势。第三层以“闽都瑰宝——船政文化揽胜”为主题，用直观的形式将“船政文化”的概念和内涵呈现在公众面前。展厅从文学艺术的角度还原了马尾独特的海洋文化传统，体现了近代船政选址马尾的重要历史背景。在这里，游客可以身临其境地感受福州海洋文化千年的变化。

◎ 中国船政文化博物馆新馆开馆

任务清单

· 小学 ·

1. 参观中国船政文化博物馆，结合周边研学点，说一说博物馆选址马尾的原因。

2. 手绘中国船政文化博物馆手抄报，简要绘出博物馆的位置和周边主要道路，以及博物馆馆内主要展室的分布。

· 初中 ·

1. 参观中国船政文化博物馆，结合周边研学点，说一说博物馆选址马尾的原因。

2. 手绘中国船政文化博物馆手抄报，绘出博物馆的位置和周边主要道路，较为详细地绘出博物馆馆内主要展室的分布。

· 高中 ·

1. 参观中国船政文化博物馆，结合周边研学点，说一说博物馆选址马尾的原因。了解博物馆旧馆的概况，说一说博物馆旧馆和新馆的地理位置有何不同。

2. 收集馆藏有关马江山水与船政选址的图文资料，制作研学报告。

考察点④ 船政造船厂旧址

创办于19世纪60年代的船政，被誉为中国近代工业史上的“活化石”。2016年，马尾造船厂新址在连江粗芦岛揭幕，这座拥有上百年历史的老厂，结束了在马尾的历史使命，在新的起点上开始新征程。如今，船政造船厂旧址已成为保存和弘扬船政历史的阵地。

船厂内有一座两层的红砖楼，底层是船政制造蒸汽机车间，称作“轮机厂”。船政轮机厂是当年船政仅存的车间，也是我国现存最古老的工业厂房。这是一座欧洲风格的红砖建筑，车间当年由法国人负责组建，车间内还是原来的钢铁梁柱，室内宽敞明亮。轮机车间历经百年，木制的框架、挺立的实心钢柱，诉说着百年沧桑：第一台船用蒸汽机，第一艘钢甲军舰发动机，近代第一支新水师舰队。二楼则是设计船体和蒸汽机样式绘制图纸的场所，称作“绘事院”，是我国工业化进程中最早设立的工业设计所。

◎ 绘事院（二楼）

◎ 有着 100 多年历史的轮机车间内景

◎ 钟楼

任务清单

· 小学 ·

参观船政造船厂旧址，观察或借助无人机观测船政造船厂旧址内部的结构布局情况，试着说说这样布局的好处。

· 初中 ·

参观船政造船厂旧址，观察或借助无人机观测船政造船厂旧址中各分厂、车间、船坞的布局，并分析这样布局的作用。

· 高中 ·

参观船政造船厂旧址，观察或借助无人机观测船政造船厂旧址中各分厂、车间、船坞的布局，绘制船政造船厂布局图，并分析这种布局的作用。

考察点⑤ 马尾港

马尾港系淡水良港，位于闽江两分流——台江、乌龙江汇合处。两江汇合处宽约 4 000 米，航道宽 600～1 000 米。港内水域狭长，从马尾到闽江口长达 33 千米，出口河段多为峡谷，金牌门最窄处仅 350 米，河口外有琅岐岛、粗芦岛、川石岛等天然屏障，港区四周山岭环峙，避风条件好，港域深广，并有福州市区和广大腹地作为依托，是一个优良的港口。锚地及航道水深多在 7 米以上，一般水深在 3 米以上，有大屿、中沙、内拦江沙三处水深 3 米左右的浅滩，6 000 吨以上舰船须候潮进出。罗星塔、亭江、琯头、壶江锚地可泊 10 000 吨级舰船，营前锚地可泊 5 000 吨级舰船。

任务清单

· 小学 ·

1. 在纸质地图或电子地图上找到马尾港，说一说马尾港所处的地理位置。

2. 参观马尾港码头，说一说港口码头的作用；通过观察马尾港，和同学们探讨马尾港在福州社会经济发展中的作用。

3. 结合实地考察并查阅资料，简要说一说福州港和马尾港从古至今的发展变化。

· 初中 ·

1. 在纸质地图或电子地图上找到马尾港，说一说马尾港的地理位置特征。

2. 参观马尾港码头，仔细观察港口有哪些重要的基础性设施（港口航道、防波堤、锚地、码头、泊位、港口交通和配套设施等），说一说这些设施发挥的作用，并探讨马尾港在福州社会经济发展中的作用。

3. 通过咨询港口工作人员，获取当前马尾港货物吞吐能力和主要装卸货物类型的信息，并说一说物联网等技术在马尾港发展中的作用。

·高中·

1. 在纸质地图或电子地图上找到马尾港，说一说马尾港的地理位置特征和优越性；探讨马尾港的区位条件（位置条件、水域条件、陆域条件、城市依托、经济腹地）。

2. 参观马尾港码头，仔细观察港口有哪些重要的基础性设施（港口航道、防波堤、锚地、码头、泊位、港口交通和配套设施等），说一说这些设施发挥的作用，并探讨马尾港在福州社会经济发展中的作用。

3. 探究马尾港当前发展遇到的不利的自然条件和社会经济条件，并说一说马尾港和福州港今后发展的方向和应该采取的措施；讨论实施“海洋强国战略”的重要性。

4. 制作演示文档，说明马尾港曾是重要的造船中心，但却于近现代逐渐衰落的主要原因。

研学线路三　闽安村—迴龙桥—亭江东岐古码头和炮台—马尾造船股份有限公司—琴江满族村

实践点　闽安

考察点⑥　闽安村

闽安古镇位于闽江下游，距福州约 30 千米，距罗星塔约 10 千米。它位于闽江入海口的北岸，扼守闽江口的咽喉，取名自“雄镇八闽，安如磐石”。闽安是中国东南沿海著名的千年古镇，公元 893 年，唐朝已在闽安设巡检司衙门，宋代时列福建四大名镇之首。元明清时，闽安沿袭军事与海上贸易重镇，并成为千年来兵家必争之地，此外保存有大量唐、宋、元、明、清军事遗址，其中清协台衙门、虎头山戍台清军义冢、迴龙桥保存完整。

闽安曾是福州从事海上贸易的重要港口。唐代闽安设立税课司衙门，宋代设立关税机构，明代设立闽安税课局。郑和下西洋船队六次驻泊闽安。闽安是明清两代中琉贸易关系的前哨站，在中琉友好交流史中具有重要地位。闽安还是清代福建与台湾三大对渡港口之一。

◎ 闽安村俯瞰图

任务清单

· 小学 ·

1. 在纸质地图或电子地图上找到闽安村，说一说闽安与闽江的位置关系；参观闽安古镇，观察闽江的位置。

2. 观察闽安周围的地形，结合对闽江位置的观察，想一想闽安地形在古代军事上的优势；观察邢港河和闽江的关系，和同学们讨论闽安古镇在古代贸易上的有利条件。

3. 参观闽安古镇，找一找邢港古码头，想一想这些古码头在贸易上发挥了什么作用。

· 初中 ·

1. 在纸质地图或电子地图上找到闽安村，说一说闽安村所处的地理位置；实地观察闽安古镇所处地理位置与闽江的关系。

2. 观察闽安地形特征，结合地理位置，说一说闽安古镇在古代、近代对保卫福州的意义；通过查阅资料和观察邢港河谷的地形特征，探讨闽安古镇作为古代军事重镇和贸易港的有利自然条件。

3. 参观闽安古镇，说一说历史上邢港码头在货物贸易上发挥的作用。

·高中·

1. 在纸质地图或电子地图上找到闽安村，描述闽安村所处的地理位置；实地观察闽安古镇所处地理位置与闽江的关系。

2. 观察闽安地形特征，结合地理位置，通过查阅资料和观察邢港的水系、水文特征和河谷地形特征，探讨闽安古镇作为古代军事重镇和贸易港的有利自然条件，探讨邢港在古代、近代军事上的作用。

3. 参观闽安古街，观察闽安古街的布局特点，了解历史上闽安古镇主要的贸易货物种类和来源，分析历史上邢港码头在货物贸易上发挥的作用。

4. 多年来闽安深受水患的困扰。结合实地考察，探究闽安深受水患困扰的主要原因，为闽安水患的防治与应对提出合理建议。

考察点⑦　迴龙桥

迴龙桥，距今1 000多年，是福州地区古代著名的梁式石桥，与万寿桥、龙江桥并称为“福州三大名石桥”。闽安迴龙桥建造时，闽安不是村，而是闽安镇。汉代以来，闽安邢港河和闽安镇港的海上贸易相当发达。邢港河全长22千米，绕着闽安，中断了福州通往闽东、浙江的陆路交通。唐昭宗辛酉年间，闽王王审知在邢港河上主持建造了迴龙桥，为南北两岸货物和人员的沟通提供了便利。后经宋代、清代重修，是福建现存最古老的桥梁之一。

桥全长66米，宽4.8米，用花岗石砌成，桥旁石栏精雕珍禽异兽，栩栩如生。6个石条砌造的船形桥墩托起古桥，每两墩之间铺架5根长13米、重1.5吨的巨大石梁，25根石梁勾勒出桥的基本外貌。历经千年的风雨洗礼，古桥上的雕刻大多渐渐模糊，但雕饰狮子、莲花、圆球等图案依稀可见，让人还能感受到唐宋雕刻技术的精湛。迴龙桥的绝妙之处在于它不是我们常见的独体桥梁，它附带有桥南的玄帝亭和桥北的圣王庙及观音阁等古建筑。桥下修筑4个船形桥墩，可有效防止因江水冲击而导致的桥体毁坏，从而历经千年依然屹立于江中。时至今日，依旧能够供人车通行。

任务清单

· 小学 ·

1. 在合适的位置给迴龙桥来个全身照。游览迴龙桥，观察桥上的石雕、石刻，看看能否看清它们的内容，说一说桥上大多数雕刻变得模糊不清的主要原因。

2. 观察迴龙桥桥墩的形态特征，说一说桥墩形态有什么作用。

3. 设计一个闽安旅游图标。

· 初中 ·

1. 在合适的位置给迴龙桥来个全身照。游览迴龙桥，观察桥上的雕刻，看看能否看清雕刻的内容，试着探讨这些雕刻内容与古代贸易的关系。

2. 观察迴龙桥桥墩的形态特征，说一说这种桥墩形态的作用。

3. 设计一幅闽安旅游宣传画。

◎ 迴龙桥

· 高中 ·

1. 在合适的位置给迴龙桥来个全身照。游览迴龙桥，拍摄或临摹你喜欢的几幅雕刻；观察并了解这些雕刻的内容。

2. 观察迴龙桥桥墩的形态特征，说一说这种桥墩的作用和邢港河相关的水文特征以及形成这些特征的自然原因。

3. 以小组为单位，将上述研学任务成果制作成演示文档，并进行展示。

实践点　亭江

考察点⑧　亭江东岐古码头和炮台

亭江镇，位于福州市东部、闽江口北岸，东与琅岐镇、长乐区隔江相望，是闽江口的门户。亭江镇东岐村是福州市东北隅的一个著名侨乡，扼处闽浙交通的要道，是历史上政治军事的要冲。东岐古码头的阶梯依旧清晰可见，斑驳的古意、水蚀的痕迹以及现存的摩崖石刻，无不在向后人展示着福州与海上丝绸之路的渊源。

亭江炮台，始建于清顺治年间。炮台直面闽江，与闽江对岸的长乐象屿炮台遥相呼应，扼守闽江下游的咽喉地带，是闽江口近代海防体系的第二道防线。炮台多次受损，后又多次整修。亭江炮台1991年被列为省级文物保护单位，2013年底马尾区政府投入资金修缮，亭江炮台焕然一新。

◎ 亭江东岐古码头

任务清单

· 小学 ·

1. 参观亭江东岐古码头，观察古码头的位置，说一说古码头在历史上发挥的作用。

2. 观察亭江炮台的地形和位置，说一说在该处设置炮台的原因。

· 初中 ·

1. 参观亭江东岐古码头，观察古码头的位置，说一说古码头在历史上发挥的作用。

2. 参观亭江炮台，并观察炮台的地形和位置，分析在该处设置炮台的意义。

· 高中 ·

1. 参观亭江东岐古码头，观察古码头的位置，分析亭江水运区位条件，说一说亭江在历史上发挥的重要作用。

2. 参观亭江炮台，并观察炮台的地形和位置，分析在该处设置炮台的意义。

◎ 马尾造船股份有限公司船体建造场景

实践点 连江

考察点 马尾造船股份有限公司

2016年，马尾造船厂搬迁至连江粗芦岛。新址占地面积达1 060亩[①]，港阔水深，大大提升了建造大型特种船舶的条件。为应对国际船舶制造市场普遍下行的压力，造船厂积极推动技术创新，产品以半潜式钻井平台及特种船舶建造为主，深耕高端海洋工程装备制造市场。

任务清单

·小学·

1. 参观生产车间，登楼俯瞰全厂，感受现代化造船厂的规模，给船厂拍张全景照。

2. 通过参观新旧船厂，对比新旧船厂的位置和规模，试着说一说建设新船厂的原因。

·初中·

1. 参观生产车间，登楼俯瞰全厂，感受现代化造船厂的规模。

2. 通过参观新旧船厂，探讨分析新船厂选址的主要区位条件。

·高中·

1. 参观生产车间，登楼俯瞰全厂，感受现代化造船厂的规模。

2. 通过参观和查阅资料，探讨分析新船厂选址的主要区位条件。

3. 通过参观和查阅资料，为马尾造船股份有限公司的发展提出合理建议。

① 1亩约合666.667平方米。

实践点 长乐

考察点⑩ 琴江满族村

琴江满族村位于长乐市航城镇、闽江南岸洋屿，是福建省唯一的满族聚居村，也是我国东南沿海保存较为完整的清代水师营寨。清雍正年间，朝廷从汉军八旗的镶黄、镶白、正蓝、正白四旗中抽调500名官兵携眷到琴江筑地为城，建立三江口水师营，镇守闽江口，拱卫省城，缉捕海盗，打击走私。这里成为当时全国四大水师旗营之一，随后逐渐成为一个居民小镇，最盛时官兵有120余姓、4 000多人。村落四周筑墙，周长1 000多米；设城门4座，分左、右两翼，共12条主街道。清光绪年间，爆发中法马江海战，三江口水师旗营官兵协同船政水师，以极其简陋的设备，英勇奋战。一个仅有500名水师官兵的城寨，牺牲了100余人，几乎家家有英烈。在闽江边的北庙里，迄今仍供奉着阵亡烈士的牌位。

现今琴江满族村的满族居民，不少是当年水师官兵的后裔，他们会讲满语、写满文，保留许多满族习俗，流传至今的“台阁”表演艺术颇具地方民族特色。主要文物古迹有清代的旗人街及其两旁的官署兵房、福州将军行署、毓麟宫、妈祖宫、孝友石牌坊等。琴江满族村既有军事历史背景，又有民族文化特色，被福建省人民政府列为第一批省级历史文化名村，后成为中国历史文化名村。

◎ 琴江满族村孝友坊

任务清单

琴江满族村

· 小学 ·

1. 欣赏琴江满族村独特的建筑风格，比较其与福州传统民居的不同。

2. 参观和观察琴江满族村街巷布局，和同学们结伴走一走琴江满族村街巷，看一看能否顺利走回原地，说一说这种布局的原因。

· 初中 ·

1. 欣赏琴江满族村独特的建筑风格，比较其与福州传统民居的不同；说一说琴江满族村的民居建筑与当地自然环境相适应的地方。

2. 参观和观察琴江满族村街巷布局，和同学们结伴走一走琴江满族村街巷，看一看能否顺利走回原地，说一说这种布局的原因。

3. 分析琴江满族村地理位置的重要性，说一说清政府在这里设置水师旗营的原因。

· 高中 ·

1. 欣赏琴江满族村独特的建筑风格，比较其与福州传统民居的不同；说一说琴江满族村的民居建筑与当地自然环境相适应的地方。

2. 参观和观察琴江满族村街巷布局，和同学们结伴走一走琴江满族村街巷，看一看能否顺利走回原地，说一说这种布局的原因。

3. 分析琴江满族村区位条件，说一说清政府在这里设置水师旗营的原因。

研学线路四 福船文化馆—上下杭及商号建筑群—张真君祖殿和三捷河

实践点 三坊七巷

考察点 ① 福船文化馆

福船文化馆位于福州市鼓楼区三坊七巷文儒坊尤氏民居内，面积达2 633平方米。福船文化馆通过图片、实物向观众展示福船的建造工艺、演变历史以及福州海洋文化特色，分“福至风帆”“寻索风帆”“守望风帆”“扬动风帆”四个展区。该馆结合三坊七巷古民居院落的特点，把知识展板、声光电技术运用到布展中，除了系统介绍福船的演变历史外，还用80多艘船模展示了福船的建造技术和航海技术。在福船文化馆第四展厅，锚缆船由多名建造传统福船的老师傅耗时近一年成功复原，长达14米，颇为精美壮观。

任务清单

· 小学 ·

1. 认真听讲解并仔细阅读展板的图文资料，说一说福船的发展史。
2. 根据福船文化馆内的介绍及相关资料，搜集福船的不同型号。
3. 仔细观察展示的福船船模，说一说福船的主要外形特点。
4. 参照福船文化馆中的福船船模，分小组进行制作简易福船模型或者绘制福船简图的比赛。

审图号：闽S〔2021〕70号

◎ 鼓楼区地图

◎ 三坊七巷全景图

· 初中 ·

1. 认真听讲解并仔细阅读展板的图文资料，说一说福船的发展史。

2. 根据福船文化馆内的介绍及相关资料，搜集福船的不同型号。

3. 仔细观赏展示的福船船模，说一说福船的主要特点及其优点与自然环境的关系。

4. 参照福船文化馆中的福船船模，分小组进行制作简易福船模型或者绘制福船简图的比赛。

· 高中 ·

1. 认真听讲解并仔细阅读展板的图文资料，说一说福船的发展史。

2. 根据福船文化馆内的介绍及相关资料，搜集福船的不同型号。

3. 仔细观赏展示的福船船模，探究福船的主要特点及其优点与自然环境的关系，了解福船的建造技术。

4. 参照福船文化馆中的福船船模，分小组进行制作简易福船模型或者绘制福船简图的比赛。

实践点 上下杭

考察点⑫ 上下杭及商号建筑群

上下杭商业历史街区位于福州闽江北岸，指的是从小桥头到大庙路之间的两条平行的横街，台江的上杭路和下杭路及其附近街区，俗称“双杭”。这里地处城市主轴线的中南部，是福州近代商业的中心和发源地。上下杭之“杭”通“航”，上下杭以水路运输为主。近代上下杭因河运、海运贸易而聚集大量财富，现今多进式院落格局形成于五口通商后。上、下杭街商贾云集，行栈鳞次，经营物资达上百种，多以批发为主，商品辐射全国各地，甚至远销东南亚地区。整个街区占地面积约27.8万平方米，街巷空间脉络清晰，层级分明，并保留了大量清末民国初期的建筑。上下杭建筑类型丰富，保存完整，浓缩了福建近代民间商业组织的演变历史，被称为“福州传统商业博物馆”。这片曾经以商业的繁华而闻名的古老街区，一直以来都是历史学专家研究福州商业发展历程的重要地方。

◎ 上下杭街景

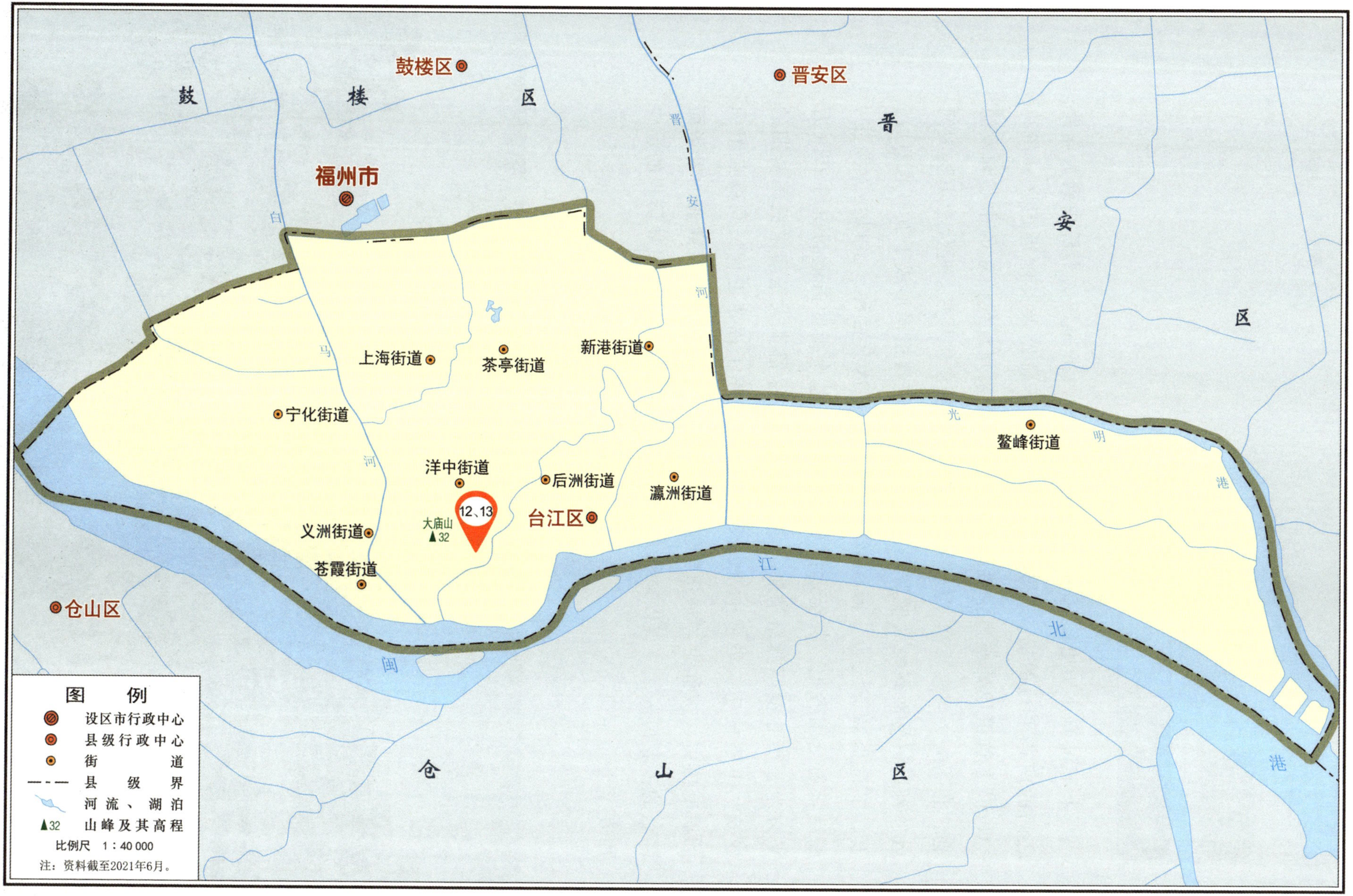

审图号：闽 S〔2021〕72 号

◎ 台江区地图

任务清单

小学

1. 了解上下杭名称的由来。通过参观，试着说一说上下杭从河滩演变为陆地的主要原因。

2. 观察沿街民房及著名商号建筑的特色，通过老师的讲解，了解这些建筑特色形成的主要原因。

3. 设计一份能够反映上下杭街区特色的明信片。

初中

1. 探究上下杭商业区衰落的主要自然原因和社会原因。

2. 了解上下杭名称的由来，探究闽江上下杭段河流沉积作用的自然地理演变过程。

3. 观察沿街民房及著名商号建筑的特色，探究这些建筑特色形成的主要原因。

4. 设计一份能够反映上下杭街区特色的邮票。

高中

1. 探究上下杭商业区衰落的主要自然原因和社会原因。

2. 了解上下杭名称的由来，探究闽江上下杭段河流沉积作用的自然地理演变过程以及历史上上下杭商业街区的发展过程。

3. 观察沿街民房及著名商号建筑的特色，探究这些建筑特色形成的主要原因。

4. 设计一份能够反映上下杭街区特色的旅游宣传手册。

5. 通过对上下杭古街的参观和对上下杭街区规划改造的了解，试着为上下杭街区的发展提出合理的建议。

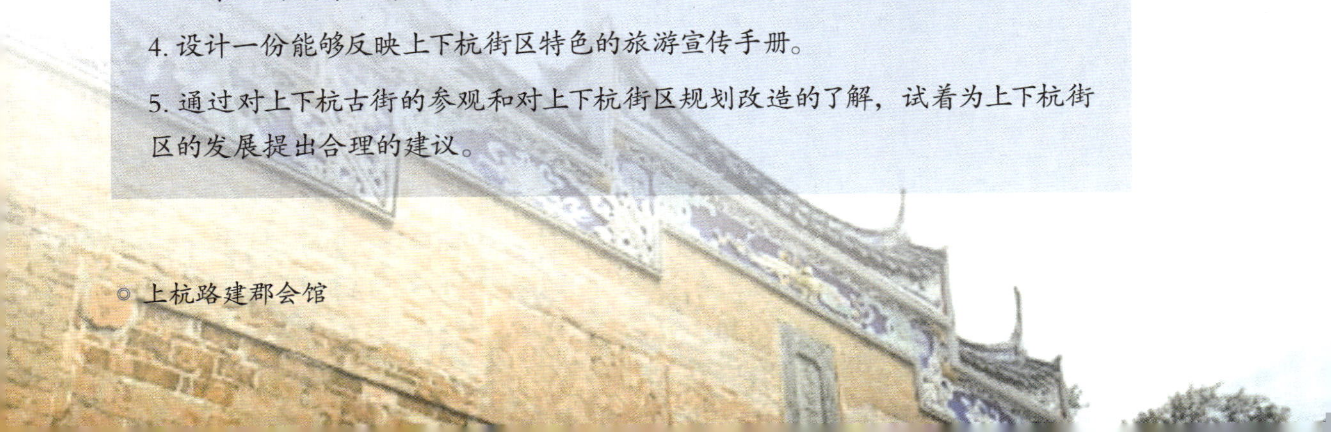

◎ 上杭路建郡会馆

考察点⑬ 张真君祖殿和三捷河

张真君祖殿位于福州市台江区后洲街道星安桥巷，占地面积约800平方米。殿面阔三间，深四间，高8.5米；穿斗式木构架，单檐歇山顶，两侧风火墙；木构件雕饰完整，石柱、石廊保存完好；存留石柱楹联题刻颇多，河墘石护栏犹在。殿前有临河浦，左右有星安、三通两桥。

三捷河，北起三通桥，与达道河相接，流经上下杭，横穿隆平路与南园路，经沙埕水闸注入闽江。福州有句俗语"圣君殿水两头涨，涌出黄金滚滚来"说的就是三捷河曾经出现的胜景：据说三捷河两头均连着闽江，涨潮时，闽江的潮水南端从达道河流至三捷河，西端由闽江流向三捷河，两河水汇聚于张真君祖殿前，形成独特的汇潮景观。明清两朝至1949年前夕，在这里经商的福州及各地商贾抱着祈愿"财源不尽滚滚随潮来"的心态，以此为"福地"和发财的"聚宝盆"，云集在上下杭地区，组成经济实力雄厚的"商帮"，进行着频繁的商贸活动。他们把张真君奉为"祖

◎ 张真君祖殿

师爷”，称之为“商神”，对之顶礼膜拜，虔诚至极。商人们还把福州“商会”“金融公会”和“商事研究所”的会址设在殿内，以张真君祖殿为中心，辐射到上下杭其他地区，分别成立各商业同业公会的分支机构。由此可见，张真君祖殿实质上是当时各商帮、各行业在商务活动中议行论市、互通商业情报的信息中心。

任务清单

·小学·

1. 游览三捷河，了解张真君祖殿在上下杭繁盛时期被商人看作“财神庙”的地理原因。

2. 通过参观，说一说三捷河在古代、近代上下杭商业街区发展中的重要作用。

3. 通过对上下杭街区老商铺旧址的观察，试着说一说清末上下杭商贸货物的主要来源和运输方式。

4. 为你喜欢的会馆设计一份旅游宣传明信片。

·初中·

1. 通过参观和查找资料，探究三捷河在古代、近代上下杭商业街区发展中的重要作用。

2. 游览三捷河，通过地图查找三捷河和哪些河流联通；试着分析张真君祖殿在上下杭繁盛时期被商人看作“财神庙”与三捷河水文现象的关系，以及如今这种自然现象不复存在的原因。

3. 通过对上下杭街区老商铺旧址的观察和查阅相关资料，联系三捷河和闽江流域的地理环境，探讨清末民初上下杭商贸繁荣时期货物的主要类型、货物来源、运输方式及其原因。

4. 绘制一份上下杭街区主要街道和重要会馆分布的地图。

· 高中 ·

1. 通过参观和查找资料，探究三捷河在古代、近代上下杭商业街区发展中的重要作用。

2. 游览三捷河，通过地图查找三捷河和哪些河流联通；思考商业同业公会和张真君祖殿的联系，并试着分析张真君祖殿在上下杭繁盛时期被商人看作“财神庙”和三捷河水文现象的关系，以及如今这种自然地理现象不复存在的原因。

3. 通过对上下杭街区老商铺旧址的观察和查阅相关资料，联系三捷河和闽江流域的地理环境，探讨清末民初上下杭商贸繁荣时期货物的主要类型、货物来源、运输方式及其原因。

4. 绘制一份标明上下杭街区主要景点的手绘旅游地图。

◎ 上下杭街区

第二章 船政风云

道光年间，云贵总督林则徐因病回乡调治。在回归故里的途中，船泊湘江。林则徐召见了左宗棠，这就是著名的“湘江夜话”。岳麓山下，湘水之畔，记录下这一历史性的会见。

一位是杰出的民族英雄、清代官员中的佼佼者，一位是近代中国历史舞台的风云人物。两位相见恨晚，彻夜长谈。

两人临别时，林则徐希望他能继承自己未竟的事业。这番嘱托与左宗棠创办的船政有什么关系？

◎“湘江夜话”雕塑

第一节 救亡图强

两次鸦片战争的炮声震醒了东方文明古国，中国为应对“数千年未有之奇局”，发起了一场历时30多年的“洋务运动”，开启了中国近代化的进程。矗立在马江之畔集造船厂、海军基地、学堂于一体的船政，正是这场“师夷长技以自强”的洋务运动的重点所在。让我们走近船政，感受其跌宕起伏的风云历程，感受中华民族救亡图强的奋斗精神。

洋务之重

明、清两朝实行闭关锁国政策，不但没有给中国带来安全，反而造成经济和科学文化长期落后的局面，还使中国陷入“被动挨打”的困境。当大多数中国人还将浩瀚的海洋看作“神秘的仙境”时，西方已经进入资本主义时代，向外进行殖民扩张。西方列强为了开辟海外市场，凭借着坚船利炮打开了古老中国的市场。面对强敌，晚清政府开启了一场“自强”“求富”的洋务运动。有“左创沈成”之称的船政，则是洋务运动的重中之重。

鸦片战争，英国倚仗坚船利炮强行打开了中国大门，并迫使清政府签订中英《南京条约》。近代中国“开眼看世界第一人”林则徐，率先提出“师敌之长技以制敌”的主张，影响深远。著名思想家魏源，受林则徐嘱托，整理出版《海国图志》，继承和发展其思想，提出了“师夷长技以制

◎ 建设中的船政全景

夷”的口号。他不仅主张聘请西洋工匠制造船舶机械，请西洋舵师教习行船演炮之法，还建议在闽、粤二省增设水师一科，这些也都是在具体落实林则徐的海防思想。

鸦片战争后，西方列强在中国获得了割地、赔款、开放通商口岸、领事裁判权等一系列特权，但西方列强并不满足于既得利益，英国和法国对中国发动了第二次鸦片战争。英、法两国以为数不多的兵力轻易打败了清政府，靠的还是坚船利炮。一向轻视“外夷”的清政府，只好再次签订了丧权辱国的不平等条约。当时晚清社会一片哗然，洋务派恭亲王奕䜣、曾国藩、左宗棠、李鸿章、张之洞等主张“中体西用”，提出兴办洋务来救亡图存。

1861年，清政府设立总理各国事务衙门，这是我国第一个掌管外国事务的政府机构，凡与办理洋务有关的事务都在其管辖范围内。以“自强”“求富”为口号的洋务运动开启后，清政府开始学习西方近代科学技术，创办了中国第一批军事工业和民用企业，客观上推动了中国近代民族工业的兴起，开启了中国近代化的历程。

阅读

总理各国事务衙门

总理各国事务衙门，成立于1861年，简称“总理衙门”“总署”“译署”。清政府为办洋务及外交事务而特设的中央机构，主管外交、通商、海防、海关、制造、铁路、电报、矿务、新式学堂等事务。

◎ 左宗棠画像

造船和造炮，是早期洋务运动发展的主要任务，船政便是洋务运动的主要代表成果。船政的发起者、“师夷制夷”的实践者左宗棠认为在“三千年未有之变局”中，船政是首要的“非常之举”。左宗棠在呈送清政府的奏折《拟购机器雇洋匠试造轮船先陈大概情形折》中提出“东南大利，在水而不在陆”的见解，并提出“欲防海之害而收其利，非整理水师不可；欲整理水师，非设局监造轮船不可”的建议。内忧外患的清政府，同意了左宗棠等提出的海防思想和创办船政的主张，确认其为“自强之道”和“当今应办急务”，并要求左宗棠等“必尽悉洋人制造、驾驶之法”，设厂造船终成定局。从洋务派领袖左宗棠奏请设厂到清政府批准，船政启动用了不到 20 天的时间，反映了清政府与洋务派兴办船政的迫切心情。

在选址上，东南重镇福州马尾引起了左宗棠的注意。左宗棠为方便就近监督、照料设厂造船等事宜，在对历史渊源、地理位置，特别是鸦片战争后战略口岸的地位等方面进行比较后，最终将船政设在了福州马尾。

在洋务派创办的第一批近代军事工业中，除了船政，还有江南机器制造总局、天津机器制造局等，但唯有船政最早设有专业的造船厂，且规模最大、造船数量最多，其生产能力代表了当时我国造船技术的最高水平。

知识链接

船政造船部门

1866 年，船政工程在马尾兴建，按造船工程与功用，先后设置了数十个专业车间，早期俗称“船政十三厂”。同时兴建的有船政衙门、学堂校舍、中外员工办公所宿舍等，船政总占地面积约 600 亩。船政拥有完备的造船、修船设施，是一家完全意义上的船舶制造厂，在远东地区首屈一指，也是晚清时期中国最主要的造船基地。

船政的内涵丰富而深刻。正如左宗棠在给皇帝的奏折中对船政的界定，船政不只是建造近代化的船舶，还包括建设近代水师和开设船政学堂等事业。因此，船政的内涵不能望文生义，把它当成船厂、船务局来理解，也不能按外文翻译的那样，只简单地直译为兵工厂。船政的含义，一是指有关船舶方面的事务的统称，二是主理船务的行政机构。船政机构是近代中国新兴的管理体系，具有“中西合璧”的特征，是中国传统官僚机构与近代西方技术管理机构的混合体。

因此，近代在马尾创办的船政是一个集经济实体、军事基地、高等学府于一体的综合机构，是特定历史时期的产物，也是中国近代化的标志。“一部船政史，半部中国近代史。”从船政实践的结果来看，其影响不仅在造船技术方面，在政治、经济、军事、外交、文化等方面都对中国近代化进程产生了不可估量的社会影响。

1866 年，清政府在马尾设船政衙门，全称“总理船政衙门”。船政衙门是清政府负责海军、海防并实施新式舰船建造和新式教育的中央直属机构，其主要职能是承建新式舰船、实施新式教育、编练新式舰队、开展海上防务等。船政衙门是船政的领导机构，船政主管官员称“船政大臣”。船政大臣拥有独立行政管理权、军事指挥权、司法权等职权，衙门在船政大臣之下设数名提调，负责调度船政事务、组织工厂生产、领导各学堂的教育等工作。在提调之下设各专职委员，协助提调分管各部门事务。左宗棠勾勒出的船政蓝图包括设厂、造船、设船坞、教育、用人等。船政建立之初的目的是想要掌握外国人造船的技术，而后能自主建造出以蒸汽为主要动力的西式军舰，从而逐步解决中国海防舰船装备落后的问题，由此希望改变中国海疆长期失防的窘境，改变近代中国遭西方列强欺凌的命运。

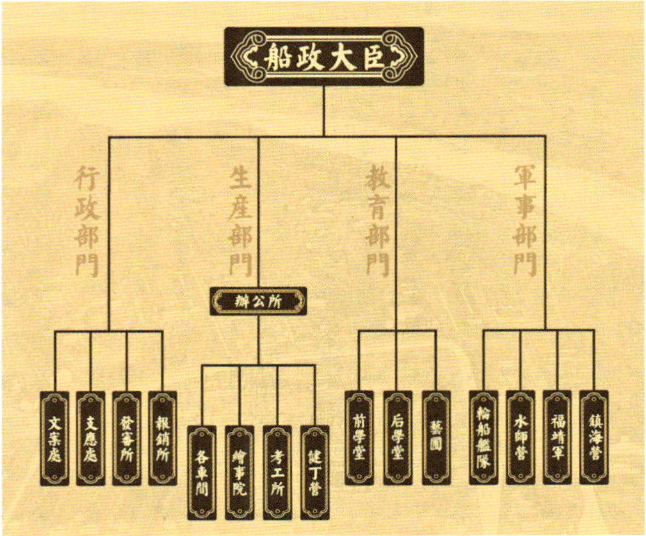

◎ 船政内部机构示意图

林则徐在总结鸦片战争教训时，曾分析鸦片战争失败的重要原因是“器不良”“技不熟”。他认为如果没有配备精良的“船炮水军”（即近代水军）以抵御外敌，就是自取灭亡。船政一开始就确定了创办目标，不仅是造船造炮以武装海军，而且要培养造船和为海军服务的人才。据不完全统计，船政培养的海军军官和军事技术人才占中国近代海军同类人员总数的60%，因此船政被誉为“中国海防设军之始，亦即海军铸才之基”，李鸿章称其为“开山之祖”。

船政兴办促进了中西方文化的交流，引进西方的科学技术，造船、航海、枪炮、鱼雷、矿冶、机械、无线电、天文等科技和工艺水平都得到极大提高，是当时在中国乃至远东地区规模最大、设备最为齐全、影响最为深远的船舶工业基地；船政还创建了中国第一家正规的飞机制造厂，自行设计制造出中国首批达到当时国际水平的飞机；创办了中国第一所飞潜学校，培养了中国第一批航空工程人才。

船政开创了近代教育的先河，创办船政学堂，引进西方教育模式，建立了与工业化和海军建设相适应的教育模式和留学制度，成为各地纷纷效仿的样板。船政将物质生产与人才培养结合起来，培养了一批走在时代前列的精英。他们中有突出贡献的思想家、外交家、教育家、科技专家等。在甲申马江海战、甲午黄海海战中，船政学子奋勇杀敌、视死如归、自强不息的爱国精神得到了充分彰显。

◎ 船政学堂

船政对于近代中国的影响是广泛而深远的，在思想上引领了时代的变革，在技术变革上是近代工业文明的窗口，在教育上是近代中国教育的一面旗帜，在军事上则是中国近代海军的摇篮。中国船政展现了近代中国科学技术、新式教育、工业制造、海权建设、中西方文化交流等方面的丰硕成果，孕育了诸多仁人志士及其先进思想，折射出中华民族自强不息的民族精神，以及开拓进取、勇于创新、重视科教、强调海权的特点，形成了独特的船政文化。

风云跌宕

1866年，左宗棠刚获得朝廷批准创办船政，突遇战事紧急被调任为陕甘总督。左宗棠接到谕旨后，一面约日意格及胡光墉等商订合同，一面亲自物色船政大臣人选。他在回复总理衙门调函中说，原计划在其设厂工作完成后奏请清政府派中央专员来闽负责管理工作，但调令紧急等不得中央专员了。左宗棠遂推荐林则徐的女婿沈葆桢接任。这时正好沈葆桢在原籍福州，为丧母丁忧[①]。沈葆桢为人为政的口碑都很好，早年左宗棠在与他接触的过程中，他出众的才学和社交能力让左宗棠印象深刻。为此，左宗棠三次亲自上门请沈葆桢出来主持船政，沈葆桢虽然每次都婉言谢绝，但是左宗棠还是坚持由沈葆桢主持船政，左宗棠三次登门请沈葆桢出山，颇似“三顾茅庐”。

◎ 沈葆桢画像

为更好地推进船政的发展，左宗棠请示清政府任命沈葆桢为总理船政大臣。新设的总理船政衙门是经过清政府批准的法定专门机构，总理船政就此成为特定的职位和机构名称，总理衙门管理的设厂、造船等一系列机构和事务，也被统称为“船政”。

① 在古代，父母死后，子女需要按礼守孝三年，其间不得婚嫁，不参加吉庆典礼，任官者须离职，称“丁忧”。

知识链接

船政总承包人——日意格

普罗斯佩·日意格，法国洛里昂人，先后求学于法国瑟堡海军预备学校和法国海军学院，毕业后在法国海军任职。1856年来华，1866年左宗棠创办船政，日意格被聘任为船政正监督，参与船政建设，管理外国技术团队，筹设绘事院、铁工厂等工作。由于他完成了各项合同职责，后加提督衔。

◎ 日意格

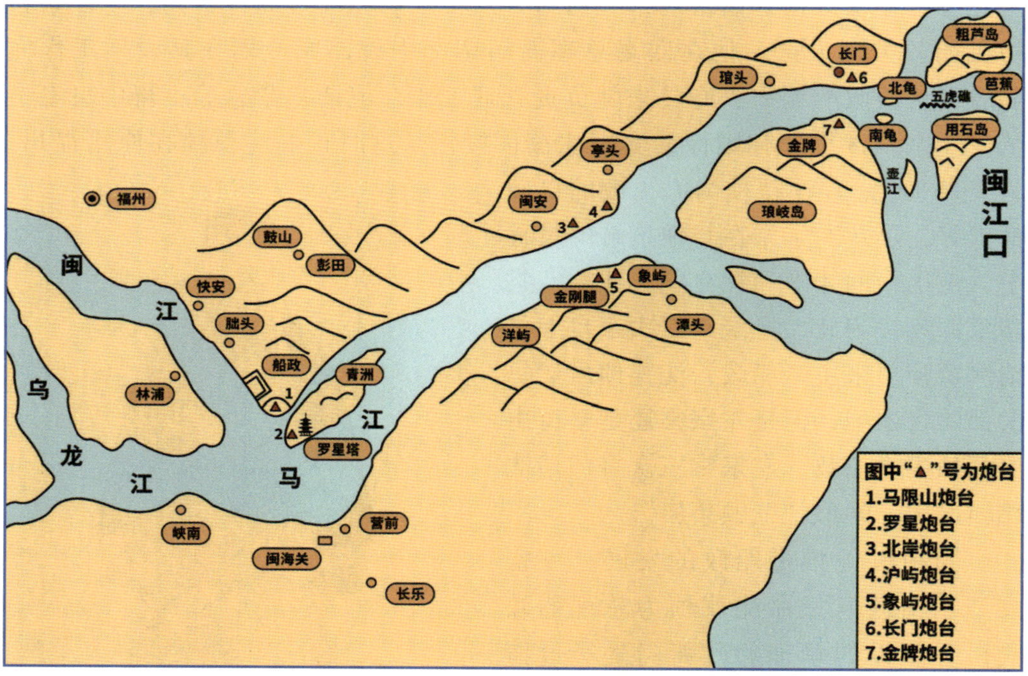

◎ 炮台分布示意图

船政人员选定后，还要考虑船厂设在哪里，机器从哪里买，外国技术人员如何聘请，大笔经费如何筹集，船舶由谁来驾驶，造船的材料从哪里来等问题，难题众多。

船厂设在哪里？也就是要解决船厂的选址问题。造船厂应选在靠海的地方，且要考虑交通、资源、地理位置等因素。马尾港“水清土实”，具有广东、浙江、江苏所没有的优势，也因为马尾是马江北岸的一个重镇，离福州城区近。所以在漫长的中国海岸线上，马尾是船政办厂的首选。闽江自闽北山区流至福州，被南台岛一分为二，分流为台江和乌龙江，两江汇合处有礁石形似石马，马江由此得名。这里江阔水深，为天然良港。

船政选址马尾，不仅有自然地理因素，也有社会背景因素。鸦片战争后，福州被迫成为对外通商的口岸之一，各国商船纷纷涌入。而闽江两大支流汇合处的马尾，无论从通商还是海防上看，都是交通要隘。综合考虑，马尾港是较为合适的船厂位置。

◎“总理船政关防”印样

◎ 船政轮机厂

机器从哪里买？也就是要解决船政的合作方问题。由于建造近代船舶是新创办的工业，没有可以参考的经验，中国也还没有能够独当一面、去外国购买机器的人，且难以辨别机器的优劣。左宗棠主张先请专业的外国技术人员去购买机器，他认为只要能够选到优良先进的器械，多花费些银两也值得，他相信只要机器齐全完备，制成一艘成船后，就会成“燎原之势”，成船就可用于练兵和武装军队。积年累月后，众多成船就可以在沿海布置开来，加强海防。随着机器配置日渐齐全，事异而理同，凡是制造枪炮、炸弹，或是生产民用产品，中国都可以自己制造。

外国技术人员如何聘请？也就是要解决人才问题。建造近代船舶是西方国家独有的技术，中国必然要向西方学习。所以一开始就要聘请外国技术人员，并且要拜外国人为师，以培养属于中国自己的造船人才。为确保成效，左宗棠再三思量后，与外国技术人员订立合同，确定管理权限、任职期限、职责、义务、薪金、福利等，还考核其教学效果，予以奖惩。事后证明，这样的契约机制很好地解决了既要依靠外国技术人员帮助建厂造船，又要防备外国技术人员牵制船政、阻碍船政发展的难题。

当时法国的造船工业十分发达，尤为擅长制造舰艇，所以船政引进法国的先进技术和设备。英国则在航海方面比较发达，船政便引进了英国航海制度规范。另外，胡光墉决定请法国人帮助造船，利用法国人牵制英国势力，但为了不让法国人独揽一切，又请英国人教驾驶技术，这就形成了由法国人教造船、英国人教驾驶的基本格局。胡光墉与日意格、德克碑拟订开办船政章程，明确外国员工权限等事项。船政的主权属于中国，外国员工来华工作是受中国雇佣的，要服从中国上一级官员的管理。

·船政筹建初期预算费用·

名　　目	费　　用
购买机器	169 969 两
机器包装、保险及雇佣外国工程师期间产生的差旅费用	29 512 两
日意格、德克碑预支薪水，往来路费，外国员工的预支薪水	19 370 两
购买用地，建设车间厂房、办公和生活用房，置办基本用具	约 200 000 两
合　　计	约 418 851 两

知识链接

胡光墉

胡光墉，字雪岩，左宗棠调任西北后，曾任船政提调。在协办船政的过程中，胡光墉无论在请洋教习上，还是在化解技术危机等方面都体现出过人的智慧。船政在创办之初需要法国的技术与经验。就在一切筹备就绪时，当时中国税务司美理登（法籍）想以船政谋利的目的没有达成，就在法国散布流言，说办船政是中国地方当局的主意，中央朝廷并不支持。因此，当时法国海军部不愿帮助中国办船政。1867 年 3 月，左宗棠派胡光墉为代表，专程访问上海法国总领事白来尼。胡光墉用自己过人的智慧，让法国总领事知道中国政府支持办船厂，船厂是国家的而非地方政府的。特别是他还让法国总领事深信不疑：中国政府愿意与法国合作，不想让英国独占好处。白来尼被说服了，他向法国政府报告，最后法国政府才决定支持中国造船。同年 7 月 15 日，法国皇帝拿破仑三世召见日意格，批准他来华办厂。胡光墉以自己出众的口才和对世界局势的洞察，为洋务运动创办船政立下了大功。

大笔经费如何筹集？也就是要解决筹集建厂造船的经费问题。在向清政府奏请自造船舶的奏折中，左宗棠对船政初期运转的经费做了初步预算（如上表所示），不仅建设厂房、购买设备、雇佣工匠需要大笔资金，而且日后造船、养船等都需要大量费用。左宗棠预计最初的两年，成船少但耗费资金却不少；第三至五年，技术熟练则成船快速，成船多而成本也就降低，五年费用在 300 万两左右。可福建每年税收收入才 170 万两左右，显然单靠福建一省之力是不够的。资金问题让左宗棠焦头烂额，好在得到了胡光墉的帮助。他提出让东南五大海关担负部分费用，同时向外国贷款，但仍担心清政府阻拦。左宗棠则变通了资金的用处，很快得到清政府的同意。最为棘手的资金问题基本得到解决。

船舶由谁来驾驶？也就是要解决成船的驾驶人才问题。左宗棠清醒地认识到，西方人提倡中国借用西方技术“自强”的实质，是要推销他们的成品，不让中国人掌握先进技术，以达到垄断技术的目的。因此，左宗棠坚定地认为，中国人必须自己掌握造船驾驶等相关技术，这样可以避免受制于人。他主张在学习造船、驾驶等技术的过程中，选拔学习能力出众的相关技术学员。另外，在制造军舰武装海军的同时，还可以让制造出的船只兼具内河漕运、装载商货、捕盗护商等功能，用这样的办法来解决养船的资金问题。

造船的材料从哪里来？也就是要解决材料的供应问题。造船属于近代机器工业，要求冶金业高度发达，有技术熟练的人员和丰富的煤铁资源等。基隆煤矿是中国第一家使用机械开采的煤矿，1890 年筹建的汉阳铁厂是中国第一家钢铁厂，用机器制造机器更是在船政创建之后很久才实现。所以，没有相应基础条件的船政就显得十分艰辛。辽阔的中国有着丰富的煤铁资源，但其仍难以满足近代工业发展的需要，这样一来，煤铁资源、船政创办需要的全套机器设备及主要材料都只能从国外进口。福州虽盛产木材，在船政开办前曾将木材远销至厦门、宁波、山东等地，但船政开工后却因为运输条件限制，不能就地取材，转而向外国大批采购，这无形中增加了船政创办的成本。

·创办初期进口木料简况·

采办时间	木料规格数额
1868 年 2 月 29 日	暹罗直木、曲木 700 余件
1868 年 10 月 11 日	暹罗木 500 节
1868 年 12 月 4 日	曲木 270 节
	方木 190 根
	柚板 390 片
1868 年 12 月 10 日	曲木 1 220 节
	方木 220 根
	柚板 190 片
1869 年 1 月 21 日	曲木 1 756 节
1869 年 1 月 25 日	柚木 804 根
1869 年 3 月 29 日	南洋柚木 1 840 节
	石来板 2 780 片

万事开头难，中国创办近代船政这件事对于清政府内部大多数人而言，是闻所未闻的，更何况还要向西方学习；对于西方列强而言，中国创办近代船政在某种意义上是一种“威胁”。因此，船政从创立开始就遭到来自国内外的各种阻力。沈葆桢接手船政，深感阻力重重。

面对船政反对派吴棠等人反对船政的言辞，首任船政大臣沈葆桢，专折上奏，据理力争，旗帜鲜明地驳斥顽固势力的一派胡言。清政府不得不将吴棠调任四川总督，为船政的顺利开展搬走了一块绊脚石。然而，一波刚平一波又起。1872 年，正当船政要扩大生产规模之际，顽固派的代表内阁学士宋晋上书陈述，称造船“靡费太重”（造船耗费银两巨大），且第二次鸦片战争后中外既已议和，造船就不再有抵御外敌的作用了，请旨清政府暂停船政。对于顽固派提出的“靡费太重”等问题，沈葆桢仍针尖对麦芒地强调，把有限的资金用在刀刃上。其在上书陈词中，多处提及科学技术的重要性。而对于顽固派的“停造”之说，沈葆桢甚至提出进一步发展船政的思想，他以发展的眼光强调加强海防建设的重要性，认为船舶建造及航运技术必须要牢牢掌握在中国人自己手中。

沈葆桢的慷慨陈词得到众多洋务大臣的支持，彼时调任陕甘总督的左宗棠，仍牵挂着船政。左宗棠上书朝廷陈述船政的设立有利无害，不可裁撤，态度十分坚决。李鸿章先是态度含糊，后转为支持续办船政。恭亲王奕䜣也明确表示支持。清政府见诸臣情词恳切，见解合情合理，遂作罢。一场关乎船政存废的争论，终于平息。

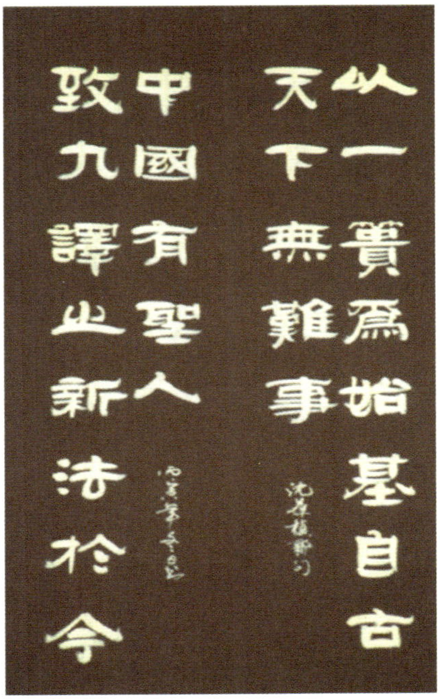

◎ 沈葆桢为船政衙门撰写的门联

不论是面对清政府内部的争论还是洋人的干涉，沈葆桢都起到了重要的作用，为船政的发展争取到了重要的生存空间。船政在坚持自己建造舰船的同时，也提倡购买国外的铁甲舰，以求尽快加强海军战斗力。在他任职期间，船政取得了快速发展。

船政经办

知识链接

船政衙门

船政衙门是船政大臣办公议事的场所，又称“官署”“衙署”“使署”，于1867年建成。衙门分三进，为头门、仪门和大堂，木质结构。船政衙门前有官厅池，两侧竖有旗杆。大门画有门神图，前置一对石狮，雄居左、雌居右。

·总理船政衙门与总理各国事务衙门对比·

名　　称	别　　称	机构性质	职责范围
总理船政衙门	船政、船政衙门、官署	近代中国首个专门负责海防近代化的国家特设机构。	主管海防近代化相关的舰船和配套装备的设计与建造，工程技术人员、海军军官的教育培训，近代化海军舰队的编练。
总理各国事务衙门	总理衙门、总署、译署	清政府为办洋务及外交事务而特设的中央机构。	主管外交、通商事务，以及海防、铁路、电报、矿务等洋务事业。

创办船政七年间大体建成厂区、住宅区与学校等几个部分。厂区由锻造车间、轧材车间、锅炉车间、装配车间、安装车间、经纬仪车间、小锻造车间、机械锯木厂、造船厂等组成。左宗棠原订合同设工厂5所、学堂1所，用地200余亩。沈葆桢主政后，工厂增至13所，学堂增至6所，用地扩大到600亩。

厂坞及各厂的职责界定清晰、制订范围广泛。作为中国第一家官办的专业造船厂，造船和修船的设施比较完备。早期建有三座船台，最大可造

◎ 船政厂区草图

3 000吨轮船，同时配备专业修船的拉拔式铁船槽，且船槽配有蒸汽动力设备，“万年清”号上槽只需两个小时，即可就位检修。曾有一位外国军官在参观造船厂后连连赞叹，这个造船厂基本上与外国其他造船厂相当。船政不但与西方船厂一样设备齐全，而且规模之大超过当时同向西方学习的日本。

在当时的中国，要建设一座可以建造蒸汽机和轮船的大型工厂，就需要购买、安装西方机器设备。为了让中国能够全面掌握与近代化军舰相关的知识，左宗棠向清政府奏请“设厂造船”中，提到学习引进欧洲技术的计划。左宗棠船政计划的核心内容是雇佣一批欧洲技术人才，教导我国技术人员学会船舶生产技术和海军技术。

然而当时中国官员缺乏外交经验，直接办理“购器、雇人”事务极为困难。在技术引进的具体操作方面，左宗棠选择了特别的“总承包人”模

◎ 正在建造舰船的船政船台

式。左宗棠从自己熟悉的洋人中审慎选择总承包人，再由总承包人负责“购器、雇人”的具体事务，以及管理西方技术团队等事务。

左宗棠信任的两名在华法国海军军官日意格、德克碑，成为理想的总承包人人选。二人虽然不懂得造船等工业技术，但是熟悉中法两国的情况，且愿意帮助中国办理“购器、雇人”等事务。其中日意格因为掌握中文，能够和中国人直接对话交流，其作为中外“桥梁”的优势尤其突出。

明确了日意格、德克碑作为外国技术团队总承包人后，外国技术团队专业人员的构成及其雇佣方式，全权委托二人办理。他们首要解决的是外国技术团队的人员构成建设。1866 年 12 月 28 日，日意格、德克碑从中国返回法国开始物色各类技术人员。为了防止国外政府借机干预，日意格、德克碑以个人名义进行招募和签约，在外人看来这完全是一次民间的商业活动。至 1868 年，一支 45 人的外国技术团队组建起来了，其中包括舰船总工程师、各类机械工程师、矿务工程师、各工种技术工人、海军学校教授、医生等，团队中以法国人居多，也包括部分英国人和俄国人。这个外国技术团队在 1874 年达到 51 人。由于来华服务期限较长，一些人员的家眷也随同来华。

◎ 外国技术团队合影

从欧洲雇佣的工程师和技术工人，分别称为“洋员”和“洋匠”，主要被派任为船政车间技术骨干、学校教习等职务。正是这批陌生的外来者，帮助中国系统学习了西方近代造船工业和航海技术。

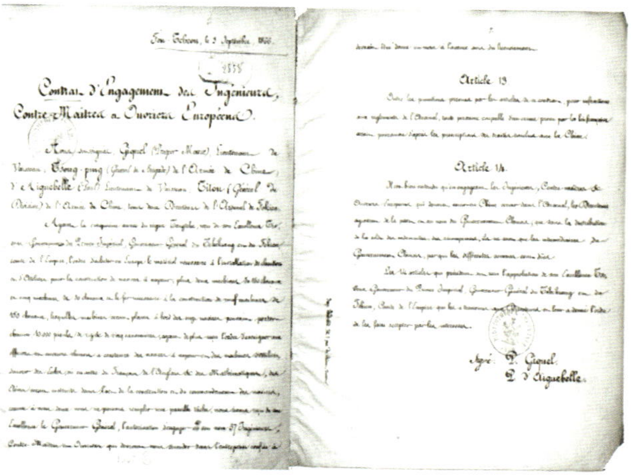

Contrat d'Engagement des Ingénieurs, Contre-Maîtres et Ouvriers Européens

Article 13

Article 14

Signé: P. Giquel
P. d'Aiguebelle

◎ 船政外国技师总承包合同

本着“权操诸我”的原则，船政从一开始引进外国技术，就采取了西方合同式的管理。为保证所有的外国技术人员能够为船政所用，船政首先与总承包人日意格、德克碑签订总承包合同，明确中外双方雇主与受雇者的关系，以及总承包人的权、利、责。日意格、德克碑再与受雇的外国技术人员分别签订具体的雇佣合同。

总体上，船政以总承包人作为对外国技术团队实施管理的抓手，以合同作为管理依据，以高额的金钱回报作为主要的激励手段，最终确保了技术引进的全面成功。

日意格、德克碑签订的技术引进总承包合同共 14 条，明确了技术引进工作的时限和目标，以及总承包人的责任等内容。

·船政外国技术团队合同主要内容（部分）·

技术团队的整体责任	1. 代为采购造船所需的各种机器设备，确保质量最佳。 2. 在铁厂开工后的五年时间内，保证教会中国人员掌握蒸汽动力舰船和配套设备的设计、建造。 3. 在铁厂开工后的五年时间内，协助中方建造 16 艘蒸汽动力军舰。 4. 在铁厂开工后的五年时间内，培训出合格的中国工程师、舰长等人才。
技术人员的责任	5. 在合同期内必须认真办事，各尽所长，悉心教导中国人员。 6. 根据洋员监督的安排，开展各项工作，不准承揽私活。 7. 在中国必须安分守法，尊重中方人员。

合同约定外国技术人员的主要职责有在船政必须真心诚意地为船政服务，发挥个人专长，用心教导中方人员，教会他们迅速掌握相关技术，培养船政人才，细心工作，安分守法，不得偷懒，等等。

对外国技术人员的激励措施，除了给予高昂的薪水外，还有额外的奖励。如果五年期满时技术引进目标能够实现，总承包人每人奖励 24 000 两，其余技术人员共 60 000 两，另外各增发 2 个月薪水，以及给予回国路费。有激励措施也有惩罚方案，在船政工作期间如果不遵守合同约定的责任，立即解除合同辞退，不给予回国路费。

对洋员洋匠职责的设定也十分清晰明了。如负责船政事务管理的日意格、德克碑此前虽有清政府奖授的总兵衔和提督衔，而这些只相当于荣誉称号。在船政实施管理过程中，他们的真正职务是洋员监督，这个职务的设定明确限定了他们的监督管辖范围，主要是外国人员的工作以及纪律情况，对中方则只有建议、指导等职权，不能插手船政内务。有章法、成体系的人事管理制度对船政有效且顺利运行起着重要作用。

为保证船政的有效实施，这座近代企业还建立了一套独立的管理制度，如质量管理制度、仓库管理制度、财务管理制度等。

质量管理制度，大多包含在行政管理和监督之中，对参与设计、制造、测试、驾驶等方面的有经验的外国工人也采取了严格的监督考核制度，辞退不合格者。与此同时，有关船身尺寸、马力大小、蒸汽机的型号、时速、排水量及蒸汽机的转速、锅炉涨力等，都进行测验，以保证质量。

仓库管理制度，船政对所储备的材料也进行登记造册，对各厂领用的需料，记在《用过工料细册》上。船政大臣常协同各厂委员将各料件逐件盘点。

财务管理制度，作为官办军事造船厂，船政经费属国家财政拨款。关于设厂、购买机器、雇募外国人员等所需经费，清政府指定从闽海关拨款，不足之处则由总督提取本省厘税作为补充。

◎ 船政颁发给洋匠们的金牌、银牌

虽是传统与近代并存的管理制度，但由于当时中国正逐步沦为半殖民地半封建社会，所以船政也带上了半殖民地半封建化的性质。

·19 世纪 80 年代船政工程处人员情况表·

姓　名	学　　历	职　　务	姓　名	学　　历	职　　务
魏　瀚	第一届留学生	工程处制机总司	林日章	第一届留学生	轮机厂制机监工
陈兆翱	第一届留学生	工程处制机总司	魏　暹	第二届留学生	工程处总司帮理
郑清濂	第一届留学生	工程处制船总司	陈才鍴	第二届留学生	鱼雷厂总司
吴德章	第一届留学生	工程处制船总司	任　照	第一届留学生	船厂监工
杨廉臣	第一届留学生	工程处制机总司	陈林璋	第一届留学生	船厂监工
李寿田	第一届留学生	工程处制机总司	王桂芳	第一届留学生	拉铁厂监工
林庆昇	第一届留学生	拉铁厂拉铁监工	吴学锵	第一届留学生	铸铁厂监工
池贞铨	第一届留学生	拉铁厂拉铁监工	—	—	—

船政事业建立之初，不论是管理人员还是行政人员都以洋人为主，洋正督负责管理全厂事务、调度工程。从上表“19 世纪 80 年代船政工程处人员情况表”来看，19 世纪 80 年代的留欧技术人员，即学成归来的船政学子，构成了船政教员的主体，教授造船、驾驶等技术。而且当时越来越多自学成才的精通西学或懂得管理近代工厂的人员成为船政管理人员的主体。19 世纪 80 年代船政前后学堂的历届毕业生中，也有一部分直接在厂任职的。

·管理人员构成表（截至 1885 年 4 月）·

姓　名	在厂职务或供职部门	姓　名	在厂职务或供职部门	姓　名	在厂职务或供职部门
忻成发	—	林世仁	铸铁厂管理委员	陈武元	—
林庆新	—	林希曾	水缸厂管理委员	陈本国	—
严树立	—	夏庆余	铁胁厂管理委员	林昌谟	东西考工管理委员
许贞干	文案处委员	陈庆辰	铁胁厂管理委员	郑　筏	模厂管理委员
潘　荣	—	陈　坤	铁胁厂管理委员	黄轩龄	学堂管理委员
林师望	—	朱庆生	截铁厂管理委员	陈宝三	—

续表

姓　名	在厂职务或供职部门	姓　名	在厂职务或供职部门	姓　名	在厂职务或供职部门
严良勖	文案处	梁寿龄	—	林宗开	后学堂管理委员
施鲁滨	文案处委员	梁孝照	文案处管理委员	陈　纯	—
张思敬	文案处委员	梁益谦	帆缆厂管理委员	孟宗韩	拉铁厂管理委员
李圣培	支应处委员	林鉴波	—	王毓珍	轮机厂管理委员
葛敬谦	支应处委员	李维珍	截铁厂管理委员	吴丰昌	船厂管理委员
孟宗伊	报销处	杨嵩年	轮机厂管理委员	周道昌	—
郑逢时	报销处	冼懿林	船槽管理委员	夏献鋆	各厂总稽查
王树翰	报销处	郑琼书	帆缆厂管理委员	韩沐之	支应处委员
钟大焜	绘事院管理委员	卢绍昌	砖瓦厂管理委员	于成泰	香港采办分局委员
范继馨	绘事院管理委员	陈　耕	广储厂管理委员	齐常鼎	—
梁佟年	后学堂管理委员	邓庆光	广储厂管理委员	吴征驹	前学堂管理委员
费廉米	绘事院监督	廖雄勖	广储厂管理委员	郑景濂	—
梁凤翔	后学堂管理委员	许　桐	储材所管理委员	曾光时	—
林洄溆	学堂稽查	张樾云	东西考工管理委员	徐泰来	铁胁厂管理委员
严毓瑞	发审委员	杨廷纶	东西考工管理委员	周泰和	—
王　煜	艺圃稽查	廖光全	健丁营管理委员	潘　顺	—
程华湘	船厂管理委员	林高升	巡扑管理委员	—	—
郑　镛	船厂管理委员	孟宗洛	水缸厂管理委员	—	—

注：行政管理人员 70 人（不包括船政大臣和提调）。

从表格中我们可以看出，与沈葆桢时期相比，船政管理人员的结构有了明显变化，懂得“西艺”（即西方技术）的知识分子比例大大增加。知识分子中精通洋务（即西方事务）的占全厂管理人员和科技人员总数的 24.1%，其中留欧学生 19 名，船政毕业生 19 名，具有近代科学知识的人员 12 名。船政管理人员的专业化推动了船政的近代化及相关理论的深化。从 1875 年到 1886 年 10 年间，船政新型知识分子增加了近 4 倍，技术力量大大增强，这样的技术优势在当时清政府官办的近代企业中是首屈一指的。

船政采用机器大生产的近代工厂制，实行工资制。初期由封建员绅行使管理权，工资制度十分复杂，工资待遇差别很大。但就性质而言，它与封建的薪俸制度已不大一样，是带有资本主义性质的。行政管理人员中大部分人是从封建官僚机构拨调而来的，因此就按照品秩高低评定基本工资，如果有请假则按照具体请假天数来扣工资。品级越高，工资越高；最高品级的工资为最低品级的 8 倍，工资越高，则级差越大。而且同级内武职工资仅有文职工资的一半，这点与封建政权的薪俸制没有多大差别。但船政的工资制，还是有其独特之处的：一是高工资仅限于船政大臣一人，其他人年俸均在 480 两以下，还规定每月最高支取的薪水不超过 50 两；二是清政府已认识到船政官员与一般文职不一样，处理的事务与洋务相关，即使官员稍多，但薪水依然丰厚。

此外，船政还实行津贴制。船政大臣裴荫森在任期间，鉴于不同岗位的专业性、特殊性和重要性，他曾建议在没有调动或升职的情况下，增加船政人员的津贴，且津贴的多少与品秩的高低无关。

·各类工人工资一览表·

类　别	工　种	职　务	工资额（两）
技术工人	木　工	匠　首	28~35
	铁　工	工　人	4.2~8.3
	船　槽	技　工	12
	挖土机船	正管轮	12
		副管轮	8
		小　工	4.2
非技术工	运　夫	夫　长	6
		什　长	3.6
		运　夫	3.3
	运木排工	排　长	6
		排　工	5.5
艺　徒	—	在　学	4.2
		在　职	10

技术工人的工种繁多，其工资级别也显得复杂。从“各类工人工资一览表”中大体可以看出，工人工资是按工种及技术制订的，依据技术繁简设定工资级差。技术职务工资高于行政职务工资。首任船政大臣沈葆桢认为技术工人的专业性是行政办公人员所不能替代的，所以技术职务工资明显高于行政职务工资。艺徒从进入艺圃学习开始，随时考察，技艺有进步者还会增加。若毕业进入工厂工作，工资基本上高于未入艺圃训练的工人，工资额在挖土机船正管轮和副管轮的工资额之间。这样的规定适应了近代大工厂制的要求，即任何工人都必须经过劳动前的准备和严格的技术训练。从以上可以看出，船政对工人实行计日工资和计月工资两种不同的工资制。

本国技术人员的工资制订基本参考采用外国资本主义国家的工资制度。左宗棠创办求是堂艺局时就规定，能担任监工、船主的船政优秀毕业生，每个月薪资参照外国技术团队对应职务的薪资标准，且表现突出者予以升职。但在实际发放中，并没有按照左宗棠的规定。据船政大臣卞宝第的说法，毕业生年龄资历低，在调度掌控方面经验能力都不够成熟，因此薪金仅给予20～30两。但薪金不是固定不变的，工作能力突出者就会有加薪的机会。到1886年，凡留学回厂工作的留学生皆予以加薪。

·技术人员工资表·

留学回厂人员					封建员绅				
姓　名	出身	在厂职务	官衔	工资（两）	姓　名	出身	在厂职员	官衔	工资（两）
任　照	艺徒	监工	千总	22	董毓琦	员绅	委员	同知	36
王桂芳	艺徒	监工	千总	22	陆汝成	员绅	委员	待诏	40
吴学锵	艺徒	监工	千总	20	杨仰曾	附生	委员	—	22

从“技术人员工资表”一表中可以看出，留学回厂人员的工资与其职务，特别是技术的熟练程度有关。所以，管理全厂工程与管理一个车间的工资有差异，前者为后者一倍以上。同样，学历也很重要，学生出身的封建员绅都比学徒出身的留学生的工资要高。

综上所述，船政实行的工资制度虽然不可避免地被打上了封建主义的烙印，但与一般薪俸制相比已非常不同。船政实行的薪津制有两个显著特点：一是可以随时增减工资；二是工资受雇佣劳动市场供求关系的影响。

然而，这种带有资本主义性质的工资制度，与之所依附的封建制度是矛盾的，它的作用不免会受到限制，船政大臣奏请的加薪总会受到顽固派的抵制，特别是以贡献、技术水平为标准的津贴。船政的薪金制订基本由左宗棠和沈葆桢一同商订，之后的船政大臣根据实际情况做些微调。

船政工人约有 2 600 人。显然，这些工人并非都来自外资企业中技术熟练的工人，大部分工人来自农民和旧式手工业者。船政大臣裴荫森奏称："福州地瘠民贫，谋生不易，自有船厂，趋工若鹜，仰食者不下万家。"这里的"民"主要指的是农民，也包括部分失业的手工业者，且多数是旧式手工业者。为更好地提高船政制造的近代化水平，面对这些庞大的工人群体，洋务派开展了各种形式的技术培训，使之能够熟练掌握使用机器的技术。

第一种是就厂培养，边干边学。洋务工矿企业均有聘用外国工人及技术人员，许多企业令中国工人与外国工人边干边学。其中成效最大的当推船政。船政大臣沈葆桢一开始就高度重视对学徒、工人的技术训练。沈葆桢也认识到，这些近代工业不是天天跟着外国技术人员就能学到精髓的。所以，训练课程仅限于蒸汽机构造的简单说明及一些部件的工作原理，培训的目标只是培养工头和领班。因为他们不具备绘图和根据动力学计算蒸汽机机械部件的能力，他们只能看懂图纸，然后进行实际操作，或者指挥操作。第二种是学徒班，这是较高一级技术工人的培训方式。船政最早设立学徒班，称为"艺圃"。学徒班最突出的特点是重视生产实践。学徒班创办的目的主要是培养能够识图、作图、计算和制造的技术工人，因而课程的安排也与此相适应。为了不影响正常的生产，课程安排在晚上七点半到九点，有算术、几何、几何作图、代数、设计和蒸汽机构造等课程。经过几年的训练与学习，学员们大多数已经能够详细解释一台蒸汽机的设计原理，计算每个零件的体积、重量，并能说明各零件的功用。船厂监督日意格认为，如果将少数学徒送到欧洲工作三四年，他们中一些人不仅能锻炼成为按图施工的工头，还能成为一级负责人。在所有工厂创办的学徒班中，船政学徒班成绩最为突出。不论就厂培训还是学徒班，均必须经过严格的考试和淘汰。到 1873 年外国工人退出船厂时，日意格逐个考核，挑选技艺娴熟的正匠头、副匠头，外国工人仅提供图片，不再入厂指导，放手由中国匠头领导中国匠徒们自主制造。几个月后，工程验收能与图纸相吻合，匠头能独立地承担制造船舶的技术工作，外国工人的工作才评定为合格。第三种是出国留学或见习。这种形式只有在船政和汉阳铁厂实行过一次。1877 年船政留欧学生中的学徒就有裘国安、陈可会、郭瑞珪、刘懋（mào）勋、张启正、王桂芳、任照、吴学锵、叶殿铄 9 名，占全体留欧人数的四分之一。他们在法国的腊孙船厂、马赛铸铁厂、马赛木模厂、白代果德铁厂分别学习船舶制造。1880 年，船政还派出匠头黄带、林祥光、陈庆和、谭秀、黎晋贤等去法国、德国学习 3 年，他们回国后分别成为船政造船厂及省机器局、旅顺船坞的监工。他们算得上是全国熟练工人中一批出类拔萃的技工。

船政作为官办企业，所有的开销都由政府来支出。左宗棠在任时期，曾因造船经费过少险些产生不好的影响，幸亏胡光墉发挥其巨大的筹款能力，让后来的船政运转起来。丁日昌在接任后发现船政亏空严重，便上奏清政府让地方政府负责造船和养船的全部开支。

进入 19 世纪 90 年代，船政经费的困难加剧。加上甲午海战的失利，戊戌变法后船政原本 170 余万两的拨款，仅到位近十分之一。船政也尝试转变经营方式——商业化，接收民运和航运的造船订货，但未能转化成功。1907 年，清政府以船政难以维持为由，下令“暂行停办”。船政由此结束了作为中国近代造船工业主要基地的时代。

船政，承历史之重，诞生了中国第一支近代化海军舰队；开设了中国近代第一所海军军事院校；设立了水雷并创建了中国第一家鱼雷厂；创设了中国第一家电报学堂……培养了一代又一代的杰出人物，有中国近代海军将领萨镇冰；有甲午军魂、中华名将邓世昌；有启蒙思想家严复；有“中国铁路之父”詹天佑；有“匡世良才”、造船专家魏瀚；有设计中国第一架飞机的巴玉藻、王助、曾诒经……

阅读

船政大记事

1861 年，总理各国事务衙门设立，管理海防近代化在内的各种洋务和外交事务。

1866 年，创办总理船政衙门。沈葆桢为第一任船政大臣。近代中国第一所造船与航海学校——求是堂艺局创办。

1866年12月，船政生产厂区动工。

1868年2月，近代中国第一所职工技术学校——艺圃创办。

1869年，近代中国第一艘千吨级军舰——"万年清"号建成。

1872年，清政府内部展开"是否停办船政"大论战。

1875年，自行设计建造成功"艺新"号兵轮，开设福州电报学堂。

1877年，第一艘铁胁船"威远"号建成。

1877年，第一批留学生赴欧留学。

1879年，沈葆桢组建中国近代第一支海军舰队（福建海军）。

1888年，第一艘钢质钢甲军舰"龙威"号（后更名为"平远"号）下水。

1899年，林纾第一部外国小说译著《巴黎茶花女遗事》刊行。

1907年，船政暂停造船。

1912年，改称"福州船政局"。

1913年，福州船政局收归海军部管辖。

1913年，"福州海军制造学校"（前身为前学堂）、"福州海军学校"（前身为后学堂）成立。

1917年，设立海军飞潜学校，这是中国第一所培养飞机、潜艇制造人才的高等专科学校，学生由海军艺术学校选送。

1918年1月，福州船政局设立飞机制造工程处。

1919年8月，造出第一架水上飞机"甲型一号"。

1930年4月，更名为"海军马尾造船所"。

1949年8月，马尾解放，船厂获新生。

1958年4月，马尾船厂移辖福建省交通厅，正式命名为"马尾造船厂"。

20世纪70年代，中央调整战略布局，加大对船厂的投入。

1982年8月，马尾造船厂归属福建省船舶工业公司。

1984年，制订高目标、高战略，瞄准世界先进造船和管理水平，船厂不断寻求与荷兰、日本的合作，逐步提高造船水平及业务范围。

2001年12月，马尾造船股份有限公司召开第一次股东大会及第一届第一次董事会、监事会，实现体制改革。

第二节 感悟船政

研学目标

1. 通过船政之旅，结合搜集到的文字、图片、表格等资料，用时间轴等方式梳理船政兴起的背景以及发展的历程，增强“船政探索”和“海事求知”的热情。
2. 通过梳理船政历程，采用演讲、视频、朗诵、文创作品等方式，用具体的实例呈现船政精神——爱国、科学、创新、图强，建立海洋视角下的爱国意识。
3. 通过扮演小组汇报员、船政文化博物馆志愿者、船政故事讲解员等角色，了解船政发展的兴衰，总结近代船政变革的经验教训，学会从历史中汲取智慧，以史明智。

研学线路一 船政衙门—中国船政文化城

实践点 马尾

考察点① 船政衙门

◎ 船政衙门

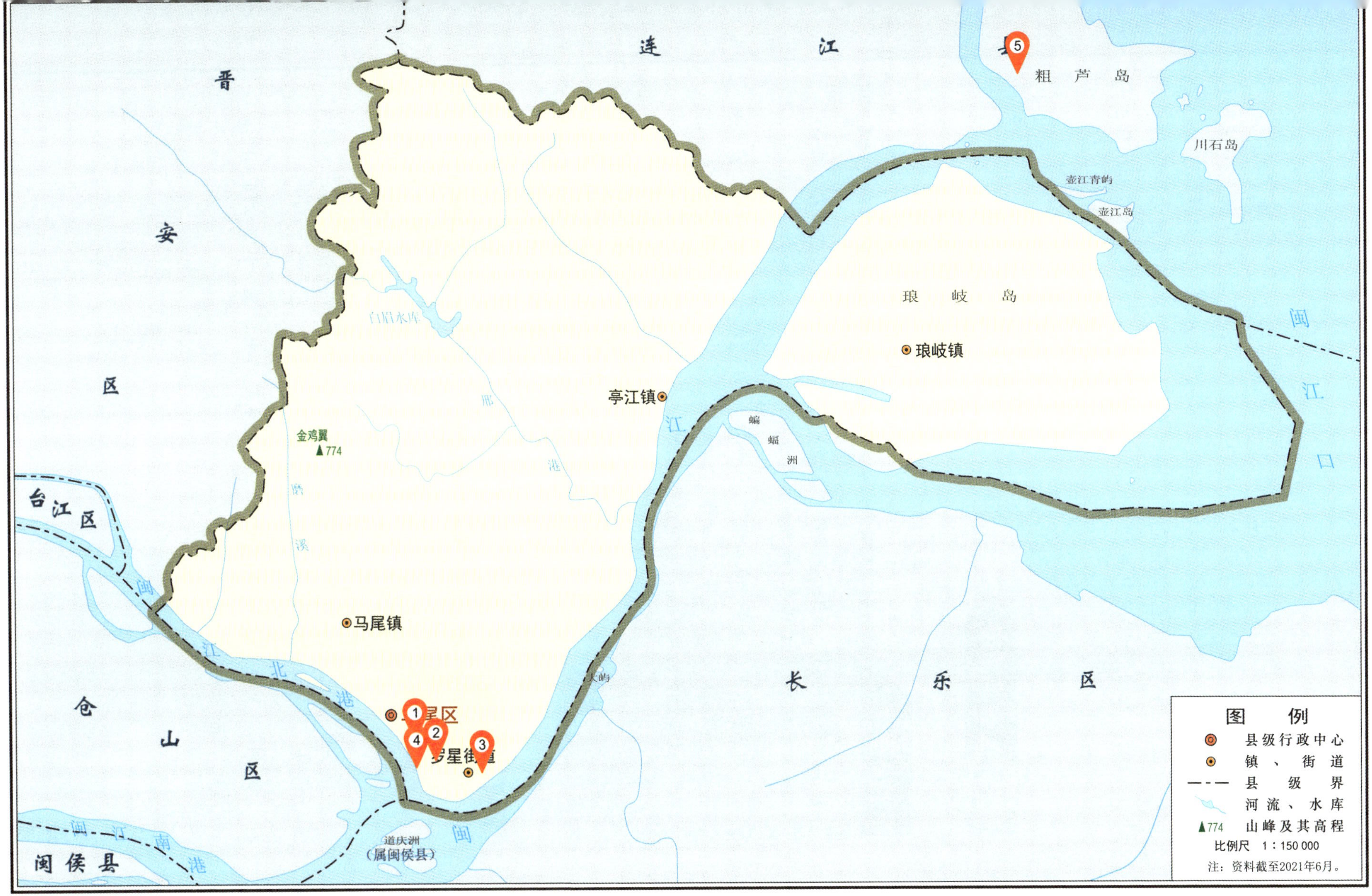

审图号：闽S〔2021〕76号

◎ 马尾区地图

船政衙门是近代中国向西方学习的重要窗口之一，构建了近代中国新型管理模式。它借鉴了西方先进的管理制度，探索出有别于传统衙门的中西合璧的新型管理体制。这是在“自强”“求富”历史背景下的大胆创新，是中国近代化管理模式的尝试。正是在这种富有革新力的管理体制下，船政成为引领近代中国改革风气的前沿阵地，开启了中国近代化的历史进程。

任务清单

· 小学 ·

1. 选择船政衙门一个展厅，以小小宣讲员的身份向游客介绍左宗棠、沈葆桢与船政的故事，让更多人了解船政，走进船政。

2. “一部船政史，半部中国近代史。”举办一场以“船政与历史传承”为主题的讲故事比赛，重点突出“船政事”“船政人”，并评选出“最有历史味的故事人”“最有魅力的故事人”“最有风格的故事人”等若干名。

3. 举办“你猜我说”历史角色扮演活动，通过动作表演让小组成员猜一猜你所扮演的“船政人”。

· 初中 ·

1. 参观船政衙门，记录下船政发展的重要节点，用时间轴或思维导图的方式展示船政发展的历程。

2. 查阅资料，以船政兴起为背景，列表比较左宗棠与林则徐在“师夷”（向西方学习）方式上的不同。

3. 绘制以“穿越旧时光，展望新征程”为主题的手抄报，弘扬爱国、科学、创新、图强的船政精神。

·高中·

1. 在参观学习后，组织以“船政与近代史”为主题的网络调查问卷，走进船政大事件，并尝试总结船政经验。

2. 参观船政衙门，用拍视频的方式从你的视角介绍船政，传达你对船政的认识及从船政兴衰中得出的启示，特别是船政经验对当下全面深化改革的借鉴与启示。

3. 用图片展的方式，以“时代召唤”“船政兴起”“中华复兴”三个主题展示船政的过去、现在和未来，更好地传承爱国、科学、创新、图强的船政精神。

考察点② 中国船政文化城

位于福州市马尾区的中国船政文化城，占地面积约 111 公顷，按功能定位分为官街片区、船厂片区、马限山片区、旧港区片区、罗星塔片区等五大片区。其中，中国船政文化城核心区（船厂片区）拥有中国船政文化博物馆以及绘事院、轮机厂、铁胁厂、机修车间等重要工业建筑。

造船厂位于马尾港，距闽江仅有数里之远。船政建造初期包括船政衙门、船政生产厂区等建筑设施共计 80 余处，并建造船台 4 座，船坞 2 座，成为当时中国规模最大、设施最全的造船基地和海军培养基地。1941 年，日军占领马尾，造船厂遭受重大损失，厂房大部分被烧毁。1958 年，在船政旧址上新成立马尾造船厂。1982 年，马尾造船厂从福建省交通厅移辖福建省船舶工业公司，2016 年迁至连江粗芦岛。

◎ 中国船政文化城

任务清单

· 小学 ·

1. 在轮机车间内，举行一场主题为“船政颂”的诗歌朗诵会。

2. 在船政文化城广场，开展一场以“忆船政·旧时光”为主题的快闪活动。

· 初中 ·

1. 以铁胁厂为活动场地，开展一天的劳动实践活动，进行蒸汽机装配、发动机装配操作、船舶零件装配或航海射击军事演练活动。

2. 红砖房诉说着船政创办的艰辛。在红砖房或绘事院申请志愿服务一天，向游客讲述船政先贤们创造的许多“第一”。

· 高中 ·

1. 为中国船政申遗献计献策，和小伙伴们撰写中国船政申遗推介词，并在船政文化城进行展示。

2.“百年船厂，百年沧桑。”船政不仅有一个历经100多年的老船厂，更是一个民族工业崛起的缩影，是一个民族命运跌宕的反映。请你和你的小伙伴从研学的角度，选定一个主题，撰写一篇研究性学习的小论文，并制作演示文档进行分享。

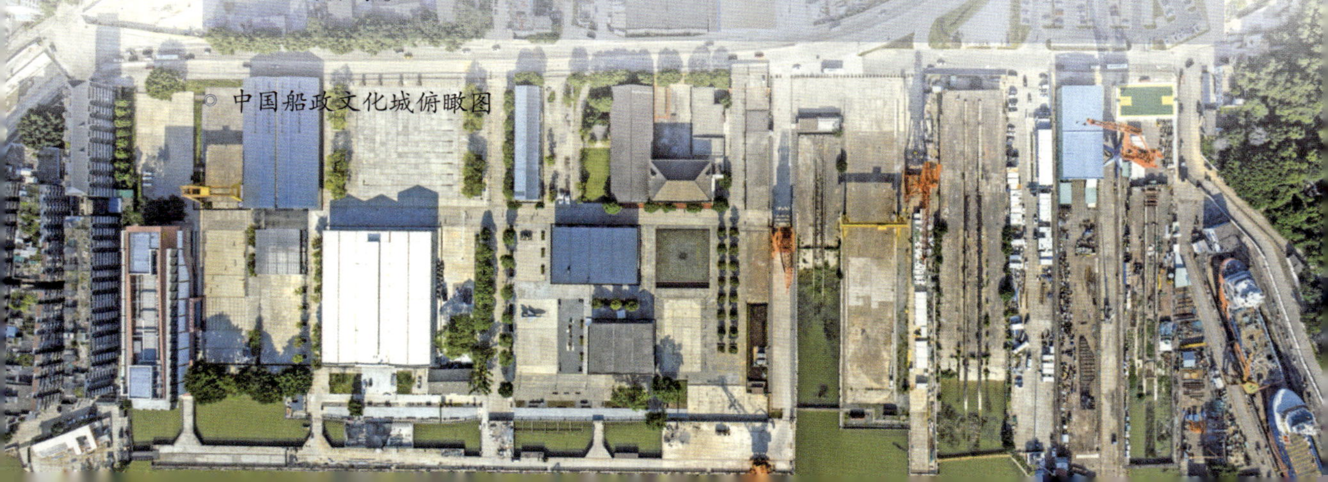

中国船政文化城俯瞰图

研学线路二　船政时空隧道—中国船政文化博物馆

实践点　马尾

考察点③　船政时空隧道

船政时空隧道入口位于马尾造船厂内。其借助声光电等技术手段，布置了船政文化、人防科普两大主题展区。各展区设计具有鲜明的年代特色，并通过寓教于乐的互动方式普及人防知识。悠长的时空隧道伴随着时光岁月的轮转，给人一种置身于“时空穿梭机”的感觉。穿越时空到千年之前，从新石器时代的昙石山文化一直到历史悠久的船政文化。全程300多米的船政时空隧道就是一条清晰的船政发展脉络。

◎ 船政时空隧道

任务清单

·小学·

1. 选择你喜欢的某一时期的船模，用老师提供的材料和同学们搭建一个舰船模型，为它取名并分享名字的寓意。

2. 绘制主题为“不忘初心、牢记使命”的巨幅绘画，记录船政近代发展的兴衰。

·初中·

1. 牛角梳是福州地方传统工艺之一，也是福州城市的一张名片。将你认为船政发展过程中重要的历史事件或人物，以牛角梳为载体，进行卡通画创作，将船政与福州传统艺术文化相结合，为福州文化宣传贡献一份力量。

2. 选择一首能够展示船政历史兴衰的歌，附上你的推介理由，也可以是自创诗歌。通过网络票选的方式评选出优秀作品。

3. 举办一场船政知识竞赛，班级分小组进行试题搜集、赛场布置，制订评奖办法，在竞赛中传承船政精神。

◎ 船政时空隧道内景

· 高中 ·

1. 设计以红色旅游为主题的旅游线路，着重体现船政发展过程的红色故事。

2. 举办一场海报设计比赛，并将成果展示出来，让更多人认识船政。

3. 有人说时空隧道展现出的近代福州历史是与整个中国历史休戚相关的。以“千年局变”为主题，讲述一个你认为能将船政历史和中国近代史密切联系的人或事，说说你的理由。

考察点④　中国船政文化博物馆

中国船政文化博物馆的外立面设计突出船政元素，整体虚实对比，造型简洁，彰显出船政历史的厚重感，展现出鲜明的船政特色。

该馆一楼由大型主题浮雕、临展厅和公共服务大厅组成序厅，浮雕正中是一艘乘风破浪的军舰，它以船政制造的第一艘军舰“万年清”为原型进行塑造，展现了以爱国、科学、创新、图强为核心的船政精神；临展厅计划陆续举办船政职业教育、北洋海军将士生平等特展。二楼是“自强之道——船政历史文化陈列”，依托丰富的馆藏文物、珍贵史料，从六个方面呈现船政深厚的历史和宝贵的精神。三楼以“闽都瑰宝——船政文化揽胜”为主题，集中展示船政文化传承，及其对周边社会的影响。

◎ 中国船政文化博物馆

任务清单

·小学·

1. 举办图片展，拍摄你认为对船政发展最有影响的人或事，写出你的理由。

2. 参观中国船政文化博物馆后，制作一张拼图，以时间、事件、人物三个要素或某一主题来设计拼图内容，并邀请你的小伙伴一起来参与拼图，看看谁拼得最快。

·初中·

1. 赓续百年船政，打造福州城市名片。可进行小组合作设计船政宣传图，宣传船政文化保护工作的重要性。

2. 假如即将召开新一届船政文史研讨会，请你设计一个研讨会的标志，通过互联网的方式推介宣传船政精神。

3. “发展船政研学，打造文旅马尾。”请你围绕这一主题设计一条船政研学线路。

·高中·

1. 参观中国船政文化博物馆，通过导游了解整个船政建设发展的现代化过程，小组合作进行一次关于“船政文化地位”的调查，并分享成果。

2. 举办船政文化节活动，小组合作设计文博类、生活类、非遗类、文旅类等文创作品，选出优秀成果并在文化节展台进行展示。

3. 小组合作拟定一份倡议书，弘扬劳动精神，挖掘船政文化的丰富内涵。

研学线路三 马尾造船股份有限公司

实践点 连江

考察点⑤ 马尾造船股份有限公司

任务清单

· 小学 ·

1. 参观马尾造船厂，列出在厂区参观的安全事项。

2. 动手拼接新船模型，体验动手的快乐。

3. 用图画、文字、语音或视频的方式设计一艘你心目中的舰船。

· 初中 ·

1. 写一份新闻稿，表达你对船政发展的新希望。

2. 参观厂区后，请用几句话表达你对船政发展的感悟。要求内容原创，并用微信投票工具票选出 5 名创意奖。

· 高中 ·

1. 对厂区进行调研，列出连江粗芦岛成为马尾造船股份有限公司新址的原因，并结合历史地理因素进行说明。

2. 参观厂区，传承船政精神。开设船政小课堂，介绍造船厂的技术发展历程，并以思维导图的方式直观地展示给观众。

◎ 马尾造船股份有限公司

第三章 船政教育

1866年，新创办的船政学堂开始招生，录取学生的食宿和医药费全免，每月发放银两，学业优秀的还有奖学金。福州一带许多家境贫寒的孩子都去报考，福州城里有一位十四岁的少年，闻讯也前去报考。他的父亲是乡里一位儒医，母亲是一个布衣的女儿，家道本不宽裕。不幸的是，父亲因抢救霍乱病人被传染身亡，家里失去了主要经济来源，家里的生计只能靠母亲做女红维持。船政学堂考试题目《大孝终身慕父母论》是由第一任船政大臣沈葆桢所出，也许是他丧亲丁忧的缘故，这道考题使刚经历了亲人逝世的少年触题生情，有感于怀，他挥笔成章，写下一篇情感真挚的文章，笔端流露出对亡父的哀思与对母亲含辛茹苦的感恩之情。此文深得沈葆桢的激赏。揭榜之日，大家聚集在榜前，只见榜首赫然三个大字：严宗光。这个严宗光就是前文所述的十四岁少年，后来改名复，这就是之后成为中国第一位启蒙思想家并深刻影响中国近代史的船政精英严复。其入读的船政学堂正是船政办学的产物，船政创办之初既设局造船，又兴办学堂，注重人才培养。正如李鸿章所说：“闽堂是开山之祖。”让我们一起走近这段历史，去了解并探究一座学堂是如何引领一个时代的。

◎ 严复

第一节　新学发端

19 世纪 60 年代创办的船政学堂位于福建福州马尾港，船政学堂最初称“求是堂艺局”，是专门为船政培训人才而设的新式学校。它是近代中国首家海军及工程技术学院，也是中国首家现代军事学院和现代专业院校，同时设立的艺圃开创了中国近代职业教育的先河。船政大臣沈葆桢强调“创始之意不重在造而在学”“船政根本在于学堂”，要舍得智力投资，设基铸才，引进西方科技，创办新式学堂，学造船、学驾驶，培养掌握多学科的优秀人才，建立起自己的科学技术队伍。清代后期，船政学堂培养了大量精英，他们发展成为近代中国政治、军工、经济、文化领域的杰出人才。他们或投身于海军工业，或发展地方工业，或开办新式学校，或推动国内一批新型工厂、学校迅速发展，涌现了严复、萨镇冰、陈季同、詹天佑等著名思想家、军事家、外交家和工程技术专家。船政学堂不仅有近代化的舰船，还有近代化的教育和管理，它是古老中国走向近代文明的里程碑，是我国近代新学的发端。

新学创办

洋务运动代表人物左宗棠受林则徐等人的影响，决心践行“师夷长技以制夷”的思想，设局办学。在左宗棠、沈葆桢的力促下，1867 年初，求是堂艺局正式开学，校址暂设在福州城内的定光寺（又称“白塔寺”）与仙

◎ 白塔今貌

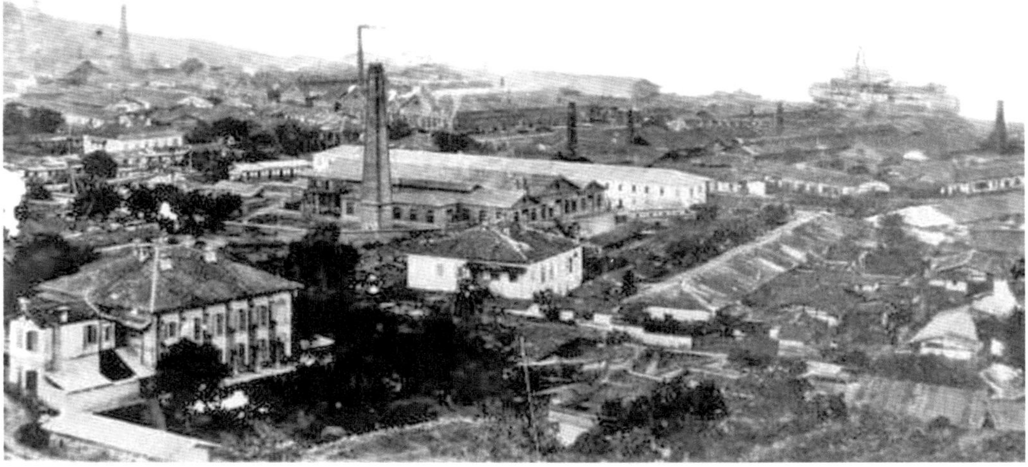

◎ 船政学堂远景

塔街，还有城外亚伯尔顺洋房。这一点足见创办者的战略眼光，从工程刚开始就紧锣密鼓地借地办学，把“船政根本在于学堂”的战略思想付诸实践。至此，中国第一所新式教育学堂——求是堂艺局诞生了。1867 年，船政学堂校舍初步建好，分散四处的船政学子开始了集中学习。同年 6 月，船政学子分别在前后学堂正式上课。因为学堂为船政所办，所以习惯上被称为“船政学堂”。

船政学堂的办学宗旨是“师夷长技”以达到“制夷”之目的，同时也要发展官办军工工业，培养掌握西方近代科技的各类人才（例如能自主制造船舶、船用机械设备的工程技术人才，以及能进行近海和远洋航行的海军军官驾驶人才）。船政学堂从创办起，就注重引导学生通过学习日常道德规范来约束和塑造思想，例如中文课教学讲解“圣谕广训”等课程，向学生灌输传统文化，宣传爱国思想，防止学生在学习西学的过程中忽视传统道德的学习和文化修养的提升。

船政学堂具有属性多元、学制融通的办学特点。由于客观条件限制和现实需要，船政衙门在办学过程中形成了配套灵活、形式多样的办学体系。船政学堂引进西方教育模式，从专业设置、课程组织、教学水平和留学状况来看，可以说船政办学有普通高等教育的属性。在普通高等教育中按办学体制再分类，船政办学也可归入高等工程教育。再从重视实践、动手能力和学生毕业后的技术水平来看，船政把当时社会急需的高等工程技术人才作为主要培养目标，其职业性、针对性很强。船政学堂的艺圃，又称“学徒学堂”，后分为学徒学堂和匠首学堂，培养技工和监工，重点是对造船厂工人实行半工半读的技工教育。

船政学堂开了近代中西方教育交流融合的先河。船政学堂建立了引进师资、派遣留学的办学模式，西方的契约制度第一次在中国的学校里得到应用。左宗棠与日意格商议，选聘外籍教师并以西方的合同制来确定聘用关系，包括聘期、工资、工作任务、生活医疗待遇、奖励和辞退等内容都以规范化条款的形式写入合同。合同草签后，外籍教师来校任教时签正式合同，受聘老师所在国家的驻华外交官画押担保。外籍教师除教学时间与学生在一起外，其他时间相互隔开，有单独的洋楼和空间。学生被划定在狭小的活动范围内，受严格的纪律约束，不能与外籍教师互相交流思想或谈论政治问题。学堂管理章程规定凡在休息时间，学生由船政委员到各学堂严格监督，默写《圣谕广训》《孝经》等，其成为前后学堂通例。合同还明确规定外籍教师对学生只有教学之责，无管理之权，不得干预船政事务，在船政大臣和船政提调的严格管理下，保证“权操诸我”。这样的工作合同和我们现代的劳动合同非常相似，在当时的历史条件下，属于较为完备的规章制度和聘用合同。这种“权操诸我”的外籍教师聘用管理模式实属一大创举。

◎ 船政留学生在英国格林威治皇家学院合影

值得一提的是，船政学堂对于不称职的外籍教师也有非常严厉的惩罚制度。“西洋师匠尽心教艺者，总办洋员薪水全给，如靳不传授者，罚扣薪水。”情节严重者会予以解聘回国。

船政学堂还开创了派遣留学生制度。学堂先后选送4批出国留学生，分赴法、英等国学习。

19世纪70年代初，清政府曾派遣容闳（hóng）带领第一批幼童留美，这是中国政府正式派遣的第一批留学生。但幼童留美并未完成预定计划，中途夭折。晚清留欧船政学生与晚清留美幼童有许多不同。一是留欧船政学生出国时年龄较大，一般在20多岁，比较成熟，而且都是从福州船政学堂和天津北洋水师学堂选拔的优秀学生，文化、专业素质与外语基础比较好。二是派遣的目的较明确，就是为了发展中国的海军和造船事业，派学生去当时世界上海军最强大的英国和造船工业最发达的法国留学，以培养中国自己的海军人才（“良将”）和造船人才（“良工”）。清政府对留欧船政学生的学校、专业、课程以及具体的实习程序均有明确且严格的规定。三是留学期限较短，学用结合，成效显著。留美幼童预定学习期限为15年，而留欧船政学生一般为3至5年，多数学生能如期学成归国服务。留欧学生除了在各类学校学习专业知识、技术外，还会被安排到英国军舰或法国工厂实习，力求理论与实践相结合，再加上他们自己刻苦努力，因此多数留欧学生学习成绩优良，学习成效显著。船政留学生除因病身故未卒业者，其余均如数归国效力，其中多数成为当时国家科技力量的主要骨干。典型的代表有启蒙思想家严复，外交家罗丰禄、陈季同，造船专家魏瀚、郑清濂，矿务专家林庆升、林章，轮机专家陈兆翱、杨廉臣，等等。

知识链接

船政留学生的中西文化交流

留欧船政学生陈季同被誉为“福建三杰”之一，他在近代中西方文化交流史上留下了浓墨重彩的一笔。他先在法国政治学院学习法律和文学，后任驻法使馆翻译、参赞，是一名出色的外交官，在法国享有很高的声誉。他用法文撰写的《中国人的自画像》《中国人的戏剧》等作品介绍了中国文化，并首次把中国古典名著《红楼梦》《聊斋志异》的部分篇章译成法文，还把雨果的《九三年》等6部作品译成中文。

◎ 船政学堂

学制创新

船政学堂早期建有两区学堂，一是前学堂（造船学堂，法语教学），二是后学堂（驾驶学堂和管轮学堂，英语教学）。随着时间推移，船政学堂分为法文和英文两大类，前后学堂分别扩充至三所，共六所。19 世纪 70 年代中期，船政学堂附设全国第一家电报学堂（电报学塾），设置电气、电信及制造电线等专业。19 世纪末，艺圃分为艺徒学堂和匠首学堂。

·19 世纪末各学堂专业设置及培养目标一览表·

学堂名称	所设专业	培养目标	备　注
造船学堂	造船专业 造机专业	造船工程师和造机工程师。	—
绘事院（绘画学堂）	船体测绘专业 机器测绘专业	船体测纳项机器测绘技术人才。	优秀毕业生可升入造船学堂学习。
艺徒学堂	船身专业 船机专业 木匠专业 铁匠专业	船身、船机、木匠、铁匠等造船技术工人。	—
匠首学堂	船身专业 船机专业 木匠专业 铁匠专业	船身、船机、木匠、铁匠等造船技术监工。	由艺徒学堂艺徒择优升入匠首学堂，培养高级技工（匠首或技师），优秀者可任监工（工程师）。

续表

学堂名称	所设专业	培养目标	备　注
驾驶学堂	航海驾驶专业	具有近海和远洋航行理论知识的舰（船）长（称“管带”）、大副（称“帮带”“副管驾”或“帮带大副”）及舰（船）指挥官，分别称驾驶（二副）、枪炮大副（枪炮官）、鱼雷大副（鱼雷官）等。	—
管轮学堂	航海管轮专业	舰船轮机管理专业人才，包括总管轮（轮机长）、大管轮、二管轮等。	—
练船学堂	实际航海专业	具有近海和远洋实际航行能力的舰（船）长（称“管带”）、大副及舰（船）指挥官。	—
电报学堂	电报专业	电报技术人员。	—

阅读

首创电报学堂

船政电报学堂是中国近代第一所电报学堂，培养了中国第一代电报人才。该学堂由丹麦大北公司人员授课，主要设有电气、电信及制造电线、电报等专业。第一次招生32名，其中已在香港、广州学习过英语的学生有28名，学生年龄大多在18到21岁间。学堂设有一个轮机班、两个电报生班和一个预备班。课程除了英语外，还有实用电报学、电学和电磁学。这些近代科学技术课程对于以接受封建教育为主的青年人来说，难度不小，但他们靠聪明才智，刻苦学习，很快成了合格的人才。

电报学堂不仅注重现代科学技术理论的学习，而且强调实践操作的实习，如罗星塔一段的电线交由学生操作。这种理论与实践相结合的教学方法使学生们很快掌握并熟练地运用电报的各种知识。学生在短期内学会了各种电报工的操作知识，有些还能熟练地发明码电报。只是好景不长，1877年底合同期满时，学校就关闭了。有的学生仍留在罗星塔线路工作，有的学生去台湾当工程师设置新电报线，其余留在船政。

前学堂设置造船和造机两个专业，基础课程主要有语言和算术等。语言类除中文课外，外语课程为法语，兼习英语，使用原版法文、英文教材；同时还有算术、几何、三角、解析几何、微积分、物理、机械学等。造船和造机两个专业的专业课程分别为舰体制造、蒸汽机的制造与操作。

前学堂在课堂上教授专业基础课程，在实践中讲授专业课程；除中文课外，其他课程主要用法语讲授。

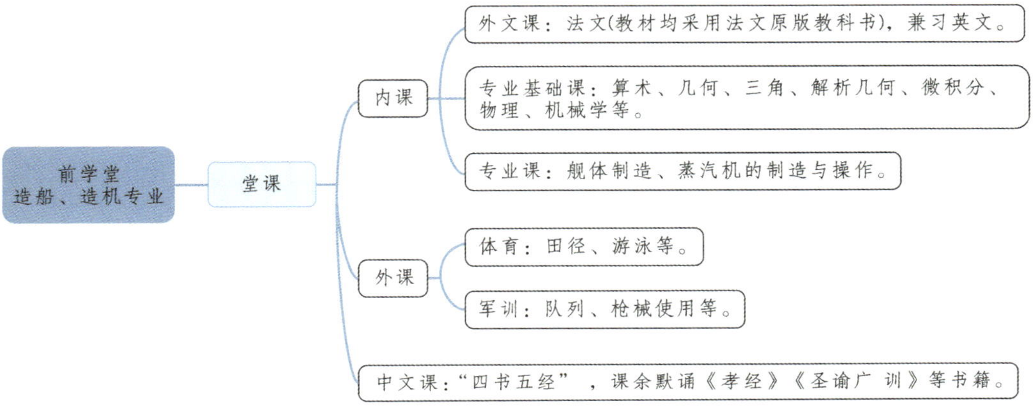

◎ 前学堂课程设置

知识链接

《福州船政学校常用技术词典》

船政前学堂请的是法籍教师，用的是法文课本，十分需要法汉词典，但当时尚无法文工具书译本。在船政工作的正副监督、监工、造船教习、造船工也有不少是法国人。正监督日意格懂汉语，由于情势所需，他着手编写《福州船政学校常用技术词典》，1868年在福州印刷发行，成为前学堂的主要参考书，并销往各地。该技术词典收入的单词尚不太多，日意格后又将其增补为新版的中法对照词典《法汉袖珍词典》，在上海出版。

后学堂设置驾驶专业和管轮专业。两个专业的课程设置方案都比较完善，基础课程主要是语言课程，除中文课外，外语课程均为英语教学，使用原版英文教材。同时还包括算术、几何、代数等。两个专业的专业课程都富有专业针对性和实用性。驾驶专业设置了地理学、气象学等专业基础课程，以及航海理论、航海天文学等专业课程。管轮专业设置了物理学作为专业基础课程，设置发动机绘制、蒸汽机结构与安装调试、各种仪表的功能与使用、海上操纵轮机规则等专业课程。

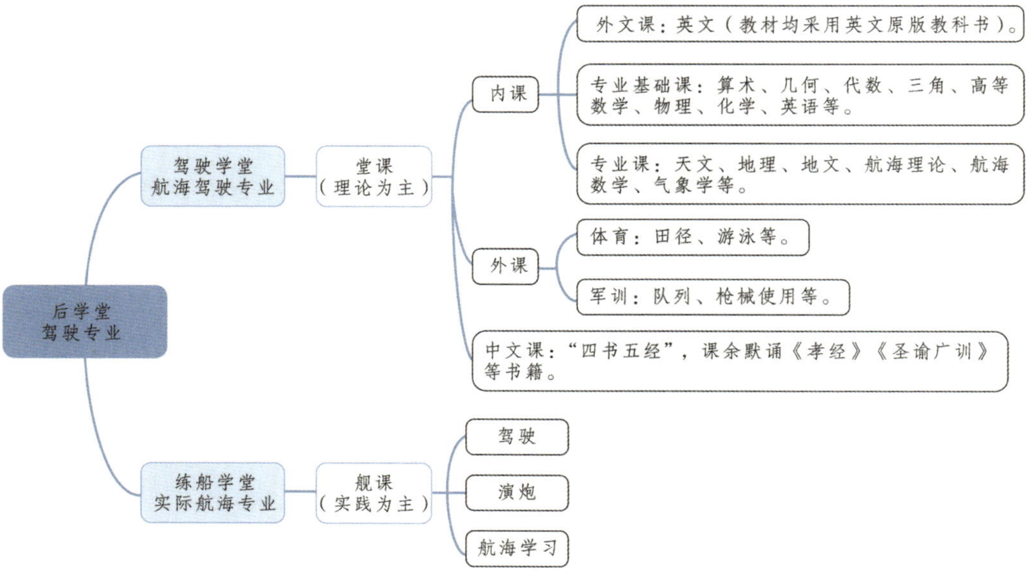

教学安排：驾驶学堂航海驾驶专业五年堂课修学完毕，通过学业大考，成绩合格者进入练船学堂实际航海专业，学习两年舰课；除中文外，其他课程用英文讲授。

◎ 后学堂课程设置

后学堂课程注重理论与实践相结合。驾驶专业除了设置五年课堂教学的堂课外，还设置实践教学的舰课，舰课包括驾驶、演炮以及航海实习。管轮专业除了堂课外，还设置了在工厂实施的厂课和在舰上完成的舰课。后学堂除中文课外，其他课程均使用英语作为教学语言。

阅读

船政学生勤学外语

船政学堂授课使用英法原文教科书，语言自然是船政学生最大的障碍，法语专业的困难尤为突出。根据一位参观过船政学堂的法国工程师的记录，船政学生学习外语非常用功："我看到一些年轻人只上了四天课，就显示出他们极为敏捷的智力……八天以后，他们流利地拼读各种单词，在石板上写出所有的字母。无疑，六个星期以后，他们都会拼读，有好些人还将会写。"外国教师嘉乐尔也称赞道："这些年轻人的资质和勤勉的结果，应该对他们同胞的冷淡态度起到酵母般的影响，并激励他们和他们的外国教员在同一有益的领域里做出更广泛的努力。"

船政学堂对招生对象没有严格的限制，不分民族，凡年龄 12~20 岁，无论平民出身还是官宦世家，能通文义的均可报考。这种考试制度与当时选拔人才的科举制度大不一样，它广开考试大门，不拘一格招收学生，不仅拓宽了生源，而且有利于吸收更多优秀的人才入学。其招考程序比较完善，分为目测、堂考和体检。堂考的内容为一篇作文，试题有《大孝终身慕父母论》《车战议》等。

船政学堂不是每年都招生的，而是两年或三年招一次。到 19 世纪 80 年代后期共招 9 届，随后即停止招生。为了招收有一定英语基础的生源，船政学堂于 1867 年派人到香港英国学堂招收了 10 名粤童入学，单独编班上课，称“外堂生”。

新生入学时，实行严格的担保制度，必须由其父兄为其担保，并且本人必须出具保证书，保证在校学习年限内不告请长假，不改习别业，以取得良好的学习效果。

船政学堂有严格的学籍管理规定、灵活的升降学体系。各学堂有高、中、低的区制，存在升降级关系，如绘事院优秀学生可升入前学堂。前学堂成绩欠佳者降到绘事院，艺徒学堂优秀生可进入绘画学堂学习船图和机器图。艺圃分艺徒学堂与匠首学堂后，艺徒学堂优秀生通过选拔可进入匠首学堂。

船政学堂有严格的教学管理制度。学堂规定不放寒暑假，星期日也没有休息。《求是堂艺局章程》中规定全年按中国过节传统安排端午节、中秋节各放假三天，春节放假十天。

知识链接

《求是堂艺局章程》（初稿）

船政创办之初制订的《求是堂艺局章程》是船政学堂对学生进行日常管理的主要依据，对学生的假期、生活待遇、学业奖惩等作出了严格规定。

第一条，各子弟到局学习后，每逢端午、中秋给假三日，度岁时于封印日回家，开印日到局。凡遇外国礼拜日，亦不给假。每日晨起、夜眠，听教习、洋员训课，不准在外嬉游，致荒学业；不准侮慢教师，欺凌同学。

第二条，各子弟到局后，饮食及患病医药之费，均由局中给发。患病较重者，监督验其病果沉重，送回本家调理，病痊后即行销假。

第三条，各子弟饮食既由艺局供给，仍每名月给银四两，俾赡其家，以昭体恤。

第四条，开艺局之日起，每三个月考试一次，由教习、洋员分别等第。其学有进境考列一等者，赏洋银十元；二等者，无赏无罚；三等者，记惰一次，两次连考三等者，戒责，三次连考三等者斥出。其三次连考一等者，于照章奖赏外，另赏衣料，以示鼓舞。

第五条，子弟入局肄习，总以五年为限。于入局时，取具其父兄及本人甘结，限内不得告请长假，不得改习别业，以取专精。

第六条，艺局内宜拣派明干正绅，常川住局，稽查师徒勤惰，亦便剽学艺事以扩见闻。其委绅等应由总理船政大臣遴选给委。

第七条，各子弟学成后，准以水师员弁擢用。惟学习监工、船主等事，非资性颖敏人不能。其有由文职、文生入局者，亦未便概保武职，应准照军功人员例议奖。

第八条，各子弟之学成监造者、学成船主者，即令作监工、作船主，每月薪水照外国监工、船主辛工银数发给，仍特加优擢，以奖异能。

学堂的授课方式采取西方的班级授课制。前学堂的轮船制造专业分为4个班级，绘事院分为3个班级，艺圃分为4个班级。在分班讲课的基础上，学堂还根据因材施教的原则，针对入学学生的文化水准参差不齐的状况，根据学生的入学文化层次实行分班教学，学习成绩优秀的单独编班，特别优秀的学生可以跳级插班。在课程教学时数分配上，大致堂课与舰课（或厂课）各占其半，堂课阶段有安排实习课。1884年，马江海战失利后，船政整顿学堂，采用北洋水师学堂章程来弥补船政学堂的疏漏，开始按日排定功课。第二年，又规定驾驶专业每年教学实习在船时间须足六个月。1897年，前学堂参照英、法两国初等、中等、高等学堂课设置按六年三级制教学计划。艺圃分为艺徒学堂、匠首学堂后学制改为三年，分别按欧洲初等、中等学堂教学要求安排教学计划。

知识链接

船政学生的爱国之心

1871 年，船政学堂第一批学生严复、刘步蟾、林泰曾等 23 名学生登上“建威”舰，在由洋教习带领往南洋出海实习之前，23 名学生联合署名给他们的英语教师嘉乐尔写了一封感谢信：“从今而后，我们要去对付飓风，控制狂浪，窥测日星的行动，了解暴风的规律，勘查海岛，调查岩石的性质。我们从老师所学习到的一切，在日后生活的经验中，将被证实为真确。这样地，最可怕的困难成为平易，最险恶的情况成为静谧……我们的爱国心将不减少，我们的离去，老师，将为你所喜悦与赞许……”

船政学堂的日常考核非常严格。学堂规定设管理委员，稽查、训导人员要长期对学生实行昼夜严格管理，规范学生言行，培养学生的忠君爱国思想和浓厚的学习氛围，学堂训导人员要以身作则，对学生施以潜移默化的影响，以培养学生良好的操行。船政学堂学生品德考核采用平时考查、随时指定背诵或默写所学内容和毕业评价等方式，其中以平时考查为主。

船政学堂还以章程形式规定学生的行为规范，并保障学生的生活福利待遇，通过奖优罚惰鼓励和引导学生。例如提拔优秀毕业生，对在校生起示范作用，船政学堂的章程对学生在学期间考试进退及相应的赏罚作了明确的规定，还规定学业有成的学生，准予晋升水师指挥官，能学成工程师、船（舰）长者，即任命为工程师或船长，并按外国工程师、船长薪金标准发给工资。学堂将考试、奖罚及毕业晋升三者结合起来，鼓励学生刻苦学习。此外，新生入学须先考核，只有通达文理、资质纯厚者才有资格入学。19 世纪 80 年代中期，更明确规定新生入学须经三个月试读，考试合格后才转为正式生。

历任船政大臣也重视学堂学生的平时学业考试和操行考核。每当上任之初，船政大臣都要到学堂考查、督导生徒，分别升降。制造专业先后招生或从绘画学堂择优转入，共 105 名。沈葆桢在《船政经费支绌折》中提到，船政各学堂共有学生 300 多人，其中前后学堂有 140 多名，驾驶与制造专业堂课已毕业或临近毕业的有 72 名，在校生中还有驾驶专业和制造专业学生70多名，至毕业时只剩下91名，又学习2～3年，中途退学30余名。

绘画学堂和艺徒学堂平时考试同样十分严格。绘画学堂第一届招生44名，除择优转入造船学堂制造专业10名外，毕业时只剩余22名，其余都在中途季考、期考中被淘汰。1885年，前后各学堂规定学生在入学试读三个月内，只给饭食，不给赡银，考定留校学习的才发给赡银。19世纪80年代中期，艺圃复办时，规定新生工食银减半。学堂在培养人才的同时，也注重经费的节约和合理使用。从19世纪80年代后期起，考试成绩另设特等一项，考试列特等三次者除照章奖赏外，月加赡养银1两；再考列特等三次者，月再加银1两，以此类推。艺徒学堂学生学艺精通的，按考核成绩加银两。

船政各学堂平时考试结果都公布成绩名次，连毕业学生名单也按毕业成绩次序排列。在宽进严出的制度下，船政前后学堂在45年办学中共毕业510名学生，而事实上先前招生人数大约是毕业人数的2～3倍。

◎ 1870年船政后学堂（驾驶班）第一届学生合影

船政学堂的毕业考试称为“大考”。船政学堂的学生完成规定的学业要求，考试合格者，方准予毕业。例如，驾驶专业第一届学生分两年先后入学，经 4～5 年学习后，同时接受“大考”。

在管轮学堂、造船学堂和绘图学堂，课堂上进行的“堂课教学”与工厂里进行的“厂课教学”互相交替进行。学生毕业考试合格，表明堂课和厂课都完成修业，符合毕业标准，准予毕业，并可以予以工作分派，例如管轮专业的学生可以派到军舰上进行见习。

练船学堂的毕业考核还创设了“练船”考核方式，即在舰课航行训练中由外国海军教官随时进行考核，考查学生的驾驶水平、与风浪搏斗的胆略以及指挥水手等能力。此外，学生必须撰写航海日记，由教官逐日考核。航行训练结束，再由教官对学生作出全面评价，作为学生舰课训练毕业的依据。

知识链接

“兵工厂”还是“水师学院”？

在外国人看来，船政学堂就是一所军事院校。日意格称其为“兵工厂”，英国外交部称其为“水师学院”。船政学堂既具有一般院校的日常管理特点，又有突出的军事管理特点。

船政学堂的军事管理主要体现在军事教育与训练，以及军队供给制方面，其中军事训练以后学堂为主。学生堂课毕业后会被派往船政水师实习舰课，接受军事教育与作战训练。练船实习一律按军队要求进行管理，直至学生毕业以后任职。

办学传承

辛亥革命后，船政前后学堂划归中央海军部管理，前学堂更名为“福州海军制造学校”，后学堂更名为“福州海军学校”，艺圃改为“福州海军艺术学校”，绘事院改为“福州船政局图算所”。

1917 年，经国务会议通过，批准福州船政局设立福州海军飞潜学校。1924 年，福州海军飞潜学校、福州海军制造学校两校合并，仍以福州海军飞潜学校的名义办学。1926 年又与福州海军学校合并，改称为“马尾海军学校”。1930 年，海军部公布《海军学校规则》，校名定为“海军学校”。1938 年因日军轰炸，海军学校迁往鼓山涌泉寺。同年，又迁往湖南湘潭，再自湘潭移迁贵州桐梓，史称“桐梓海校”。1945 年，海军学校自贵州桐梓迁往重庆山洞海军总部旧址待命。后海军学校奉令与在上海刚创办不久的中央海军军官学校（简称“海军官校”）合并，迁往青岛办学。1949 年南迁厦门，后迁台湾左营。现在台湾地区的“左营海校”，仍称“海军军官学校”，校史中仍以马尾海军学校为宗。

艺圃改名为福州海军艺术学校后，于 1935 年改为私立学校，更名为“私立勤工学校”。1937 年，教育部批准勤工学校改称“福建省马江私立初级工业职业学校”；第二年，改称为“福建省马江私立勤工工业职业学校”；1938 年，内迁尤溪县朱子祠。1941 年，迁至将乐县高滩；1944 年，受福建省教育厅委托办福建省立林森高级商船职业学校（简称“商船学校”），实行“一套班子，两面牌子”办学。1946 年，福建省马江私立勤工工业职业学校、福建省立林森高级商船职业学校两校合并，改称“福建省立林森高级航空机械商船职业学校”（简称“高航学校”），设航空机械、航海、轮机、造船 4 个专业。新中国成立后，造船、轮机、航空机械科并入福州工业学校，其中的造船科又于 1953 年并入上海船舶工业学校。1952 年航海科并入集美水产航海学校。

民国时期，船政办学体制发生了重大变化，军民分开，中央和地方分设，但同根同源，关系密切。海军艺术学校及以后改设的勤工学校、商船学校、高航学校都为海军学校、海军制造学校提供生源，实际上仍是海军各学校的预备学校。海军各学校设有 3～6 个月的试读和分班考试、重新编班的制度，而从海军艺术学校转入的学生就不用试读和分班考试、重新编班。勤工、商船、高航等学校的领导和教职员工也大都来自海军各学校。

在勤工、商船、高航等学校老校友复办母校的呼吁下，1982 年，经福建省政府批准，福建马尾商船学校在马尾创办；1988 年改名为“福建船政学校”；1994 年船政学校搬离马尾；1999 年，经国家教委批准，与福建交通学校、交通干校、公路技工学校合并为福建交通职业技术学院；2011 年，福建交通职业技术学院更名为“福建船政交通职业学院”。

知识链接

《海军救国论》[1]

物竞天择，弱肉强食，适者生，反是者灭，已成公例矣。

世界风云日紧，战争烽火益炽，在此环境中，若能生存屹立于世界中，舍武力为何耶？

盖一国之兴衰，在观乎其军备之完陋，军备即海陆空三军防是也。今日之战争，盖由所谓平面战而转成立体战，更由所谓持久战而幻变闪电战，然此咸不可舍海军于不建，乃立奏奇功也。

夫国防之卫也，必有其领空领陆之制权，若任何一权控制于敌，则其国危矣！况战时耶？更况我临海国之中华耶？

试观今日之中华，其海防若何？沿海尽被封锁，海权操纵敌手，其故何耶？盖因中华传统之不重海军，而政府之失策，与夫国民见解之错误也。

或云：“抗战久矣，海军之功何在？”此庸夫之言耳，殊不知我海军亦正担负有救国之使命耳，如沿江之封锁防卫，水雷之攻敌，此皆莫大之功者也，何谓海军之无功，而不可救国耶？此与耳食何异哉！

由是观之，海军建设，实汲汲焉刻不容缓者也！当今日也，海军盖可救国，救国亦端赖乎海军，吾人更应献身海军，建设坚韧大无畏之海防，增强海军救国力量，发挥海军救国功能，为我海军救国之先锋焉！

① 1941年7月，15岁的刘和谦考入贵州的桐梓海军学校，这篇著名的《海军救国论》正是他当时的考场作文。

第二节 学堂体验

研学目标

1. 寻访船政学堂遗迹，学习并弘扬船政先贤排除万难、育人为先、追赶世界的精神，建立宏阔的视野，培育博大的情怀。
2. 分组调查探究船政学堂发展史，了解近代船政教育办学创新、自强救国的艰辛，学习伟人风范，树立报国志向。
3. 开展学与做结合的活动，领悟并传承船政学堂以爱国和科学为重要标志的船政文化，引导学生思考生涯规划，发展科学思维能力、独立自主意识、大胆实践能力、社会合作能力以及勇于创新的精神。

研学线路一 船政衙门—船政学堂—绘事院

实践点 马尾

考察点① 船政衙门

船政衙门于2013年重建，占地面积约15亩。重建的衙门建筑突出体现了晚清时代的特色，融合了衙门官府和福州官宦民居的特点，风格上既庄重威严又古朴实用，展示船政文化内涵，彰显传统衙门威严，是南方衙署建筑的典范。复建后的船政衙门外观基本延续了旧时风格，每扇大门均画着巨幅门神。正门上方挂一直匾，上刻“总理船政”。

◎ 船政衙门内景

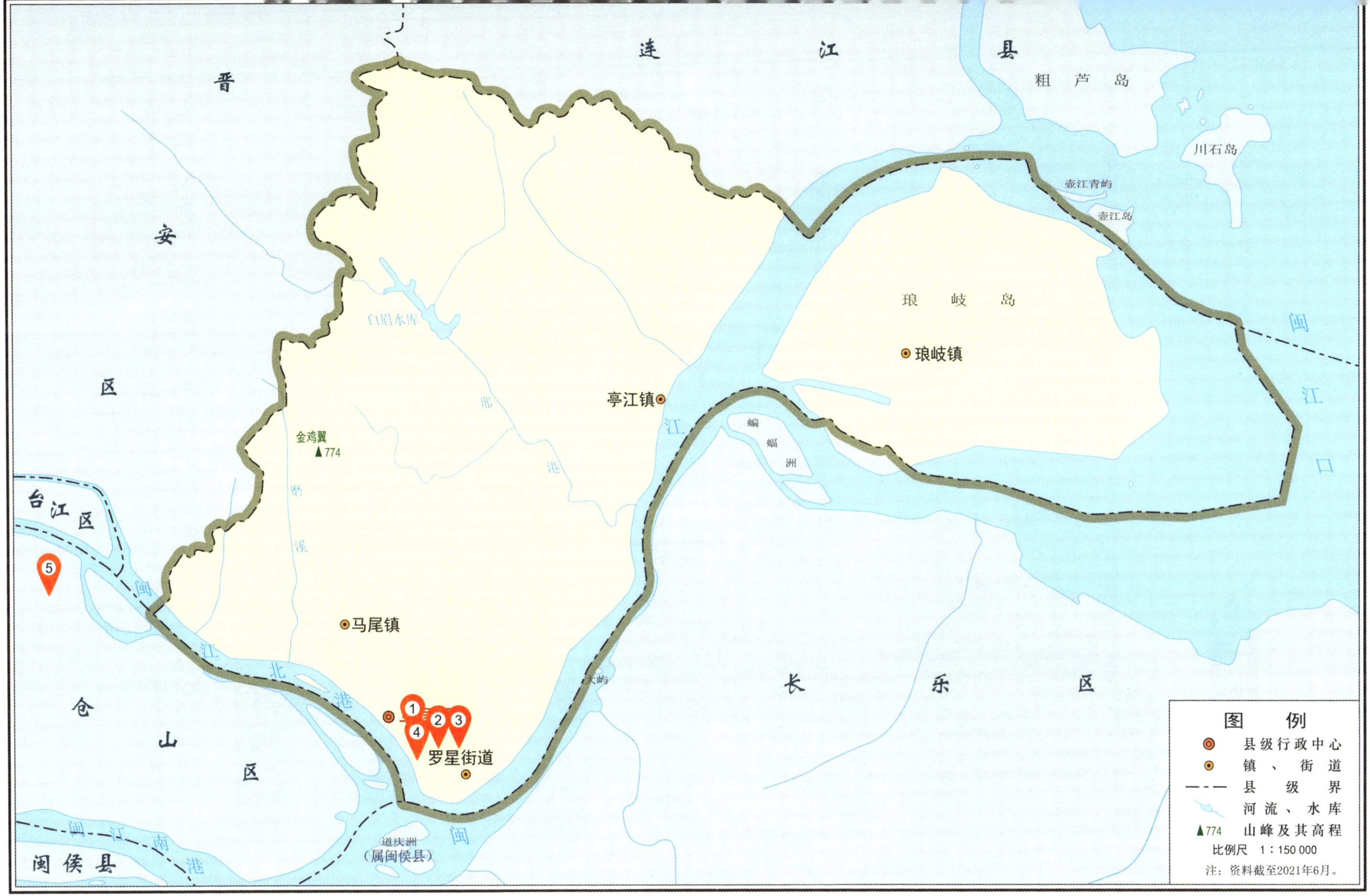

审图号：闽 S〔2021〕76 号

◎ 马尾区地图

任务清单

· 小学 ·

1. 船政衙门大堂匾额书写的是“开物成务”四个大字，把“开物成务”及其含义设计制作成精美的书签，在研学交流会上互赠书签。

2. 船政衙门里陈列着珍贵的物品，试着动笔把它们画下来，在研学交流会上展示，并请同学依据图片说出它们的名称。

· 初中 ·

1. 船政衙门里陈列着珍贵的物品，选择其中五件物品，查阅资料了解它们的作用，并制作成一套书签在研学交流会上展示。

2. 船政衙门入口处有一块戒石，一面刻着“公生明”三字，另一面刻着黄庭坚手书的《御制戒石铭》，请阅读铭文，并说说其对官吏起到的警戒作用。

· 高中 ·

1. 船政衙门里陈列着珍贵的物品，选择其中五件物品，查阅资料了解它们的作用，并制作成演示文档，向老师和同学们展示、介绍。

2. 孙中山一生与船政有着割舍不断的情缘，请搜集资料并以“孙中山与福建船政二三事”为题，撰写解说文稿。

考察点② 船政学堂

重建后的船政学堂位于马尾造船厂旧址内。它分为前、后学堂，两个学堂建筑基本相似，都是前方两层廊式洋楼的教室和后方两层法式洋房的宿舍。

任务清单

· 小学 ·

1. 如果你是船政学堂小志愿者，请你撰写一小段解说词，向游客介绍船政前后学堂聘请不同国家洋教习的原因。

2. 近代中国译界三奇才严复、林纾、辜鸿铭都是福建人，其中不懂外文的林纾翻译了英、法、日、俄等十余国184部著作，成为著名的翻译家，探究他的成功与船政的关联，并将其写成一篇文章向校报投稿。

· 初中 ·

1. 观看央视纪录片《船政学堂》，挑选最触动你的一集，写一篇观后感。

2. 英国海军军官逊顺因侮辱中国学生被沈葆桢解聘回国。请查阅资料，并编排短剧重现事件的经过。

· 高中 ·

1. 某剧组要重现当年船政学堂招生的情景，请你为剧组制作一幅拍摄需要用到的船政学堂招生广告。

2. 编排剧本《求是堂艺局的一天》，重现船政前后学堂的日常学习生活。

3. 船政学堂拟对游客开放，请结合既要“修旧如旧”，又要充分展现船政文化特色的原则，试着就其中某一局部提出你的装修布置方案。

◎ 船政学堂

考察点③ 绘事院

在马尾造船厂旧址内，遗存着一座古老的近代工业建筑，两层砖木结构，红砖墙体，铁柱顶梁，青石压檐，十分牢固。第一层为合拢厂（安装车间），是船政制造蒸汽机车间，占地面积1 689平方米，时称“轮机厂”；第二层是设计船体和蒸汽机样式、绘制图纸的场所，面积600平方米，时称“绘事院”。绘事院是清末船政教育机构的重要组成部分。船政绘事院是我国工业化进程中最先设立的工业设计所。室内横向各开四个长方窗，纵向各开七个长方窗，空间宽敞，光线充足。100多年前，这里是中国第一代船舶技术人才的摇篮，一幅幅船舶设计图纸就在这里诞生。

◎ 绘事院

任务清单

· 小学 ·

1. 现存绘事院建筑体现了法式建筑的风格，从不同方位为绘事院拍摄图片并制成一本建筑写真集。

2. 船政绘事院展厅里陈列着舰首样式模型，分别有垂直式、飞剪式和撞角式，仔细观察其形状并试着用超轻黏土捏出它们的样式。

· 初中 ·

1. 绘事院半工半读的教育模式，在当年传统的环境中差一点夭折。1880年冬的一天，江南道监察御史李士彬来绘事院考察，向朝廷上奏，说船政绘事院的年轻人不务正业。所幸当时的闽浙总督何璟上奏说明原委才化解了风波。查阅资料了解事情始末，编排情景剧再现这一历史事件。

2. 船政绘事院展厅里陈列着舰首样式模型，分别有垂直式、飞剪式和撞角式，请查阅资料说说还有哪些样式以及它们的发展历程与不同性能，并将其做成演示文档向同学们展示。

· 高中 ·

1. 参观位于绘事院二楼的马尾造船厂厂史陈列馆，在相关专业人员的指导下，选择一艘自制舰船为其绘制一张平面图。

2. “平远”号是船政制造的第一艘全钢甲巡洋舰。观看纪录片《“平远”号的诞生》，结合查阅的资料，为学校将要举办的舰船知识竞赛命题，内容包括舰船的发展、现代海战舰船类型、衡量军舰作战能力的指标和舰船的未来发展方向等。

研学线路二 中国船政文化博物馆—福建船政交通职业学院

实践点 马尾、仓山

考察点④ 中国船政文化博物馆

中国船政文化博物馆是我国首个以船政为主题的博物馆。该馆以爱国、科学、创新、图强的船政精神为核心。展厅面积约 4 450 平方米，馆内收藏有文物 900 余件，资料 1 000 多件，其中有三件国家一级文物。博物馆一层为大型主题浮雕、临展厅和公共服务大厅；两个基本陈列分布在二、三层，从千年变局、船政诞生、船政教育、船政制造、船政海军和船政文化六个方面全面介绍了船政的历史和文化，展示了船政文化对近代中国的深远影响。

◎ 中国船政文化博物馆

任务清单

·小学·

1. 二楼展厅有六位船政学生雕像。请了解他们的事迹，试着记住他们的名字，并以手绘肖像的形式制作一套书签，比一比，看谁的作品最精美。

2. 船政时期毕业证书、奖状等通称为“执照”，请在馆藏文物中各找出一张毕业证书和奖状。

·初中·

1. 二楼展厅有六位船政学生雕像。请了解他们的事迹，并选择其中两位，将他们的事迹撰写成解说文稿。

2. 参观展厅“船政教育”部分，选择最触动你的内容写一篇观后感。

·高中·

1. 为中国船政文化博物馆“船政教育”部分撰写解说词。

2. 毕业证书在船政时期被称为“毕业执照”，通常船政后学堂的毕业证书由船政大臣核发，蕴含多层历史信息，具有历史实证价值。找到馆藏二级文物——一张签发于 1883 年的船政学生黄季良的毕业证书，探究它为何是由船政提调委员签发加盖的船政提调关防，这背后隐藏着一段怎样的历史，将其写成解说文稿并向游客介绍。

考察点⑤ 福建船政交通职业学院

福建船政交通职业学院坐落于素有“琼花玉岛”之美称的福州市仓山区，占地面积近700亩，北达学生街，南抵高盖山公园。学校现设有航海学院、安全与环境学院、土木工程学院、汽车学院、机械与智能制造学院、经济与管理学院、信息与智慧交通学院、通用航空产业学院、轨道交通学院、电子工程学院、马克思主义学院、通识教育学院、培训学院、创新创业学院等教学单位。招生专业涵盖公路、铁路、海运、航空等领域技术与管理专业和新兴的经济社会建设急需的9大产业特色专业群，形成了以航海技术和安全技术与管理两个专业群建设为龙头，集海、陆、空、轨四位于一体的全方位现代综合立体交通专业集群发展体系。

作为福建船政学堂的传承校，福建船政交通职业学院先后创建成为全国首批示范性高职院校、全国优质专科高职院校、中国特色高水平高职学校建设单位、第三届中国质量奖提名奖获奖单位、全国文明校园创建先进单位。学校正全力谱写创新船政、质量船政、文化船政的新时代乐章。

◎ 福建船政交通职业学院

任务清单

小学

1.“一座学堂，引领一个时代。”采访福建船政交通职业学院的领导或相关老师，了解如今的福建船政交通职业学院有哪些王牌专业，选择其中一个专业为其设计一个宣传标志。

2. 采访福建船政交通职业学院的领导或相关老师，了解如今的福建船政交通职业学院与曾经的船政学堂的传承关系，为学院招生设计一幅宣传海报。

初中

1. 听一节福建船政交通职业学院老师模拟的船政学堂“四书五经”中文课，并完成背默等作业。

2. 观摩福建船政交通职业学院船舶模拟实训中心，并深入航海学院学生的课堂，在班会上谈谈观课感受。

高中

1. 采访航海技术系或轮机工程系专家，了解目前国内开设船政类专业的最好院校是哪几所，分别开设了哪些专业，需要怎样的报考资质以及就业情况如何，结合查阅到的资料写出调查报告。

2. 联系福建船政交通职业学院相关老师或往届校友，选择你感兴趣的一个专业进行就业前景及工资待遇调查，并形成文字报告。

3. 参加航海技术相关专业学生的实习，了解一个船长必须具备的理论与实践知识。

扫码获取

中国船政文化博物馆
船政记忆收藏夹
云游数字博物馆

第四章 近代发轫

走进福州市鼓楼区庆城路的闽王祠，墙壁上“绍越开疆”石刻清晰可见，这是人们对闽王开疆拓土伟大功绩的赞颂。五代闽王王审知治闽“拓四门学以教闽中秀士”，发展经济和教育。福州作为八闽首府，文风鼎盛，经济繁荣，成为中国古代海上丝绸之路的重要启泊地。到唐后期，福州的海外交通和贸易已相当发达，海外商人不仅往来福州，还在此定居、成家立业，有了“市井十洲人”的盛况。现存于福建博物院内的《球场山亭记》碑文就描述了晚唐福州的市井生活以及海内外贸易繁荣的盛况。当时的福州水运发达，接待宾客的府第就设在江海岸边，海外僧人乘船靠岸，登上石梯，就能径直走进庙堂学习交流佛法。不少佛寺（如鼓山涌泉寺、闽侯雪峰寺等）与高僧（神晏、师备、长庆慧棱等）在中国佛教史上占有重要地位。福州不仅可作为中外经济贸易通道，促进东西方多元文化的交流以及与世界各国的友好交往，还推动了中国海上丝绸之路的发展。

清末，福州成为近代首批开放的通商口岸之一，对新思想、新文化、新事物兼容并蓄，为孕育经世致用思想提供了沃壤。近代“开眼看世界第一人”林则徐等一大批杰出人才挺身而出，办船政、兴学堂，他们的救国梦、强国梦、兴国梦，是我们今天为之努力的中国梦的先声，成为以爱国主义为核心的中国精神的注脚。

位于福州国货西路的南公园，有一处桑拓馆，它是为纪念清末洋务重臣左宗棠振兴福州纺织业而立的。左宗棠作为晚清四大名臣之一，其创学堂、建船政、办洋务等事迹，至今仍为世人铭记。你还知道哪些关于左宗棠与福州的故事？

◎ 桑拓馆

第一节　迈入近代

船政教育开启了一代新学风，为国育才。船政英才启蒙思想，实业报国，以实现中国自强梦的奋斗精神，在福州这座城市创建了中国近代第一个对外开放合作的科技基地、当时远东第一的造船厂、中国近代海军的发祥地……培养了军事、文化、科技、外交、经济等领域的优秀人才。这支以船政前后学堂的毕业生、留学生以及后继者为主力军的新生力量，以复兴民族为己任，成为20世纪初期中国科技、外交、军事人才的主要来源之一，在中国近代史上谱写了壮丽的篇章。

思想启蒙

船政是中国近代思想演进的动力和社会进步的加速器，培养了一批中国近代经济和文化领域的领军人物。19世纪晚期的20年间，船政学堂向欧洲派出的留学生，不但学习了西方科学技术知识，还了解了近代西方的社会思潮，受到了当时先进思想文化的熏陶。带着新的文化观念，也带着深重的民族危机感和炽热的爱国热情，他们成为推动中国社会近代化和各新兴行业出类拔萃的精英人物，把救亡与启蒙紧密结合。

在中国传统文化向近代转型的过程中，严复是一位对中国近代化有重大贡献的思想启蒙家。作为中国船政学堂第一届毕业生，1877年，严复被派往英国留学，在长期深入研究西方文化思想、认真对比中西文化差异之后，他运用西方近代学术理念对中国传统学术文化的思维方式进行了深入分析，对其中的文化糟粕及其根源进行了批判。甲午中日战争爆发后，严复自1895年2月起在天津《直报》上连续发表了《论世变之亟》《原强》《辟韩》和《救亡决论》四篇极具影响力的文章。在《论世变之亟》一文中，他大声疾呼国家危难的严峻形势，认为中国之战败，就是长期的腐败与消极造成的，并提出了“自由、平等”的观念；在《原强》一文中，他介绍了达尔文的进化论和斯宾塞的社会学原理；在《辟韩》一文中，他批判韩愈的“君权神授”论、“圣人创世”说，将中国传统学术文化中存在的结构性谬误与中国的国力衰弱联系在一起；在《救亡决论》一文中，他认为中国不变法则必亡。严复大力宣扬“鼓民力、开民智、新民德”的改革措施，提出了“中西文明比较观”，提倡近代科学与民主的新观念。他抨击了封建君主专制制度，呼吁废除八股，提倡西学；运用西方进化论等学说，宣传变法图强、救亡图存的思想主张，产生振聋发聩的影响。严复的观点也成为当时维新派主张变法的理论依据。

同时，严复用敏锐的眼光为近代中国文化转型选择了一批西学精华。他用翻译加论述的方式发表了《天演论》《原富》《法意》和《穆勒名学》等译著，向中国读者系统地介绍了西方古典政治经济学、哲学、社会学和逻辑学等学科的重点内容，为近代中国引进了西方的进化论、唯物论等重要理论，为救国图存的爱国知识分子提供了丰富的思想启蒙资源和新颖的思维方式，中国知识分子在寻找救国真理的过程中深受其惠。其播下的革命与进步的火种，促进了中国的思想启蒙运动和中西方文化交流。

北大校长蔡元培认为“五十年来，介绍西洋哲学的，要推侯官严复为第一”，并赞赏严复“每译一书，必有一番用意，译得很慎重”。《天演论》一书出版后，风靡九州，当时许多学者名流、思想家、政治家，如吴汝纶、梁启超、康有为、蔡元培、胡汉民、陈独秀、胡适、鲁迅、贺麟等都深受其影响。吴汝纶为《天演论》作序，盛赞其书可与“晚周诸子相上下”。胡适认为严复是介绍西洋近世思想的第一人：“《天演论》出版之后，不上几年，便风行到全国，竟做了中学生的读物了。”而且在数年之间，许多进化名词成了百姓的口头禅，可见其影响之深远。1902 年，梁启超在《新民丛报》介绍严复的新译作《原富》，称“严氏于西学中学皆为我国第一流人物”。1903 年，严复翻译英国学者甄克斯的著作《社会通诠》，认为当时的中国社会终于进入国家

◎ 严复故居

社会阶段（书中四篇，分别为开宗、蛮夷社会、宗法社会和国家社会），属于七分宗法、三分国家性质。受到《社会通诠》的影响，陈独秀主办的《新青年》曾鼓动打倒宗法社会的文化运动。

严复从救国救民的愿望出发，反对因循守旧和照搬西方制度，提倡标本兼治、循序渐进、自然演化的过程，希望走上自由平等、民尊德厚、教育为本的自强道路。严复传播的西学与当时的自然科学，成为五四运动之前宝贵的思想。作为近代中国伟大的启蒙思想家，严复的思想体系涉及政治、经济、哲学、逻辑、教育、法律、文学、史学、伦理、中西文化等多个领域，在近代中国学术思想史上具有不可替代的地位，并强有力地影响了近现代中国的政治与文化。

知识链接

近代中国启蒙思想家——严复

严复（1854—1921），侯官县（今福州市）阳岐乡人，是中国近代史上著名的翻译家、教育家和启蒙思想家。他于1871年毕业于船政学堂首届驾驶班，1877年与刘步蟾、萨镇冰等成为首批由政府公派赴欧洲的留学生。留学期间，他观察英国的社会现象，留心社会科学知识。1879年严复学成归国后，任船政后学堂教习，不久调任天津北洋水师学堂，先后任洋文正教习、会办、总办达二十年之久。他放眼世界，第一个宣传“物竞天择、适者生存”的观点，不仅为国人敲响了警钟，也向国人宣示了崭新的世界观、历史观和价值观；他反观自身，透视西学，准确把握历史发展潮流，指出了西方国家之所以强盛在于“以自由为体，民主为用”的精辟论断；他以学贯中西的敏锐眼光，提出了强国富民的救国方略，提出“鼓民力、开民智、新民德”的治本措施，成为近代中国杰出的启蒙思想家。

实业兴国

船政是国家近代化的摇篮，其引领的近代文明转型也是一场社会变革。它以科技为动力、以工业化为中心、以机器生产为标志，并引起经济结构、政治制度、生活方式、思想观念的全方位变化。如果说洋务运动是这场社会变革的标志性起点，力图通过西方先进的技术，达到自强求富的目的，摆脱内忧外患的困境，那么在这场运动中，船政表现尤为突出，成就显著，影响广泛而深远。船政引进西方的先进科学技术，传承了中国传统文化的精华，培养了国家急需的爱国科技人才，从而迅速提高了造船、航海、飞机、枪炮、鱼雷、矿冶、机械、天文等科技和工艺水平。在近代中国的许多实业领域，船政学子功勋卓著。

军事工业对照明的需求，催生了新技术的产生。1879 年，在中国海军工业的摇篮福州马尾，点亮了福建的第一盏电灯。1885 年制造的铁胁快舰“镜清”号装上了探照灯，后来船政建造的舰艇就都装有电灯、电风扇、探照灯等。1888 年，船政各厂已通用电灯。1901 年，船政学生在福州主持建设电灯厂。1910 年，福州“电光刘”刘氏家族集资在福州创办了电气公司，成为当时向清政府邮传部立案的十一家电气公司之一。公司开办以来，发电燃料均从台湾引进，价格昂贵。为此，刘氏家族与社会人士合资在福建建瓯创办了梨山煤矿股份有限公司。煤矿年产无烟煤 1 万余吨，部分作为发电燃料掺烧，降低燃料费用，创福建省利用无烟煤作发电燃料的先例。为巩固和扩大电气事业，以电气公司为中心，刘家还兴办了许多附属企业，如修理厂、冰厂、油厂、锯木厂、精米厂、炼糖厂、电话股份有限公司、刘正记轮船公司等，借以开拓用电市场。1911 年，福州电气公司刚成立时用户有 234 户，

◎ 福州光禄坊刘家大院

到了 1924 年，整个福州城已经有 11 743 户人家在使用电气公司的电灯。同时，发电能力由仅供照明用电发展至供应动力用电，比如水利灌溉。1927 年，马尾造船所成立海军长乐莲柄港灌田局，兴建莲柄港提水灌溉工程，向灌区提供电力以抽水灌溉农田，建造了全线长 23 千米的跨江输电线路，其中横跨乌龙江段的 730 米，是国内过江跨越度最长的输电线路；建造高度 54.9 米，是当时国内最高的输电铁塔，其输电技术在国内具有开拓性作用。至 1929 年，共投资 105.7 万元，安装抽水机 2 部，完成主体灌溉工程。该工程灌溉农田 6 万亩，极大地缓解了当地旱情，促进长乐水利发展，至今仍在使用。刘家还制订农村电气化计划，并先期在闽侯县科贡乡创办科贡农场和石仓农场，设水稻、园艺、牧畜和昆虫 4 部门，从事研究推广使用电力排灌和科学养畜，利用电力发展农村经济，进行农业生产改良试验。

"电光刘"民族企业的长远目光和宏伟计划，为福建近代经济史留下了浓墨重彩的一笔。它规模宏大，管理技术先进，核心人物有魄力和远见，刘氏家族成员多英才。究其原因，他们与数十年前的船政先辈一样，秉承了福建地理环境所塑造的闽人海洋文化的性格，兼具崇文重教的传统以及中西兼备的眼光。

知识链接

"电光刘"

在百年前的福州，电灯是个稀罕物，当年发电用的煤都是直接用船运到福州的。从三坊七巷走出的刘氏家族创办了福州电气股份有限公司，拉开了福建电力工业发展的序幕。20 世纪初，刘崇伟集资创办了民族工业——福州电气股份有限公司，开始向福州城内和万寿桥两岸供电，从此结束了福州古城人民秉烛夜行的历史。除了给生活照明供电外，电气公司后来还提供生产用电。到了 1924 年，电灯用户高达一万多户。在福州话中，电灯又称"电光"，因此让灯光覆盖整座福州城的刘家有了"电光刘"的雅号，而刘家的光荣过往也成了一代老福州人最深的记忆。

刘齐衔和胞兄刘齐衢为同榜进士，一生为官清廉自爱，清明吏治。他的孙辈刘崇伟等集资创办了电气公司，成为名震一时的行业翘楚，刘家也成了实力雄厚的实业家族。以“电”为核心，刘家又收购了福建电话公司，在福建最早使用自动电话；刘氏子弟参与经营的福州电话公司是福州第一家实行公私合营的企业，刘齐衔故居西座二进的青砖楼，便是原福州电话公司的办公楼。刘家大院南临光禄坊，是三坊七巷最大的单姓宅第，号称“刘半街”。

1874 年，丹麦大北电报公司架通福州泛船浦至马尾罗星塔的电报线（简称“福马线”），成为全国最早的一条电报线，中国自营电报自此发端。1875 年，福建地方政府出资洋银 4 000 元，将大北电报公司的福马线买归官办，第二年铺设至长门（今连江县），供军用通报。1876 年，船政在南台设全国第一家电报学堂，培养中国自己的电报人才。船政大臣丁日昌派通商局唐廷枢与丹麦大北公司签订《通商局延清丹国电线公司教习学生条款》，由大北公司工程师来校培训人才，教授电气、电信及制造电线专业，从广州、香港招募懂英语的青少年，并安排一些船政学堂中具有数理基础的学生，如陈平国、苏汝灼等前学堂第一届制造班的毕业生，学习电信技术。电报学堂先后招两班学生，每班 70 人，到 1882 年共培养出专业电信人员 140 人。学员分配到全国各地，培养新的电信人才，架设各地电报线路。1887 年，船政人员参与铺设了福州川石岛至台北沪尾的海底电缆。1891 年，福州与台北直通电报，进一步加强了闽台联系。

电报学堂毕业学生在全国各地自力更生，建设电信线路，培养电信技术人才，为中国电信事业的发展作出了重大贡献。

知识链接

福州市鼓岭邮局

鼓岭邮局，位于福州市晋安区宦溪镇宜夏村企头顶，又称“鼓岭夏季邮局”，隶属于福州邮务总局。它于 1900 年夏季正式开办，是我国早期五个著名的夏季邮局之一。开办之初，其于每年端午节后营业，中秋节后歇业，每日邮件从福州泛船浦总局取出，由邮差背上山。

1914 年夏季，鼓岭与福州开始电报联系。现址建筑系 1908 年由闽海关拨银建造，为单层石木结构建筑，1926 年重新改造。2012 年 8 月，福州市在原址上重建了鼓岭邮局。

◎ 鼓岭邮局

船政在创办初期，制造的主要是军舰。随着船政事业不断发展，船政尝试改变经营方向，扩大经营范围，对福州本地经济发展的影响越来越大。船政需要的煤量大，最初选择在台湾基隆开采煤矿。1868 年，船政通过对台湾煤的储藏和开采情况的调查，提出用近代机器生产和运输，并形成采煤报告。1875 年，沈葆桢派英籍工程师翟萨赴台查勘，并派叶文澜任矿务督办。投产当年产煤 1.4 万吨，1881 年达 5.4 万吨。1885 年裁撤外国煤师，派学矿务的留学生张金生为基隆煤矿煤师。为节约经费，船政开始在福州附近勘探矿产资源。19 世纪 80 年代，船政计划自行炼钢、开采煤矿，船政首届留学生林庆升、池贞铨、林日章等发现了福州穆源（闽侯、闽清、永泰之间）煤矿。1885 年，由船政学堂学生任矿师，于福清试办石竹山铅矿。1897 年，船政留学生杨济成参加厦门林培、湖头勘探活动。1898 年，船政学生到古田、穆源一带再次勘探。

在国家重要的矿藏勘探开发中，船政学生成为勘察设计和开发建设重要的骨干力量，开创了我国近代大规模地质勘探的历史。他们分赴湖北、湖南、江西、安徽、四川、陕西、贵州、山西等地从事矿产的查勘、开采工作。1880年，林日章参加著名的开滦煤矿（开平矿务局）的勘探工作和开采建设。1882年，池贞铨、林日章随盛宣怀赴山东烟台查勘铅矿，林日章提出开采、淘洗、锻炼、提银四点计划，被任命为监工。在登州府属宁海、栖霞、招远等处查勘铅矿，林日章任烟台铅矿监，1901年还参与了邵武煤矿的勘探。湖北汉阳铁厂是我国最早建立的最大钢铁企业。湖广总督张之洞派船政留学生张金生、池贞铨、游学诗等人，分赴衡州、宝庆、辰州、永州等府，毗连鄂境之四川夔（kuí）州、陕西兴安与汉中等府，毗连湘境之江西萍乡、贵州青溪等县，查勘煤铁，并委赴素产煤铁之山西省泽、潞、平、孟等处采取煤铁各式样，以资比较。张金生到湖北兴国大冶之百泉湾探勘铝矿。池贞铨到湖北兴山千家坪勘探铜矿。1882年，吉林调船政留学生游学诗督办宁古塔矿务，后因整顿台湾基隆煤矿需人未果。1907年，池贞铨、沈瑜庆创办赣州铜矿。还有一些船政学生担任国家公务人员，如罗臻禄任矿务委员，主持广东省矿务工作。

1904年，船政设铜元局生产机制铜钱，有熔炉52座，印花机20架。1905年，船政创办的铜元局正式开工，与福建机器局附设的“西局”、南台的“南局”并称福州三大铸币厂。1925年，船政局正式投产铸币，其所铸银币由海军小汽轮运至海军军饷汇兑处，批售给工商业界及小钱庄。由于使用便利，销路极好，很快从福州扩大至闽北和沿海各县，获利颇丰。

船政文化是时代的产物，其所造就的人才在自然科学和社会科学领域都卓有建树，其传播的思想文化和科学技术，推动近代中国社会的进步和发展。

文化交流

文化是民族的血脉，是人民的精神家园。一部中国近现代文化史，就是中国传统文化不断延续与发展的历史，它离不开一代又一代中国人对传统文化的深厚积淀与对世界优秀文化的兼容并蓄。

知识链接

翻译家林纾

林纾造像

近代文学家林纾是福建闽县（今福州市）人，他博学强记，能诗、能文、能画，还是一位不懂外语的著名翻译家。船政学堂的学生是激励并帮助林纾成为中西方文化摆渡人的推手。1897 年林纾第一部著作《闽中新乐府》问世，为之作序且出资刻印的是魏瀚；1899 年林纾第一部翻译小说《巴黎茶花女遗事》印行，与之合作、担任口译的是王寿昌。而使得林纾与商务印书馆结缘的高凤谦，以及其次兄高而谦，也是船政学堂制造班早期的学生。林纾翻译的《巴黎茶花女遗事》在三坊七巷试卖，译著得到了当时国人的认可。从此，林纾开始了他的著译生涯。在不谙外文的情况下，林纾与魏翰、陈家麟等曾留学海外的学子们合作翻译了 170 余种欧美小说，其中有许多出自外国名家之手，如英国狄更斯的《大卫·科波菲尔德》、英国哈葛德的《天女离魂记》、俄国托尔斯泰的《恨缕情丝》、西班牙塞万提斯的《魔侠传》、法国森彼得的《离恨天》、英国司哥特的《撒克逊劫后英雄略》，以及笛福的《鲁滨逊漂流记》等。这些译著向中国读者展示了丰富的西方文化，开阔了国人的视野。因此，林纾也被公认为近代中国新文化的先驱及译界的泰斗。

在近代的中国，不乏投笔从戎为国捐躯者，兢兢业业的实业报国者，以及倾尽毕生心力振兴中华者……船政创建时期，正值西方列强入侵、中国大门被强制打开、中国农业社会逐渐转型的时期，学习西方科学技术成为历史发展的必然。一批目光敏锐、思想先进、胸襟开阔的“先进人物”从传统的经世之学转向西学经世，他们深受“师夷长技以制夷”思想的影响，并认识到理论与实践相结合的重要性，强调西学的实用价值，为中西文化交流架起了沟通的桥梁。在众多有识之士之中，船政创办人左宗棠与主管人沈葆桢就是两位高瞻远瞩的“搭桥人”。左宗棠为学侧重于舆地、图志和兵事，他重视西方语言、文字、书籍以及数理技术，认为可以为中国所用；而与其志同道合的沈葆桢也虚心学习西方技术，格物致知，重视教育，提出“船政之根本在于学堂”，同时派遣学习优异者出国留学，学习近代科技。左宗棠曾十分自豪地认为，他所提倡的外文与科技并重的人才培养方针，使当时的中国在技艺方面可与西洋并驾齐驱。

自此之后，船政引进并编写了科技书籍和教材，出版了《英汉对照小词典》《法汉袖珍词典》等工具书。船政学子或兴办中国现代教育，或翻译中西文化经典，成为中西方文化交流的使者。

严复的《天演论》成为晚清中西文化交流的结晶，他带来的知识火种燃烧了整个中国，让一代代人在火光中觉醒，获得新生。学成归来的詹天佑成为中国铁路工程先驱，被誉为中国近代工程之父，其编写了中国第一部工程技术词典《华英工学词汇》。船政学堂第一届学生陈季同翻译的《拿破仑法典》在《求是报》连载，帮助国人了解西方法律。陈季同的弟弟陈寿彭是船政第三届学生，毕业后曾游学日本、欧洲，回国后翻译了《中国江海险要图志》，并和妻子薛绍徽共同翻译了凡尔纳的科幻小说《八十日环游记》《外国列女传》等，因此也造就了中国近代第一位女翻译家薛绍徽。马建忠在欧洲从事外交工作多年，精通英文、法文、希腊文、拉丁文，撰写了近代语言学专著《马氏文通》，从经、史、子、集经典著作中选出例句，参考拉丁语法研究中国古代汉语的结构规律，开启了中国语言学研究的现代转型，开辟了近代汉语文法研究的新领域。王寿昌与林纾合作翻译《巴黎茶花女遗事》，由船政学子魏瀚出资在福州出版发行，刊发后，“不胫走万本”，风行全国。此外，罗丰禄翻译了《海外名贤事略》《贝斯福游华笔记》，郑守箴译成《喝茫蚕书》，等等。

船政大胆创新、与时俱进的时代精神，突破传统封建文化束缚，积极吸收外来优秀的文化成果，牢牢把握住先进文化的发展方向。严复、陈季同等船政人在思想文化领域的创新精神，开启了中国社会的新民智、重塑了国人的情感信念和文化价值。他们所从事的文化创新活动，为中国文化现代化的发展指引了正确的前进方向，奠定了坚实的理论和实践基础。

近代中西文化交流既有西学东渐，也有东学西传。东学西传是与西学东渐互相补充的文化交流过程。船政人充当了中西文化交流的媒介，将中国文化介绍到西方，促进中西方文化双向交流，为世界了解中国作出了贡献。船政人将中国古代典籍、文学作品以及中国人的风俗习惯通过文化传播方式介绍到世界各地，使中国文化的传播出现了新局面，揭开了中国人向世界介绍中华文化的崭新一页。

19 世纪之前，传教士向西方传递的主要是中国一般性的社会历史文化知识，至于学术文化经典的相关介绍甚少。如《诗经》《道德经》《通鉴纲目》等被译成法文、拉丁文译本，英文译本极其罕见。鸦片战争之后，中国学者开始加入东学西传的阵营，揭开了中国人传播中华文化的新篇章。东学西渐的翻译质量和水平的不断提高，也让世界逐渐了解中华灿烂的文化，而熟练掌握西方语言的船政学子，使得东学西渐更加深入和专业。他们在留学期间写了很多作品，把中国传统文化经典不断传播至海外，扩大了中华文化传播的视野。其中最为典型的是陈季同，作为近代中西文化交流史的先驱，他承担起中西文化双向传播的使命，让中国走向世界，让世界了解中国。《福建通志 · 列传 · 陈季同传》记载："西人梯航之来中国者，莫不交口称季同。"

作为一名优秀的中华文化弘扬者，陈季同将游历所见写成《西行日记》《三乘槎客诗文》，并将中国古典小说《红楼梦》《聊斋志异》等书译成法文，出版法文著作《中国人自画像》《中国人的戏剧》《中国人的快乐》《中国拾零》《黄衫客传奇》《巴黎印象记》《中国故事集》《吾国》《英勇的爱》，在世界文坛上享有盛名。

19 世纪 80 年代出版的《中国人的戏剧》是介绍中国戏剧的法文读物，陈季同凭借其对中国传统戏曲的深刻理解，以及对法文的娴熟掌握，对中国戏剧的种类、角色、表演方面作了生动有趣的解说，介绍了中国戏剧的诗歌化、抒情性、虚拟性与舞蹈化等独具中国传统艺术特色的内容。

同样于 19 世纪 80 年代出版的《中国人自画像》和《中国人的快乐》是两本在西方影响很大的书，而且都被译为英文。《中国人自画像》在巴黎出版时正值中法战争，法国公众因对中国缺乏了解而充满敌意，而此书将一个文化悠久、风景如画、飘溢着清茶芬芳的东方古国展现给法国读者，在很大程度上改变了他们对当时中国的偏见。《中国人自画像》像解剖麻雀似的，生动而有趣地描述了中国社会的政治、经济、宗教、教育、文学等各个方面。《中国人的快乐》则是从娱乐的视角，如游戏、仪式、节庆等来描述中国。陈季同认为，游戏、仪式、节庆，尽管各个国家、各个民族都有，但"它们却有发自于各个民族共同的民族观念的独特个性"。陈季同按照自己的亲身经历和了解来梳理中国人的风俗习惯，以欧洲人的方式和风格来记述，以指出西方文明与远东文明之间的异同所在。

船政文化开近现代风气之先，培养了诸多杰出人才。船政学堂严格遴选学生，整肃学规，通过卓有成效的管理制度和高瞻远瞩的办学目标，倡导中西结合教学，学习西方先进知识，培养本国科技人才。自此开一代新学风，使得船政学员和深受船政文化思想影响的后辈，为福州乃至中国留下一笔丰厚的思想文化遗产。

在历届船政学堂毕业生中，前学堂首届21名毕业生，除梁炳年留法病故外，其余20人均成为富有成就的科技专家；后学堂首届33名毕业生中卓有成就者近20人。其中福州籍的，有中国近代启蒙思想家严复，江南水师学堂监督蒋超英，翻译家、外交家罗丰禄等。在甲申中法马江海战中牺牲的有“振威”号管驾许寿山、“建胜”号督带吕翰、“扬武”号副管驾梁梓芳；参战者中还有张成、林承谟等。在甲午中日战争中，主力舰管带多为船政首届毕业生，有邓世昌、刘步蟾、林永升、黄建勋等，参战者中有邱宝仁、叶祖珪、方伯谦、李和、林国祥等。在前学堂第2至4届毕业生中，福州籍的学生同样成绩斐然。例如，陈才鍴为留德鱼雷专家；王福昌为留法火药专家；李荣芳为留法枪炮专家；王寿昌为翻译家，与林纾合作翻译《巴黎茶花女遗事》；高而谦为外交家，曾任铁路总监；林振峰为教育家，数学“马尾算”的创始人。在后学堂第2至19届毕业生中，民国任海军总长或总司令的有萨镇冰、刘冠雄、李鼎新、黄钟瑛、蓝建枢、林葆怿等。

不仅如此，得益于船政文化深远的影响，近现代福建籍科技人才济济。在1990年，国家邮电部发行1套4张当代中国已故最杰出科学家邮票，除农业科学家丁颖外，其他3位是化学科学家侯德榜、天文学家张钰哲、医学家林巧稚，籍贯均为福建。且侯德榜、张钰哲均为福州人，福州人占总数的一半。

船政文化孕育了中国近代海军和科技，也推动了中国近代工业文明的起步。它同时是中西文化交流的一面旗帜，开启了现代科技教育的先河。正是福州“海纳百川，有容乃大”的城市精神，让中国海洋文化的奇葩——中国船政文化，产生了众多“中国第一”，使福州城群星璀璨。

今天的民族振兴正是昨天爱国自强精神的延续。船政人在主张西学的过程中，注重西学的实用性，同时不忘中国传统文化的教育。保持中华民族的文化特色，坚持弘扬和培育中华民族精神，只有这样，才能使中华民族自立于世界民族之林。

第二节　变革探究

研学目标

1. 结合中国船政文化历史名人的事迹，深入挖掘中华民族优秀传统文化，深刻感受以爱国主义为核心的民族精神和以改革创新为核心的时代精神，引导学生客观认识中国和世界的关系，培育学生树立家国情怀，树立人生理想和远大志向。
2. 依托川石岛电缆遗迹、船政衙门片区、马尾造船厂旧址、绘事院、中国船政文化博物馆等地，探寻近代福州以船政为中心的实业发展历史，开展实地调研、劳动实践、合作探究、自主设计等一系列活动，培养学生自尊自信、勇于探索、独立思考、积极劳动的意识和能力。
3. 通过了解船政对中国近代化改革的积极意义，立足国情，理解革命思想、政治经济、科学技术、教育文化等因素相互影响、相互作用，培养学生养成以综合性思维分析现实问题的习惯。

研学线路一　三坊七巷历史文化街区—严复故居与严复翰墨馆—林纾故居

实践点　鼓楼

考察点①　三坊七巷历史文化街区

三坊七巷历史文化街区，位于福州城市中心，北含杨桥路，南接吉庇巷与光禄坊，东临八一七路，西靠通湖路，占地面积约 35 公顷。南后街南北贯穿其中，街的西侧为“三坊”（衣锦坊、文儒坊、光禄坊），东侧为“七巷”（杨桥巷、郎官巷、塔巷、黄巷、安民巷、宫巷、吉庇巷）。

审图号：闽S［2021］70号

◎ 鼓楼区地图

◎ 三坊七巷

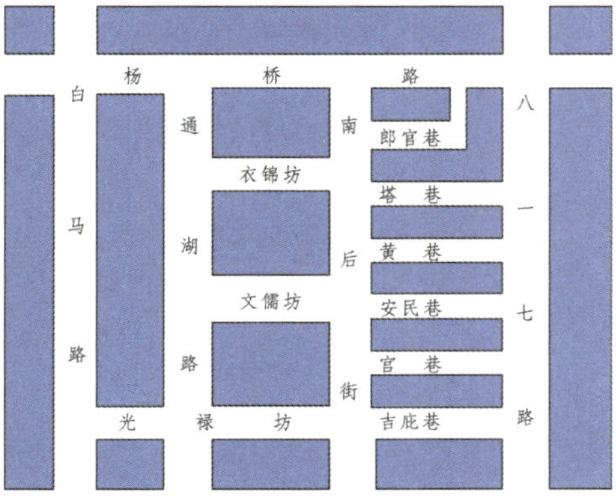

◎ 三坊七巷平面示意图

三坊七巷传统街区至今仍保存有明清时期民居和庭院园林建筑一百余座。三坊七巷范围内全国重点文物单位共 15 处（如沈葆桢故居、林觉民故居、严复故居等），省、市、区级文物保护单位和历史保护建筑数量众多。历史文物古迹分布如此之多且如此集中，在我国也是不多见的。它被建筑界誉为“明清建筑博物馆”，是福州市重点文物古迹保护地区。

三坊七巷是古代官宦、文人、商人的聚居区。南宋以来，这里涌现出 150 多名进士、300 多名举人。三坊七巷也被称为“近代名人聚居地”，由此有了“一座三坊七巷，半部中国近现代史”的美誉。

任务清单

· 小学 ·

1. 跟随老师在三坊七巷中游览，拍摄图像或视频，制作一个属于自己的电子相册，上传云空间。

2. 举办“公益服务我参与”活动，在三坊七巷参与如卫生打扫、环境维护、小广告清理等活动，维护家乡的美丽环境。

3. 走一走三坊七巷，为你印象深刻的名人故居设计路标指引标牌。

· 初中 ·

1. 冰心，原名谢婉莹，福州长乐人，是中国现代著名的儿童文学作家。她的父亲谢葆璋也是一位船政人物，为中国近代海军的发展作出了重要贡献。请你与小组成员查阅相关文献，为谢葆璋简要写一篇不少于600字的人物传记。

2. 参观林则徐纪念馆，了解中国近代民族英雄、禁毒先驱林则徐的生平事迹。请你以“禁毒”为主题，画一幅手抄报，回校后进行展示。

3. 林则徐虽没有直接参与船政，却与船政有紧密的关系。作为近代“开眼看世界的第一人”，他提出了“师夷长技以制敌”等先进思想，与时任船政筹备负责人左宗棠是忘年交，第一任船政大臣沈葆桢是他的女婿，福州近代民族工业的先驱“电光刘”刘齐衔也是他的女婿……请你与小组成员共同搜集资料，找一找林则徐与船政人物之间还有哪些联系，并用思维导图的方式记录下来。

· 高中 ·

1. 你认为三坊七巷历史文化街区应该继续开发旅游资源，还是维持现状实施保护？请查阅并搜集相关资料，分两组进行讨论。

2. 三坊七巷诞生过名为“电光刘”的传奇家族，参观刘齐衔故居、刘家大院。你认为“电光刘”与船政的发展史之间有怎样的关系，刘氏家族的创新精神对你有何启示？请写下来并与小组成员共同探讨。

3.“一座三坊七巷，半部中国近现代史。”请你和小组成员共同探究，为何“半部中国近现代史”发生在“一座三坊七巷”之中？写一篇不少于1 000字的研究报告。

4. 如果你的朋友第一次来福州三坊七巷，你会怎样安排行程？请你设计一份三坊七巷的旅游计划安排（包含浏览路线、景点介绍和行程安排等）。

◎ 三坊七巷全景图

考察点 ② 严复故居与严复翰墨馆

严复故居位于郎官巷西段北侧 20 号。严复是近代著名的启蒙思想家、翻译家和教育家。此外，严复还是一位享有盛誉的大书法家。严复的书法被称为“书家书活、学者书法”，书法功力全从帖中得来，他对王羲之、颜真卿、苏东坡等书法大家都做过非常精深的研究。严复翰墨馆于 2013 年成立，坐落于南后街 7 号，是国内独家收藏严复墨迹的专业机构，陈列有 300 余件严复真迹以及《天演论》等八大译著善本，2017 年教育部将其列入全国中小学研学实践教育基地名单。

◎ 严复故居内景

◎ 严复翰墨馆

任务清单

· 小学 ·

1. 走进严复故居，你认为写着“吾宗之光”的匾额有什么寓意？请写下来并与同学交流。

2. 游览严复故居，说一说你对严复的哪些事迹印象深刻。挑选其中一个，基于史实写一则 300~600 字的小故事。

3. 请你选取一幅感兴趣的严复书法作品进行模仿，绘制在画图本上，与小组成员交流。

· 初中 ·

1. 严复故居楹联文化探究：了解名人，往往是从楹联开始的，名人故居里的楹联一般是由主人自己题写或他人题写，展示主人的生平事迹或者人生志向，具有很高的文学价值、史学价值和教育价值。请你以小组为单位选取其中一副楹联，搜集材料并进行翻译，与其他小组分享其中的故事和寓意。

2. 严复热爱书法之情深刻契合了中国传统文化及文人的内在特质。游览严复翰墨馆，想一想其书法背后蕴含着哪些时代价值与启示，并基于你的理解设计一份严复的书法专题海报。

3.《四子严璿书》（节选）

> 前得儿书，知在唐校用功，勤而有恒，大慰大慰！学问之道，水到渠成，但不间断，时至自见，虽英文未精，不必着急也。所云暑假欲游西湖一节，虽不无小费，然吾意甚以为然。大抵少年能以旅行观览山水名胜为乐，乃极佳事，因此中不但怡神遣日，且能增进许多阅历学问，激发多少志气，更无论太史公文得江山之助者矣。

这是严复的一封家书，收信人是其四子严璿。请分小组将其翻译出来，并选取最触动你的一句话，以严璿的身份写一篇不少于 600 字的回信。

· 高中 ·

1. 毛泽东同志评价严复等人是“代表了在中国共产党出世以前向西方寻找真理的一派人物”。习近平同志曾在 1997 年为“严复与中国近代化学术研讨会”题词：“严谨治学，首倡变革，追求真理，爱国兴邦。”搜集相关资料，分析严复受到如此高赞誉的原因，开一场专题讨论会进行交流并记录感想。

2. 采访严复翰墨馆馆长，分小组探讨严复书法背后蕴藏着的精神和价值，选取一个方面写一篇不少于 1 000 字的小组报告。

3. 中国是一个家邦社会，历来重视家教和门风。严复的成长，得益于其中医世家良好家风家教的滋养。严复自己也注重言传身教，严氏家族“爱国”“勤业重群冠中西”的家风也为后人称道。请以“家风”为主题，并结合时事，论述家国关系，以此向你所在社区发起“弘扬优良家风，构建和谐社会”的倡议。

考察点③ 林纾故居

林纾故居坐落于福州市鼓楼区六一中路莲宅社区内，是一座清代古民居风格的建筑。故居占地面积500平方米，坐西朝东，面宽三开间，为穿斗式木构建筑。天井两侧是披榭，内墙壁挂山水书画作品。故居正厅悬挂林纾画像，厅堂左侧是其卧室，墙上有林纾与妻儿合影一幅。厅堂右侧及二楼均为林纾故居陈列展，展览分为三部分，分别为林纾的生平介绍、书画展览及其在中国翻译界的成就。2006年被评定为福州市爱国主义教育基地。

◎ 林纾故居

任务清单

· 小学 ·

1. 逛一逛林纾故居内的书画展览，选择一幅你最感兴趣的书法或画作，模仿画在绘图纸上。
2. 书画的保存需要良好的环境，请你帮忙打扫、维护一下故居内的卫生。

· 初中 ·

1. 假如你有一个时空穿梭机，你想见到哪个时期的林纾？如果你只能对他说一句话，你想对他说什么？请分小组绘制简易漫画，共同制作一本时空对话的小画册。

2. 林纾是一名“不懂外语的翻译家”，却被公认为中国新文化的先驱及译界的泰斗。请你结合林纾的生平，想一想他达成如此伟大成就的原因有哪些。假设你是林纾，请你选择一位曾经帮助过你的朋友写一封感谢信。

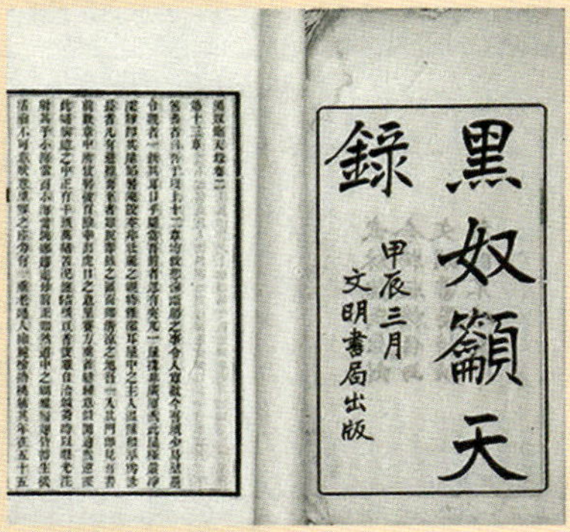

◎《黑奴吁天录》书影

3. 在《巴黎茶花女遗事》译著大获成功后，林纾开始大量翻译西洋作品，为的是有效启发民智，激发人民的爱国热情。例如《黑奴吁天录》(原著为《汤姆叔叔的小屋》)的序中就清楚阐释了译书的目的，并表达了他忧国忧民的思想。

> 其中累述奴惨状，非巧于叙悲，亦就其原书所著录者，触黄种之将亡，因而愈生其悲怀耳。方今嚣讼者，已胶固不可喻譬；而倾心彼族者，又误信西人宽待其藩属，跃跃然欲趋而附之。则吾书足以儆醒之者，宁可少哉！

请你将节选的序文译成白话文，写下来并与小组成员共同交流。

·高中·

1. 译文赏析，试着分析林纾翻译的特点，并将你对两句原文的翻译写下来。

(1) 原文：*But evil rolls off Eva, mind like dew off a cabbage leaf, not a drop sink in.*

彭长江译文：可是坏事在伊娃心灵上留不住，就像露水从白菜叶子上滚下去一样，一滴也渗不进去。

林纾译文：如吾夜娃，尘污何得遽(jù)侵！此女盖出水新荷耳。骤雨密点，不能有一星之驻。

(2) 原文：*One would think you have taken the lesson of the Jews. Coming at a fellow so.*

彭长江译文：别人还会以为你向犹太人学过徒呢！

林纾译文：姊性质何乃类犹太人之趣割肉以偿债！

2. 参观林纾故居，了解林纾的生平成就，选取故居内你印象最深的一部分，为其设计一段不超过800字的导游词。

3. 请你与小组成员观察林纾故居周围的地理环境，就如何宣传福州历史文化名人林纾的事迹写一份策划书。

研学线路二　川石岛

实践点　连江

考察点　川石岛

福州市连江县川石岛，有闽江“门闩（shuān）”之称，是闽江口第三大岛，与马祖列岛仅一水之隔。据传，川石岛上有一处岩洞南北相通，并可行舟，方言“穿”与“川”谐音，因此取名为“川石”，由于其形似芭蕉，又名“芭蕉岛”。

21世纪初，闽江口川石岛上的渔民在距海岸500米的海水中打捞出一段电缆。这是100多年前铺设的福州至台湾的电缆。渔民们截取了其中一小段存放在福建省邮电总公司，作为纪念。

◎ 铺设电缆留下的石槽

铺设横跨海峡的闽台电缆之事，可以追溯到1871年，时任船政大臣沈葆桢已清楚地认识到建立台湾水陆电信通信的重要性，可惜不久，沈葆桢就调任两江，台湾建立电报通信的工程也就此搁浅。直到中法战争结束，台湾首任巡抚刘铭传考虑到台湾与内陆之间的通信

审图号：闽 S〔2021〕84 号

◎ 连江县地图

不方便，于是在1886年铺设通联台湾全岛以及大陆的水路电线，主要用来发送电报。1887年，当时的船政电报学堂毕业生参与铺线工作，历时一个多月终于将福州川石岛与台湾沪尾之间长达117海里的海底电缆铺设成功，主要用于台湾府向清政府通报台湾的天灾、治安、财经，并提供商务通信功能。沪尾—川石水线是中国电信史上第一条海底电缆，被称为海峡两岸的“电信丝路”。

任务清单

·小学·

1. 117海里的海底电缆大概是多少米？请用两个一次性纸杯和毛线，模拟电报通信。

2. 请你向老师借用拍立得，选取你喜欢的角度为川石岛拍一张照片，制作一张明信片送给你的家人或者朋友。

3. 为什么选择在福州川石岛铺设到台湾的电报线？写一篇300～600字的报告书。

·初中·

1. 1945年，日本宣告无条件投降，地点就选在福州川石岛，岛上当年的受降广场现已成为“川石岛日军受降遗址”。请查阅资料，了解受降选址在川石岛的原因。请你为川石岛日军受降遗址撰写一篇不少于800字的历史说明书。

2. 铺设电报都要从简易电路开始。请你与小组成员一起设计制作一个电子作品，通过阅读简单电子线路图，运用相关工具和材料，照线路图进行连接，最后请小组派代表进行展示。

3. 川石岛旅游资源丰富，海滨风光独特，历史古迹众多。请你所在的小组选取其中一个方面，采用画报、演示文档等形式制作展示成果，模拟开展一场川石岛旅游推介会。

·高中·

1. 川石岛东南方的一座小山包上还屹立着当年由英国大东电报局承办的电报机房。这是一座三层的楼房，底层是机房，二层为收发报工作室，三层为员工宿舍。现在电报机房所在的山被当地百姓称为“电报山”。在离电报房不远的岸岩石上，仍旧可以清晰地看到当年由人工凿成的放置电缆的石槽，长长的石槽一直延伸入海。请同学们策划一场“电报山”定向越野比赛，分小组写一份活动策划书。

2. 川石岛不仅记录着我国电信历史的开端，也见证了许多红色历史。请你与小组成员以川石岛为中心，设计一条红色旅游线路，最后进行汇报展示。

研学线路三 船政衙门片区—马尾造船厂旧址—绘事院—中国船政文化博物馆

实践点 马尾

考察点① 船政衙门片区

船政衙门片区是中国船政文化城的重要组成部分，主要由锻造车间、船政衙门、官厅池、船政学堂四个风格各异的建筑组成，园内景致清逸，古风氤氲，独有的文化内涵自成一派生气景象。

◎ 中国船政文化城日暮

审图号：闽S〔2021〕76号

◎ 马尾区地图

其中，船政学堂是近代中国引进西方近代教育制度的新式学堂之一。首任船政大臣沈葆桢重视人才培养，强调："船厂根本在于学堂。"船政学堂早期分为两大学堂：一是以船舶制造专业为主，亦称"前学堂"，以法语教学；二是以轮船驾驶专业为主，称"后学堂"，以英语教学。

船政学堂培养出了严复、詹天佑、魏瀚、萨镇冰等大量精英，他们分别活跃在中国近代教育文化、铁路交通、军事等各个领域。"一座学堂，引领一个时代"，船政学堂培养出来的优秀学生为推动中国近代化进程作出了巨大贡献。

任务清单

· 小学 ·

1. 选取一个你最喜欢的船政人物宣传照，拍下来并写一句不超过 20 字的介绍词，带回去向你的家人介绍。

2. 船政学堂当时的教员来自英国或者法国，请你们分小组结合现代学校的课程情况，为当时的学堂设计一份课程表，并向同学们进行展示。

· 初中 ·

1. 查阅文献并收集相关资料，比较中西方文化的差异，讨论两者在生活、教育等方面的不同，各小组自主选择某个主题进行情景剧表演（如中西方用餐礼仪的不同、中西方上课方式的对比等）。

2. 船政学堂培养出了许多领域的精英人士，例如那些在甲申马江之战、甲午海战等战役中保家卫国的船政学子。如果要在船政学堂设立一个纪念碑，请分小组设计、撰写不超过 200 字的纪念碑碑文，并在班级展示。

3. 当时船政学堂前方的空地上会定期举行海军学校的校阅、联合运动会等，请同学们跟随教官指令，学习一套强身健体的军体拳，并以小组为单位进行汇报演出。

·高中·

1. 学生职业生涯规划：中国船政文化被誉为中国海洋文化的奇葩，产生了众多中国第一。现在位于船政学堂的你或许已经对未来职业有了畅想，请认真思考，写一份职业生涯规划书。

2. 台湾省一直以来都是中国不可分割的领土，搜集并查阅资料，请你就近年来我国有关领土争端的地域提出保卫蓝色国土的必要性和重要性，写一篇不少于 800 字的倡议书。

3. 请分小组各选取一名船政人物，搜集相关资料，了解其生平事迹、人物特点以及这位人物对推动我国近代化的历史贡献和影响，以小组为单位制作一个演示文档，并进行汇报展示。

考察点 2 马尾造船厂旧址

船政为近代中国的船舶制造、海军建设、科技人才培育以及诸多工业领域的奠基和开拓作出了重大贡献，在中国近代史上留下了光辉的篇章。船政作为中国近代造船基地、近代海军发祥地、产业工人发源地、航空业摇篮和引进西方先进科技的先导，被史学界誉为“中国近代史的活化石”。

◎ 轮机车间内部

任务清单

· 小学 ·

1. 观察轮机厂的门，为何门内外两侧墙体与门不是呈现 180° 呢？想一想，这么设计的好处。

2. 在铁胁厂可以看到“胁”这个字的模型，查找字典，说一说你认为“胁”字有什么意义。结合篆字，边画边想这个字的由来，并请你为其写一个汉字小故事。

◎“胁”篆字

· 初中 ·

1. 巴玉藻、王助、曾贻经、王孝丰等一批学成归国的船政留学生为中国的飞机制造作出了重要贡献。请分小组查阅相关资料，选取一名船政留学生为其梳理生平大事记，并写一篇不少于 800 字的人物传记。

2. 参观马尾造船厂旧址，想一想修建后还应该进行怎样的优化设计（如增加互动环节等），与小组成员一同讨论，并写下你们的建议。

3. 每年的 4 月 21 日是福州沦陷日，防空警报都会响彻天空，提醒人们勿忘福州 1941 年 4 月 21 日遭日军践踏的屈辱史。请你们以小组为单位策划一场以“勿忘历史，吾辈自强”为主题的知识竞赛。

· 高中 ·

1. 有制造钢铁船胁、船壳、龙骨等的铁胁厂，就必然需要创造动力的锅炉厂，然而锅炉厂旧址已经毁于抗日战争。如果你是设计师，你认为锅炉厂应该建于何处？分小组绘制修复设计图纸。

2. 船政正积极建设研学基地，请同学们分组考察本厂的公共设施，如文化娱乐设施、无障碍设施、公共交通设施等，调查了解这些设施的建设状况及公众的满意程度，写一份不少于 1 000 字的改进建议书。

3. 船政环境保护碑：1866 年船政创办时，马尾是一片洼地。为了建造厂房，船政派人填出了一块地皮。这块新地皮上寸草俱无。船政大臣沈葆桢率领船政众人植树造林，把种树范围延伸到了莺脰（dòu）山、马限山，在山上遍植松、竹、柏等常青树。而当时人们经常上山采樵，偶尔也把幼树砍下用作柴火。船政大臣沈葆桢曾下令禁止，年复一年，禁而不止。为此，船政衙门特把告示刻在石上，并竖立在山上通道旁，保护山林的效果十分显著。这是近代少见的环境保护碑，可见船政早期也已具有保护环境的意识，注意绿化护林。请你思考，这种环境保护思想与新时代哪些大政方针有联系？与小组成员一同搜集资料并自定成果形式，开一场主题班会进行分享。

◎ 船政环境保护碑

考察点③ 绘事院

在中国船政文化城内，遗存着一座古老的法式建筑，红砖墙体，铁柱顶梁，青石压檐，十分牢固。一楼是船政制造蒸汽机的车间，时称“轮机厂”。二楼是设计船体和蒸汽机样式、绘制图纸的场所，面积 600 平方米，时称“绘事院”。船政绘事院是我国工业化进程中最先设立的工业设计所，也是中国最早的船舶设计机构。

船政造船工程展开后，由洋员主持的绘事院工作量大，图纸的绘制和现场放样需要大批人手。船政即招收一批聪颖少年作为洋员帮手，称为“艺徒”。艺徒们勤奋且好学，他们必须掌握外语，例如主持造船的多为法国人，所以他们要读法文，学习绘图和读图纸。船政大臣沈葆桢曾破格选拔 10 位艺徒到前学堂制造专业班，与正规招考的学生一道学习。他们虽然入学晚了近一年，但有绘事院的工作基础，对造船技术有初步的认识，专业课程很快跟上。1868 年 2 月开设艺徒班，日意格则以欧洲规范称之为“设计学校”，绘事院因此具备教育功能，这是船政办学的又一创举。

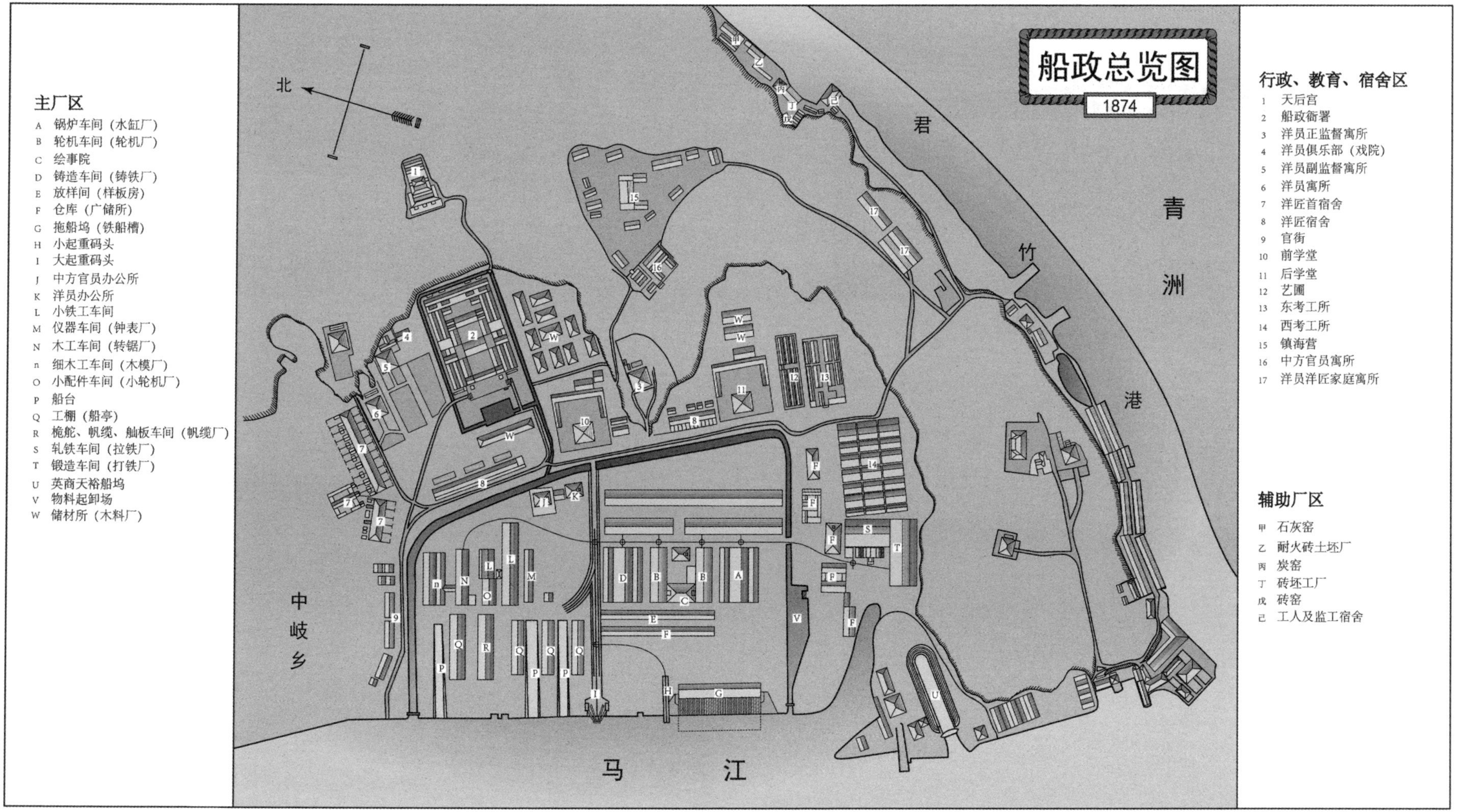
船政总览图
1874
北
主厂区
A 锅炉车间（水缸厂）
B 轮机车间（轮机厂）
C 绘事院
D 铸造车间（铸铁厂）
E 放样间（样板房）
F 仓库（广储所）
G 拖船坞（铁船槽）
H 小起重码头
I 大起重码头
J 中方官员办公所
K 洋员办公所
L 小铁工车间
M 仪器车间（钟表厂）
N 木工车间（转锯厂）
n 细木工车间（木模厂）
O 小配件车间（小轮机厂）
P 船台
Q 工棚（船亭）
R 桅舵、帆缆、舢板车间（帆缆厂）
S 轧铁车间（拉铁厂）
T 锻造车间（打铁厂）
U 英商天裕船坞
V 物料起卸场
W 储材所（木料厂）
行政、教育、宿舍区
1 天后宫
2 船政衙署
3 洋员正监督寓所
4 洋员俱乐部（戏院）
5 洋员副监督寓所
6 洋员寓所
7 洋匠首宿舍
8 洋匠宿舍
9 官街
10 前学堂
11 后学堂
12 艺圃
13 东考工所
14 西考工所
15 镇海营
16 中方官员寓所
17 洋员洋匠家庭寓所
辅助厂区
甲 石灰窑
乙 耐火砖土坯厂
丙 炭窑
丁 砖坯工厂
戊 砖窑
己 工人及监工宿舍
君
竹
青
洲
港
中
岐
乡
马
江

◎ 船政总览图（1874 年）

任务清单

·小学·

1. 请你从1874年船政总览图中指出绘事院的位置。

2. 互动屏幕：认识军舰的各个组成部分及其名称，了解每个构造的主要功能，分小组选择最感兴趣的部分写一段300~600字的介绍词，并上台为大家展示介绍。

·初中·

1. 从绘事院中找一本当时船政学员使用的英文教材，分小组选取其中一段进行翻译，并上台进行展示。

2. 仔细查看船政旧址图像，船政的艺圃建筑位于船政后学堂和考工所（工人宿舍）之间，似乎隐隐指向艺徒的两条出路，学术好则到后学堂继续深造，技术优则造舰船，这一地理位置的安排尚无从考究其原因。对此，你有何看法？这对你以后的求学之路有何启发？请将你的想法写下来并与小组成员讨论。

·高中·

1. 绘事院最初始于轮机厂旁边一间小隔间，后搬到二楼，你认为搬上二楼的原因有哪些？试分析其利弊。

2. 请你与小组成员一同走访近代海军名将陈兆锵的故居，并查阅相关资料，就如何宣传福州历史文化名人陈兆锵的事迹写一份策划书。

考察点④ 中国船政文化博物馆

中国船政文化博物馆是中国第一个以船政为主题的博物馆。该馆通过展览大量珍贵文物、图片、模型以及各种仿真场景，运用声、光、电等现代手段展示了福州船政在近代中国先进科技、新式教育、工业制造、西方经典文化翻译传播等方面取得的丰硕成果，体现了诸多仁人志士及其先进思想，折射出中华民族砺志进取、虚心好学、博采众长、勇于创新、忠心爱国的精神。

◎ 中国船政文化博物馆俯瞰图

任务清单

· 小学 ·

1. 跟着老师游览中国船政文化博物馆，找一找船政创造了多少个中国之“最”。
2. 利用竹竿和麻绳，小组分工合作制作一只简易竹筏模型，并展示成果。
3. 请同学们以小组为单位开展一场水上飞机模型拼接赛，看哪组完成得又快又好。

·初中·

1. 畅想未来：你认为未来的飞机或者舰船应该是什么样子的？请你画在绘图纸上，并与同学们进行交流。

2. 每年的4月23日是中国人民解放军海军成立纪念日，请同学们开展一场以“乘风破浪、向海图强”为主题的班会。

3. 结合博物馆中的相关信息，以小组为单位选取至少5位与船政相关的人物（组与组之间最好不要重复），设计系列海报，策划一场以“船政人物志”为主题的展览会。

·高中·

1. 请你与小组的伙伴们为船政文化选取一位“形象代言人”，并为其设计一个动漫形象，围绕其展开文创设计，画作及成品在最后的汇报中展示并进行评选。

2. 回顾本次研学旅行的路线，试着与小组成员合作规划一条“船政人物”研学路线，设计一份研学旅行方案，与同学分享你们的成果。

3. 如果你所在的小组被邀请参与“船政文化节”，请你们以海洋强国战略为时代背景，探索船政文化与中国海洋文化融合发展的新途径，为进一步提高船政文化的知名度和影响力贡献一份力量，写一篇不低于1 000字的发展报告。

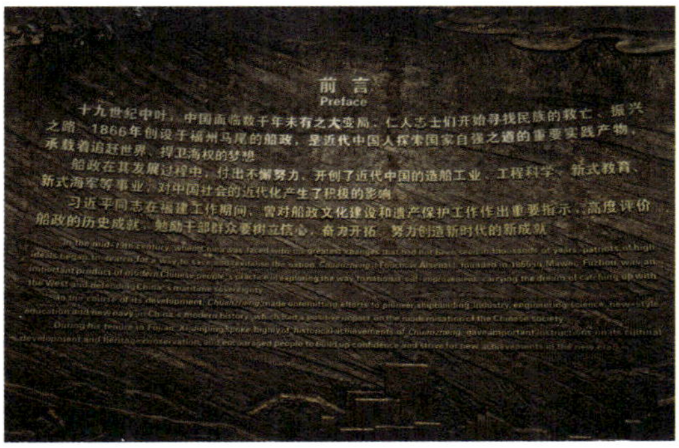

◎ 中国船政文化博物馆内景

第五章 海空先行

1903 年，美国莱特兄弟首次实现了人类飞翔的梦想。1910 年，法国人费勃成功地解决了水上飞机的起降问题，制成世界上第一架水上飞机。当时的中国处于军阀割据、列强瓜分的背景之下，但中国人并没有放弃自己制造飞机的梦想。1919 年 8 月 9 日，人群挤满了马江两岸，人群中有士兵、官员，有附近的老百姓，所有人的目光都集中在漂浮在海面上的那架木制飞机上。只见那架木质飞机的螺旋桨飞快转动，紧贴着水面快速地滑行。终于，它离开了江面。中国历史上第一架自制飞机起飞了。在马尾崛起的中国民族工业作出了哪些重要贡献？

◎“甲型一号”试飞

第一节 船政创造

福建有漫长曲折的海岸线，人们长于舟楫，擅于航海，造船业长期居全国领先地位。明朝实行海禁政策，清朝又闭关锁国，结果西方自然科学技术发展迅速，而中国逐渐落后于世界历史的发展进程。19世纪60年代，面对民族危机和科技落差，清政府在福州马尾创立了船政，大力发展造船业，尤其是生产军用船只，船政开始了一段从向国外购买船只，到自行建造军用船只、商用船只和军用飞机的探索历程。

舰船领先

船政的首要任务就是在船舶制造上努力追赶世界先进水平。清末的中国引进了不少西方机械，如钟表、蒸汽机等，这些西方机械让国人开始接触并了解西方近代科技。同时这些先进设备的使用、保养、维修促进了与数学、测量、驾驶等相关的近代西方科技在中国的传播。晚清洋务派已经深切认识到自制蒸汽轮船的重要性，因此非常重视学习西方先进军事科技，不惜花重金聘请外国专家，外国专家在工厂中作为教员，向船政学员传授相关科学技术。船政坚持“用洋人而不能为洋人所用”的原则，保证了洋教员能够真正把西方先进技术传授给中国学员。中国近代造船工业始于船政马尾造船厂制造的蒸汽轮船。这里建造出第一艘木壳炮舰“万年清”号，第一艘全金属构造巡洋舰“开济”号，第一艘钢甲军舰“平远”号，第一艘驱逐舰“建威”号；制造出海军航空兵第一批国产飞机；创立了第一所近代海军学校船政学堂；派送出第一批赴欧留学生；第一个引进国外技术专家；组成中国第一支海军舰队。船政还曾是亚洲最大的造船基地，由制造木壳船、铁胁（铁木合构）巡洋舰到钢甲巡洋舰，仅用20年时间就连续跨越了造船技术三大步，接近世界造船技术水平。船政自1866年创办至1907年，41年间制造的舰船总吨位占当时全国的绝大多数，成为中国近代造船创始之地。

造船厂多位于沿海或江河之滨，应有一定的岸线长度和水深，船政在马尾设厂也是因为马尾的地理位置适合建造船只。而造船修船需要船坞，船坞是指用于修造船的坞式建筑，灌入水后可容船舶进出，排水后能在干坞内修造船舶。船坞布置在修造船厂内，是造船厂中修造船舶的工作平台，是修理船舶的场所。船政厂区建成后，生产设施基本齐全，但独缺船坞，对于马尾马限山东麓的天裕船坞（即后来的二号船坞），船政在建厂时就力图并购，却屡遭拒绝，只好从法国购置全套的拉拔式船槽用于修船。19 世纪 80 年代中期，船政大臣裴荫森向清政府奏请在罗星塔下修建船坞（即后来的一号船坞，它是船政建成的第一座船坞），以便修理北洋、南洋、台湾等处的兵船，但被清政府搁置。1887 年，为了修船，裴荫森先斩后奏，决定动用船政经费在罗星塔东侧动工修建船坞。1888 年，裴荫森又再次上奏，说明修建船坞的重要性。但因海关不能按时拨给船政经费，只好奏请停办。1893 年，在海军衙门的催促下，船坞修建工程重新启动。

一号船坞（青洲船坞）于 1898 年 8 月 3 日完成，耗银 49 万两，能修理清海军最大的军舰。一号船坞长 128 米，宽 33.5 米，深 9.3 米，坞体由巨大花岗岩砌成。坞口设有大铁闸（水闸），轮船乘涨潮进坞，放下铁闸，再抽水出坞。一号船坞开坞后，迎来大量中外舰船入坞维修。1898 年以后，北洋舰队“海筹”号、“海琛”号、“海容”号（均购自德国），连美、法等国夹板船和兵商船等都进坞修理过。它在船政史中占有一席之地。如今一号船坞坐落于福州市马尾区罗星塔公园下方，为国家级文物保护单位。

◎ 船政一号船坞（青洲船坞）

知识链接

船 坞

船坞主要用于船舶修理，其中干船坞应用较多，一般所称的船坞即为干船坞。船坞是由最初的“船坑”发展演变而来。人们利用潮汐的涨落来升降船舶，即在涨潮时将船舶引入一个三面围以土堤的“船坑”里，落潮时船舶即坐落在预置的支墩上，然后用围埝封闭缺口以便进行修理工作；船舶出坑时，将围埝拆去，趁涨潮时出坑。后来逐渐将土堤改为坞墙，围埝改为坞门，利用水泵控制坞内水面的涨落，逐渐演变发展成为干船坞。

二号船坞原为英国天裕船坞旧址，后转卖给美国商人。1913 年，福州船政局局长郑清濂报请海军部，向美商购得旧坞址。1933 年在旧坞上重新设计，扩建新船坞工程，1936 年完工。举行开坞典礼时，“江宁”舰、“正宁”舰两炮舰开彩进坞。为有别于青洲旧船坞，其被命名为“二号船坞”。1964 年修复后又投入使用至今。

◎ 船政时期二号船坞

◎ 1996 年二号船坞

◎ 正在拖船坞上维护的船政水师舰船

船政要发展造船业，除了必须具备的机器制造、原材料加工、矿产开采和金属冶炼技术，还需要相关行业的技术人才，而当时的中国并不具备制造军舰的技术基础。左宗棠等人知难而上，本着“师夷长技”的思想，引进西方的技术与人才来发展自己的船舶工业。左宗棠聘请日意格为正监督，就创建船政的系列问题进行了详细的研究，并由日意格拟订具体计划，最后以合约的形式确定了其承担的建厂、造船、驾驶、购器、雇匠等诸项任务。船政不仅引进技术人才，也引进造船技术。由于中国没有制造蒸汽船的经验，船政要自行制舰，先是取式于外洋，再与本土传统造船工艺相融合，最后实现自主造船。

船政创设初期有多个专业车间，铸铁、木模、铁胁、拉铁、打铁、轮机、合龙、水缸、仪表、帆装、砖灰等工作，都分别设厂，由专人专营。各厂虽涉及部门繁多，却无纷乱杂错，分工明确，运转井井有条。其中与金属材料生产相关的就有铸铁厂（翻砂车间）、拉铁厂（轧材车间）、打铁厂（锻造车间）等。这些专业车间生产处理各式铁、铜、钢等构件，为舰艇制造所用。

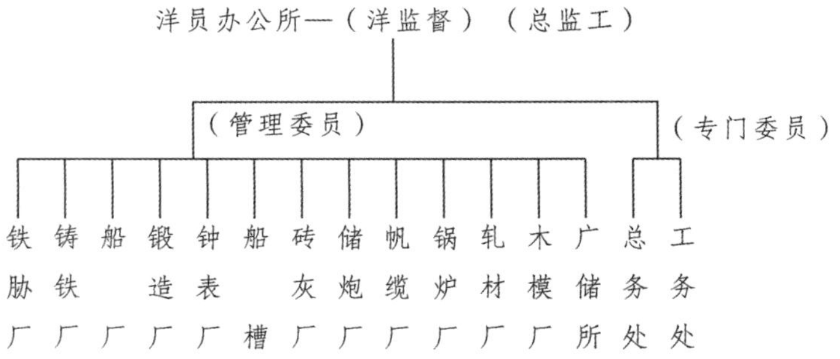

◎ 船政工厂管理示意图

然而要造铁胁、铁甲船，所需的钢铁构件不仅制造加工量大，且要形成专业化生产。1875 年船政开始动工建设铁胁厂，即把原打铁厂归并到拉铁厂，把打铁厂原址改建成铁胁厂，创设铁胁厂的工程于 1876 年完工。沈觐宸在《船政编年史》中记载了铁胁厂的任务与能力：“铁胁厂专任制造钢铁、船胁，船壳、龙骨、横梁、泡钉以及船上钢铁物件，打造拗弯、镶配各工。该厂于光绪二年添设，其能力须审识船身图理制度、钢铁原质，历年制成钢甲、钢铁船身二十余号，小轮船不计，工厂面积计七万九千八百九十五尺方；配设锯机、剪机、钻机、捲机、碾机、刨机共三十五副，工程最旺时，匠额七百名。”

铁胁厂制造各种船用金属构件，包括铁件、钢件和铜件等。随着铁胁船生产的发展，铁胁厂加工设备和工艺不断更新，生产能力也逐步提升。例如制造铜管的设备不足，“洋厂居为奇货，不肯出售”，船政就请在厂的洋匠绘图自制，攻克了难题；又如拉轧铁板的机器，在洋匠的指导下，改造了“拉铁旧轴”，提高了拉轧能力；而铁胁厂生产铁件所需的原料，有一部分采自福建本省的铁矿，“闽省所产熟铁以拉制铁板，尚觉坚韧适用”。船政的发展也带动了一系列造船相关工业的发展，船政学生为了解决原材料和燃料的问题，在发展煤铁等矿产的开采和冶炼工业方面也发挥了重要的作用。

有了配套的工业设施，1867年，在外国技师的指导下，船政制造的中国近代第一艘蒸汽暗轮军舰“万年清”号开工建设。“万年清”船长76.16米，宽8.9米，功率580马力，航速10节，货舱可装货470吨。该船由船政雇佣的法国技术团队提供全套设计方案，由法籍总工程师达士博指导和监造。设计上参考了同时期法国海军装备的炮舰，采用十分优美的飞剪船船型。在此基础上，它增加了货舱，成了兵商两用船。在中国第一历史档案馆保存着“万年清”号的总布置图。

◎ 1896年沈葆桢呈送的“万年清”总布置图

“万年清”号所用的蒸汽机、锅炉，由船政洋员监督购自欧洲，舰体所用的木料主要是从新加坡、暹罗、缅甸等地采购的柚木、铁木等，造舰用的铁钉、铁条以及其他船舶设备等主要由船政自造。1869年，“万年清”号建成下水，表明我国成功引进西方造船技术。1870年至1874年，船政又陆续建造了千吨级军舰8艘，其建造的工期越来越短，显示了工匠日益熟练的技术。1871年建造的“扬武”号是这一时期中国制造的最大型军舰，排水量1 500吨，航速12节，功率1 130马力，船上装有前装钢炮9门，后来作为船政水师的旗舰使用。

知识链接

节

节是船舶航行的速度单位，1节等于1海里/时，也等于1.852公里/时。由船政建造的第一艘轮船“万年清”号航速为10节，船政自主设计建造的第一艘军舰“艺新”号航速为9节。到了后期，船政建造的驱逐舰“建威”号的航速达到了23节。

1874年，沈葆桢作为钦差大臣处理日本侵略台湾事件，率舰队驰援台湾，坚决抗御日军入侵。沈葆桢带领的这支舰队，大都是船政早期制造的木壳兵船，总体实力比日本舰队略占优势。但是日军已拥有两艘铁甲舰，一旦交战，木壳兵船恐难制胜。在这样的军备条件下，为增强实力、巩固海防，清政府先外购铁甲舰艇，并决定在福建建造铁胁船，这是盛行于19世纪中叶的一种铁木合构轮船。沈葆桢想先建造铁木合构船，再建造铁甲船，他在奏折中写道："多造一船，即愈精一船之功，海防多得一船，即多收一船之效。"而此时西方造船，铁胁的应用已十分盛行，船政开始了船舶的更新换代，着手制造铁胁船，这也是大势所趋，势在必行。

◎ 1869年6月10日，"万年清"号下水

船政自造的舰船自"万年清"号（第一号轮船）开始至"泰安"号（第十九号轮船）均为木胁木壳，而能建造木壳船并不意味着就能制造铁胁船。铁胁船在技术与工艺上与木壳船有相当大的区别。船政先以仿造入手，1876年，船政第一号铁胁船开工。购自国外的铁龙骨安上船台，在洋匠的指导下，各铁胁件依次安装，包括前斗鲸（船首骨）、铁肋骨、船体框架铁梁柱、船舱隔堵铁板等，铁胁各构件用泡钉密嵌铆接，船体外壳以双重木板合成。已经完整掌握了木壳船建造的船政工人，在洋匠的指导下，建造出中国第一艘铁胁船。"威远"号铁胁船建造前后经历一年，船政大臣丁日昌评价它为："察看船身坚固，机器精良"，"轮机灵捷，适合成法"。船政成功地实现了木质船向铁木合构船的技术革新。随后船政陆续建造了一批同制式船型的炮舰，这些船舰所有的铁胁、铁梁、铁龙骨、斗鲸及所配之轮机均为厂内工匠自制，特别是自制的锅炉铁板质量及技术要求很高，能够做到"工竣验试，能胜火力，不漏汤汽，乃称完善"，就是说这些自制的锅炉在测试中能耐高温，并且不会让蒸汽泄漏，是一批很成功的产品。铁胁船的轮机除第一艘"威远"号的轮机购自英国外，其他所有的轮机均由造船厂仿制，让船政学堂的学生分别手摹绘轮机全图，陆续发厂制模具，生产各部件而后合拢组装，制成轮机与"购自外洋者一辙"。

船政诞生于国家内忧外困的特殊历史时期，肩负强国御侮的历史使命，从技术引进到技术独立就是船政发展的必然选择。船政在造舰船的主机时开始是用英国造的立式双缸往复蒸汽机，到了船政第五号轮船"安澜"号时已经可以独立制造立式双缸往复蒸汽机，从引进到自制蒸汽机仅仅用了5年时间。1871年制造成功的“安澜”号船用蒸汽机是中国第一台实用蒸汽机。

在学习模仿的同时，船政的学员也努力开始自行设计建造船舰，1875年第十七号轮船“艺新”号就是由船政自行设计建造的。舰体部分的设计和监造由船政前学堂毕业生吴德章、罗臻禄、游学诗负责，蒸汽机和锅炉则由船政前学堂毕业生汪乔年负责设计监造，“艺新”号的成功彰显了船政人才培育和技术学习的成就。“艺新”号相当于船政前学堂学生的汇报作品，沈葆桢曾评价其为“中华发轫之始”，历经九年时间，船政终于自主设计并成功建造出中国的近代军舰。从此，中国进入独立自主造船的阶段。

在舰艇制造上，船政重用学成归国的留学生。他们“独运精思、汇集新法”，并能“本外洋最新、最上、最捷之法而损益”。制造专业留学生魏瀚、陈兆翱毕业时“可与德国水师制造监工并驾齐驱”。陈兆翱在留法期间就已经熟练掌握法国人制造轮机的技巧，其间还曾发明新式锅炉，法国人甚至用陈兆翱的名字给锅炉命名。

进入19世纪80年代，世界钢铁工业正经历一场革命性变革。大量质优价廉的钢材被生产和广泛应用，钢因其优越的物理性能而逐渐成为兵工生产的主要材料，武器性能也随之突飞猛进，如军舰制造极大地受惠于钢铁工业的发展。1877年，“彩虹女神”号在法国彭布罗克造船厂下水，成为钢船时代开始的标志。1881年，由船政首批留学生监造，船政开始制造中国第一艘自主设计的巡海快船，命名为“开济”号。它是当时国产最大的全金属构造军舰，排水量为2 200吨，主机2 400马力，航速15节，配有大炮10门，被时人誉为“中华未曾有之巨舰”。“开济”号的设计制造达到当时世界先进水平，质量性能超过从外国购置的巡洋舰。

1886年，船政开始建造第一艘钢甲军舰“平远”舰。“平远”舰的设计方案由船政前学堂留学生魏瀚、陈兆翱、郑清濂等提出，选取法国海军1885年下水的“黄泉”级装甲炮舰作为参考，并根据中国海域的实际情况进行重新优化设计。“平远”舰全舰为钢质构造，在军舰的水线部围绕一圈装甲带，装甲带接近舰首处厚127毫米、纵高2.13米；在舰

◎ 法国海军造船工程学应用学校的外国留学生合影（第二排左三为魏瀚，左五为郑清濂，第三排右一为陈兆翱）

体中部外侧厚203毫米、纵高1.52米；接近舰尾处厚150毫米、纵高1.25米。它是中国近代第一艘全钢质军舰。“平远”舰建造所用的钢材从法国克鲁索铁工厂购置，由船政铁工车间自行加工，“平远”舰的动力系统由船政自行制造，代表晚清中国造船技术的最高水平，后入编北洋海军，成为主力战舰。舰上主炮从德国克虏伯公司购置，装备大口径舰炮、新式机关炮和鱼雷发射管等武器的“平远”舰是具有当时世界先进水平的双机钢质军舰。

知识链接

实马力、虚马力

18世纪末，英国人根据詹姆斯·瓦特的设计，制造出了世界上第一批改良后的蒸汽机。一个啤酒厂订购了一台，想代替马匹去牵动抽水机。啤酒厂主想确定一下蒸汽机的生产效率是否能够抵得上一匹马，于是，他从自己的马群中选了一匹最强壮的马，让它不住脚地连续干了8个小时，并计算出这段时间里共汲了200多万千克的水。经过折算得出：一匹马每秒能够把75千克的水提高1米，即1马力=75千克米/秒（也叫“公制马力”），以后人们就把它作为动力机械的功率单位，1马力约等于735瓦。中国法定计量单位中，功率的单位为瓦特，简称“瓦”。因为瓦特单位太小，工程上用它的一千倍即千瓦作为常用单位。

蒸汽机的功率是衡量一艘军舰动力强劲与否的硬性指标。随着蒸汽机不断进步，汽鼓压力早已超过瓦特当年测定的7磅/平方英寸这个数值。但是在19世纪，人们仍然广泛使用这个数值，计算时不按蒸汽机的实际汽缸压力，而根据瓦特定下的数据套入公式计算，这样得到的功率参数被称为“虚马力”。计算公式不变，带入蒸汽机汽鼓实际压力算出的功率参数称为“实马力”。由于后代蒸汽机的汽缸压力基本都大于瓦特时代，所以一般实马力的数值都比虚马力大，也是通行于19世纪中后叶的计算方法。

船政建造的第一艘军舰“万年清”号的功率在很多资料上记载的是150虚马力、600实马力。而船政自建的“平远”号铁甲舰，它的主机是2台船政造卧式三缸三胀蒸汽机，由4个船政造圆形高压燃煤锅炉驱动。“平远”号的功率为2 400实马力，可以让这艘排水量2 100吨的庞然大物以10.5节的速度在海上航行。

知识链接

明轮、暗轮

◎ 明轮模型

明轮，又称“明轮推进器”，是船舶的一种推进工具，利用明轮转动带动叶片拨水来推进船舶。明轮推进器比桨、橹等推进工具更先进，但它结构笨重、效率低，特别是遇到风浪船易翻覆。所以，明轮推进器后来被螺旋桨所代替。我们平常在公园乘坐的脚踏船就多为明轮船。世界上第一艘用蒸汽动力的船只“夏洛特·邓蒂斯”号就采用尾部明轮式样。

◎ 暗轮结构

暗轮指的是船用螺旋桨。螺旋桨是指靠桨叶在空气或水中旋转，将发动机转动功率转化为推进力的装置，可有两个或较多的叶与毂相连，叶的向后一面为螺旋面或近似于螺旋面的一种推进器。螺旋桨分为很多种，应用也十分广泛，如飞机、轮船的推进器等。

1836 年，英国的“阿基米德”号使用了螺旋推进器，那是一个木制的像螺丝钉的螺旋杆。开始试验时，它以每小时 4 海里的航速航行。突然，水中的障碍物碰断了螺杆，只剩下一小截。正当造船工程师史密斯急得不知所措时，“阿基米德”号却意外地加快了速度，达到每小时 13 海里。这件事启发了造船工程师们，他们把长螺杆变成短螺杆，又把短螺杆变成叶片状，螺旋桨就这样诞生了。

船政所建造的军舰都是暗轮船。“万年清”号就是单轴单桨推进的炮舰。从船政建造的第二十九艘军舰“平远”号军舰开始出现双轴双桨大推力的军舰。

飞航创新

福州马尾不仅是中国近代造船工业与近代海军的发源地，它还是中国近代航空工业的摇篮。中国近代飞机制造始于1918年初，与美国莱特兄弟创造最原始的动力飞机只差15年。1912年，民国政府时任海军总长刘冠雄（船政后学堂驾驶专业第四届毕业）奉命筹办飞机、潜艇制造等事宜。民国政府选送一批在英留学的海军学生赴美改学航空，其中巴玉藻、王助、曾诒经、王孝丰等人赴美国麻省理工学院航空工程系学习，曾诒经后来转入寇提司飞机制造厂继续学习航空发动机。麻省理工学院毕业的航空学生两届仅八九人，他们成绩优异，学成之后准备回国时却因国内政局纷乱，不得不各奔前程。巴玉藻应聘寇提司飞机制造厂设计工程师和通用飞机厂总工程师。1916年，王助与同学乔治·康乃德·韦斯特维尔以及木材商人威廉·爱德华·波音在西雅图创办太平洋航空产品公司，王助为公司第一任总工程师，在他的主持下，公司设计了多种型号的水上飞机。次年，王助与他的同学因故离厂，这个当时名声不显的公司更名为“波音飞机公司”，几经周折，发展成日后世界最大的飞机制造集团，巴玉藻、王助等被誉为美国航空界的先驱。1917年，刘冠雄决心在国内制造飞机，在天津大沽口、上海高昌庙、福州马尾等地寻找适当的地址建厂，最后北洋政府海军部认可“福州马尾地段最宽，足敷展布，而厂所机器尤足为兴办基础”的理由，同意建厂议案。北洋政府召回在美国工作的巴玉藻、王助、曾诒经、王孝丰等人，他们毅然回国，立志开创祖国的航空事业。

◎ 巴玉藻

◎ 王　助

◎ 曾诒经

福州船政局划出铁胁厂等车间，改为飞机制造木作间和机工间，船厂附近建飞机棚和装配厂。在临江地段铺设飞机下水道，后又建水上飞机浮站，利用竹排，依次叠成，上盖木板，旁系铁链，抛锚江中，形同方舟，上有候机室等设备。并从船政局挑选技术熟练的机械工、钳工、油漆工和木工共四五十人，分专业加以培训后，安排在各车间工作，另招收年轻学徒二三十人重点培养。

◎ 水上飞机浮站

巴玉藻等人专门为工徒授课，讲解简明飞机原理、发动机原理及机体结构等。制造机身的木材，当时欧美各国多采用白银枞、胡桃木，若向国外采购，价昂且费时。巴玉藻等决定就地取材，经多次试验后，选定闽产杉木、白梨木、樟木、白麻栗木等用于飞机制造。

飞机发动机则向国外定购。其他材料的选用亦严格把关，如对翼体，用沙袋加载法，即以数个十磅重的沙袋分布翼上，以代表各部位在空中所承受的压力，做抗扭抗弯试验；所施沙袋总重量，又数倍于飞机在空中所受压力，以确保飞行安全。我国最早的飞机制造厂就是在这种艰难的条件下创立的。

1923 年，因经费拮据，船政局呈请将飞机制造工程处划归海军总司令公署管辖。1928 年，海军飞机制造工程处改名为“海军制造飞机处”。马尾飞机制造厂筹办之初，借鉴船政局建厂制造与办校育才同步发展的成功经验，于 1917 年成立了福州海军飞潜学校。这是我国最早培养飞机和潜艇制造专业人才的学校。

建厂与办校并举，加快了飞机制造业的步伐。然而，在那样简陋的条件下能否成功生产飞机，曾引起人们的质疑。有个英国人在马尾飞机制造处参观后，不屑一顾地说：“这种飞机只能供人观赏，哪能飞上天空！”但是，中国的技术人员与工人，抱着坚定的信念，以顽强的毅力和严谨的科学态度，闯过道道难关，终于在 1919 年试制成功我国第一架水上飞机——“甲型一号”。这是一架拖进式双桴双翼水上教练机，高 3.88 米，身长 9.32 米，幅长 13.70 米，最大时速 126 千米，功率 100 马力，飞机重量 836 千克，载重 1 063 千克，飞行高度 3 690 米，可航行 3 小时，航距 340 千米，乘员 2 人，可载炸弹 4 枚。飞机的性能、质量可同巴玉藻等人在美国寇提

◎“甲型二号”水上飞机

司、通用、波音三厂设计制造的飞机相媲美。1919年8月15日，经广东政府航空局局长杨仙逸推荐，由华侨飞行员蔡司度驾机试飞。蔡司度因驾驶经验不足，以致飞机失速侧滑坠水，机损人存。第二年，“甲型二号”制成，由一位英国人试飞成功。

此后，飞机制造工程处制造水平不断提高，陆续造出各式飞机，其性能不亚于同时代欧美各国制造的飞机。如1928年由“海鹰一号”改制而成的“海鹰二号”、1929年制成的“海雕”号都是用于海岸巡逻的双桴水上飞机。飞机既能轰炸，又能在海上施放鱼雷，可携带8枚炸弹、1枚鱼雷，装有机枪1门，可供6人乘坐。功率为350马力，最大时速为177千米，飞行高度为4 900千米，载重量2 430千克，飞机重量1 565千克，航力6小时，航距900千米。

◎“江鸿”号

又如1930年制成的“江鸿”号双翼双桴水上教练兼侦察飞机，飞机载重量1 168千克，飞机重量730千克，航力8小时，航距1 230千米，功率为165马力，由航空队长陈文麟与德国人伯特兰试飞。第一次在马尾上空盘旋飞行23分钟，第二次在福州上空盘旋飞行40分钟，航速每小时达146千米，最高时速达177千米。后该机又飞往南京晋见海军部长陈绍宽。“江鸿”号飞机长距离的飞行，证明了海军马尾飞机制造处的飞机是完全合格的、成功的。

自从“甲型一号”试飞失败后，加强优秀飞行员的培养日显重要。1920年，王孝丰率领学员曹明志、吴汝夔、陈春耀、刘道夷等前往菲律宾航空专科学校学习飞行技术，又有沈德燮（xiè）、江元瀛、蒋逵等赴英国学习飞机制造。次年，曹明志等四人回国，曹、吴二人前往飞潜学校任飞行教练，陈、刘二人在福州船政局飞机制造工程处任飞机驾驶员。1923

年，飞机工程处成立航空教练所，聘请俄国人萨芬诺夫为教练官，还聘请了德国人亨克和柏尔司徒曼。1924 年，“海鹰一号”飞机制成，由萨芬诺夫与学员黄友仁试飞。当飞机经过一个山口时，在强大的气流冲击下，机尾断裂，坠入水中，萨芬诺夫溺亡，黄友仁经抢救脱险。1926 年底，飞机制造工程处聘林安为飞行教官，未曾发生事故。一架架银燕飞上蓝天，标志着我国近代航空工业较高的发展水平。

1928 年，海军部委派巴玉藻赴德国柏林参加万国航空展览会。巴玉藻白天参观，晚上绘图，草绘了各式单翼飞机的图纸，希望借鉴他国飞机设计的经验，一改我国飞机都是双翼的缺陷。巴玉藻回国后，夜以继日地赶绘单翼机设计图，可惜单翼机尚未造成，巴玉藻却因脑疾不治而卒，时年不满 37 岁。巴玉藻的去世，是我国近代早期航空事业的一大损失。巴玉藻逝世后，由王助接任海军制造飞机处处长一职。

1930 年，马尾飞机制造处又制成“江雁”号莱提拖式双桴双翼水上飞机，这是自飞机制造处创建以来制造的第 15 架飞机。同年，海军部决定将马尾飞机制造处并入江南造船所。所有人员及所有自制飞机，包括各项器械搬迁至上海。1931 年，马尾飞机制造处正式迁往上海江南造船所。王助辞去处长一职，由曾贻经接任。迁往上海后的飞机制造处先后又制造了“江鹚”“江鹞”等十架飞机，继续为我国近代航空事业作出重大贡献。

在我国航空工业史上，马尾飞机制造处无论在飞机设计制造方面，还是在培养输送飞机制造人才方面，都具有相当重要的历史地位。抗日战争中，海军飞机制造处撤迁成都，并入国民党中央航空委员会所属的第八修理厂。当时国民党政府在重庆、贵阳、柳州等地设有飞机制造厂和修理厂，许多曾在马尾飞机制造工程处工作的技术人才，在内地各厂发挥了重要作用，推动我国航空工业不断发展。

传承弘扬

创新是一个民族进步的灵魂。当中国船舶的航迹勾画出海洋传奇的时候，我们不难发现，在实现海洋强国的道路上，是船政拉开了近代中国工业化的序幕。船政是中国近代史的历史丰碑。

海军马尾造船所在抗日战争期间遭日本飞机轰炸，并一度为日本侵略军所占领，遭到严重破坏。1948 年，国民党政府将其大部分机器设备拆迁

◎ 钢丝网水泥沿海货船“古田”号

◎ 500 客位内河双体客船

◎ 1 000 吨沿海油船

至台湾。1949 年 8 月 16 日，马尾解放，中国人民解放军二十八军第一大队进驻船厂，组织工人开始重建。工人们从废墟中清理出砖瓦木料，盖起简易工房，填平弹坑，清理出修造船场所，恢复生产。翻身做主人的造船工人，以高昂的劳动激情，修机造船，主要产品是木质机帆船、小炮船，还修复了发电设备，为马尾居民送电照明。为支援部队解放沿海岛屿，马尾造船工人组成前线流动修船点，随军支援前线，做好机修保障工作。

1958 年，造船厂由部队移辖福建省交通厅，并与福建省航管局下游船舶修造厂合并，组建成福建省交通厅航管局马尾造船厂，马尾造船厂厂名沿用至今。新组建的马尾造船厂，生产任务为军用民用并重，工厂规模迅速扩大。这一时期，为支援农业生产，马尾造船厂造出各式特色小型钢丝网水泥机动船。20 世纪 70 年代，中央调整战略布局，不再强调福建作为海防前线，福建工业加快发展，工厂基础设施扩建，大型设备增添，造船生产能力提高到建造 1 000 吨级至 3 000 吨级水平。1974 年，3 000 吨级钢丝网水泥货船“古田”号建成出厂。货船满载排水量 5 773 吨，主机功率 1 957 千瓦，航速 13.5 节，为我国当时最大吨位的水泥货船，1977 年获全国科学大会科学产品奖。

改革开放后，时任福建省委书记项南同志提出“振兴福建船舶工业”的重要举措。1982 年，福建省船舶工业公司宣告成立，马尾造船厂成为旗下的骨干企业。马尾造船厂提出了“矢志改革开放，振兴百年船厂”，并将其作为企业的奋斗目标。自 1982 年开始，先后与上海江南造船厂、沪东造船厂等国内先进厂家开展技术协作，引进新技术、新工艺和先进的生产管理经验，快速提升企业管理的技术能力。

1983 年，在上海江南造船厂的援助下，当时福建省第一艘 5 000 吨级散货船“盖山”号成功交付使用。

◎ 散货船“盖山”号

1983 年，马尾造船厂先后与日本、荷兰等造船公司开展技术交流，博采众长，企业整体素质迅速提高。1986 年，马尾造船厂与荷兰 IHC 公司联合设计建造的 2 300 立方米耙吸式挖泥船“闽浚 2”号，是当时福建省泥舱容量最大的挖泥船。1989 年，与香港超富公司合作，成功将第一批 600 千瓦围拖网渔船打入南美洲市场，这是马尾造船厂走向国际市场的又一大胆尝试。20 世纪 90 年代，工厂充分发挥大型钢结构加工能力强的优势，为社会各行业提供钢构件加工、高压容器制造、小型加工机械等产品及各类工业气体供应等服务，拓展不同领域的技术实力。

◎ 耙吸式挖泥船“闽浚 2”号

◎ 600 千瓦围拖网渔船

1996 年，马尾造船厂开工建造 4 艘 10 500 吨集装箱货船，首制船于 1997 年 11 月实现了下水，次年 9 月完工交船，更名为“泰格·珍珠”，标志着福建省船舶工业迈上了建造万吨级轮船的新台阶。

进入 21 世纪，马尾造船厂成功改制，成立马尾造船股份有限公司。2002 年，马尾造船公司为德国 OPDR 航运公司建造的第一艘 700 标箱集装箱船成功交付，打开了生产经营新局面。短短几年，马尾造船厂建造了三十多艘 700 标箱集装箱船，十多艘 880 标箱集装箱船，同时又开发了更高技术等级的 7 300 吨级集装箱滚装船，出口德国、荷兰、西班牙等国家。马尾造船公司建造的系列集装箱船、海工船舶产品平均每三年提升一个等级，自主设计建造的 700 标箱、800 标箱集装箱船被评为福建省名牌产品。在德国汉堡海事展览会上，700 标箱集装箱船更是被誉为世界标杆产品。

2008 年，马尾造船公司首次开展自主研发 87 米电力推进平台供应系列船的建造工程，该系列船在当时全世界海洋工程市场占据了相当高的地位。在之后的十年间，公司又陆续建造并交付该系列船共计 36 艘，并相继自主研发设计和建造了 75 米溢油回收平台供应船、86 米多功能平台供应船、60 米工作维护船等高附加值的海工辅助船，在非洲、中东等世界知名海上油田基地都能够看到它们的身影。

2014 年，世界第一艘 84 米双体半潜自航式居住辅助平台船在马尾造船厂建成下水。这是一艘高技术含量、高附加值、高环保性能的多用途钻井平台辅助船，船体结构强度能够抵御深海区域百年一遇的风浪袭击，能满足人类对深海开发的多功能需求。2015 年，世界第一艘 227 米深海采矿船正式开工建造，2018 年 3 月 29 日顺利出坞，其技术含量高、附加值高、建造难度高，该船型是马尾造船股份有限公司转型升级的全新探究。以上船型在设计和建造过程中还引入了绿色环保的设计理念，并成功获得了中国船级社颁发的绿色环保证书，表明船型在设计、建造和营运管理方面都能够满足对海洋和大气友好的基本要求。马尾造船股份有限公司在国际海洋环境保护要求日益严格的情况下，通过自主创新实现了船舶产品的技术突破。

2016 年，马尾造船股份有限公司搬迁至连江粗芦岛，又在新的起点上开始了新征程。新厂区占地面积约为 1 060 亩，建有中型海工船坞一座，配一台 700 吨龙门吊车，拥有岸线长度 1 326 米的舾装码头三个，满足 8 万吨钢材加工的船体联合车间一座。新厂提升了建造大型特种船舶的条件，为自主创新奠定了坚实的硬件基础。马尾造船股份有限公司以前瞻的眼光创造着一个又一个辉煌，一系列产研一体高技术含量海工支持船舶、平台建成下水，为造船事业掀开了新的篇章：2018 年 3 月，全球首制 227 米深海采矿船顺利出坞；2018 年 8 月，国内首制新型海底电缆施工船“启帆 9”号成功交付；2019 年 7 月，“永乐科考”号科学试验平台、“平波”号浮式防波堤成功交付；2019 年 11 月，23 500 吨成品油船成功交付；2020 年 3 月，单柱半潜式深海养殖渔场迎来了下水的重要节点。

2020 年 6 月，历经 18 个月的适应性改造，我国第一艘配备国产化科考装备的载人潜水器支持保障母船——“探索二号”科考船顺利启航。“探索二号”在建造初期是一艘工程船，由于载重吨位大、操作性能好、推进与定位能力强，所以适合改造成为科考船。“探索二号”采用了国际先进的电力推进系统和定位系统，为科学实验提供了充足的动力和自动巡航功能。“探索二号”可搭载万米载人深潜器“奋斗者”号和 4 500 米载人深潜器“深海勇士”号。它也是全球目前最大作业水深的作业型载人深潜科考装备。此外，“探索二号”配备全海深地质绞车和吊机，并且设置了多个科学实验室，具备综合科学考察功能。“探索二号”的住舱，生活设施一应俱全，有大小两个餐厅，可以同时容纳 60 人用餐。为了给科考队员提供种类丰富的一日三餐，船上专门配备了一个煎炒厨房和一个面点厨房。改造后的“探索二号”在甲板承载、实验室面积、储存能力、居住舱室舒适度等方面都更加符合远洋科考的能力和要求。“探索二号”的成功建造，体现了我国近年来在关键装备国产化发展道路上的重要突破。

◎“启帆 9”号

◎ 单柱半潜式深海养殖渔场

◎“探索二号”科考船

马尾造船股份有限公司以研发创新促转型升级、由制造向创造转型，重点拓展海洋工程船、海上牧场、油化船、钢结构及适合企业建造的军品船舶，用高新技术精心设计建造高附加值、高技术含量的舰船，打造海峡西岸船舶与海洋工程装备、军工产品的建造基地。

第二节 船厂研学

研学目标

1. 通过走访参观和实地考察，收集、筛选资料并分类整理船政制造舰船的相关历史。
2. 了解船政制造船只所用材料的种类，参与船只建造的部分流程。通过职业体验活动，发展兴趣专长，形成积极的劳动观念和态度，形成初步的生涯规划意识。
3. 开展志愿者活动，体验中国船政文化博物馆讲解员的角色，熟悉讲解词并参与讲解词的写作，传播中华民族优良的砺志进取、虚心好学、博采众长、勇于创新、忠心爱国的文化传统。
4. 了解船政工业与科技的关系，动手制作船舶模型，树立“科技兴国”的责任意识。

研学线路一 马尾造船厂旧址—船政一号船坞—中国船政文化博物馆

实践点 马尾

考察点① 马尾造船厂旧址

福州马尾被公认为是中国近代海军的摇篮、中国船政文化发祥地。创办于 1866 年的马尾造船厂位于马尾的闽江边上，这是近代中国创办的第一家专业机器造船厂，主持船政的沈葆桢等人引进西方先进的技术、设备和人才，使它在很短的时间里成为远东地区最大的造船厂。马尾造船厂是中国近代第一家专业造船厂，为当时远东地区之最。马尾造船厂现为福建省最大的修造船厂，该厂于 20 世纪 90 年代成批量生产符合欧洲标准的多用途集装箱货船并进入国际市场，于 1999 年开发建造出未来环保型的新产品 17 600 吨散货轮，出口到北欧国家。马尾造船厂是中国近代工业的重要发源地，先后被命名为全国爱国主义教育示范基地，省、市爱国主义教育基地，市国防教育基地。

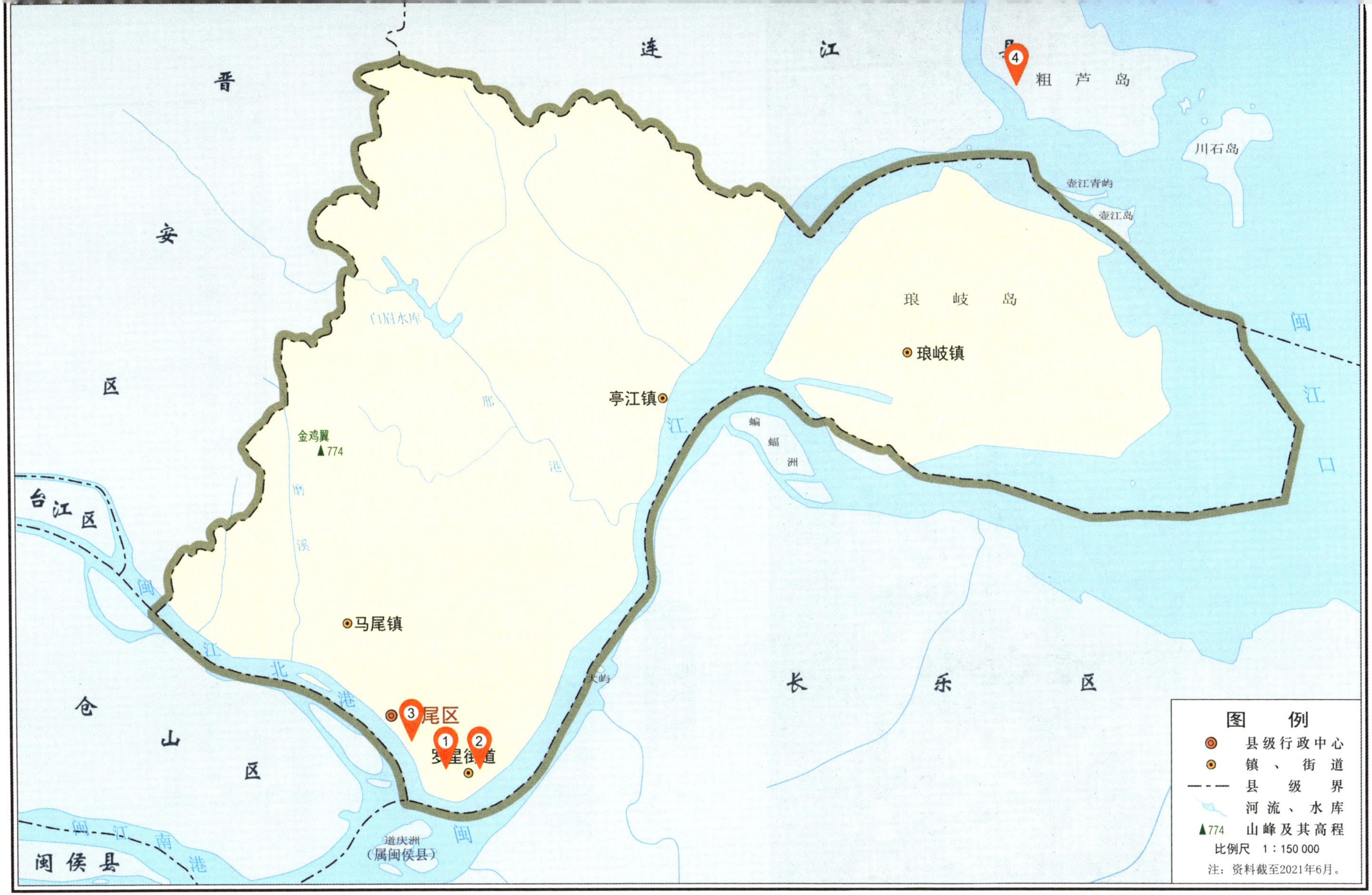

审图号：闽S〔2021〕76号

◎ 马尾区地图

◎ 马尾造船厂旧址

任务清单

·小学·

1. 罗盘是航海重要的工具之一，通过与同学的交流，了解航海罗盘的使用方法，并选择合适的材料制作一个属于自己的罗盘。

2. 在电脑上点选船政制造的舰船与飞机的复原模型，选择一艘你觉得意义最为重大的舰船或飞机，并用画笔将其画出来。

·初中·

1. 参观马尾造船厂旧址，列表比较船政造船与同时期英国、法国、德国所造船只的差距。

2. 在陈列室里有清末船政制造的航海时钟，搜集资料，用图文等形式比较航海时钟与同时期日常使用的摆钟的不同，试着讨论产生这些不同的原因及两种钟的优缺点。

3. 在电脑上点选船政制造的舰船与飞机的复原模型，选择一艘你觉得意义最为重大的舰船或飞机，记录下它的相关事迹，用 3D 打印的方法制作它的模型。

· 高中 ·

1. 曾几何时，克虏伯大炮几乎就是中国海防的代名词。参观总理船政衙门，搜集材料，制作一张图表来说明克虏伯大炮在船政海防和岸防的分布使用情况。

2. 在车间里临摹一幅你喜欢的船政制造的舰船或飞机的三视图（主视图、俯视图、左视图），并在下一个考察点中国船政文化博物馆中找到相应的舰船模型进行比对。

3. 在电脑上点选船政制造的舰船与飞机的复原模型，选择一艘你觉得意义最为重大的舰船或飞机，记录下它的相关事迹，用 3D 打印的方法制作它的模型。

4. 在打铁厂、铁胁厂车间里参与劳作。体验当时工人的工作流程，并记录下来，与后续的研学考察点连江马尾造船厂新厂车间的工作流程进行对比。

考察点② 船政一号船坞

船政一号船坞坐落于福州市马尾区罗星塔公园下方，为国家级文物保护单位。船坞整体宽 10 多米、长 128 米、深 9.3 米，隶属于船政。2002 年，东海舰队一艘退役猎潜艇落户此地。

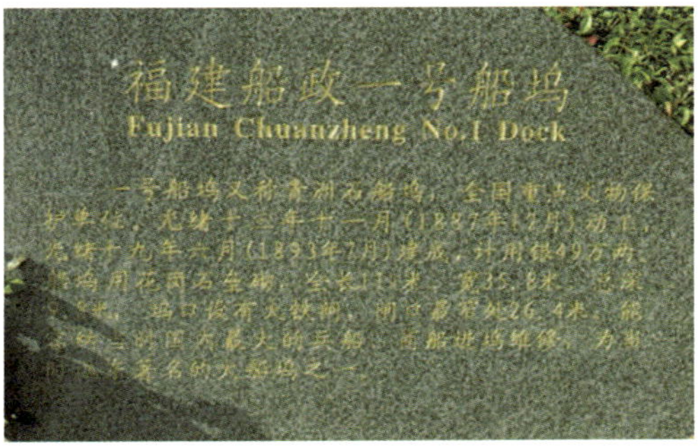

◎ 船政一号船坞介绍碑刻

任务清单

· 小学 ·

1. 参观停靠在船坞里的退役猎潜艇，它是用什么来捕捉“猎物”的呢？去找一找它的“眼睛”和“耳朵”吧。

2. 大海航行靠舵手。请你登上军舰近距离观察舰艇舵设备，找一个角度和它们合影，并将你了解到的与舰艇舵设备相关的知识与同学们交流。

3. 和在二号船坞栖装、维修的船只合影留念，根据照片制作一张纪念卡，并与你的小伙伴交流船只是如何进行装配和维修的。

· 初中 ·

1. 参观停靠在船坞里的退役猎潜艇，猎潜艇是在搜索和攻击时处于潜望镜状态的潜艇。用材料自制一副潜望镜。

2. 找到猎潜艇的雷达声纳系统，拍照记录，并制作演示文档，向同学们介绍它们的功能和工作原理。

3. 潜艇能在水中浮沉，这是怎么做到的？请用易拉罐制作一个简易潜艇模型。

· 高中 ·

1. 参观停靠在船坞里的退役猎潜艇，猎潜艇是在搜索和攻击时处于潜望镜状态的潜艇。请你设计一幅潜望镜的光路图，并用材料自制一副潜望镜。

2. 你在猎潜艇上能找到哪些武器？动手制作一个水火箭模型。

3. 声呐是各国海军进行水下监视使用的主要技术，用于对水下目标进行探测、分类、定位和跟踪。在工作人员陪同下上手操作一遍。

4. 请用易拉罐制作一个简易潜艇模型，并在班级进行展示。

考察点 ③ 中国船政文化博物馆

◎ 中国船政文化博物馆

中国船政文化博物馆作为整个船政文化城叙事的开端，其建筑设计的构思取“对话”的意象。博物馆位于船政天后宫—总理船政衙门—造船厂片区—闽江这一船政文化主轴线上，这条轴线从1866年船政创建之初开始形成，串联着船政的自然、人文和社会等关系，在这一轴线上设立博物馆，既是对这条传统文化轴线的强调，又寓意着历史与当代的对话。新馆外立面的设计突出船政元素，虚实对比，造型简洁，彰显船政历史的厚重感，展现了鲜明的船政特色。

任务清单

· 小学 ·

1. 用三种大小相同、质地不同的纸张制作成小纸船，看看他们分别能承载多少质量的沙砾，讨论影响船只承载能力的因素。

2. 动手用橡皮泥制作一艘小船，与纸质小船对比，说一说造船材料对船只的影响，并讨论未来船只的模样。提交一份设计稿，在设计稿中体现船只外形及各部分功能。

3. 用A4纸制作不同样式的纸飞机，比一比，看谁的飞机飞得久、飞得远，并说一说其中的原因。

· 初中 ·

1. 用 A4 纸做一个无翼纸飞机、一个有翼纸飞机，放飞它们，比较他们在空中的飞行姿态，记录下你的制作过程和观察的结果，做一个小分析，说一说它们的优缺点。

2. 利用软木与皮筋制作螺旋桨飞机模型，制作过程中观察机翼截面的形状，并思考其中的原因。

3. 了解明轮和螺旋桨推进器的工作原理，动手制作明轮推进器模型和螺旋桨模型，把他们和小电机组装在船模上，观察船模的运动，通过查找资料和咨询导游老师，了解两种推进器的区别和优缺点。

4. 观察“万年清”号的三视图，了解其中各个参数的意义，并动手绘制“艺新”号的三视图。

· 高中 ·

1. 通过查找资料，了解 1860 年到 1920 年之间船只动力的发展史。做一份演示文档来展示你的调查成果。

2. 观察“万年清”号的三视图，了解其中各个参数的意义，并动手绘制“平远”号的三视图。

3. 合作拼装木质“平远”号的船模。在制作船模的过程中通过小组合作，观察船模的各个组成部件，并通过网络查询等方式了解这些部件的功能。

4. 动手用软木制作一艘螺旋桨动力船。思考并设计未来船只的模样，提交一份设计稿，在设计稿中体现船只外形及各部分的功能。

研学线路二　马尾造船股份有限公司

实践点　连江

考察点④　马尾造船股份有限公司

马尾造船股份有限公司前身为马尾造船厂，创办于1866年，时称“福建船政”。2011年，改制为股份有限公司。2016年，马尾造船股份有限公司搬迁至连江粗芦岛。

◎ 马尾造船股份有限公司

任务清单

· 小学 ·

1. 参观马尾造船厂吊装车间，向工作人员了解吊装车间里的各种工具的用途，挑选适合介绍的物件，为它写一段文字介绍。

2. 参观马尾造船厂历史陈列室，向工作人员了解船厂近 10 年制作的船只和设备，挑选你觉得最有代表性的一处，为它写一段简单的文字介绍。

· 初中 ·

1. 参观马尾造船厂吊装车间，在工作人员的带领下参与流水线的操作，体验一下大型船舶是如何组装起来的。

2. 参观马尾造船厂历史陈列室，说一说马尾造船厂的船舶从大吨位转向高科技和高附加值方向发展的过程及原因。

3. 用 VR 设备观看船厂建造海上养殖场的过程，并统计完成一个海上养殖场需要经历的工序及流程。

· 高中 ·

1. 参观马尾造船厂吊装车间，在工作人员的带领下参与流水线的操作，体验一下大型船舶是如何组装起来的。

2. 参观马尾造船厂历史陈列室，根据你的兴趣和参观内容，选择一个或多个问题进行深入了解，并写一篇观后感。

（1）描述马尾造船厂的历史背景和重要里程碑。

（2）你认为马尾造船厂对于当地经济和社会的影响是怎样的？

（3）马尾造船厂的未来发展方向是什么？在全球造船业中有何竞争优势？

3. 用 VR 设备观看船厂建造海上养殖场的过程，从提高产品附加值的角度提出你的建议，与小组同学合作撰写一篇小论文来论证你们设计的合理性与可行性。

第六章 海防建军

1884年8月23日的马江江面上，中法双方的军舰展开了激烈的交战。开战不久，船政水师的“扬武”号即将重伤沉没，一名水兵爬上桅杆，高高扬起一面血染的龙旗，表示“舰虽亡，旗仍在”，号召江面上其他军舰坚持作战。目睹这悲痛的场景，“福星”舰管带陈英决心拼死一战。他慷慨激昂地站在露天飞桥上，大声说道：“男儿食禄，当以死报。今日之事，有进无退！”随后“福星”舰开足马力，向法军旗舰“窝尔达”号所在方向飞速冲去。在“福星”舰壮举的鼓舞下，“福胜”“建胜”两舰跟着“福星”舰前进。法舰立刻将火力调整向“福星”“福胜”“建胜”三舰。很快，飞来的炮弹击中了陈英的胸膛，鲜血染红了飞桥甲板，陈英壮烈牺牲。紧接着，接替指挥的二副、三副也相继被炮火击中殉难。露天甲板上英勇无畏的水师官兵前赴后继，奋力抗敌，但仍不能抵挡法军机关炮高速旋转的炮管和飞泻而下的弹雨。法军用杆雷炸毁了“福星”舰的螺旋桨，让“福星”舰失去了航行能力。最后，法舰用炮火近距离摧毁了“福星”舰，舰上水师官兵全部阵亡。清朝末年，中法双方为什么展开了如此激烈的海战？

◎ 马江海战爆发

第一节 海军海战

鸦片战争之后，时局促使清政府重视海防，加强水师和岸防两大体系的海防军事力量建设。中国近代历史上发生过多次抵御外侮的海战。甲申中法马江海战中，以船政水师为代表的中国海军“舰亡旗在”、不畏强敌、英勇作战的精神渗入海军精神，在十年后的甲午中日战争，乃至更往后的抗日战争中得以体现。许多船政学堂毕业的海军军官在对外作战中英勇殉国，为中国近代海军史抹上了一层悲壮的底色。抗日战争的伟大胜利，让中国海军得以洗刷自甲午战争以来的耻辱。从船政创立开始，中国海军就成为中国近代最早接触西方科学和先进思想的群体之一，领时代风气之先，并在历史洪流中作出正确的抉择。中华人民共和国成立后，海军实力不断增强，中国人民海军正逐步从蔚蓝走向深蓝，成为坚不可摧的海上钢铁长城！

海防建军

清朝末年，西方列强如虎狼环伺，保守落后的清政府急需增强军备来应对这风雨飘摇的时局。海防是清末朝野瞩目的重要议题，守口和近岸防御是清政府海防建设的基本思想。在近代海军海权意识与海防思想的形成过程中，林则徐“以守为战”和“以战为守”的海防思想、魏源的海权意识和“师夷长技以制夷”的海防思想具有代表性。

鸦片战争前期，清政府与西方列强在海上的作战能力相差悬殊，林则徐主张“以守为战”的海防战略，并提出了一系列具体的作战方法。为对抗来犯的英国战船，林则徐认为清军应该以炮台为阵地，巩固入海口的军事防御，再诱敌深入，以在夜间利用风势，让火烧船漂向英军，施以火攻并辅以陆战；同时招募乡勇开展团练，作为官军的辅佐队伍，对英军进行袭扰。客观地说，林则徐早期“以守为战”的海防思想并没有真正突破传统模式，对近代化战争基本战术的认识尚浮于表面，并没有起到拒敌于国门之外的作用。随后，林则徐总结了东南沿海屡战屡败的经验教训，认为应迅速组建炮舰水军，但这个建议遭到了道光皇帝的否定。鸦片战争后期，林则徐提出了“以战为守”的海防战略思想，认为建立炮舰水军既可以防守，又能进攻。然而，他的主张并没有得到实践的机会。林则徐是晚清倡导近代海军的第一人，他创建炮舰水军的计划，虽然在其生前未能实现，但为后来清政府建立新式海军指出了方向。

魏源在编纂《海国图志》的过程中认识到，当时的世界进入了一个“海国”竞争的时代，掌握海权的西方国家向外扩张，是不可逆转的事实。魏源在林则徐海防思想的基础上，进一步提出“师夷长技以制夷”的思想，对中国海防战略思想的发展，乃至对中国的近代化进程产生了深远的影响。魏源的海权意识已经逐步形成，他认为清政府要通过以下三条途径，利用自身海权来制驭其他海权国家：一是创建一支强大的海军，不但要有先进的战舰，还要重视海军人才的培养和海军兵士的募练；二是大力发展工业和航运业，推动国内外贸易的发展；三是扶植南洋华人的垦殖事业，在东西海权的争夺中取得优势。虽然魏源在海权领域展开了思考和探索，但落实到海防布局上，却倾向于“以守为战”的消极防御。

同时，清政府积极加强海防军事力量建设。从海防军事力量上看，清朝末年的海防主要包括水师和岸防两大体系。现以清末闽江口海防为例展开说明。

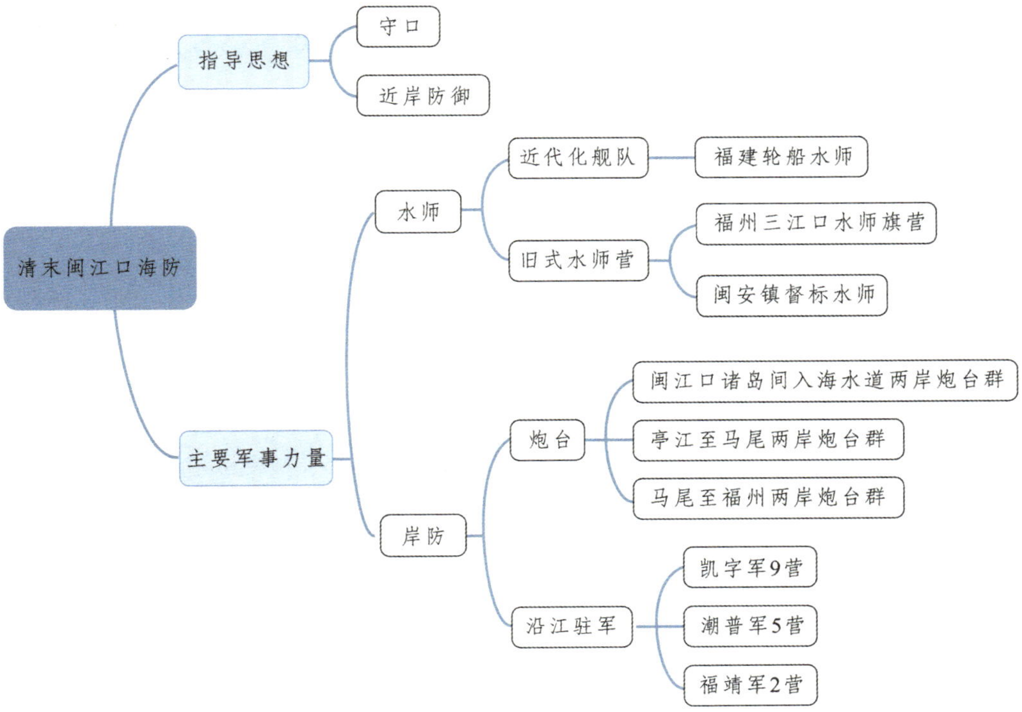

◎ 清末闽江口海防示意图

晚清时期闽江口水师力量集中布局在马尾、长乐、闽安一带，既有新式的近代化舰队，也有旧式的水师旗营。闽浙总督左宗棠在福州马尾创设船政，它是中国近代第一个负责海防近代化的国家机构。船政陆续造出“万年清”“福星”“湄云”三艘舰船，并将旧式水师与新造兵船合为一体。随着船政建造的军舰以及培养的海军人才数量的增多，经船政大臣沈葆祯奏请批准，船政奉命组建了船政水师。船政水师是中国最早的近代化海军舰队之一，在中国近代海军创建史上具有里程碑的意义。

至清朝末年，船政共造船四十余艘，其排水量共4.7万吨，培养海军军官和科技人员1 100多名，海军专业士兵至少5 000多名，为中国海军建设作出了重要贡献。在船政舰船制造与人才培养的基础上，近代中国又陆续出现了南洋水师、北洋水师、广东水师等近代化舰队，它们与船政水师共同构成了清末海军舰船部队体系。

◎ 在“扬武”舰上操演的船政水师

◎ 停泊在马江上的船政舰队军舰

◎ 南洋水师

◎ 北洋水师

◎ 广东水师

知识链接

舰船编制

船政钢甲军舰“平远”舰的官兵编制如下：管带官一员、会带官一员、大副一员、驾驶二副一员、枪炮二副一员、船械三副一员、舢板三副一员、正炮弁一员、水手总头目一员、副炮弁二员、总管轮一员、大管轮二员、二等管轮二员、三等管轮二员、水手正头目六名、水手副头目四名、一等水手一十六名、二等水手二十二名、三等水手二十二名、管旗一名、一等升火一十六名、二等升火一十六名、三等升火六名、二等管舱一名、一等管油六名、三等管油六名、一等管汽六名、油漆匠一名、木匠头目一名、二等木匠一名、电灯匠一名、锅炉匠一名、夫役六名、三等文案兼支应一员、三等医官一员，以上官弁舵水人等一百五十九员名。

船政水师装备了与欧洲海军相似的蒸汽动力舰船，制度章程很大程度上也模仿当时的英国海军。军官很多是从船政后学堂毕业的职业军人，水兵多从沿海两省浙江、福建招募。与当时中国各支近代化舰队相比，船政水师作战能力强、官兵素质高，是扼守闽江口最主要的守卫力量。但由于清政府内部的体制弊端，船政水师的实力遭到严重削弱。

随着自造军舰数量的增多，舰员军饷和舰船保养维修的费用支出不断增加，而船政常年经费总额不变，船政财务压力巨大。于是清政府同意船政水师军舰分拨各省驻防，由驻防所在省承担所调军舰驻防期间的人员薪饷和维修保养费。这样便形成了以马尾港为中心军港，船政军舰广泛配置全国沿海各军港的全国调防模式，有效地解决了船政自身经费无力供养大规模舰队的问题，全国沿海近代化海防也一度形成一盘棋的格局。但由于各省从船政水师调用军舰时，挑选的都是舰龄新、吨位大、战斗力强的军舰，留防在船政的军舰则数量少、配置低，再加上船政为了节约资金，大幅缩减炮手编制，进一步削弱了留防船政军舰的战斗力。

清末驻防闽江口的福州三江口水师旗营和闽安镇督标水师属于旧式水师营。清朝的旧式水师分为外海水师和长江水师，不是独立的军种，其编制仿效陆军，归各地驻防将军、督抚节制，例如闽安镇督标水师名称中的“督标”二字就体现了清朝旧式水师军制的特点。清军除八旗外，还设

◎ 1872 年船政舰船在全国沿海港口分布图

绿营和水师营，这些部队归将军指挥的称“军标”，归总督指挥的称“督标”，归巡抚指挥的称“抚标”，可见闽安镇督标水师当时归闽浙总督指挥。清朝旧式水师基本上以营为单位，营以下设哨，哨以下设司。水师装备全是木质帆船，一般由指挥船、运输船、战斗船组成，主要任务是“防守海口，缉捕海盗”。

八旗水师营是由清代驻防旗营兵丁所组成的水军。福州三江口水师旗营是福建唯一的八旗水师，也是福建建立最早的水师，它的建立比马尾的船政水师早 150 多年，驻地在闽江南岸的长乐琴江村，与马尾隔江相望。福州三江口水师旗营属旧式水师，装备较为落后，共有大小木壳战船十六艘，配置腰刀、弓箭、藤牌、土枪、土炮、平射炮等武器，日常在闽江下游巡哨，负责捕盗缉私，拱卫省城。每年春秋在三江口演习，将军、副都统亲往阅操。福州三江口水师旗营驻地是立足巷战、军事设施完善的军事城堡，它的布局似太极八卦，人称“旗人八卦城”。整座营四面有城墙，每面有一座城门，共十二条街、四条直巷，相互交错迂回，使营地形成“回”字形格局。屋舍建制划一，特别是十二条旗人街，都是旗兵的兵房，结构高度都一样，屋顶连成一片。外来之人若进入，好像来到迷宫，很难找到出口。

闽安镇督标水师也是旧式水师，由装备旧式武器的木质兵船组成。闽安镇督标水师分为左、右营，共有官兵 1 500 多名，每营有旧式兵船 9 艘，分驻闽安邢港两岸：左营驻草尾，建有炮台及驻防兵营；右营驻北岸，建有驻防兵营及操演场。两岸隔江相望，邢港口集泊水师舰船。闽安镇督标水师的岸防区域大致包括马尾、闽安、长乐、琅岐岛一带，海上巡逻区域为闽江及福建和台湾沿海一带。闽安镇督标水师三年一换轮戍台湾，在台湾的巡防路线是：高雄—花莲—钓鱼岛—基隆—淡水—台中—高雄。现台湾淡水、嘉义一带的“万福营”和高雄市的“左营”，就是当年闽安水师左、右营的轮守处。

◎ 圆山水寨

在福州长乐区后安村西侧闽江中的大屿岛上，还设有圆山水寨。该水寨由郑成功始建于 1656 年，1728 年之后，圆山水寨归三江口水师营管辖，寨中驻军也是三江口水师营的满族旗兵。水寨的城垣盘山而上，山顶架有炮口朝向闽江口的大炮。水寨南面隔江是琴江村，东北隔江是闽安镇，这样便在闽江上形成了福州三江口水师旗营、闽安镇督标水师、圆山水寨三者呼应的江防锁链。

◎ 琴江村

清朝末年闽江口岸防力量主要包括炮台和沿江驻军。

在清末船政存续的40年中，闽江下游至入海口两岸配置了大量工事，形成了完整的海防—江防系统。炮台大致分为3组：溯游而上，闽江口诸岛间入海水道的岸防炮台群为第一道防线，有5处炮台；亭江以上航道较窄，门户形势险要，两岸有6处炮台，为第二道防线；马尾附近有2处炮台，守护船政设施，马尾以上至福州城区，两岸还有3处炮台，共同构成闽江下游沿岸的第三道防线。据不完全统计，仅金牌、长门、闽安一带，就布置有威斯窝斯前膛炮5门、170毫米口径克虏伯炮6门、210毫米口径克虏伯炮1门、机关炮5门、180毫米（7英寸）炮18门、203毫米（8英寸）炮3门、中国自造前膛炮56门。闽江口两岸层层设防，重重守护，与山川形势有机配合，是中国近代具有代表性的海防系统。

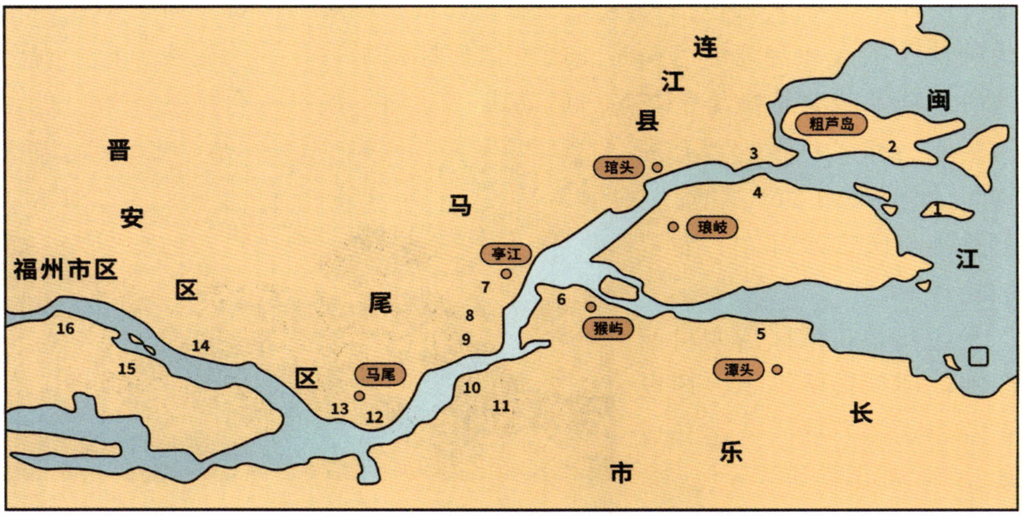

1 壶江炮台　2 黄霞寨炮台　3 长门炮台　4 金牌炮台　5 文石炮台　6 南岸炮台
7 亭江炮台　8 闽安炮台　9 田螺湾炮台　10 圆山炮台　11 琴江炮台　12 罗星塔炮台
13 马限山炮台　14 魁岐炮台　15 濂浦炮台　16 烟台山炮台

◎ 闽江口近代炮台分布示意图

闽江口岸防的炮台数量虽多，却大部分形同虚设。从建筑样式看，这些炮台形式不一，甚至某些古老的炮台还在使用，且缺乏整体协同性；从设计布置看，在战略位置极为重要的闽江入海口地带，仅有金牌炮台和长门炮台朝向闽江航道，完全没有设置朝向外海方向的炮台，难以形成对沿海来犯之敌的有效火力防御网；从装备性能看，炮台大多设计老旧，使得炮位朝向单一，存在射击死角，在实战中不但杀伤力弱，还容易被敌方识破弱点并加以利用。

清朝海军部队的创立，在一定程度上增强了我国近代海上军事力量，巩固了海防，有利于维护领土的完整、增强国际影响力。当时船政水师除了巡洋防卫，还担负着接送官员、通信联络、追捕海盗、海难救助、运载粮食等任务。在这些渐行渐远的历史画卷中，我们能看到船政所造舰船的雄姿，看到船政人一心为国的身影，主要事迹举例如下。

巡视南海，宣示主权。清朝末年，中国海疆地区危机重重，南海诸岛面临帝国主义的觊觎和侵占。1907 年，日本人西泽吉次私自登上东沙岛，在岛上建筑宿舍，开采鸟粪，经营海产，妄想将该岛据为己有。时任南洋水师“飞鹰”舰管带黄钟瑛奉令率两艘军舰前往东沙群岛实地勘察。清政府几经交涉，于 1909 年 10 月将东沙岛收回。为了维护南海诸岛的主权，两广总督张人骏派副将吴敬荣前往西沙群岛勘察，并于 1909 年 5 月设“筹办西沙群岛事务处”。随后广东水师提督李准率海军士兵 170 余人乘“伏波”“琛航”“广金”三艘舰艇巡阅南海，查明了西沙群岛的 15 个岛屿，并命名“勒石”，宣示了中国在南海的主权，还用此三艘军舰命名了西沙群岛中的三座岛屿，即伏波岛、琛航岛、广金岛，并在伏波岛插黄龙旗，立碑志记。同年，中国海军舰船调查东沙岛，驱逐私占岛屿的日本商人，收回了东沙岛主权。参加南海巡视的“伏波”号炮舰，是船政建造的第四号舰船，寄予了清政府对于平定海疆的希望。“琛航”舰是兵商两用船，最初按照炮舰建造，后来时任船政大臣沈葆桢为了解决船政经费问题，在“琛航”舰上增加了舱房，计划建成后同时用于揽货载客。

驱日护台，开山抚番。1874 年，日本政府借口琉球船民被台湾高山族人杀害事件，悍然出兵 3 600 多人侵入台湾，在龟山等地盖营房，建立都督府，实行屯田、植林，准备长久占据，同时派人到台湾多地侦察，企图扩大占地范围。

面对日本的入侵，清政府认识到“海防一事为今日切不可缓之计”，紧急任命沈葆桢为钦差大臣，办理台湾等处海防兼理各国事务。沈葆桢接受任务后，立即调集驻防各地轮船，布防闽台海面。驻台湾的军舰有“福星”“长胜”“海东云”三艘。不久，“安澜”“飞云”“伏波”“万年清”“济安”等舰陆续到闽。各军舰补充炮手，做好临战准备。同年 6 月，沈葆桢率员乘“安澜”“飞云”“伏波”等舰赴台，随后“扬武”“安澜”“飞云”“伏波”“靖远”“振威”“凌风”等舰船集中于澎湖进行演习。派“福星”舰驻台北，“万年清”号驻厦门，“济安”号驻福州，以巩固门户。“永保”“琛航”“大雅”等舰负责运送军队及军火，还有专门负责通信联络及探查军情的舰船。船政水师集中力量应对非常事件，以实力迫使日本侵略者谈判。在赴台驱日的队伍里，就有许多福州籍的船政优秀毕业生。沈葆桢赴台后开展的策略为“以战止战”的政治谈判与军事威慑相结合，岛内设防与请兵大陆相结合，团结民心与开山抚番相结合。

在这些策略中，特别是威慑与防守，以海军为主的军事力量作用显著。同时，我们也应注意到，即使是经略岛内的开山抚番政策，它的制订与推行也离不开海军的促进作用。台湾自古以来就是中国神圣不可分割的领土，这一点并不会因为岛上居民是什么民族，或是开发程度的差异而有所改变。为攻破日军，清政府与台湾地方官员急需快速而有效地进行沟通，以制订应对之策。于是当时台南—福州—北京一线，谕旨、奏折往来不断。除福州外，台南与北京的联系还常经由上海中转。在没有电话、网络的时代，跨海的交流需要海军的轮船当好“邮递员”。台湾与大陆之间的海面上，轮船来回穿梭；福州、上海与北京的官道上，加急的驿马尘土飞扬。很快沈葆桢向朝廷奏请“开山抚番”的政策得以获准，以推进台湾的社会进步和经济发展。

捕盗护商，以利民用。在沈葆桢“捕盗护商，以利民用”方针的指导下，清朝海军舰队除作战外，还执行镇压海盗、运载粮食等任务。

明清时期，我国沿海的海盗渐渐积累了巨额财富，拥有了强大武装，一度控制了往来的商路。特别在温州、台州一带，海盗活动极其猖獗。左宗棠曾花大力气对海盗活动进行镇压。1869 年，船政建造的第一艘轮船“万年清”号试航成功。在海面的逆风巨浪中，“万年清”号船身坚固，驾驶顺畅。福州将军英桂派“万年清”号奔赴浙江沿海，打击非法的海盗活动。时任“万年清”号管带贝锦泉，有着丰富的捕盗经验，深受左宗棠、沈葆桢的赏识。在贝锦泉的指挥下，“万年清”号凭借新式战舰的速度与炮火威力，成功搜捕了大股海盗。在“万年清”号、“湄云”号、“镇海”号等舰船的努力下，为患数十载的海盗终于平息。

◎“万年清”号

运载粮食、采办京米、赴台采购运粮等也是当时船政水师的常规任务。仍以

“万年清”号为例，1872 年，我国北方地区发生灾情，“万年清”号将南方调拨的赈灾粮食运送到天津；1878 年，直隶地区（今河北）因为自然灾害致使粮食歉收，“万年清”号奉命承担运输粮食的任务。1881 年，留学欧洲学成归国的船政学生，将“万年清”号改造为商船并兼作练习船，主要用于福建、台湾之间的运输。

巡历华埠，护侨练军。从明朝末年开始，闽浙、两广和台湾地区生活艰难的民众，多会选择“下南洋（今东南亚）”谋生。经过数代人的经营积累，勤劳自强且不乏智慧的南洋华侨的经济实力和潜在力量都在不断增强。至清朝末年，清政府审时度势，逐渐改变了以往敌视海外华侨的政策，采取了一系列保护和联络华侨的措施，派舰巡历华埠就是其中的重要举措。

第一次到南洋巡历的清舰是由船政制造的“扬武”号巡洋舰。1876 年，督练蔡国祥统帅到达新加坡、吕宋（今菲律宾北部岛屿）等南洋各岛，得到华侨热烈的反响。随后清舰对南洋的巡历不断，到 1908 年，经朝廷批准终于成为定例。由于在 1884 年的中法战争中清军战败，船政水师重挫，之后海军建设重心北移，巡历的舰船多从英、德两国购买，而非自造了。清舰巡历华埠的举措，对于清政府和华侨而言，可以说是获得了双赢。

清政府派官员率领的海军舰队高悬龙旗，装备精良，气势磅礴，彰显了国威，巡历新加坡、吕宋、西贡（今越南胡志明市）、马六甲、槟城、爪哇、巴城（今印度尼西亚首都雅加达）等地，展示了清朝海军的实力。清舰巡历所到之处，海外华侨感到欢欣鼓舞，在华人街张灯结彩、奔走相庆，民族情绪高涨。客观地说，清舰出巡在一定程度上改善了当地华侨的社会生存环境，增强了华侨对祖国的向心力，为 20 世纪初期华侨民族主义运动的高涨打下了基础。

然而，国内洋务运动需要大量的经费投入，海军的军费捉襟见肘。清舰巡历华埠时，率舰官员积极联络华侨，希望华侨富商能够集资造舰买舰、回国投资。此外，清舰巡历华埠还具有训练海军的目的，对加强南洋海防屏障具有一定的意义。只是由于清朝末年国力不强，海军实力与列强相比处于劣势，即使出巡，也难以实现更多的设想。

从船政创立开始，中国近代海军便是最早系统接触西方科学和先进思想的群体，领时代风气之先。1911 年辛亥革命爆发，海军以全军起义的豪迈气概投身革命。1946 年国民党单方撕毁“国共停战协定”，内战再起，大批不满国民党政权黑暗统治且不愿参加内战的国民党海军爱国官兵相继起义，投向人民的阵营。早在抗日战争期间，中国共产党领导下的新四军、八路军就先后组建了多支涉海武装。在解放战争中，第三野战军前委于 1949 年 4 月 23 日在江苏泰州白马庙召开会议，拟订组建华东海军，至此，中国人民解放军海军诞生。大量原海军人员加入新海军的建设，成为人民海军早期建设的重要力量。

中华人民共和国成立后，海军实力不断增强。中国终于自信地屹立于太平洋西岸，不断向海洋强国梦的伟大复兴目标迈进。2019 年 4 月 23 日，中国人民解放军海军迎来了 70 周岁的生日。2019 年 12 月 17 日，第一艘国产航空母舰“山东”号正式服役，中国海军迎来双航母时代。2022 年 6 月 17 日，“福建”舰下水，中国海军迎来了三航母时代。中国人民海军正逐步从蔚蓝走向深蓝，成为坚不可摧的海上钢铁长城！

◎“福建”舰下水命名仪式现场

壮烈海战

中国近代历史上发生过多次抵御外侮的海战，主要有甲申中法马江海战、甲午中日战争、抗日战争等。

自1866年船政初办，到船政水师组建、近代海军舰队粗具规模，清政府盲目自信，认为已经拥有一定的造舰能力和海军军事实力。清朝舰队确实能在一些局部的对外作战中小试牛刀，但当时的海军毕竟尚未直面西方列强的攻势，还没有正面接受过战火的洗礼。时局没给清政府太多安逸的时光，海上第一次真正的对决发生在1884年的马江，即甲申中法马江海战。

马江海战是清代中法战争中的一场战役，有着复杂的政治、外交背景。当时的东亚、东南亚和中亚地区，还保留着传统的中华朝贡体系。清政府以天朝自居，通过册封、羁縻[①]、朝贡等制度，与周边藩属国共同组成等级制网状政治秩序体系。在大航海时代，这种“华夷秩序”遭受来自欧洲国家殖民体系的挑战，趋于崩溃。位于中南半岛的越南本是中华周边的重要藩属国，法国为争夺越南的宗主权，建立殖民地，以便在越南攫取利益，不可避免地会与清朝发生争端，这是中法战争爆发的深层次原因。

中法战争发生于1883年12月至1885年4月，历时漫长；有陆战，也有海战，交战战场分散，有许多平行推进的战役进程。1883年法国军队入侵越南，强迫越南订立《顺化条约》，意图让越南脱离中国的藩属地位，接受法国的保护，成为法国的保护国，引起中国朝野哗然，慈禧太后下诏派兵越南，中法战争开始。战争中，清军在越南北部战线失利，这影响了广西前线清军的军心，法国趁势占领镇南关（今广西友谊关）。当时情势对清政府不利，在英国人的调停下，清政府与法国在天津订立《中法新约》，双方保证越南的独立地位，中国开放中越边境与法国通商。但当时驻守越南的中国军队没有接到中央的命令，偷袭了法国驻军。法国公使借此向中国发出最后通牒，扬言如果中国不接受法国提出的撤军、赔款等要求，法军便要占领福州港口作为“担保品”，同时派军舰进攻台湾基隆，向清政府进行武力示威。法国军舰在远征军总司令孤拔的率领下，以“游历”的名义陆续进入马江，马江海战一触即发。

中法双方战前进行了战略部署。闽江下游至入海口两岸山岭连绵耸峙，沿途不少水道形态蜿蜒狭窄，水流湍急乃至旋涡密布，且水位还受潮

① 笼络牵制，旧时多指笼络牵制藩属。

汐涨落而变化，更有“五虎把门”“双龟锁口”的天险扼守，是险要的入闽门户。基于有利的天然山川形势，福建海防通过布置炮台、下游沿江驻军、组建船政水师等方式，多兵种、多地域、多层次地进行军事部署，力图构建起抵御外敌的一道道屏障。但清末闽江口附近河段两岸炮台大部分形同虚设，沿江驻军战斗力低下，旧式水师装备落后，留防福建的船政水师实力因清政府内部的体制弊端而受到很大削弱，当时清军真实的作战水平难以实现防御的意图。

为加强战斗力，负责会办福建海疆事宜的时任钦差大臣张佩纶与时任船政大臣何如璋协商，紧急召回散布在福建、台湾各港口的船政军舰，向相关省份申请调用军舰，设法筹措资金，增募炮手，终于在马江海战开战前的一个月左右，让船政的“福星”“艺新”“振威”“伏波”“琛航”“永保”“济安”“飞云”八舰得以回防马江，加上原来驻守的“扬武”“福胜”“建胜”三舰，共 11 艘军舰。同时张佩纶还组织船政自建杆雷艇、火攻船若干，与军舰一起列于马江江面，严阵以待。船政军舰在防范法国军舰逼近炮击、登陆的同时，牢牢把守通往省城福州的咽喉航道。虽然经过调整和改进，闽江下游至入海口一带的战力有所增强，但船政所在地——马江防御的重地，仍然危机重重。一方面，船政地势不利防守，前方开阔没有屏障护卫，后方敌军可以通过水陆两路展开进攻；另一方面，防御工事不足，火药库建在后山高处极不合理，加上驻守船政的陆路军队兵力不足，仅有当初沈葆桢调用招募的福靖军两营，而且营内军官还怯战畏战。

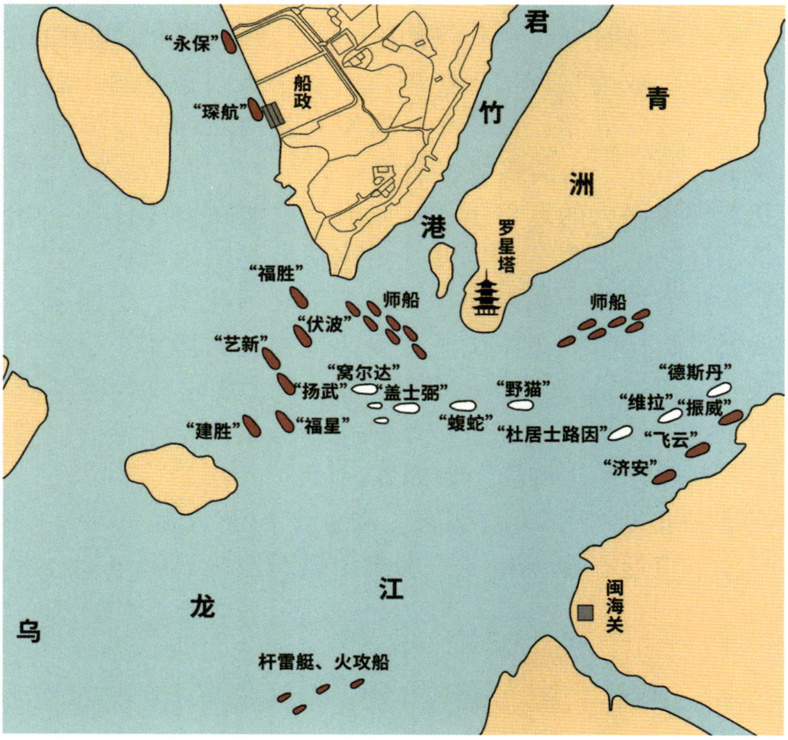

◎ 马江海战爆发前中法舰船停泊位置示意

法军方面，共计舰艇 11 艘。二等巡洋舰和武装运输舰停泊在马江入海口的金牌、长门炮台江段，防范清军封锁航道。三等巡洋舰和一等巡洋舰、炮舰、二等杆雷艇共 9 艘军舰直接停泊在船政江段。

比较一下中法双方舰艇的战斗力量化指标。从舰种看，巡洋舰和炮舰火力较强。巡洋舰船政只有“扬武”号一艘，配 11 门炮，法军有 5 艘，共计配炮 50 门以上；船政炮舰 3 艘配炮 15 门，法舰 2 艘配炮 18 门以上。船政军舰装备的多是较为落后的威斯窝斯前膛铁炮，装弹时需要炮手将炮弹旋转拧进炮膛，发射速度极为缓慢，射程近，火力弱。法国军舰除了装备常规的加纳后膛炮外，还配备当时先进的半自动哈乞开司机关炮。哈乞开司机关炮通过不断摇动手柄，并持续往输弹槽放入炮弹，能连续自动射击，发射速度快，射程远，火力十分凶猛。从舰材看，双方多数舰船都是木壳材料，船政有两艘钢壳蚊子船，法军有一艘装甲巡洋舰和两艘铁甲炮舰，防御能力相差不大。从航速看，船政舰船时速 9～12 节，法军舰船时速略快一些，在 13 节左右。

整体上看，法军军舰战斗力高于船政军舰。但考虑到中法军舰所处的马江段江面狭窄，宽度不到一千米，还有不少浅水区，大型舰队根本无法像在海上那样编列战斗阵型作战，双方都只能因地制宜，单舰对抗。而且作战时，双方军舰根本不可能存在多少回旋机动的空间，主要以近距离的火炮对击来决定胜负，往往第一轮射击就可能左右战局。可见，先开火的一方占有极大的优势。再结合当时军舰的结构特征和马江段的潮汐规律，我们发现，军舰火力最强的是舰首方向，舰尾和舷侧火力薄弱。军舰在舰首下锚，则随着潮汐涨落，舰尾位置会随潮流涌动而发生变化。而法军军舰位于船政军舰下游，在涨潮时船政军舰舰首朝向法军军舰舰尾，船政军舰获得进攻优势；反之在退潮时，法军军舰舰首朝向船政军舰舰尾，优劣形势完全倒转。虽然军事力量敌我双方对比悬殊，但联系具体的江面环境，如果船政军舰在涨潮时先行进攻，还是有可能以弱胜强的。

通过对马江局势的全面分析，结合法国在中法谈判桌上“毁闽船厂”的威胁，张佩纶上折请战，认为应该先发制敌。但是清政府中枢寄希望于谈判桌上的你来我往，对先发制敌策略持事实上的否决态度，并发出严谕“彼若不动，我亦不发”“不得先行开炮，违者虽胜亦斩”，张佩纶等只能沿用此前的一艘船政军舰看住一艘法国军舰的方法，防范法国军舰。一旦情况突变，便集中力量群起进攻法军旗舰“窝尔达”，其他杆雷艇、火攻船等小船从各处出击策应水师军舰。整体上说，船政水师坐失了战场上的先机。

马江海战的战斗过程是特别惨烈的。1884 年 8 月 23 日下午 2 时，马江正处于退潮时段，而船政水师军舰最为薄弱的舰尾正对向法国军舰。法军杆雷艇按预谋方案从阵列冲出，随即法军各舰全线开炮，马江海战爆发。在狭窄的江面上，法军军舰抢占了先手，对着船政水师军舰展开了猛烈的攻击。船政水师不甘于被动挨打，努力调整舰船姿态，用炮火进行还击。中法双方舰与舰的对决在马江江面上演，“福星”舰管带陈英率部英勇抗击法舰的场面就是对决中的一例，其他主要战斗如下。

“扬武”舰对战 46 号杆雷艇。“扬武”舰是船政水师的旗舰，是法军进攻的主要目标。在法军猛烈的攻势之下，“扬武”舰首先以舰尾两门 100 毫米口径的威斯窝斯前膛炮还击，命中法军旗舰。同时，法军 46 号杆雷艇用杆雷击中“扬武”舰，“扬武”舰左舷木质舰壳被炸开致命裂口，江水顺着裂口不断灌入舰内，舰体开始倾斜下沉。“扬武”舰舷侧一门 160 毫米口径火炮发射的炮弹洞穿 46 号的轮机舱，摧毁其动力系统。随后 46 号随波漂移到战场外，因严重损毁而报废。遭受重创的“扬武”舰努力往浅水区挪动自救，但还是沉没了，此时开战不到 1 分钟。因江水不深，沉没后的“扬武”舰还有大量上层建筑露出水面。就在“扬武”舰即将沉没之时，一名水兵爬上桅杆，高扬起一面龙旗，表示“舰虽亡，旗仍在”，号召江面上的其他军舰坚持作战。

“伏波”舰对战 45 号杆雷艇。炮舰“伏波”舰是当时马江江面上仅次于“扬武”舰的大舰，是法军 45 号杆雷艇的攻击目标。开战后，45 号原计划直冲“伏波”舰舷侧中部。因为出了差错，45 号冲到“伏波”舰跟前时，仍未调整回既定进攻路线，杆雷炸在了“伏波”舰尾部。之后法军士兵操作失误，致使杆雷卡在“伏波”舰上拔不出来。借此良机，“伏波”舰官兵奔向舰尾，用手枪、步枪、手榴弹对其发起进攻，击中了艇长的左眼。在“伏波”舰官兵猛烈的攻击下，45 号遭受重创，艇面被子弹洞穿如星点，艇上法军伤亡惨重。随即“伏波”舰调转航向，无意中使 45 号挣脱逃离。“伏波”舰因遭受攻击而严重进水，也只得退出战场。

“飞云”舰、“济安”舰、“振威”舰对战法军众多巡洋舰。在船政对岸闽海关方向的下游，“飞云”舰、“济安”舰、“振威”舰三艘炮舰扼守着江面。“飞云”舰、“济安”舰的排水量都是 1 258 吨，“振威”舰的排水量仅 572 吨。三艘炮舰单舷作战火力总和为：3 门 160 毫米口径前膛炮、8 门 120 毫米口径前膛炮。与它们相对峙的是法军的精锐，三艘一等巡洋舰的排水量分别是 3 479 吨、2 363 吨、2 382 吨，均远大于船政三舰。三艘法军一等巡洋舰单舷火力包括 2 门 190 毫米口径后膛炮、19 门 140 毫米口径后膛炮，舰桅盘里还装备了多管哈乞开司机关炮，火炮配置的数量、口径和火炮类型的先进程度也都远超船政三舰。开战后，法军三舰立刻火炮齐发，“飞云”舰和“济安”舰还没来得及砍断锚链，就已受到重创，舰体燃起了熊熊大火，“飞云”舰被击沉，“济安”舰退至下游青洲港附近焚没。“振威”舰因为是小型炮舰，在法舰齐射时就摆脱了较细锚链的羁绊，艰难地在江面上与法军三舰战斗。正当此时，排水量达 4 585 吨、水线带装甲厚 15.24 厘米（6 英寸）的法军装甲巡洋舰大摇大摆地驶入战场江域，加入战阵。它火力凶猛，装备有 240 毫米炮 4 门、190 毫米炮 1 门、140 毫米炮 6 门，它一面炮击罗星塔下的中国陆军行营炮阵地，一面用威力巨大的主炮攻击“振威”舰。在法军猛烈的进攻下，“振威”舰舰体被炮弹打得状如蜂巢，船身歪斜燃起烈焰，坚持在舰上作战的水师官兵大都殉难。猛然间，“振威”舰调整方位，瞄准法舰的舷侧直冲而去，意图与之同归于尽。法舰立刻发起舷炮齐射。就在“振威”舰即将沉入水中的时候，前主炮向着法舰发出了最后一炮，一面龙旗升上了桅杆。

在船政水师的主要军舰被击沉或退出战场后，法军迅速摧毁了绿营和八旗水师舟船，烧毁、炸毁了停泊在船政厂区附近的运输舰“琛航”“永保”舰，击沉了顽强作战的蚊子船“福胜”“建胜”，炮击了船政厂区和附近的中国炮台，击沉了马江支流港汊所有的中国杆雷艇。马江海战是中法战争中最大的一场海军舰队战役。战后统计，船政水师共损失军舰 19 艘，有姓名可考的阵亡者达 500 余人；法军仅损失 2 艘杆雷艇，阵亡 6 人，受伤 27 人。

马江海战之后，后续的马江通航战随即展开。虽然法军舰队一举摧毁了船政水师，但并没有完成他们占领船政的目标。因法军陆战兵力不足，为减少登陆作战的难度，便改为炮轰船政厂区。由于船政厂区江段附近吃水较浅，只能由排水量较小的三舰实施炮击。此三舰主炮口径小，威力有限，且弹道较平，无法进行远距离曲射，最终只能对江边围墙、拖船坞等紧挨江边的建筑进行破坏，离江较远的建筑受伤较轻，船政厂区并未完全摧毁。显然法军不具备十足的把握，遂不再夺占船政厂区。随后，法舰排成纵队驶离马江。在此过程中，法军利用舰炮轰击沿途的中国炮台，并派出登陆队对炮台实施彻底破坏，将马江沿线的防御工事拔除殆尽，马江成为他国舰队可以任意往来的航道。同时，法舰还在金牌海峡附近击沉了大批装满石头预备封江的中国装石船，使清军难以实施封堵马江航道瓮中捉鳖的战术。8 月 29 日下午 3 时，全部法国军舰通过闽江口进入大海，历时 4 天的马江通航战就此结束，法军共阵亡 10 人，伤 48 人，清军死伤超过 3 000 人。

马江海战是中法战争的一场重要战役，对后世有许多启示，值得人们深入思考。

一方面，这场海战暴露出洋务运动中存在的一些问题。例如当时的清朝海军主流战略指导思想与当时的时代特征不相适应。鸦片战争后西方列强对我国的侵略主要来自海上，虽然清政府后期开始重视海防，意识到加强海军建设的紧迫性，但由于清政府长期以“天朝大国”自居，闭关锁国，对世界发展的潮流缺乏必要的敏锐性，海权意识淡薄，海洋事业的发展更是滞后。清政府对海军的认识趋于保守，主要想用海军来加强本土海防，而不是让海军去向远海获取更多的海洋权益。在守口和近岸防守战略思想的指导下，中国海军在创建之初就确立了划域分防的模式，把重点设防作为建设海军的出发点，海军的主要职责便是守住口岸门户，做好近岸防御。于是，在战力布局上就是军舰陈兵口岸，闽江下游两岸炮台林立，以期海战配合陆战，能固守藩篱、护卫口岸。如果单从近岸防御角度来看，闽江下游和闽江口的战略布防是较为合理的，为近代中国海防的建设作出了示范，但近代海军成立和海防建设之初，显然缺乏向外发展的内驱力，也为后期实战中遭受失败埋下了伏笔。从战争过程中，我们还看到清政府外交上的笨拙，对当时国际法的无知；看到清朝军队军制的落后，战斗力的低下。当时的清政府并未及时对暴露出的问题进行反思和弥补。

另一方面，在海战中以船政水师为代表的中国海军官兵“舰亡旗在”、不畏强敌、英勇作战的精神融入海军精神，在十年后的甲午中日战争，乃至更往后的抗日战争中得以体现。许多船政学堂毕业的海军军官在对外作战中英勇殉国，为中国近代海军抹上了一层悲壮的底色。

1894 年甲午中日战争爆发，当时装备严重落后的北洋海军拼死奋战，先后进行了丰岛海战、黄海大东沟海战、威海保卫战。尽管最终在外援断绝的情况下力竭覆师，但仍倾力作战，“舰亡旗在”精神再次闪现。

以黄海大东沟海战为例，中方参战舰船的舰长基本都毕业于船政学堂，其中有十位甚至是同届同学。历史学家唐德刚在《晚清七十年》一书中提到，“梁启超说：甲午战争是李鸿章‘以一人而战一国’。同样的，那空前绝后的鸭绿江口黄海大战，是马尾船校‘以一校一级而大战日本一国呢！’”北洋海军由于火力、航速均弱于对手，在海战中陷入被动。北洋海军以弱敌强，自身损失 4 艘军舰，重创了 4 艘日本军舰，苦战近 5 个小时，创造了世界海战史上的奇迹，最终迫使日本舰队先退出战斗。

◎“定远”舰被鱼雷击中

在困境中，船政学堂毕业的“致远”舰舰长邓世昌毅然指挥军舰向日军主力冲锋，试图放手一搏，最终不幸功亏一篑。同是船政学堂毕业的军官刘步蟾、林泰曾指挥着铁甲舰“定远”舰和“镇远”舰，在黄海海战中发挥了中流砥柱的作用，力战不怯。北洋海军旗舰“定远”舰在威海保卫战中不幸被日军鱼雷艇击伤，同时也击毁了日军“第九号”鱼雷艇，战局陷入不利形势后，为防巨舰落入敌手，舰长刘步蟾毅然下令自毁军舰，随后自杀殉国，实践了生前“苟丧舰，必自裁”的誓言。

“来远”舰装甲巡洋舰管带邱宝仁是船政后学堂首届毕业生，驾驶二副谢葆璋是我国著名儿童文学作家冰心的父亲。“来远”舰在黄海大战中中弹200多发，军舰的上层建筑被毁，舰身进水，舰舷几经倾斜，只剩下前主炮还能射击。日军使用的烈性炸药炮弹使“来远”舰舰尾燃起大火，火势一直蔓延到了锅炉舱附近。在驾驶二副谢葆璋等率领下，全舰官兵奋力救火。为防止上甲板的火灾引向底舱，“来远”舰上通风管的上部风斗全部被紧急拆除，以致锅炉舱被大火包围而不能通风，温度上升至90℃左右，俨若地狱，谢葆璋亲自督率在其中的官兵顽强抵抗。此后“来远”舰与“靖远”舰结队驶至浅水区自救，后又返回战场。北洋舰队返回旅顺，当遍体鳞伤的“来远”舰入港时，围观的人群都在惊叹。这艘装甲巡洋舰，上层甲板及军官舱木制部分全部被烧光，甲板尽毁、钢梁暴露、钢铁

◎“定远”舰（清代宫廷画《铁舰悬彩》）

变形，整艘军舰只剩下骨架，舰身水线以上部分虽经熊熊烈焰，居然还能不需拖带自航返回。后来，在修复不完善的情况下，“来远”舰还参加了威海保卫战，最终遭日本鱼雷偷袭而不幸沉没。

威海湾“定远”舰水下考古项目于2020年确认了“定远”舰的残骸，但在“定远”舰不远处沉没的“来远”舰残骸至今尚未被发现。中国船政文化博物馆珍藏着一枚从日本征集回来的木制墨盒，顶盖上镌刻的文字“威海湾沉没军舰来远号舵柄之选材……”，可见它是截取北洋海军军舰“来远”舰的舵柄制作而成，这是目前所知的唯一一个明确的“来远”舰遗存，既是甲午海战的证物，又是近代海军军舰的“遗物”。

知识链接

昭 忠 祠

1885年，为纪念中法马江海战中牺牲的中国将士，清光绪皇帝下旨建昭忠祠。由船政大臣裴荫森主持修建，次年落成。1922年，在甲午中日战争纪念日之际，福州船政局局长陈兆锵将甲午死难将士入祀昭忠祠，使得马江昭忠祠成为中国近代唯一的国家海军烈士纪念专祠。

昭忠祠享殿祀甲申、甲午海战中殉国的海军将士，共置796位烈士神主牌，梁上高挂“碧血千秋”“忠昭华夏”的匾额，两侧壁上各镶嵌3块铭刻烈士姓名、职务的碑石，两边分立昭忠祠碑和记叙烈士业绩的碑刻。厅中陈列有马尾港地形沙盘，西厢及廊庑陈列大炮、炮弹及烈士遗物、遗嘱等。

昭忠祠展分为“闽海警钟——中法马江之战”“马江之殇——马江之战深度解析”“马江舰魂——中法海战英烈生平”和“甲午忠魂——甲午中日战争英烈生平”四大展区，从宏观和微观的角度介绍马江海战、甲午中日战争及其对中国近代海军发展的影响。

昭忠祠右侧为马江海战烈士墓，墓体后山壁高处镌“蒋山青处”题刻，墓前为一大埕院，植十余株树。墓埕设置围墙，作西洋式铁门两扇，门外石望柱一对。

◎ 昭忠祠

1937 年 7 月 7 日，日本发动全面侵华战争。面对强敌，以船政及其海军学校培养的海军军官为中流砥柱的海军全力抗争，展现了“舰亡旗在”的顽强坚韧的精神和“雪甲午耻”的敢战雪耻的精神。抗战前，中国中央海军共有 3 支舰队、各类舰艇 78 艘，总排水量 59 034 吨，普遍舰龄老、式样旧。日本海军共有主要舰艇 296 艘，总排水量 1 201 320 吨，拥有舰载和陆基飞机 1 000 余架，其中最先参加侵华行动的包括 3 艘航空母舰在内的军舰共数十艘，排水量达 10 余万吨。面对强敌，中国海军以破釜沉舟的勇气英勇抗击，在江阴海空战、武汉保卫战、敌后布雷游击战等战斗中，谱写了慷慨雄浑的战歌。

由于敌我实力悬殊，为拱卫南京，海军长江在江阴段构筑沉船阻塞线，43 艘兵船、商船同时打开船底阀门灌水自沉，贡献出最后的国防价值，其中就有船政建造的“通济”舰、“大同”舰、“自强”舰。1937 年 9 月，守卫江阴阻塞线的中国主力舰“平海”舰、“宁海”舰与数百架次前来空袭的日军飞机展开数日的激战，击落多架敌机，最终双双殉国。1938 年武汉保卫战打响，10 月 24 日，“中山”舰血战金口，誓死卫国。在金口殉国的“中山”舰舰长萨师俊，是船政学堂毕业的中国近代海军名将萨镇冰的侄孙。随着舰艇牺牲殆尽，失去海岸线的中国海军从 1939 年末开始组建布雷游击队，深入敌后在江河湖泊实施布雷，阻遏日军的水上交通。仅在长

◎ 恶战重伤后搁浅的“宁海”舰

◎“通济”舰

江中游，海军共布雷 1 500 余颗，炸沉日军大小舰船 135 艘。1945 年 8 月 15 日，日本宣布无条件投降，中华民族取得抗日战争的伟大胜利。

知识链接

江阴阻塞战

“建靖”舰是船政建造的第三十四号兵船，舰船全长 76.98 米，宽 10.38 米，安装了船政自造的卧式双缸蒸汽机和高压燃煤锅炉。“建靖”舰于 1891 年建造，1895 年下水，被北洋海军购买并更名为“通济”舰。辛亥革命爆发，“通济”舰参与了九江的起义，投入革命军阵营。1927 年“通济”舰与“应瑞”舰、“靖安”舰合编为练习舰队。“通济”舰长期作为海军学校学生的练习舰，师生们都亲切地称其为“济伯”。陈绍宽、陈季良等许多海军将领，当年都是从它的甲板上起步的。

1937 年，民国海军部为确保南京的安全及防范日军沿长江西进而深入中国腹地，决定在江阴实施封锁，构筑阻塞防线。“通济”舰随着“打开海底门”的命令，拉响汽笛，“大同”舰、“自强”舰、“德胜”舰、“威胜”舰、“武胜”舰等老旧舰船以及从招商局和各轮船公司征用的 20 多艘商船、民船也先后拉响了汽笛，悲壮的汽笛声此起彼伏。长江上，一艘艘舰船正在缓缓下沉，40 余艘大小舰船，共计 64 000 万吨，全部沉在江阴封锁线上。此外，185 艘装满石料的民船、盐船也相继沉没在舰船的空隙处。至此，一道坚固的沉船阻塞封锁线横断长江，这是抗战期间中国海军在长江上所建立的最大的封锁线，延缓了日军进攻，为抗战全面胜利作出突出贡献。

第二节 海防教育

研学目标

1. 通过参观海军名将故居，描述福州传统建筑的风格和特点，感受海军历史名将的生存状态和思想状况，并对故居开发和保护现状表达见解，形成家国情怀，提高学以致用的能力。
2. 举例说出某个福州海军名将的生平和历史功绩，探究这些海军名将们对当时及后世的影响，从辩证唯物史观的角度出发，提高思辨能力。
3. 通过模拟导游、卫生劝导等志愿活动，形成劳动意识。
4. 通过实地调研、军训和实操活动，激发学生的强军思想和卫国精神，增强学生的集体意识和国防意识。
5. 以琴江村街道布局所体现出的古人军事智慧为载体，弘扬优秀传统文化，增强学生的文化自信。

研学线路一 三坊七巷—南后街—朱紫坊—鳌峰坊

实践点 鼓楼

考察点① 三坊七巷

福州三坊七巷街区为国内现存规模较大、保护较为完整的历史文化街区，有“中国城市里坊制度活化石”“中国明清建筑博物馆”等美称。三坊七巷完整保留着三座海军名将故居，分别是位于宫巷的沈葆桢故居、刘冠雄故居和位于文儒坊的陈季良故居。

审图号：闽S〔2021〕70号

◎ 鼓楼区地图

沈葆桢是中国首任船政大臣，中国近代海军和船政的奠基人，他的后代出过许多海军英杰。沈葆桢故居位于宫巷26号，始建于明代天启年间，总面积约2 000平方米。该建筑是沈葆桢家族于清同治年间购置，现为沈家后裔的住宅，是典型的清代福州官宦人家大院。建筑中轴线自南向北依次为门头房、厅堂、正座、藏书楼；建筑中轴线左右侧有隔墙外花厅、书斋、厨房等附属建筑。建筑基本保存完整，1996年被评为省级文物保护单位，2006年被评为全国重点文物保护单位。

刘冠雄曾任民国北京政府海军部首任总长。刘冠雄故居位于宫巷东口南侧，是一座乾隆时期的两进建筑，两进都有小门通向东侧花厅。建筑的木质构件装饰精美，整体保存较好。1991年福州市人民政府挂牌保护。2019年11月，刘冠雄故居交由福建省侨联使用，并重新装修为“福建华侨主题馆”，部分对外开放。

陈季良曾任民国海军部政务次长。陈季良故居位于文儒坊19号，坐南朝北，占地面积约1 500多平方米，结构上一院一花厅，主院落前后三进，是典型的福州民居布局，也是清代与民国时期建筑的完美结合。现在这里住着陈季良兄弟的后人，大门上悬“林则徐母家故居”匾。

◎ 沈葆桢故居

◎ 刘冠雄故居

◎ 陈季良故居

◎ 福建华侨主题馆

任务清单

· 小学 ·

1. 小组合作完成一份船政名人故居的人物关系图，并向同学们展示你们的收获。

2. 在故居中挑一处你最喜欢的景致，用镜头记录下来，然后将其设计成手绘明信片。

· 初中 ·

1. 搜集沈葆桢、林则徐、林觉民、罗丰禄、魏瀚等历史人物的主要历史功绩，制作成手抄报进行展示。

2. 临摹出故居建筑部件的样式、纹样等，并使用这些元素美化教室、家居等学习生活空间。

3. 创作书画、故事等作品，表现陈季良将军和中国海军英勇无畏的精神。

· 高中 ·

1. 以沈葆桢为代表的沈家，堪称“福州第一名门”。搜集资料并思考：近代福州沈氏家族具有哪些特征，使其成为名门望族？将收获整理成一篇小论文。

2. 任选两座故居，比较二者建筑风格的异同，小组合作完成一份海军名将故居建筑风格调查报告。

3. 结合陈季良将军在江阴保卫战中的英勇表现，以“军人气节”为主题，开展一次演讲比赛。

考察点 ② 南后街

蓝建枢是船政后学堂驾驶专业第三届毕业生，1881 年随丁汝昌赴英接收“超勇”舰和“扬威”舰，回国后先后出任“镇西”舰管带、“镇中”舰管带。1894 年，甲午中日战争爆发，蓝建枢率“镇中”舰随队护送兵船至鸭绿江口大东沟，并奉命掩护运兵船登陆。1895 年初，日本进攻威海卫，蓝建枢率“镇中”舰参加防御作战，战败后被革职留营效力。1903 年开复原官，先后担任烟台水师学堂正教习、“通济”舰管带。1912 年出任海军总司令部高级副官兼第一舰队司令。1920 年参与发起重修马尾昭忠祠。1921 年受封澄威将军。蓝建枢故居位于南后街 3 号，有主座二进，坐北朝南，正厅面阔三间，进深七柱，穿斗式木构架，双坡顶，鞍式山墙；前后天井，左右厢房。现改为福建省海峡民间艺术馆。

◎ 蓝建枢故居

任务清单

· 小学 ·

1. 设计三坊七巷、南后街的海军名将故居手绘地图，于蓝建枢故居前展示。

2. 志愿者服务：为游客介绍三坊七巷、南后街的海军名将故居。

3. 志愿者服务：倡导绿色旅游理念，对游客的不文明行为进行劝导。

· 初中 ·

1. 为三坊七巷、南后街的海军名将设计手绘卡通头像等文创产品，于蓝建枢故居前展示。

2. 志愿者服务：为游客介绍三坊七巷、南后街的海军名将故居。

3. 志愿者服务：倡导绿色旅游理念，对游客的不文明行为进行劝导。

· 高中 ·

1. 设计人物图谱或思维导图，以体现船政人、船政舰船、船政精神在甲午中日战争中的贡献和延续，并于蓝建枢故居前展示。

2. 志愿者服务：为游客介绍三坊七巷、南后街的海军名将故居。

3. 志愿者服务：倡导绿色旅游理念，对游客的不文明行为进行劝导。

考察点③ 朱紫坊

朱紫坊位于福州市津泰路南侧的安泰河沿，因宋代通奉大夫朱敏功、儒林郎朱敏中、朝请大夫朱敏元、南安令朱敏修兄弟四人居此皆登仕门，朱紫盈门而得名。朱紫坊也是有名的海军街，有两座海军名将故居，分别为萨镇冰、萨师俊故居和方伯谦故居。

◎ 萨镇冰、萨师俊故居

萨镇冰曾任民国海军总长、海军上将。萨师俊是一代名舰“中山”舰的舰长，抗战时壮烈殉国。故居位于朱紫坊22号，大门上高挂着“萨镇冰故居”“萨本栋故居”“萨师俊故居”三个牌子，此为萨家祖居，明代建筑，面积2 800多平方米，五进大宅。1991年，福州市人民政府挂牌保护，后又公布为鼓楼区区级文物保护单位。

◎ 方伯谦故居

方伯谦是清朝北洋水师“济远”舰管带、中军左营副将。方伯谦侄儿方莹曾任民国海军少将，在抗战胜利时，代表中国海军在上海接收日本投降军舰。

任务清单

· 小学 ·

查找资料，搜集武汉保卫战中“中山”舰舰长萨师俊和舰上官兵英勇作战的英雄事迹，并制作成一份手抄报。

· 初中 ·

1. 搜集萨镇冰、萨师俊的著名事迹，将收获制作成一份手抄报。
2. 查找资料，搜集方伯谦后人在抗日战争中的英雄事迹，小组合作整理成演示文稿，并做交流展示。
3. 小组合作，完成介绍福州海军世家的展板设计。

·高中·

1. 以萨镇冰为代表的萨氏曾是一个相当庞大的显赫家族。你如何看待家族的显赫与延续？家族的传统与家风如何与社会主义核心价值观相融合，体现出崭新的内涵？将你的思考整理成一篇小论文。

2. 结合史实，通过文字、思维导图和模型制作等方式，展示你对海军世家的认识。

考察点④ 鳌峰坊

李世甲曾任民国海军部常务次长、马尾海军要港司令、海军台澎要港司令、海军中将。1945 年 8 月 15 日，日本宣布无条件投降。根据《开罗宣言》和《波茨坦公告》，被日本侵占的台湾归还中国，由中国政府派员前往接收。时任中国海军第二舰队司令的李世甲在厦门完成接收日本海军投降书任务之后，出任接受在台日本海军投降的专员，率中国海军接收台湾。李世甲故居位于鳌峰坊 39 号，建于清代，坐北朝南。比较有特色的地方是在三进之后有一座两层的灰砖西式洋房，李世甲卧室、书房就在二楼，西式壁炉、雕花铁窗、木质地板至今仍然保存较好。

任务清单

·小学·

1. 展开想象，撰写一篇小短文，描述李世甲将军当年到台湾参加受降典礼时的激动心情。

2. 试着绘制一张李世甲故居的平面图。

3. 志愿者服务：分组打扫三坊七巷、南后街、朱紫坊、鳌峰坊的卫生，为美丽福州贡献自己的力量。

· 初中 ·

1. 查找资料，尝试将李世甲将军抗日战争时血战闽江口的英雄事迹画成连环画。

2. 试着发现目前海军名将故居在保护和开发过程中尚存在的问题，提出你的解决方案，并整理成一份调查报告。

3. 志愿者服务：分组打扫三坊七巷、南后街、朱紫坊、鳌峰坊的卫生，为美丽福州贡献自己的力量。

· 高中 ·

1. 收集沈葆桢、刘冠雄、陈季良、萨镇冰、萨师俊、李世甲等历史人物的生平资料，说说他们对中国海军所作的贡献，整理出一份学习笔记。

2. 作为汉代名将李广的后人，李世甲将军抗日战争时血战闽江口。试着编写剧本重现这一历史事件，条件允许的情况下，在李世甲故居中或大门前空地上，和同学们一起表演。

3. 刘冠雄故居现被用作福建华侨主题馆，蓝建枢故居现改为福建省海峡民间艺术馆，李世甲故居内现有闽派艺术馆的书画展览。你是否认同此类对海军名将故居的开发方式？分小组进行讨论后，整理出一份调查报告。

4. 志愿者服务：分组打扫三坊七巷、南后街、朱紫坊、鳌峰坊的卫生，为美丽福州贡献自己的力量。

研学线路二 罗星塔—马江航道—亭江炮台—长乐琴江村

实践点 马尾

考察点① 罗星塔

罗星塔位于马尾区南部的闽江之滨，是国际公认的航标、闽江门户的标志，有“中国塔”之誉。塔下是罗星塔公园，江岸两旁还有古炮台，塔前江面就是当年中法马江海战的古战场。

◎ 罗星塔远景

任务清单

·小学·

1. 在罗星塔下凭江遥望中法马江海战古战场，想象当年中法马江海战的战况。
2. 开展讲故事大赛，在罗星塔下向游客讲述中法马江海战的历史故事。
3. 志愿者服务：劝导游客爱护环境卫生。

审图号：闽 S〔2021〕76 号

◎ 马尾区地图

·初中·

1. 查找资料，了解马江海战的过程，分小组扮演船政水师和法国海军，进行马江海战的情景剧表演。

2. 制作展板，向游客展示中法马江海战的历史。

3. 志愿者服务：劝导游客爱护环境卫生。

·高中·

1. 利用电子沙盘(三维地理信息系统)，分组对中法马江海战进行军棋推演。

2. 模拟导游，为游客介绍中法马江海战。

3. 志愿者服务：劝导游客爱护环境卫生。

考察点② 马江航道

闽江马江段属于感潮河段，河水流动方向受潮汐影响。具体每日涨落潮时间可以通过计算或查询得知。中法马江海战前，法国军舰曾取道于此。

任务清单

·小学·

1. 在罗星塔附近坐上游船，船行至中法马江海战古战场处，船首抛锚，观察潮汐水流对船体方位的影响。

2. 乘坐游船沿江而下至亭江炮台，观察两岸山水形胜，用摄影、歌曲演唱、诗句诵读、段落描写等方式抒发对祖国大好河山的热爱之情。

3. 轮流进入驾驶室，观摩现代轮船驾驶。

·初中·

1. 在罗星塔附近坐上游船，船行至中法马江海战古战场处，船首抛锚，观察潮汐水流对船体方位的影响。

2. 乘坐游船顺江而下至亭江炮台，观察周围地貌和水文特征，整理出一份调查报告。

3. 轮流进入驾驶室，观摩现代轮船驾驶。

·高中·

1. 在罗星塔附近坐上游船，船行至中法马江海战古战场处，船首抛锚，观察潮汐水流对船体方位的影响。查阅资料，了解闽江感潮河段潮水的涨落时间，分析当日潮汐对水流的具体影响。

2. 乘坐游船顺江而下至亭江炮台，观察周围地貌和水文特征。并进行角色扮演：假设你是清朝负责闽江防务的大臣，模拟撰写一份递交给光绪皇帝的奏折，在奏折中阐明你的布防主张。

3. 轮流进入驾驶室，观摩现代轮船驾驶。

考察点③ 亭江炮台

亭江炮台位于马尾区亭江镇亭头南般村，与长乐的象屿炮台相互呼应，扼守闽江。1657 年始建，由临江炮台、前沿炮台、山巅炮台及山巅营房组成。

临江炮台为暗炮台，位于主炮台两侧临江平地之上，由三合土筑成，设 5 个墙墩、4 个炮位，墙墩后为营房。炮台宽约 50 米，前后纵深约 12 米。炮台配有阿姆斯特朗前膛钢炮、克虏伯后膛钢炮各 2 尊。火炮处于两墙墩之间，约有 60° 射界，可以对江面中、近距离的目标进行射击。

前沿炮台为两座相连的暗炮台，位于主炮台前方临江的山坡上。山体掘出炮坪，以枕木三合土做屋面。两座暗炮台各配 4 轮火炮，用于定向攻击近距离江面和岸边目标，掩护主炮台安全。

◎ 亭江炮台大炮

山巅炮台为明炮台，是亭江炮台的主炮台，设一个炮位，三合土夯筑，呈半圆护墙式，共长 36 米，前后深 10 米，左右宽 16 米，高 1.88 米。炮位上安装克房伯后膛钢炮。炮口朝闽江江面，射界方位角度约 120°，可以攻击中、远距离的江面目标。山巅营房位于山巅炮台的后下方，设 3 间营房、1 间弹药库。营房与弹药库均为三合土墙体，是山巅炮坪的延伸。

任务清单

· 小学 ·

1. 国防教育：海军少年军校训练。

(1) 岸上炮台空地军事训练科目：①政治学习、②队列训练、③露营训练、④旗语训练。

(2) 水上分批次登舰军事训练科目：①甲板早操、②个人内务整理、③舰上战位操演、④唱军歌、⑤夜间训练。

2. 分组绘制亭江炮台布防示意简图。

3. 小组竞赛：坑道弹药运输接力赛。亭江炮台现存约 20 米的坑道，是从弹药库通往前沿炮台的通道。

·初中·

1. 国防教育：海军少年军校训练。

（1）岸上炮台空地军事训练科目：①政治学习、②队列训练、③露营训练、④航海模拟器操作、⑤海洋法理论学习。

（2）水上分批次登舰军事训练科目：①甲板早操、②个人内务整理、③打扫机舱、④机械检视、⑤舰上战位操演、⑥唱军歌、⑦夜间训练。

2. 在炮台区内开展红军、蓝军作战军棋推演。

3. 分组绘制亭江炮台布防图，并在图上标明马江海战期间的火力配置。

4. 思考亭江炮台的暗炮台和明炮台在实战时是如何配合的，并整理成一篇小论文。

·高中·

1. 国防教育：海军少年军校训练。

（1）岸上炮台空地军事训练科目：①政治学习、②队列训练、③枪操训练、④露营训练、⑤航海模拟器操作、⑥舰艇部署模拟操演、⑦海洋法理论学习。

（2）水上分批次登舰军事训练科目：①甲板早操、②个人内务整理、③打扫机舱、④机械检视、⑤舰上战位操演、⑥海图作业、⑦舰上损管[①]操演、⑧唱军歌、⑨夜间训练。

2. 在炮台区内，分组持电子模拟枪械，开展红军、蓝军作战演习。

3. 分组绘制马江海战前清政府闽江口海防示意图。

4. 思考炮台的战略意义，整理成一篇小论文。

① 损害管制的简称。指舰艇为保持或恢复自身生命力所采取的预防、限制和消除损害的措施和行动。主要包括：堵露器材、排水器材、消防器材等。

实践点 长乐

考察点④ 长乐琴江村

长乐琴江村位于闽江南岸，与马尾隔江相望，距长乐市区约4公里，距闽江口约15公里。流经此段的闽江宛如一把古琴，该村因此得名。琴江村是古代控制马江、保卫福州的重要港口。清朝在此建立的福州三江口水师旗营，是当时全国沿海四大水师旗营之一。因水师旗营布局类似太极八卦，故又被称为“旗人八卦城”。街巷建制划一，特别是十二条旗人街，都是旗兵的兵房，结构、高度一样，且屋顶连成一片；这些街道分12条街4条直巷，相互交错迂回，整个营地呈“回”字形；整座营四面有城墙，每面有一座城门。在长乐市后安村西侧、闽江中的大屿岛上设有圆山水寨，水寨的城垣盘山而上，山顶架有大炮。圆山水寨与三江口水师旗营、闽安镇督标水师共同构成三者合一的江防锁链。

◎ 琴江村

任务清单

· 小学 ·

1. 琴江村家家户户至今仍保存六离门(表示“永不投降”)。实地观察六离门并查阅资料，将收获制作成一份手抄报。

2. 走访当地居民，了解马江海战中水师旗营英勇作战的事迹。

3. 手绘琴江村的街景，标注出其特色之处。

·初中·

1. 小组合作绘制旗人八卦城的平面图，然后沿途观察，在图中记下你觉得有意义的建筑物或标志。

2. 在琴江村水师旗营的旗人八卦城内，开展定向越野比赛。

3. 走访当地居民，了解遗存的满族旗人风俗。

·高中·

1. 在琴江村水师营的江边，遥望圆山水寨和闽安古镇，分小组讨论三者如何在军事上协同作战、相互接应，共同扼守闽江的咽喉要道，并将收获绘制成思维导图。

2. 通过走访当地居民、查阅资料、实地考察等方式，挖掘在琴江村发生的爱国事迹。

3. 结合琴江村的保护现状，分小组设计琴江村的发展规划。

◎ 琴江村手绘图

第七章 两岸相依

船政于创办初始，便肩负着保卫台湾的重大责任。船政战舰需要燃料，沈葆桢就带领船政前学堂毕业的严复、林泰曾等人，率领“扬武”号军舰到台湾基隆港，制订计划，开发台湾基隆煤矿。基隆煤矿所产煤炭不仅供应船政炼铁造船之需，还远销上海、香港及国外。随着船政的发展和扩大，基隆煤矿一度成为近代中国最大的煤矿。想一想，煤炭从基隆运往福州，需要采用哪些交通运输方式？运输途中可能遇到的主要风险有哪些？

◎“扬武”号

第一节 休戚与共

台湾自古以来就是中国不可分割的领土。早在先秦时期，大陆闽越族就迁居台湾，台湾和大陆之间一直都有人员和物资的往来。祖国大陆（特别是福建）为台湾社会、经济、政治、军事、交通、文化、教育等方面的持续发展提供了重要保障。

收台戍台

当台湾面临外国的威胁或入侵时，福建便成为保卫台湾或收复台湾的重要基地。船政的创立，大大提升了当时福建的军事和科技实力，在防御外敌入侵台湾方面发挥了重大作用。

早在三国时期，东吴的造船中心就设在建安郡的侯官（今福州市）。东吴在东南沿海多地的造船基地中，最著名的当属温麻船屯。其所造的“温麻五合”海船，并用五块大板制成，材料考究，多为上好硬木，极为坚固。公元 230 年，吴王孙权派遣一万名官兵乘坐海船横渡台湾海峡，登陆夷州（今台湾），并驻扎了一年时间。这是大陆大规模开发台湾的先例，密切了大陆与台湾的联系。

到了隋朝，隋炀帝派虎贲郎将陈棱和朝请大夫张镇周率领上万军士，组成庞大舰队，渡海到台湾安抚居民，宣扬朝廷政策。当时大陆与台湾的民间交流已有一定基础，隋军船队到达时，台湾居民主动与隋军进行货物交易。

到宋元时期，大陆迁台人口已有相当数量，大陆一些先进的生产技术在台湾普及。南宋王朝将澎湖岛划归福建泉州晋江管辖，并派兵戍守。元朝在澎湖岛设巡检司，负责管辖澎湖和琉球（今台湾），并延续到明朝。

1624 年，荷兰殖民者入侵台湾，从南部逐步扩张，1642 年吞并了台湾北部，企图长久独霸台湾岛。

从 1645 年起，郑成功在东南沿海不断扩大军事力量。1656 年至 1659 年期间，郑成功在闽安招兵买马、建城筑寨，把闽安打造成造船和军事基地，将指挥机关驻扎在原巡检司衙门。当时，闽安港“转湾鼻”（邢港）

一带数百艘战船集体停泊，驻扎了三万水师。后来，当地百姓为纪念民族英雄郑成功，将“转湾鼻”命名为“郑爵爷祖鼻”，简称“郑爷鼻”。郑成功水师从闽江上游的邵武、永安等地购入木材，组装成木排，沿闽江顺流而下，运抵闽江口，打造战舰。

知识链接

郑成功喂马石槽

闽安的巡检司衙门内有一口石槽，长 1.85 米、宽 0.93 米、高 0.65 米，上刻“元祐六年辛未岁造”，即于 1091 年制。据说郑成功曾用此槽喂马。

◎ 郑成功喂马石槽

1661 年，郑成功亲自率领 2 万多名兵将，分乘百艘战船，直取台湾。荷兰殖民者把军队集中在台湾城（今台南市安平古堡）和赤崁城（今台南市赤崁楼），并在港口凿沉船只，企图阻止郑成功船队登岸。

郑成功军队通过深入研究当地的潮汐规律，在农历四月初一乘着天文大潮的高水位驾船通过鹿耳门航道，次日从禾寮港登陆，把赤崁城严密包围起来，并开炮攻城。赤崁城外的居民积极援助郑成功军队，城内的居民也偷偷向郑成功军队传递消息。郑成功写了一封信给荷兰殖民总督，明确指出台湾早就是中国的领土，必须收回。赤崁城的荷兰侵略军在水源被切断、外援无望的情况下，向郑成功军队投降。台湾城的荷兰侵略军负隅顽抗了 8 个月，最终被郑成功军队击败。至此，沦陷 38 年的台湾又回到了祖国的怀抱。郑成功收复台湾，维护了中华民族的利益，捍卫了中国主权和领土的完整，具有重大的历史意义。

为了对付东南沿海的抗清义军，切断郑成功军队与大陆的人员、物资往来，清政府多次颁布“禁海令”。1655 年，清政府下令禁止沿海省份船只出海。1658 年，清政府将原来的闽安巡检司衙门改建成闽安协台衙门，作为福建和台湾的军事防卫指挥机关。清政府还在闽安改造大规模军事攻防设施，修建了闽安镇城和南北岸炮台。1661 年，清政府以闽安为中心点，北至福鼎沙埕，南到诏安分水关，将沿海百姓内迁 30 里，并将沿海 30 里范围内的村庄都夷为平地，船只全部烧毁，封锁 1 100 多个岛屿。1662 年，康熙皇帝下令加强沿海防务，正式组建福建水师，命施琅为水师提督，水师兵力部署如下：水师提督带兵四千驻扎在海澄，左路水师总兵官带兵三千驻扎在闽安，右路水师总兵官带兵三千驻扎在同安。随着水师兵力部署闽安和大量人口涌入，闽安迎来了快速发展的时机。

从 1662 年开始，清政府多次派人招抚郑氏政权，尝试进行和平统一。郑氏政权倚仗强大的海上贸易经济力量和军事力量，拒绝归顺清王朝。清政府遂加强了在福建沿海的军事部署，为进一步实现国家的统一做准备。

1680 年，清政府准备收复台湾。福建总督姚启圣、福建巡抚吴兴祚为保水师攻台顺利，在福建水师指挥部所在地——闽安建了颇具规模的天后宫。1683 年，福建水师提督施琅率领福建沿海制造的战船 300 艘、水师 2 万人，从金门出发，进攻台湾。原闽安水师副将、时任海坛总兵的林贤统领闽安水师，作为先锋，和施琅部队一同进攻澎湖。福建水师大战七昼夜，占领澎湖 36 岛，进而攻占基隆，台湾郑氏军队主力自此全军覆没，郑成功之孙郑克塽归顺清朝。郑克塽投降后，清政府将台湾并入了版图。1684 年，清朝设置台湾府，隶属福建省。

阅读

地理素养与海战

中国东南沿海地区一般选择在盛行东北季风的冬季出海。在收复台湾时，福建水师提督施琅却选择盛行西南季风的六月中旬。当时有人询问其中的缘故，施琅说："北风日夜猛。今攻澎湖，未能一战克，风起舟散，将何以战？夏至前后二十余日，风微，夜尤静，可聚泊大洋，观衅而动，不过七日，举之必矣。"

按照现代的地理原理来解释：冬季亚洲高压势力强盛，加上狭管效应，台湾海峡整个冬季东北季风都非常强盛，不利于战舰的集结和操控。而夏至日前后一段时间风力相对较弱，特别是夜间大陆降温明显，气压升高，大陆与大洋之间的气压差减小，风力变弱。这有利于福建水师在台湾海峡集结战舰，同敌人相持。

台湾归入清朝版图后，郑氏集团对清政府的威胁已经完全解除。清政府废除禁海迁界令，闽安渔民、商人开始下海，闽安以外的闽江口各村也逐渐恢复，闽安镇港与福州港船舶，开始前往日本长崎等地。福州府设立闽安武口海关与南台海关，为后来创办的船政提供了经济保障。

知识链接

闽安协台衙门

闽安协镇署，民间俗称“协台衙门”，有着突出的历史文化价值。民族英雄郑成功曾驻扎在闽安巡检司衙门，把闽安当作收复台湾的战略基地。1658年，清政府在巡检司旧址上建闽安绿营水师，并修建石头城环绕闽安，设水师营汛，分五营四哨。1683年，闽安协台衙门所辖的闽安水师出兵收复台湾。从1688年起，闽安设副将驻防，辖左营、右营、烽火营，统辖福建沿海和台澎金马列岛，长达200多年。据考证，闽安协台衙门任副将以上的官员就有82人，涉台将领48名。有着明确的石刻纪年的《重修闽安协署碑记》《英军犯顺厦门报警》石碑至今仍保留在闽安协台衙门内，有着重要的史料价值。1874年，协台衙门派出官兵随同船政大臣沈葆桢巡视台湾，抵御日本侵略者。

清政府收复台湾后，为了稳定台湾社会，需要大量官兵驻防。戍台官兵要满足国家正规军“兵丁不在原籍驻防”（不能从台湾当地居民中征兵）的特定要求，只能从大陆军营中抽调。当时台湾隶属福建管辖，福建巡抚调动本省所辖官兵比较方便；且台湾居民祖籍福建的居多，福建籍班兵与台湾居民方言相通、习俗相同，隔阂与矛盾较少，所以在班兵实际的组建中，主要从福建军营中抽调。闽安协台衙门派出万名官兵远赴台湾驻防，闽安水师左、右营官兵，就轮守在今台湾淡水、嘉义一带的万福营和高雄市的左营。为了避免长时间远离家乡而出现倦怠感，戍台官兵在台服役期限为三年，三年后就可回乡，轮换一批新的官兵戍台，历史上称为“班兵制度”。

为了维护班兵内部的稳定和地方的安定，清政府采取了一些有效措施：把抽调的原各营福建官兵分散驻防，避免来源地相同的官兵之间拉帮结派；尽量不安排与当地居民祖籍相同的官兵驻防，避免戍台官兵包庇台湾居民；要求各营要选取年轻力壮的官兵戍台，以保证战斗力；不准戍台官兵携眷属赴台，以保证官兵在戍台三年内不存异心，一心报国；一并问责违法乱纪的戍台官兵以及负责派遣的官员，以保证选取的官兵品行端正；严厉打击官兵冒名顶替、擅自延长或缩短戍台时间的行为。

班兵制一方面巩固了我国东南海防，对觊觎台湾的西方殖民者有一定的威慑作用；另一方面加强了中央政府对台湾地区的统治，防止了国家的分裂。在戍台期间，有的将士在台湾婚娶，戍台期满后就把台籍妻子带回福建。如今，闽安籍台湾同胞有 7 000 多人，两岸同胞共同企盼祖国统一。

知识链接

闽安水师巡防路线

闽安水师当年在台湾的巡防路线是：高雄—花莲—钓鱼岛—基隆—淡水—台中—高雄，亦佐证了钓鱼岛自古以来就是中国的领土。

1871 年，一艘琉球国从事朝贡贸易的船只在海上突遇台风，漂流至台湾东南端触礁，琉球船民登岸后，被当地居民误作敌人杀害。日本以此为借口，派军队进攻台湾。

清政府任命船政大臣沈葆桢为钦差大臣，赴台处理日本侵台事件。沈葆桢在福州将军文煜、闽浙总督李鹤年等官员的协助下，针对日本的侵略行为采取“联外交”“储利器”“储人才”“通消息”等策略巩固台防。

第一，联外交。日本侵略者在未发兵侵略台湾之前，先开新闻发布会，大肆污蔑清政府纵容台湾当地居民滥杀无辜，公然把琉球船民歪曲成日本人，大肆宣传日本攻台的合法性。沈葆桢奏请清政府通过外交途径，向各国说明事实真相，戳穿日本的谎言，争取国际上的支持以孤立日本侵略者。

第二，储利器。日本得到美国的暗中支持，气焰十分嚣张。虽然船政建造的新船还可以对付第一批抵达台湾南部的日本军舰，但是日本国内还有铁甲舰等更先进的战舰。沈葆桢亲自写信给李鸿章，请求调拨淮军精锐部队驰援台湾作战；同时上奏朝廷要求拨款，购置两艘大吨位铁甲舰，积极储备水雷、洋枪洋炮等军需。

第三，储人才。沈葆桢点名要福建布政使潘霨做帮手，邀请户簿主事梁鸣谦参与筹划；申请调动旧式水师提督罗大春赴台戍守，会同指挥各镇、道，统帅陆勇协同作战；申请调动胆识兼备、了解西方社会情况的前台湾兵备道黎兆棠作为罗大春的助手；重用智勇双全、熟悉台湾各方面情况的夏献伦。

第四，通消息。情报在战争中发挥着非常重要的作用。虽然有轮船定期往返两岸，但是一旦遇上台风天，就没有办法及时通信。通过测算，沈葆桢了解到从福州沿陆地铺设电缆到厦门，再由厦门跨海铺到台湾，其费用只相当于半艘轮船的建造费用。沈葆桢意识到铺设电缆有很强的可行性和必要性，于是开始积极筹划电缆铺设事宜。

1874 年 6 月 17 日，沈葆桢率领船政制造的“安澜”舰、“飞云”舰、“伏波”舰等军舰前往台湾。到达台湾后，沈葆桢利用多种途径与当地居民进行深入交流，表明清政府派军队来是为了打败日本侵略者，帮其夺回家园的，因而获得了当地居民的大力支持。沈葆桢还请各番社立下字据，发誓归顺朝廷，接收教化，保证今后不再杀害海难逃生者，并要表示坚决和杀人毁社的日本侵略者斗争到底。

沈葆桢制订了“海上封锁，陆地保卫”的作战方针，亲自写信给闽浙总督李鹤年、两江总督兼南洋大臣李宗羲，要求他们组织兵力守护港口，不准日本舰船靠岸，或在福州、厦门、广州购买粮食、药品、枪械、子弹等；严复、林泰曾等船政毕业学员率领六艘战舰，在澎湖列岛前日夜巡逻，一旦发现日军运输船只，一律拦截登船检查，如有运载粮食、药品，全部予以没收；罗大春部队三千人分别守住台北、基隆、苏澳等港口码头，防止日军援军登陆，尤其要求守好基隆煤矿，不让一块煤炭落入日军手中。

日本侵略者到台湾后不久遇上了强台风，人员和物资损失惨重，加上灾后疟疾蔓延，药品短缺，每天甚至有十来个日本士兵死亡。经英国公使威妥玛调停，中日双方在 1874 年 10 月 31 日签订了《中日北京专约》。11 月 24 日，日军撤离台湾，船政戍守台湾取得重大成功。

知识链接

闽人守台

甘国宝是清朝福建福州府屏南县人。乾隆时期，西方殖民国家对台湾大多有觊觎之心。1759年10月，乾隆皇帝授甘国宝台湾总兵，并诏谕：“此系第一要地，不同他处，非才干优良、见识明彻者不能胜任。”甘国宝深入民间，熟悉风土民情，倡导礼义，鼓励耕种，整治治安。有一次，有人杀人后采取伪装手段，嫁祸给台湾少数民族，企图挑拨关系。甘国宝通过深入民间调查，辨明案情，最后把真凶依法抓获，既维护了台湾社会的稳定，又维护了台湾少数民族的合法权利。在处理民族关系方面，甘国宝认识到台湾少数民族仍然保留着打猎的习惯，武力保卫部落土地的意识很强。为避免民族之间的武装冲突，甘国宝实行“严疆界、谨侦察”的管理措施，严禁大陆移民非法侵入少数民族地区，加强与维护大陆移民与少数民族的和睦关系，并把大陆的文化、农耕技术传播到少数民族中去，提高台湾居民的文化素质和科学技术水平。同时，甘国宝严守海疆，加强巡逻，巩固海防，巩固清政府对台湾的统治。

谢金銮是清朝福建侯官人，1805年任台湾嘉义县教谕。当时，有个叫蔡牵的海盗封锁海上航道，发放过路牌照，从商船手里收取“出洋税”，相当于在官府之外自创海关。蔡牵还使用明朝的年号，自封为镇海王，举兵攻陷凤山县，使得台湾各地军情紧急。嘉义知县征求谢金銮的意见，谢金銮建议动员民众武装力量，治兵习炮，造栅凿壕，建立官民联防。谢金銮与知县视察县城四门，分兵把守，谋划指挥，部署略定，坚持到清朝支援军队到达，使得蔡牵武装兵败。谢金銮对台湾社会稳定的贡献，还表现在他对“蛤仔难”地区行政管理的建设上。“蛤仔难”地区位于台湾淡水的东北方向，溪流交错，土地广漠。谢金銮深入该地区考察后编著《蛤仔难纪略》六篇，书中提出如果“蛤仔难”为叛乱军队占有，将祸害清政府在台湾的统治，且造成地方民众不得安宁。该书观点上报朝廷后被接受，1812年，清政府正式将该地区设立为噶玛兰厅。

1894 年，甲午战争中国战败，日本侵占了台湾。1937 年抗日战争全面爆发后，为了防止日本军舰侵入闽江，海军马尾要港司令李世甲下令撤除闽江航道标志，征用一批商船、民船和超龄舰艇，装载沙石沉于长门港道。同时在闽江两个航港道填抛石堆，在重要港道布雷，增设辅助封锁线，严加戒备。抗战期间，李世甲率领部队在福州及周边地区和日军进行了数十次战斗。1945 年 5 月，日本准备撤退，李世甲率海军陆战队与陆军八十师分三路收复福州，进而又收复了马尾、长门。1945 年 8 月，日本无条件投降，李世甲作为接收专员，负责接收厦门和台湾的日伪海军。1945 年 10 月 25 日上午 9 点，台北公会堂内乐队高奏胜利进行曲。中国战区台湾省受降主官陈仪将第一号命令传达给日军第十方面军司令安藤利吉，随即安藤利吉在投降书上签字，结束了日本在台湾五十年的殖民统治。受降典礼后，陈仪代表中国政府通过广播电台宣布："从今天起，台湾及澎湖列岛正式重入中国版图，该区一切土地、人民、政事皆归于中国主权之下。"李世甲带着中校秘书陈吉庐（福建省立林森高级航空机械商船职业学校教员）、中尉副官卢振乾（海军学校航海班第九届毕业生）到台北参加日军投降仪式后，率领马尾海军造船所管理和技术人员及部队，前往澎湖列岛接收左营港和马公港，同时设立马公办事处，由船政后学堂驾驶班第十九届毕业生、海军中校参谋叶心传任处长，负责接收澎湖列岛的日本海军。海军学校航海班第十届毕业生戴熙愉和叶斯昌参与高雄左营军港的接收工作。

开台建台

船政将先进的技术、制度、教育理念、自然科学知识、改革创新思想、中西方文化交流成果传播到台湾，使台湾一跃成为近代化的先行者，船政在保卫台湾、建设台湾、促进两岸联通等方面，发挥了不可替代的作用。

1661 年郑成功收复台湾后，废除了荷兰侵略者的殖民体制和机构，他以赤崁为东都明京，设一府二县。一府为承天府，二县为天兴县、万年县，天兴县管北路，万年县管南路。同时在岛上设立了一个安抚司，专门管理这个地区的事务。从此台湾建立起与祖国大陆相同的府县制度。郑成功在台湾积极推行屯垦制度，寓兵于农，以解决缺粮问题，几年以后军队不但可以自给自足，而且还有余粮上缴给政府。郑成功还鼓励大陆沿海居民到台湾从事开垦，帮助当地居民提高生产技术；大力提倡教育，在少数民族居住区设乡塾，送子女入学者可减免赋税和徭役。

郑成功驱逐荷兰人、屯垦台湾、发展贸易、大兴文教，奠定了台湾物质与精神双向发展的基础。台湾百姓十分感激郑成功，称其为“开台圣王”“国姓王”“国圣王”等。据不完全统计，至今在台湾有着百余座主祀郑成功的“郑成功庙”，其他伴有祭祀郑成功的庙宇更是不计其数，与郑成功有关的传说故事也依然被传颂着。

知识链接

“开台圣王”信俗

祭祀郑成功的活动可大致分为“官方”与“民间”两类。官方有春、秋两祭，于每年 4 月 29 日（郑成功登台日）及 8 月 27 日（郑成功公历诞辰）于台南延平郡王祠举行；民间庙宇则多于正月十六日进行祭祀。至今，“开台圣王”信俗在台湾依然受到尊崇礼遇，是台湾官方认可且积极主导的祭祀活动，承载着自古以来台湾人民对民族英雄郑成功的崇拜和敬仰之情。

1683 年，清朝统一台湾后，设置一府（台湾府）三县（台湾县、凤山县、诸罗县），台湾府隶属福建省，这样福建就有了九个府，史称“九闽”。早期台湾的政治经济重心偏于南部和中部地区，广大的北部地区政府行政级别较低，并且与位于台南的台湾府距离很远。经过百余年的发展，台湾北部的土地被大范围开发，经济作物的种植规模迅速扩大，人口数量增长明显，并新建了许多港口。由于台湾北部行政级别低，辖区面积大，配备的官吏少，当地政府已经无法应付日常事务，出现治安恶化、行政效率低下等问题；台湾北部没有设立考场，所有参加科举考试的考生都要到台湾府所在的台南应试，加上路途遥远，家境贫寒的子弟就无法前往，导致台湾北部的考生数量偏少，不利于该地区的人才选拔。

沈葆桢认为台北地区当时的行政设置已经不适应当地经济发展的需求了，于是向清政府上奏，提议设置台北府，以加强对台湾北部地区的行政管辖。1876 年，清政府批准了沈葆桢的奏请，设置了台北府，并对台湾的行政区划进行了一系列的调整，将台湾的行政区划扩充到二府（台湾府、台北府）八县（台湾县、凤山县、彰化县、嘉义县、淡水县、宜兰县、新竹县、恒春县）四厅（澎湖厅、基隆厅、卑南厅、埔里厅）。至此，沈葆桢已在台湾建立起了较为系统的行政机构，不仅有助于对台湾实施有效的管理，而且也有利于台湾的政治经济发展和社会稳定。1885 年，在沈葆桢的极力呼吁下，清政府下诏同意台湾单独正式建省。台湾建省后，清政府裁撤福建巡抚，将此官缺移设台湾巡抚。在改制之初，需要福建协助提供薪饷，所以在台湾巡抚官衔加福建二字，全称为“福建台湾巡抚”，刘铭传任首任巡抚。

阅读

沈葆桢与“中心地理论”

20 世纪 30 年代，德国地理学家克里斯塔勒和经济学家廖什提出“中心地理论”。该理论认为，中心地的基本功能是为周围的地区提供贸易、金融、手工业、行政、文化和精神服务。较高等级的中心地数量少，服务范围广，提供的商品和服务种类多，一般位于区域的中心；较低等级的中心地数量多，分布广，服务范围小，提供的商品和服务种类少，一般围绕着较高等级的中心地周边分布。右图示意图中心为一个高等级的中心地，周围环绕着中等级的中心地，每个中等级中心地周围环绕着六个低等级的中心地。沈葆桢增设台北府的理念比德国人提出“中心地理论”早了几十年，说明沈葆桢在区域和城市开发方面是有着很深的研究的，理念较为先进。

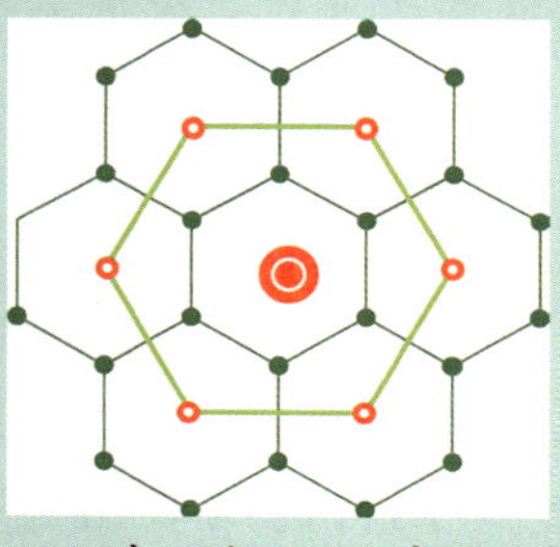
◎ 中心地理论示意图

亚欧板块和太平洋板块相互挤压，在台湾东部形成了高大的台湾山脉。台湾山脉主峰玉山海拔 3 952 米，是中国东部最高峰。由于地形复杂，早期东部山区的台湾少数民族还处在刀耕火种，甚至是狩猎采集的阶段，与外界交流较少，与西部沿海平原的居民有着较深的隔阂及矛盾。

牡丹社事件之后，沈葆桢敏锐地觉察到东部山区的战略地位，决定全面开展对该地区的开发。沈葆桢决定修建道路将台湾东西海岸连接起来，团结少数民族，提升他们的生产、生活水平，使之安居乐业。沈葆桢向朝廷上奏，提议“一面开山、一面抚番”（番是清政府对台湾少数民族的称呼），并制订了 14 项开山举措（屯兵卫、刊树木、焚草莱、通水道、定壤则、招垦户、给牛种、立村堡、设隘碉、致工商、设官吏、建城郭、设邮驿、置廨署）和11条抚番措施（选土目、查番户、定番业、通语言、禁仇杀、教耕稼、修道途、给茶盐、易冠服、设番学、变风俗）。

沈葆桢为发展台湾东部少数民族地区的文化教育，下令举办“番学”，从此少数民族的教育得到了快速发展。台湾逐渐建立起包括“太学”“府学”“州学”与“番学”在内的初步教育体系。当时的“太学”，相当于今天的高等教育；府设“府学”，州设“州学”，相当于今天的中等教育；乡社设“社学”，即乡塾，相当于今天的初等教育；“番学”为当地少数民族教育。同时台湾也开始实行科举制度。

沈葆桢在台任职期间组织编写教材《训番俚言》。沈葆桢把推进台湾少数民族教育作为长期战略来实施，将教材《训番俚言》作为台湾各地“番学”的基础课本。《训番俚言》以中国传统的国家观念、伦理和道德为核心，内容主要以宣传儒家思想、伦理纲常、奖善惩恶为主。《训番俚言》还劝禁杀人、禁争斗、禁嗜酒、禁用刀剑；劝导农耕、织布，兴修水利；劝导人们从善弃恶，放弃以械斗仇杀作为解决矛盾的方法；提倡科学，反对迷信；倡导卫生，教育人们养成生活好习惯。《训番俚言》对于教化长期闭塞、生活在荒山野村中的少数民族同胞，推动当地社会的近代化进程起到了重要作用。

在沈葆桢的带领下，开山筑路工程全面展开，从南、北、中三线分头开辟。位于北线的苏澳至花莲道路（苏花公路的前身）工程是最早开始动工的，先后由夏献伦和福建水师提督罗大春主持修建。清水断崖是如今苏花公路最惊险壮丽的代表景观，位于台湾东部海岸，也是台湾八大奇景之一。

◎ 苏花公路

知识链接

《训番俚言》

有兄当敬兄，有弟当爱弟。男女当有别，邻里要相亲。
切勿思杀人，杀人要偿命。切勿好争斗，争斗伤和气。
田地勿荒芜，各宜勤耕种。荒地广开垦，积粮防岁饥。

鸦片战争后，英国、美国和西班牙陆续潜入台湾东部偷垦土地，企图占领。为了杜绝外国人的觊觎，巩固台湾防卫，沈葆桢向朝廷奏请《台地后山请开就禁折》，提出“今欲开山，不先招垦，则路虽通而仍塞；欲招垦，不先开禁，则民裹足而不前”，建议解除一切阻碍台湾人口迁移的禁令。这些禁令解除之后，沈葆桢在台湾多地设立招抚局，为台湾少数民族提供农具、粮食，并通过减免租金等优惠政策鼓励台湾少数民族垦荒；在厦门、汕头、香港等地设立招垦局，给赴台大陆移民提供农具、粮食、土地，并通过承包路费、减免租金等优惠政策鼓励大陆沿海居民赴台垦荒。

沈葆桢开山抚番、开禁招垦的政策，大大加速了台湾东部山区的开发，台湾的茶叶、蔗糖产量大幅提高，经济得到快速发展。

在福建船政创办之初，由于国内社会经济和技术条件的落后，不但造船机器设备依赖西方，就连燃料与材料也要依靠进口。当时燃料（主要是煤）来自英国，不但经常到货迟缓，而且价格高昂。随着船政的发展和建造轮船数量的增加，资源严重依赖进口的弊端日益凸显。台湾的基隆拥有丰富的优质煤炭资源，与马尾的距离仅 130 多海里，自然成了船政首选的煤源地。

当时基隆煤业生产还处于民窑手工采掘的阶段，生产规模很小，生产效率低下，远不能满足船政的需要。1868 年，船政派煤铁监工都逢（法国人）去台湾，调查基隆煤矿的储藏和开采情况，并提出了用近代机器和运输工具采煤的建议。1874 年牡丹社事件发生后，为筹措海防经费，解决船政燃料来源的问题，沈葆桢上奏朝廷，指出了开采台煤的好处：“垦田之利微，不若煤矿之利巨；垦田之利缓，不若煤矿之利速。全台之利，以煤矿为始基。”他主张降低台煤出口税率，鼓励台煤扩大生产；将基隆煤矿改为官办，采用机器开采，提高产量。

经清政府同意后，沈葆桢聘请英国采矿师翟萨来台勘察指导。翟萨等人经过全面勘察，认定基隆八斗子一带煤质坚美，煤层较厚，运送方便，开采价值最大。沈葆桢决定在此建设煤矿，委派船政总监工叶文澜为首任矿务督办，同时委派翟萨赴英国购买机器和招聘洋匠，以加快设厂勘采的进度。

1876 年，清政府官营的基隆煤矿在八斗子正式开办，采用直井机械开凿出第一口矿井，人称“清国井”，还修筑了一条井口至海岸的轻便铁路来运送煤炭。基隆煤矿产量逐年扩大，至 1881 年全年产量达 5.4 万吨。

基隆煤矿创办后，其所出产的煤炭成为船政及其轮船用煤的主要来源。部分煤炭还投入市场，满足民用企业的需要，甚至外销，促进了当地经济的发展。基隆煤矿之开采历史为全台最早，且其煤炭产量在清代至 20 世纪 50 年代，均冠于全台湾各地区，是台湾地区相当重要的产业。

台湾孤悬海外，需要以有力的交通、通信来保障其防卫。1881 年，为解决海峡两岸信息交通问题，船政大臣派拨“琛航”“永保”两艘轮船循环往返于两岸之间，以加速文报传递；其后又增派“伏波”“万年清”两艘轮船，缩短邮递日程。1885 年，台湾巡抚刘铭传以“飞捷”“威利”“万年清”三艘轮船往返航行于台湾与大陆各重要港口。1886 年，刘铭传又向民间募得资金 40 万元，另加官方投资 10 万元在台北大稻埕设立商务局，以 32 万两白银购买两艘轮船往来于上海、香港之间，还远航新加坡、西贡、吕宋等地。

在沈葆桢前期工作的基础上，继任船政大臣丁日昌在船政学堂增设电报学堂，为全国培养电报人才。丁日昌亲自主持架设台湾府城至安平的电缆线路，命令船政学生苏汝灼、陈平国、林钟玑等架设台南至高雄的电缆 39 千米。在陆上架设电线成功后，1887 年由船政学生和船政建造的飞捷轮作为水线船，开工铺设福州川石岛到台湾淡水的海底电缆，全长 117 海里。依靠这条线路，台湾方面向清政府报告台湾的天灾、治安、财经等状况，台湾与大陆的联系从而更加紧密了。

◎ 川石岛海底电缆遗迹

船政“万年清”等舰船来往于海峡两岸，参与货物运输，提升了台湾农产品外运能力，保障了两岸民生物资的稳定供应，推动了闽台之间的贸易往来。台湾海峡风急浪高，当有船只在海上遇难时，船政多在第一时间前往救援，保障了台湾海峡的交通安全。

两岸沟通

在海峡两岸的关系中，福建是“近水楼台”，马江和闽江口又与马祖列岛一水之隔，自古以来见证着两岸关系的发展变化。

1981 年，大陆首个台胞团体——福建省台湾同胞联谊会在福州成立。联谊会积极促进台湾同胞到祖国大陆经商、投资、建厂、求学、兴办公益事业和进行科技、文化、体育等各项交流。

1981 年起，福建省在福州市经济技术开发区内设置了台湾同胞接待站，在琅岐岛建成了马尾琅岐对台客运码头等对台服务管理机构，大大方便了台胞往来，推动两岸民间海上贸易的发展。

1987 年 10 月，国务院发布《关于台湾同胞来祖国大陆探亲旅游接待办法的通知》，两岸 38 年的隔绝状态终于被打破。到福建探亲谒祖、宗教朝觐、商务贸易、旅游观光的台湾同胞不断增加，每年由马尾入境的台胞最多可达 10 万人次。

◎ 平潭海峡公铁大桥

2001 年 1 月 2 日，福建沿海与金门、马祖开通了海上客运直航航线，恢复了两岸中断了 50 多年的海上直航历史。

2008 年 11 月 8 日，台湾客轮从台湾基隆港出发，在马祖福澳港作短暂停留后，抵达马尾码头，实现了“两马”海上客运航线首次延伸至台湾本岛的历史性突破。

2008 年 12 月 18 日，福州—台北空中直航航线开通，从福州飞往台北仅需 80 分钟。

2009 年 7 月 13 日，福建交通运输集团“新金桥Ⅱ”豪华客轮载着 630 名旅客从福州马尾出发直航台湾基隆港，这是大陆直航台湾本岛的第一艘客轮。

2016 年 3 月，一批发往台湾的国际邮件总包通过海运航线由马尾港直航台湾高雄，再发往其他国家和地区。马尾港首次进行邮件总包直航试运行，标志着马尾港至台湾的海运航线直航邮路正式开通。

2019 年 5 月 17 日，高速客轮“安麒 6 号”从位于福州市马尾区琅岐镇的闽江马尾对台综合客运码头（琅岐港）出发，驶向马祖南竿福澳港。马尾琅岐至马祖南竿的“两马”新航线由此开通。

2020 年 10 月 27 日，福州马尾—台湾跨境电商货物海运直航专线开通。直航专线提供福州马尾与台湾台北、基隆、高雄等地区主要港口双向直航的海运干线物流服务，降低两岸跨境电商企业海上运输成本，促进两岸经贸往来。

2007 年 11 月 23 日，铁道部、福建省政府签署了《关于加快海峡西岸经济区铁路发展的会议纪要》，明确支持修建北京经福建至台湾的京台高速铁路。“十三五”规划纲要要求，加快完善包括京台高铁线路在内的高铁网，北京经福建到台北的京台高速公路也列入“十三五”现代综合交通运输体系发展规划。

2021 年 2 月，中共中央、国务院印发了《国家综合立体交通网规划纲要》，规划期为 2021 年至 2035 年，远景展望到 21 世纪中叶。从福州到台北的高速公路和铁路作为重要通道被列入规划，京台高速铁路与公路都经过福州。

我国国家高速公路网京台线的重要组成部分——平潭海峡公铁大桥已于 2020 年建成通车。

知识链接

平潭海峡公铁大桥

平潭海峡公铁大桥是我国第一座公铁两用的跨海大桥，上层是设计时速为 100 公里的 6 车道高速公路，下层是设计时速为 200 公里的高铁。该桥址所在的平潭海峡，为世界三大风口海域之一，具有风大、浪高、水深、流急等特点。据统计，平潭海峡每年 6 级以上大风超过 300 天，7 级以上大风超过 200 天，最大浪高约 9.69 米，曾被称为“建桥禁区”。其建设条件远比已建成的东海大桥、杭州湾跨海大桥及港珠澳大桥恶劣，尤其是其所受的波流力，是常规长江等内河桥梁的 10 倍以上，建造难度和风险极大。

平潭海峡公铁大桥建设过程中努力开展科技攻关和专项技术研究，采用了优化创新的施工方案、“双孔连做”的节段拼装造桥技术、“可视化仿真”建筑信息模型技术、突破规范限制工序的作业条件、海上挂篮群、万吨高墩支架等创新技术。这座大桥总投入 120 亿元，先后投入 30 万吨钢铁、266 万吨水泥，这些材料足以建造 8 座迪拜塔。2019 年，平潭海峡公铁大桥以“世界最长跨海公铁两用大桥”入选“2019 年度中国十大海洋科技进展”。

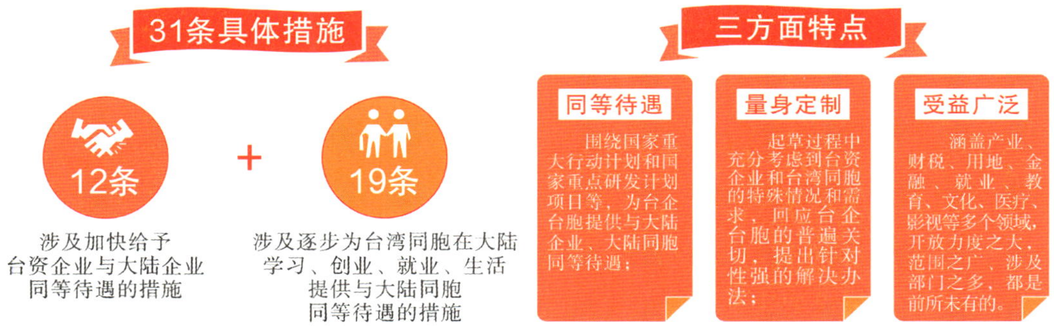

◎《关于促进两岸经济文化交流合作的若干措施》相关内容（部分）

2018 年 2 月，国务院台办、国家发改委发布《关于促进两岸经济文化交流合作的若干措施》（简称“31 条措施”），为台资企业、台湾同胞提供各项便利措施。

在此基础上，福建省发布了《福建省贯彻〈关于促进两岸经济文化交流合作的若干措施〉实施意见》（简称“66 条实施意见”）。66 条实施意见包括 27 条扩大闽台经贸合作措施、22 条支持台胞在闽实习就业创业措施、8 条深化闽台文化交流措施、9 条方便台胞在闽安居乐业措施，为在闽台湾同胞学习、就业、创业、生活提供与大陆同胞同等的待遇。截至 2021 年，福建省已率先采认台湾 52 项职称和 14 项职业资格，在闽申领台湾居民居住证的台胞达 2 万多名。持台胞证、台湾居民居住证，在闽入住酒店、办理搭乘飞机高铁手续，享受与大陆居民同等的便利。在闽台胞凭台湾居民居住证同等享受购房、基本医疗保障待遇，同等参加城镇职工基本养老保险、工伤保险、失业保险，台胞子女学前教育、义务教育享受就近就便入学。

2019 年，习近平总书记提出一系列对台工作的重大政策主张，要求福建“探索海峡两岸融合发展新路”“对台工作既要着眼大局大势，又要注重落实落细”。中共中央、国务院支持福建建设台胞台企登陆第一家园。福建出台《关于探索海峡两岸融合发展新路的实施意见》。目前大陆与马祖通水、通电、通气、通桥的工作持续推进，官岭至黄岐输水管道工程已开展设计工作，还将建设黄岐镇区水厂供水能力提升工程，实现可向马祖供水船运每天 1 000 吨。在通电上，两岸有关企业、行业协会、专家学者多次就通电议题对接、交流，大陆有关方面已完成相关技术方案，福建相关通电工程已开工建设。通气、通桥等前期技术准备也已基本完成。

1989 年 5 月，国务院正式批准厦门市杏林地区、海沧地区及福州马尾经济技术开发区未开发部分为台商投资区。1992 年 12 月，国务院正式批准厦门集美地区为台商投资区。2012 年 1 月，国务院批准漳州、泉州台商投资区。2012 年，国务院批准 6 个国家级台商投资区，全部在福建省，台商投资也由劳动密集型产业向技术密集型和资本密集型产业发展。

福州台商投资区突出对接台湾电子信息、光电、现代装备制造等产业，成为台资重要聚集地之一。2012 年 1 月，国务院批准扩区，将原来位于马尾的台商投资区扩大到罗源湾南北两岸，总面积达 13.26 平方千米，园区享受国家级经济技术开发区政策。

福建与台湾的地理环境相似，拥有对接台湾现代农业的先天优势。2005 年 7 月福清台湾农民创业园建立，2011 年 6 月被农业部、国台办批准为国家级台湾农民创业园，建设高效优质蔬菜、特色名优果树、畜禽标准化养殖、标准化水产养殖、农产品加工、花卉苗木技术引进、休闲农业合作等示范区。2020 年 7 月，“乡村振兴闽台合作成果展”在福州三坊七巷举办，推介展示台湾团队参与的特色乡建乡创项目和文创产品。

2019 年 6 月，马尾邀请了台湾社会服务人员和社会工作专业的学生来大陆参加全国社会工作者职业水平考试，并以项目化的方式，吸引了一批台湾青年社工来马尾就业创业。台湾优秀社工人才把台湾社工服务的先进理念带到了马尾，在农村留守儿童关爱保护、养老服务、“三社联动”创新社区治理等领域都发挥了积极作用，成为两岸社工人才交流合作的“桥头堡”。

2010 年，第一届海峡两岸船政文化研讨会成功举办，福州是主要举办地点之一。此后船政文化研讨会每年举办一次，每届一个主题，成为海峡论坛中持续举办届数最多的两岸学术界活动之一，在海峡两岸影响力不断提升，成为两岸学界交流的品牌之一。2022 年 7 月 14 日，第十三届海峡两岸船政文化研讨会在福州开幕，主题为“向海图强，携手圆梦”。

2013 年，第一届海峡青年节在福州举办，成为两岸青年交流、交往、交心、交融的平台。2022 年，第十届海峡青年节活动以“中国梦 · 中华情”为主旋律，以两岸青年为主要对象，以“促进青年交流，推动整合发展”为主线，突出体现海峡特色、青年特点和时代特征，在文化、教育、经济、科技、体育、艺术、创业就业、人才交流、公益等不同领域开展交流活动，并重点支持打造 10 个特色品牌项目。

◎ 三坊七巷

◎“两马”灯会

2020 年，马尾在全国首创“台湾社工引进和服务机制”，新开辟马尾港至台湾的海运直航邮路，海峡青年节、“两马”同春闹元宵等品牌活动影响力持续提升，对台交流领域持续拓宽。

2002 年马祖持续干旱，马祖派代表到马尾求助。马尾方面接到请求后，迅速协调输水工作，将 2 300 吨饮用水送达马祖。“马祖闹水荒，大陆来帮忙。”这是祖国大陆 50 多年来首次向马祖直航供水，体现了两岸同胞的深厚情谊。

马尾和马祖两岸人民同根同俗。从 2003 年春节开始，两岸人民自发开展“‘两马’同春闹元宵”活动。每年正月十五前，福州各县市特制的花灯直航送达马祖展示；元宵节时，马祖组团送灯来马尾共度传统佳节。“‘两马’同春闹元宵”成为马尾和马祖富有地方特色的品牌。2007 年“马尾—马祖元宵节俗”入选福建省非物质文化遗产名录，2008 年“马尾—马祖元宵节俗”入选国家级非物质文化遗产名录。马尾、马祖共同举办元宵活动赋予了元宵节更加丰富而深刻的时代含义——和平统一、双赢发展。

第二节　两岸互动

研学目标

1. 通过考察反映两岸交往的船政遗址，阐述两岸交往重要事件发生和发展的主要过程，加强国家版图意识，加强维护国家主权和领土完整的意识。
2. 搜集两岸交往的相关资料，利用比较、分析、归纳等方法，阐释船政在台湾发展过程中发挥的重要作用，增强综合认识及探究问题的能力。
3. 设计和实施较复杂的野外考查和社会调查活动，举办船政与两岸交往相关的绘画或摄影等主题展览活动，形成实践创新的科学精神及意志品质。

研学线路一　闽安古镇—中国船政文化博物馆—马尾台商投资区

实践点　马尾

考察点①　闽安古镇

闽安是中国东南沿海著名的千年古镇。公元 893 年，唐朝政府在闽安设巡检司衙门，宋代时闽安名列福建四大名镇之首，元明清时沿袭为军事与海上贸易重镇，是千年来兵家必争之地和古战场。闽安至今保存有大量唐、宋、元、明、清的文物古迹。从三国起，闽安就是祖国保卫台湾的指挥中心和军事大本营，这使得福州形成了以男儿跨海戍台为荣、誓死维护祖国统一和领土完整的文化传统。闽安古镇现存大量戍台文物古迹，其中闽安协台衙门、虎头山戍台清军义冢、迴龙桥保存完整。

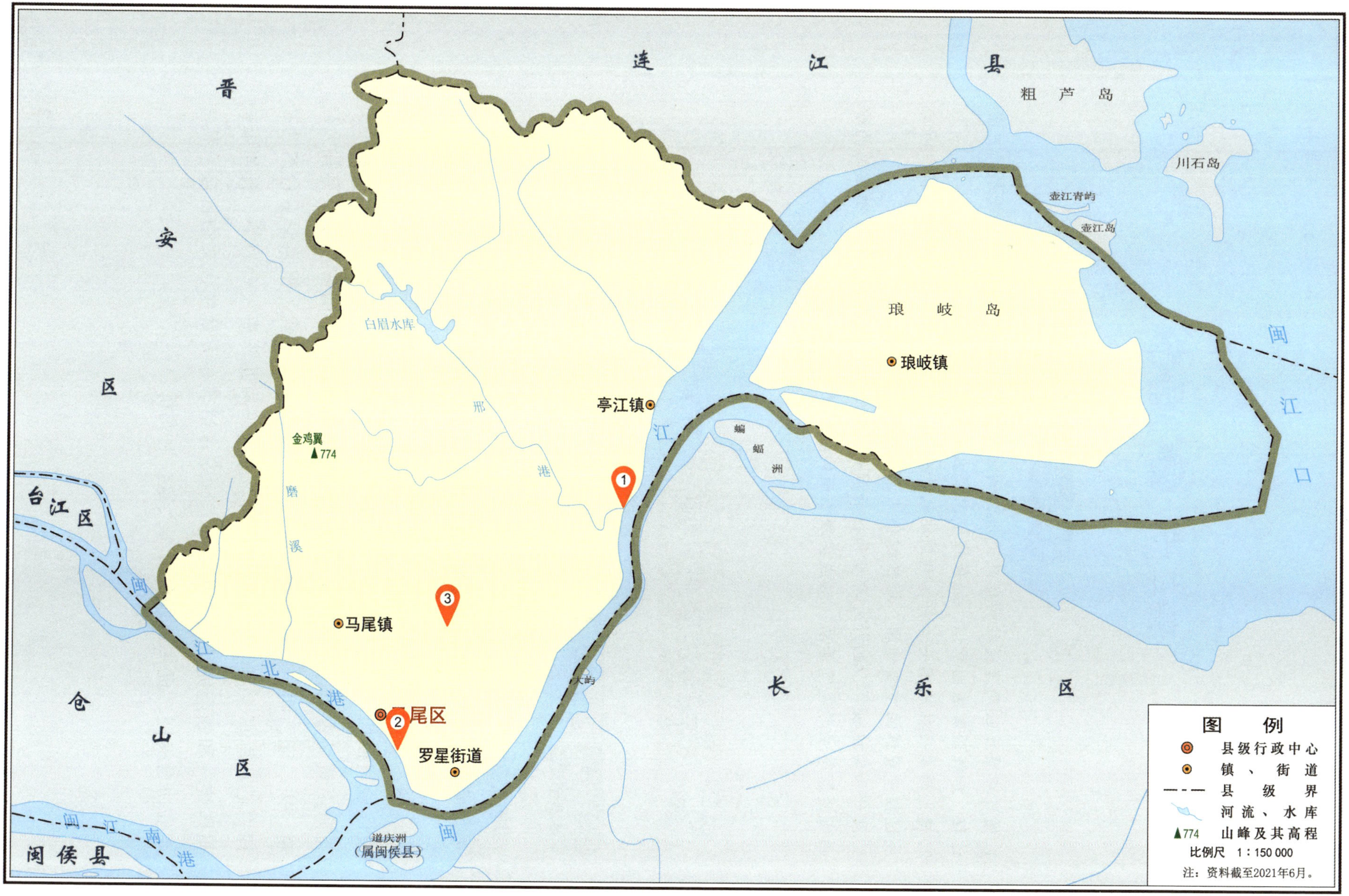

审图号：闽S〔2021〕76号

◎ 马尾区地图

◎ 闽安城楼

任务清单

· 小学 ·

1. 参观郑爷鼻、崇新寨土楼遗址、巡检司衙门、郑氏宗祠、北坛钓鱼台、福建戍守台湾将士墓群、戍台世家古建筑等遗址，讲述闽安作为戍守台湾、收复台湾的军事基地的相关历史。

2. 参观闽安石头城遗址，向当地人了解建城石材的来源，试着讲述闽安石头城的历史背景；登上闽安城楼鸟瞰石头城遗址全貌，选择自己喜欢的角度拍照。

3. 参观闽安协台衙门，听导游讲解《重修闽安协署碑记》及《英军犯顺厦门报警》石碑上的内容，对比古今字体的差异。

4. 观看并参与蟛蜞酥、蟛蜞酱、白丸仔、闽安芦鱼等闽安古镇特色美食的制作过程，品尝闽安古镇特色美食，并拍摄美食制作的过程。

5. 以郑成功收复台湾、清政府统一台湾、闽安戍守台湾及国民政府收复台湾等历史重大事件为背景，创作文摘、绘画、手抄报等作品。

· 初中 ·

1. 考察郑爷鼻、崇新寨土楼遗址、巡检司衙门、郑氏宗祠、北坛钓鱼台、福建戍守台湾将士墓群、戍台世家古建筑等遗址，搜集闽安作为戍守、收复台湾军事基地的相关资料，撰写文章总结郑成功收复台湾的历史功绩。

2. 考察闽安石头城遗址，探究建城石材的来源、类型及特点。登上闽安城楼鸟瞰石头城遗址全貌，绘制石头城平面分布草图。

3. 考察闽安协台衙门，探究《重修闽安协署碑记》及《英军犯顺厦门报警》石碑上的内容，写一篇小论文探究闽安协台衙门在清朝戍台历史中的地位和作用。

4. 观看并参与蟛蜞酥、蟛蜞酱、白丸仔、闽安芦鱼等闽安古镇特色美食的制作过程，撰写关于美食工艺流程的书面报告。

5. 以郑成功收复台湾、清政府统一台湾、闽安戍守台湾及国民政府收复台湾等历史重大事件为背景，举办绘画、摄影等主题展览活动。

· 高中 ·

1. 考察郑爷鼻、崇新寨土楼遗址、巡检司衙门、郑氏宗祠、北坛钓鱼台、福建戍守台湾将士墓群、戍台世家古建筑等遗址，写一篇1 000字左右的文章，评析郑成功把闽安作为收复台湾军事基地的初衷及历史影响。

2. 考察闽安石头城遗址，探究建城石材的来源、类型及特点。登上闽安城楼（包括现代复建的城楼）鸟瞰石头城遗址全貌，绘制石头城平面分布草图，并介绍石头城各功能区的空间分布特点，评析石头城的规划设计理念。

3. 考察闽安协台衙门，研究《重修闽安协署碑记》及《英军犯顺厦门报警》石碑上的内容，画一个示意图梳理宋代闽安巡检司衙门至清代闽安协台衙门的发展脉络。

4. 观看并参与蟛蜞酥、蟛蜞酱、白丸仔、闽安芦鱼等闽安古镇特色美食的制作过程，撰写关于美食工艺流程的书面报告。并以蟛蜞酱为例，探究闽安地理环境对食材供应、加工及保存方式的影响。

5. 以郑成功收复台湾、清政府统一台湾、闽安戍守台湾及国民政府收复台湾等历史重大事件为背景，开展诗歌朗诵、话剧表演等主题活动。

考察点② 中国船政文化博物馆

中国船政文化博物馆，是中国第一个以船政为主题的博物馆，通过大量船政文物、历史照片、图表、壁雕等，立体地展现了船政的诞生、发展以“精忠报国、自强不息”为主旨的船政文化，展现了近代中国科学技术、新式教育、工业制造、国防建设、西方经典文化翻译与传播、东西方文化交流等方面的丰硕成果；折射出立志进取、积极作为、虚心好学的传统文化神韵，形成独特的船政文化。船政是中国近代工业的重要发源地，被誉为中国近代海军的摇篮，先后被评为爱国主义教育示范基地及国防教育基地。

任务清单

· 小学 ·

1. 你知道船政建造船只主要使用什么能源吗？参观中国船政文化博物馆，找出答案，列表归纳该能源的优点和缺点。

2. 参观中国船政文化博物馆，将船政船只在福建和台湾之间运输的主要货物类型记录在表格中。

3. 为中国船政文化博物馆设计一张明信片。

· 初中 ·

1. 参观中国船政文化博物馆，探究船政建造船只所使用能源的渠道来源，列表对比各种渠道的优缺点。

2. 参观中国船政文化博物馆，列表对比船政船只在福建和台湾之间运输的主要货物。撰写小论文举例说明福建和台湾之间的物质交流对两岸社会经济的有利影响。

3. 开展志愿者活动，在中国船政文化博物馆为游客进行讲解。

· 高中 ·

1. 参观中国船政文化博物馆，探究船政建造船只所使用能源的类型及渠道来源。撰写小论文分析船政对台湾基隆工业化的作用。

2. 参观中国船政文化博物馆，列表对比船政船只在福建和台湾之间运输的主要货物。撰写1 000字左右的论文，从自然和社会经济角度论证当时福建和台湾之间货物运输的合理性。

3. 如果要在中国船政文化博物馆内单独设立台湾展区，该如何布展？请你提出详细的方案。

考察点③ 马尾台商投资区

1989年5月，国务院批准在马尾设立福州台商投资区。2014年来，马尾区发挥与台湾地缘相近、血缘相亲、语言相通、物候相似的优势，加大对台招商力度，积极推动海峡两岸的经贸合作与交流，取得了明显成效。台商投资从初期小规模、以劳动密集型产业为主的试探性投资，发展到以大公司、大财团投资为主的技术密集型、资本密集型的大项目。

任务清单

· 小学 ·

1. 参观福州马尾台商投资区，撰写参观日记。

2. 参观台湾青创基地，拍照记录台湾青年创业的主要成果。

3. 选择合适的企业及简单的生产环节，进行半小时的职业技能培训和体验。

· 初中 ·

1. 参观福州马尾台商投资区，收集近年来台商在马尾投资创业的数据，编写一份招商引资的成果简报。

2. 参观台湾青创基地，将马尾区为台湾青年创业提供便利的措施记录下来。

3. 选择合适的企业及有一定技术要求的生产环节，进行两小时的职业技能培训和体验。

· 高中 ·

1. 参观福州马尾台商投资区，收集近年来台商在马尾投资创业的数据，分析马尾区产业结构特点和企业发展情况，为闽台进一步融合发展建言献策。

2. 参观台湾青创基地，与台湾青年创业者交流，探讨两岸经济的互补性和两岸经济协作进一步发展的方向，整理相关材料，形成一篇报道。

3. 选择合适的企业及有较高技术要求的生产环节，开展为期半天的职业技能培训和体验。

研学线路二 马尾对台综合客运码头—马祖民俗文物馆

实践点 马尾、连江

考察点① 马尾对台综合客运码头

马尾对台综合客运码头位于琅岐岛，是海峡两岸同胞双向旅游的基地、集散地和中转站。码头的使用岸线全长348米，包含码头1号、2号、

审图号：闽S〔2021〕84号

◎ 连江县地图

◎ 马尾对台综合客运码头

3 号泊位，还有客运大楼、客运广场及周围配套设施。福州马尾琅岐至台湾马祖南竿福澳港航线开通后，航程大大缩短，航行时间缩短至 80 分钟。

任务清单

· 小学 ·

1. 参观马尾对台综合客运码头，向父母或同学介绍码头的主要设施。
2. 向码头工作人员了解马尾往返马祖航线的购票要求，并记录在笔记本中。
3. 登上马尾往返马祖的客轮，向工作人员了解客轮安全救生措施，并记录在笔记本中。

· 初中 ·

1. 参观马尾对台综合客运码头，记录码头主要设施的空间分布格局，并绘制码头设施的分布示意图。

2. 体验马尾往返马祖航线的购票全过程，制作一份书面购票指南。

3. 向码头工作人员询问马尾往返马祖客轮的排水量、载客量、最大时速、应急措施等相关内容，在保证安全的情况下拍摄客轮照片。

· 高中 ·

1. 参观马尾对台综合客运码头，利用适当的工具测算码头的方向和距离，绘制较为规范的码头平面图。

2. 独立完成马尾往返马祖航线的购票流程，制作一份书面购票指南。

3. 作为码头安全志愿者，帮助工作人员维持乘船秩序，提醒乘客注意乘船安全。

考察点② 马祖民俗文物馆

马祖民俗文物馆坐落在马祖南竿乡清水村胜利水库旁，在馆前有四座雾炮，虽然年代久远却保存良好。该炮座是由东莒岛移来至此，原是配合东莒灯塔，逢浓雾或视线不清时，起到指引的作用，以引导海上渔船。

马祖民俗文物馆共有四个楼层：一楼为印象馆，内有一块巨大的“盐碑”，刻着含有闽浙总督告示“清末马祖配盐碑记”的全文，它原本矗立在北竿岛塘歧村，如今成了镇馆之宝；二楼为渊源馆、建筑馆、生活馆和产业馆，在此可了解马祖的历史发展、建筑风格和生活风貌，如航海使用的帆船、渔具以及酿酒过程；三楼则有礼俗馆、戏曲民乐馆、闽东学馆、宗教信仰馆和工艺馆，闽东学馆还有民谣学习等互动体验项目。

任务清单

小学

1. 参观马祖民俗文物馆，给“盐碑”拍照，讲述“盐碑”的主要内容。

2. 与马祖小学生互动，学唱一首福州民谣。

3. 为马祖民俗文物馆设计一张明信片。

初中

1. 参观马祖民俗文物馆，思考“盐碑”中沿海渔业用盐分配和经营办法的合理性。

2. 与马祖初中生互动，学唱一首福州民谣，并采用适当方式记录民谣的曲和词，在班会课教同学唱。

3. 开展志愿者活动，在马祖民俗文物馆为游客进行讲解。

高中

1. 参观马祖民俗文物馆，结合当地自然环境和社会活动的特点，撰文评析“盐碑”中沿海渔业用盐分配和经营办法的合理性。

2. 学唱一首福州民谣，向马祖高中生介绍民谣中的福州，相互交流两地的风俗习惯。

3. 提前搜集福州与马祖非物质文化遗产的相关资料，推荐给马祖民俗文物馆。

第八章 马江文采

在罗星塔公园，可以望见马江的高地上有一座“中山阁”，阁内镌刻“安危他日终须仗，甘苦来时要共尝”一联，为的是纪念孙中山先生对船政的殷殷嘱托。

孙中山解职临时大总统后，海军总长刘冠雄邀请他参观福州船政局。1912 年 4 月 19 日，孙中山抵达闽江口。船政局的官员和员工以及闻讯而来的群众先期云集罗星塔等候。4 月 21 日晚，福州船政局在储才馆设宴招待孙中山一行。孙中山发表答词，提到船政缔造之艰难，经营之善，成船不少，称赞船政“足为海军根基”，并表达对船政局的殷切希望：“兴船政以扩海军，使民国海军与列强并驱齐驾……”

从罗星塔公园山脚至山顶，你还注意到哪些名人对联？根据对联的意思，你觉得它们所处的位置与对联的内容有什么关系？

◎ 罗星塔公园中山阁

第一节 船政文艺

石塔俯视千年，马江汤汤自去。晨出，片帆逐彩云，棹歌山水绿；暮归，树树含晚照，江水无歇时。古人“登山则情满于山，观海则意溢于海”，山水承载情思，模山范水即是传情达意。泛舟江上，掠江而来的清风拂过耳鬓；信步江边，披拂的榕须轻扫苔阶；登高凭栏，望五虎海门于烟涛微茫之间。这一方山水自是文人墨客骚咏吟唱之地，自马尾造起连绵的厂房，厂房里响起机器的轰鸣声，轰鸣声中响起长长的汽笛声，这一方山水就成了船政人情寄皈依之所，成了船政人梦想的扬帆起航之地。

美文品读

诗是抒写心灵的艺术。历代文人墨客来到马江，为渺远壮阔的海门、起伏涨落的潮汐、江水拍击滟滪的雄壮、欸乃声中青山两立的美景所打动，情难自禁，咏叹江山之盛景、闽人之擅舟楫，在此地留下了不少美丽的诗篇。

登罗星塔

［明］叶向高

冶城东望海天遥，谁遣中流一柱标。
地拟瞿塘看滟滪，江同扬子见金焦。
空山积雨无人到，画舫清樽有客招。
宝塔销沉何处问？漫将遗迹说前朝。

从福州城遥望东边，海天相接之处，马江滚滚入海。罗星塔屹立中流，仿若瞿塘峡的滟滪堆，又如扬子江中的金山和焦山。雨后山间空气清新，人迹罕至，江上画舫中美酒盈樽，正等着佳客的到来。宝塔已经倒塌，我该上哪里去打听呢？面对宝塔的遗迹，再去打听它的前尘往事，也是枉然。

又渡马江

［明］谢肇淛

秋水净于拭，扁舟镜里行。
月当山罅出，云近海潮生。
龙睡空江冷，潮归野渡横。
棹歌中夜远，渔火不分明。

秋天，平静的江面倒映着澄澈的天空，比擦拭过的镜子还要明净，我的小舟就在这明镜里滑行。明月从东山缺口处升起，月辉遍洒清波，海潮把云托起，云随海潮翻滚。江风掠过，冷得彻骨，江潮送我岸边眠。棹歌渐渐远去，渔火明明灭灭，夜也渐渐入睡了。

登天后宫

张清扬

苍松接岩径，搴云来碧霄。
神奇礼天姥，法官临海潮。
鲸钟撞百八，灵雨闻潇潇。
童稚乐忘返，清景难与消。
顾盼无俦侣，空怀王子乔。

岩径蜿蜒，苍松绵延，走入云中，方来到天后宫。心怀敬意顶礼膜拜天后，天后是海上保护神。撞上一百零八声响钟，心愿在潇潇灵雨中融化。孩童乐而忘返，这情景令人无法消受。流连四顾，找不到伴侣与我共享这景色，只能羡慕那参驾白鹿云中遨游的王子乔。

福州十景之一“马江洋船”

筱庵

塔影认罗星，航行到此停。
回看江水曲，山色虎门青。

远远望见罗星塔的身影，我就知道船终于可以停靠了。系缆回看向来处，只见江水屈曲环抱，五虎礁石立于海门烟涛之中。

诗一首

［清］徐绍熙

烟轮换却小舟轻，回首青山倒逐行。
水际含沙知近埠，花前立马待登程。
帆樯绕岸人声杂，灯火临江晚市明。
薄暮归心悬似箭，遥遥喜见故乡城。

把轮船换了轻舟，回头看那青山，一点一点倒退着向远处去了。看那江水翻起细沙，可知岸在那不远处；拉着缰绳立马花前，只待再行一程。岸边，白帆似高樯；岸上，人声杂沓。将夜，灯火亮起；江市，人声鼎沸。天色暗却，我却还在归途中。心悬肚挂间遥遥地望见了我的故乡，心里一阵欢喜。

途经古老的罗星塔（节选）

［英］西塞·福克斯·史密斯

外国帆船满载着中国茶的芬芳，
在罗星塔下流连忘返，
水手们任船儿在风中游荡，
扬帆竞向泰晤士河畔。

——发表于 1924 年

这首小诗写得轻盈飞扬，既让我们仿若看见罗星塔曾经见证的历史——马尾港喧嚣的贸易繁盛之景，又让我们知晓了福建茶叶曾作为“使者”沟通了中西贸易、深受西方人喜爱的一段历史。

◎ 西方铜版画：19 世纪中叶的罗星塔锚地风光

马江，是福州的门户，福州人从这里启航向海，也从海上自此入城。春去秋来，朝往暮归，马江承载着福州人的抱负，江波里写着福州人的心思。自从清末船政梦想的种子被播撒在马江，船政人也把报国之心、兴国之梦、强国之志都倾诉给了马江，寄托在那一个个清丽的日出、独立的黄昏、寂静的月夜里，还有马江翻滚的波涛中。

今天，漫步婴脰山，舟行马江上，当万里海风饱涨风帆，婴脰山下誓言不变，一代又一代的船政人向海问路，循着先辈的足迹，容国事于胸，纳天下于怀，把中华民族的复兴梦想担当于肩。

楹联是中华国粹，它于奇思妙构中寄情论道。对于古人而言，撰写楹联也是表达个人感悟的过程，游船政重地，必会读到蕴意深刻、发人深省的名联佳句。沈葆桢进士出身，心怀家国，诗文沉雄质朴，他留下的奏议、政书、函牍、诗词楹联等皆有结集。在船政衙门和船政天后宫，步步可见诗词楹联，这些楹联皆为沈葆桢亲自撰写，字里行间饱含拳拳报国之心、殷殷强军之梦。让我们一起来读一读，品一品。

船政衙门楹联

船政衙门是船政大臣办公议事的地方，是1867年建成的木结构房屋。头门、仪门、大堂都有沈葆桢撰写的楹联，头门正上方有“总理船政”匾。

联句情况如下：

头门

且漫道见所未见，闻所未闻，即此是格致关头，认真下手处；

何以能精益求精，密益求密，定须从鬼神屋漏，仔细扪心来。

仪门

以一篑为始基，从古天下无难事；

致九译之新法，于今中国有圣人。

大堂

见小利则不成，去苟且自便之私，乃臻神妙；

取诸人以为善，体宵旰勤求之意，敢惮艰难？

头门

上联：联句主张不要说引进的东西是从未见过的，从未听过的，这才是格物致知的关键所在，定要认真研究才是。

下联：如何才能做到精益求精，密益求密，那一定要在神秘莫测的地方细心揣摩。

◎ 船政衙门大堂

本联对仗严谨，作者提出对科学技术基本的研究方法和态度：从未见未闻之处着手、认真研究。科学技术要求高精密度，因此定要小心求证，方可找出窍门。作者勉励船政人谦虚谨慎，认真探索，仔细求证，以严谨的精神探求科技自强之路。

仪门

上联：世上无难事，只要有好的开始，一步一步地坚持就能达成。

下联：学习西方新的科学技术、生产方法，中国也会有杰出的新人才。

本联气概不凡，蕴含哲理。作者不惧困难，提出科技攻关的正确方法：打好基础，迈出第一步，一步一个脚印。只要愿意克服困难，学习外国先进技术，创新发展，中国也会有杰出的科技人才。联句言简意赅，用典自然贴切，足以振奋斗志。

大堂

上联：抛掉只顾眼前、不顾大局、得过且过、自私自利之心，才能够取得崇高的成就。

下联：向他人学习，取人之长是为善，明白国家日夜图强的心愿，哪怕前路艰难。

本联意为，为国家发展，不能急功近利、因小失大，不自私自利，不苟且过日，如此才能臻于神妙，取得崇高的成就。表达作者为了国家发展，不畏艰难，勇于投身科学实践，以科技兴国为己任；表现船政人胸襟坦荡、积极进取、身体力行的求是精神。

1868年，船政在马尾婴脰山建天后宫，作为轮船下水及出海祈求保佑平安的场所。正殿供天后，殿上方有同治帝赐“天上圣母”及“德施功溥”匾，殿柱上有沈葆桢题写的匾。

船政天后宫楹联

正门

惟神天亶聪明，愿千秋灵爽式凭，俾倕巧、班工同成宝筏；
此地海疆门户，看万顷沧波不动，有冰夷、洛女虔拜云旗。

上联：天资聪颖的天后娘娘精神永存，永远受人尊敬，期望船政造船员工也能如倕巧和鲁班那样技巧超群，同心协力造出先进的兵舰。

下联：马尾是海疆门户，江海辽阔，寓意天下太平，大大小小的水神都虔心虔诚膜拜在神灵的云旗之下（即天后旗下）。

本联表达了作者的理想信念和爱国主义精神，他念念不忘于造船育才，不忘于保家卫国，增强国防，致力于天下太平。

正殿

地控制瓯吴，看大江东去滔滔，与诸君洗心涤虑，有如此水；
神起家孝友，贯万古元精耿耿，望后世立身行道，无愧斯人！

千里眼金将军

视远为明，知普渡众生，全凭慧眼；
思溺由己，愿永清四海，上慰婆心。

顺风耳柳将军

恰当薄海同风，世上痌瘝都入听；
幸为苍生请命，个中消息总关心。

正殿

上联：福建地控江浙，闽江滔滔东流，洗去尘垢，洗除杂念，诸君定要下决心改造自己的世界观。

下联：林默娘出生于孝友之家，耿耿精神光照千古。望后世人为人做事，以此为榜样，不要愧对妈祖娘娘。

作者赞美林默娘（妈祖）奋不顾身，不畏牺牲，救人于海难，立志要像妈祖那样奋不顾身地救民于水火，并教导下一代，立身处世要行孝尽忠，无愧于妈祖娘娘的精神榜样。

千里眼金将军

千里眼是中国神话故事中的人物，眼能见千里之远。神怪小说《封神榜》中有其故事，后人将他列为妈祖手下两大将之一。沈葆桢奏请封他为“金将军”。

上联：能望极远，救众生出苦海，到达彼岸极乐世界，全凭一双高瞻远瞩的慧眼。

下联：思天下受饥之人若自己受饥，惟愿天下永远太平，宽慰天后娘娘的苦心。

本联写金将军独具慧眼，有远见卓识，把民间疾苦看成自己的疾苦，救民于水火，以达到天下太平、人民康乐的境界，表达了船政人“先天下之忧而忧”的博大襟怀与高洁志趣。

顺风耳柳将军

顺风耳也是神话故事人物，又叫“万里耳”，顺风耳能听到万里外的声音。据《封神榜》记载，他是柳树精变的，后人将他与千里眼同列为妈祖手下的神将。沈葆桢奏请封他为“柳将军”。

上联：正当海内外同一教化（风）时，世上的疾苦声音，都传到他耳中。

下联：有幸为天下苍生请命，其间只要关乎百姓的盛衰、生死、荣枯，他总时刻关心。

报国从来意气先。上至王公大臣，下至平民百姓，虽然不知办船政、兴工业之迫切的民众大有人在，但兴船政以强国利兵已是船政人的心意所在。从筹办船政到选拔学员再到造船兴业，通过船政人珍贵的遗篇，他们当年筚路蓝缕启山林的拳拳之心可见一斑。

为提高神宫的规格和地位，沈葆桢专折上奏，请求御赐匾额“以光庙貌”。

择建神宫，仰恳御书匾额片

沈葆桢

再我国家怀柔百神，崇德报功，祀典具备，而海疆天后灵贶尤昭昭不可殚述。是以列圣封号叠加，纶音累贲，海宇之内莫不尊亲。臣自奉命总理船政以来，深维事钜才铨，恐辜委任，夙夜祗惕。冀托神佑，以牖愚蒙。每月朔望，即公所中设位行香，罔敢旷越。客冬开工伊始，复率在事员绅人等，洁齐祭告，期以必成。中外工匠欢声雷动。窃见洋洋盛德，体物不遗。但廨宇嚣杂，不足以昭诚敬；且椽舍迫狭，秋霜春露，祭献有期。兴俯祼将，莫展仪节，心实歉然。因于船坞后适中山巅择建神宫一所，居高临下，形势巍然，以致明禋，藉通肸蚃。辰下凿石培土，鸠工庀材，计夏至前后可以集事。惟是灵威之赫，以宸翰始昭，盛典之行，得天题为重。合无仰恳恩施御书匾额，以光庙貌。谨再合词附片陈明，伏乞圣鉴训示。谨奏。

船政创始需才折

沈葆桢

奏为船政创始，在在需才，宜固人心，以全大局，恭折沥陈。仰祈圣鉴事。

窃惟为政在人，古有明训。事关创始，尤藉群策群力，以相与有成。况驽钝如臣，若非广益集思，何以上承朝廷付畀之重。前者渥荷天恩，以署藩司周开锡、补用道胡光墉交臣差遣。良以周开锡器局宏敞、志虑忠纯，且藩司为度支总汇衙门，呼应较捷。胡光墉素为洋人所信，才具优长，内外兼资，俾臣得所藉手。是以左宗棠与臣会商，派周开锡、胡光塘为提调。又奏请以广东补用道叶文澜等一并交臣差遣，得旨允行。知朝廷所以为船政谋者至深且远。臣方幸协力同心，众擎易举，乃督臣吴棠到后，晤将军臣英桂，即有“船政未必成，虽成亦何益”之语。尝以总理衙门公信示臣，谓臣曰：“此虑我等用钱失当也。”臣逐加披阅，只嘱将所办情形随时函致，并无涉及惜费一语。臣知督臣胸有成见，然尚冀各行其是，彼此两不相妨。讵意周开锡为匿名揭帖所牵涉，督臣吴棠明知其诬，以业经病痊之员，谕令续假，另委藩司。叶文澜为讼棍陈永禄所翻控，督臣吴棠明知其诬，以业经咨结之案，任听狡展，致滋拖累。周开锡为各员领袖，且甚有功于闽省，叶文澜亦于诸绅中工程较熟、官职较崇。当局者先怀洁身之思，共事者逐有波及之惧。胡光墉在浙坚辞提调，屡展行期，难保非以忧谗、畏讥之情，致有观望徘徊之意。伏维国家之任事以人，人之虑事以心。若人人自危，将事事皆废。

圣主至诚所感，洋将效顺。日意格自入闽以来，殚精竭思，孜孜焉如治其家事，如能和衷共济，臣当决其有成。倘人各有心，不特事废半途，抑将为远人所笑。且船政之设，虽由总理衙门大臣及左宗棠奏请，而自强之道实断自宸衷。为臣子者宜何如激发天良，以副宵旰勤求之望？臣官非言责，分属部民，苟非船政所关，虽桑梓情殷，断不敢妄参末议。至船政系臣专责，死生以之，与其终误国家百身莫赎，何如倾竭愚戆以自鸣于君父之前。合无仰恳天恩，谆谕周开锡终始其事、专意从公，毋畏浮言，辄萌退志。饬督抚臣将叶文澜被控之案，秉公断结。并饬下浙江巡抚催胡光墉即日前来，俾臣获收指臂之助。不胜急切待命之至。

读沈公奏章，其为国为民的拳拳之心，可歌可敬，恳切之语如在耳畔。船政创建伊始，船政人纵使曾有“忧谗畏讥之情”“观望徘徊之意”，仍是仰不负天恩，俯不愧己心，孜孜以求治公若事其家，求天下良才以毕其功。

近代中国开眼看世界的知识分子有很多是中国最早的翻译家。严复译赫胥黎《天演论》、亚当·斯密《原富》(《国富论》)、孟德斯鸠《法意》(《论法的精神》)、希腊《伊索寓言》中的《鸦乘羊者》等，陈季同译《拿破仑法典》、雨果《九三年》、莫里哀《夫人学堂》等，陈季同的法文著作《中国人自画像》《中国的快乐》《中国故事集》等把中国文化介绍到西方……在众多翻译家中，翻译奇才林纾的译作多达 100 多种。

知识链接

翻译巨匠林纾

林纾，福建闽县（今福州）人，与多位船政学堂的学生交往密切。1897 年，林纾第一部著作《闽中新乐府》问世，为之作序且出资刻印的是魏瀚；1899 年林纾第一部翻译小说《巴黎茶花女遗事》印行，与之合作、担任口译的是王寿昌；使林纾与商务印书馆长久结缘的是高凤谦。三人均为船政学堂早期的学生。林纾翻译的《巴黎茶花女遗事》木刻本在三坊七巷试卖，译著得到了国人广泛的认可。从此，林纾开始了他丰硕的著译生涯。在不谙外文的特殊情况下，林纾与魏翰、陈家麟等曾留学海外的学子们合作翻译了大量西洋小说，如英国作家狄更斯的《大卫·科波菲尔德》、英国哈葛德的《天女离魂记》、俄国托尔斯泰的《恨缕情丝》、西班牙塞万提斯的《魔侠传》，法国森彼得的《离恨天》、英国司哥特的《撒克逊劫后英雄略》、笛福的《鲁滨逊漂流记》等。这些西洋小说向中国民众展示了丰富多彩的西方文化，开拓了国人的视野。林纾也因此被公认为中国近代文坛的开山祖师及译界的泰斗，并留下了“译才并世数严林”的佳话。

美艺欣赏

闽安八将舞

至今，台湾淡水当地庙宇迎神队伍依然保留了威武壮观的八将舞。有人说："淡水的八将舞是从福州闽安镇传过来的，是守卫台湾岛的清代闽安水师官兵带过来的。"

据说，闽安八将舞为闽安水师将士首创。将士们在校场训练和战斗之后，自编自演了一套寓乐于舞、鼓舞士气的八将舞，并且传授给当地民间的武术团体与各个庙宇。后来，在闽安军士与民众共同参与的迎神庙会中，八将舞便逐渐演变为传统节目。清代，八将舞也传播到闽安水师所管辖的福建主要港口、要塞以及台湾地区。

八将舞的规格很高，须是闽安官府地的二品以上官府各庙神龛，才有资格由八人扛抬。每年的元宵迎神活动中，八将舞格外引人注目，每个庙宇均有 1 至 3 队，多至 5 队的八将舞队列，每队每列依序排列 8 人，每行 2 人，每队共 16 人，都要穿过闽安古街 18 条街巷。装扮高哥与矮弟的两人走在前头领舞，打扮穿戴成将领的八员大将，各自手执一种兵器，前四将跳舞，后四将持兵器健步跟随。因八将舞的运动量太大，舞蹈部分由前后方各四将轮番进行。紧随其后的 6 人各拿大鼓、大锣、大钹、小鼓、小锣、小钹等乐器，乐器发出响亮的声音，热闹非凡。舞蹈动作伴着乐器音律，更加铿锵有力，让在场观众仿若亲临那刀光剑影、腾跃打斗的场面，震撼心扉。

八将舞是闽安传统非物质文化遗产，作为海峡两岸民众喜闻乐见的经典传统民俗节目，为海峡两岸保留了共同的文化根源。

闽安藤牌舞

藤牌舞是闽安古镇重要的非物质文化遗产之一，与闽南厦漳泉地区及台湾的藤牌舞类似，但更富有特色。

知识链接

闽安藤牌舞的由来

闽安藤牌舞的发明者是闽安水师将领韩尚亮。韩将军在练兵之际，发现千仙岭、跨过涧、麒麟坛、初芦坂等地长满茂密的藤条，许多军士砍下藤条，扎成圆形藤牌，在练兵空隙时娱乐，用藤牌抵挡对方攻击，山地演兵场因此一片欢腾。韩将军因势利导，利用藤牌可防可攻的优点，经过精心改良，将其改编成藤牌阵法，列为军事训练课目。

清代闽安水师的藤牌对械延续至清末，为保卫福建海疆和省城福州作出了重大贡献。据记载，清末旧式水师提督彭楚汉例行巡视检阅福建沿海水师与闽安水师，发现情况："闽安左右各营以及复阅金门湄洲暨本标中左右前后等营伍官兵，弓枪抬炮射箭打靶藤牌对械，杂技演武合操水陆阵势。""乘风南下校阅闽安左右两营，闽安左右铜山等营陆操阵势联络藤牌对械，跳舞趋捷，弓箭枪炮中靶亦多。"文中明确记载藤牌对械是闽安水师在军事训练中的校阅项目。

闽安藤牌舞经过数百年的演变，更加炉火纯青。藤牌对械或阵法，统称"藤牌舞"。藤牌阵法在马江海战、闽江口保卫战中，都发挥了战斗威力。

当时每逢元宵庙会，闽安各庙都会把藤牌舞这一传统节目列为重头戏，由水师官兵与当地民众共同出演。藤牌舞分为 4 节 24 种套路，舞蹈动作刚健灵巧，动如飞燕，上下左右前后腾跃翻转，加之战鼓催阵声与震天的喊杀声，撼人心魄。藤牌舞孕育于烽烟四起的年代，诞生于御敌灭寇的疆场；它源于军队，也植根于民间，已成为闽安人民捍卫疆土、英勇不屈的一种象征，承传不息。

如今，闽安古镇的藤牌舞，还被民间迎神庙会当作消灾降福、日子红火的象征。庙会期间，古镇万人空巷，家家户户设香案供奉。福州及闽江下游各乡前来参观庙会的游客甚多。数十支藤牌舞、鼓乐队伍，穿梭在闽安十八条街道，威武壮观，热闹非凡。

禅和乐

禅和乐起源于佛教，作为宗教音乐的禅和曲，是"禅和子"——参禅者所唱奏的颂扬佛宝的音乐，即佛曲。禅和曲可溯源至唐代，即唐代梵呗的遗响。禅和曲演奏乐器以笛子为主，佐以逗管、笙、椰胡、二胡、三弦、双清、扬琴等。打击乐有钟、鼓、磬、铃、大小木鱼、铮锣、夹仔（小钹）、吉子（状如碰铃，下接木柄）、铙、钹等。演奏时，钟、鼓起核心作用，磬、铃起发号施令作用，木鱼敲板眼，夹仔击板，铮锣击二、三眼。

2012 年 10 月 23 日，禅和乐团暨闽台禅和乐文化交流基地成立，并举行揭牌仪式。禅和乐团旨在传承民间传统音乐的同时，以妈祖信俗为载体，突出展现妈祖文化与禅和乐的风采，增强两岸同胞传承和弘扬中华优秀传统文化的责任感和使命感，进一步增进两岸人民的文化认同感，力争把妈祖文化和天后宫禅和乐打造成两岸文化交流的精品。

此后，两岸妈祖民间信俗叙缘交流及天后宫的重大活动中（如每年的妈祖诞辰、船政后裔恳亲祈福等），演奏禅和乐便成为必不可少的节目。届时，天后宫香雾缭绕，琴瑟齐鸣，乐声悠扬，音乐的感染力、穿透力被乐者们表现得淋漓尽致，烘托出活动庄严、肃穆的氛围，盛况空前。

近年来，天后宫举办了不少闽台交流活动，如开光及祭祀大典、恭迎妈祖金身銮驾暨平安会香祈福活动、“妈祖升天祭”活动等。禅和乐在这些文化交流中，增强了船政文化和妈祖信俗的魅力，加深了两岸同胞对中华文化的认同感。

知识链接

福建船政天后宫禅和乐的由来

100 多年前，福州三坊七巷的缙绅后裔在民间活动时开始演奏禅和乐，后来逐渐流传开来，成为民间音乐。民国初期，禅和乐流传到北京、广州、厦门，甚至东南亚地区。抗战胜利之后，禅和乐的部分爱好者随迁台湾。福建船政天后宫禅和乐是闽台文化交流的产物。天后宫复建后，2009 年 7 月，台湾辅仁大学宗教系台湾民间信仰学术研究中心研究顾问、新竹七星生活美学民族乐团团长潘英虎先生，将毕生整理研究的《禅和乐谱》于天后宫进行交流，此举得到天后宫方面的高度重视。后经相关专家审议、修改，在《禅和乐谱》的基础上形成了天后宫禅和乐，并组建了一个由 30 余名业余音乐爱好者组成的天后宫禅和乐团。

海神景仰

◎ 海洋女神妈祖像

妈祖，又称“天后”“天妃”等。妈祖信俗起源于北宋，最初是莆田湄洲岛百姓信奉的地方神。

在历史上，造船、航海往往与海神信俗关系密切。船政与海神信俗的关系也尤为密切。无论是郑和下西洋、郑成功收复台湾，还是在马江造船、从马江出海，出海人历来深受海神妈祖的精神鼓舞。闽江口的马祖澳、马祖列岛，就是因为与妈祖海上救难事迹密切相关而得名的。而要从船政来看中国传统海神的风采，海洋女神妈祖最具代表性。

在船政衙门，或是在船政造船厂厂区，抬眼罂脰山，便能看见山顶的船政天后宫。船政天后宫建于1868年春，由船政拨款，共耗工料银3 000余两，同年夏季落成。供奉妈祖的神格为“天上圣母”，但凡新轮船下水或航船出海，均要祈求妈祖庇佑平安。经船政大臣沈葆桢上奏朝廷，船政天后宫获同治帝赐予御书“德施功溥”的匾额。船政天后宫建于船政衙门正北面，象征着神权对船政的荫护。船政天后宫初建之时，就希冀借助妈祖的灵威，稳步推进船政事业。

1869年，船政制造的舰船“万年清”号下水，船政大臣沈葆桢亲自率领船政众官员祭告天后，祈求平安。以后每逢船舰开工、下水、试航，祭祀妈祖的典仪都依照此例。1874年，沈葆桢又在台湾宜兰县建立海神庙，主祀妈祖。第二年，还在台南安平建庙加封。

1929年，船政天后宫一度改名为“林孝女祠”。妈祖俗名林默，也称林默娘，出生于莆田湄洲，传说因救遭遇海难的父兄而遇难。抗日战争期间，船政天后宫中文物损毁、散失严重。1997年，在原址上重建天后宫大殿。2006年9月，重建、完善船政天后宫。2008年1月，船政天后宫隆重迎来湄洲妈祖分灵銮驾安座。重建后的船政天后宫占地面积7 205平方米，总建筑面积1 500平方米，是世界上唯一的全木质天后宫。船政天

◎ 20 世纪初的船政天后宫

后宫中供奉的妈祖金身由福州传统脱胎工艺制作，是目前世界上最大的脱胎漆器妈祖神像，风采独特。

船政天后宫门楼高 12 米，主殿 5 开间，进深 8.3 米，总布局为一轴二进二院，一进为门楼，二进为供奉妈祖的中堂大殿。前殿有船政大臣沈葆桢的书联。

湄洲妈祖的神迹故事向南往泉州，向北往福州传播。据明《八闽通志・祠庙・福州府闽县》记载："弘仁普济天妃宫，在水部门内之左城垣下，宫之创已久。元至正十七年宪使兀鲁台庄嘉、副使郭兴祖、行省平章阿里温沙扩而新之。"明万历《福州府志・礼典志・祠庙》记载："天妃宫，在水部门内城垣下，建自前代，国朝永乐至万历年间累经重修。"经过一段时间的传播，妈祖信俗已传遍莆田并向晋江、惠安、泉州、同安、霞浦、福州、宁德等地扩展。宋徽宗为妈祖颁发的"顺济"匾额，使妈祖信俗实现了三个跨越：一是妈祖从莆田的地方神灵，成为普天下皆知的神祇；二是妈祖从民间神灵，成为朝廷认可的神灵；三是妈祖的灵验传说从莆田地方传播至全国。

◎ 船政天后宫内祀奉的天后像

妈祖信俗，历史悠久。明代《八闽通志》记载："弘仁普济天妃宫，在水部门内之左城垣下，宫之创已久。元至正十七年……扩而新之。"这说明福州天后宫在元代以前即有之。到了清代，天后信俗进一步普及闽县、侯官、长乐、福清、连江、罗源等地。清代至民国初，福州有 70 多座会馆，几乎毫无例外地以妈祖为保护神。1662 年，闽江口南港淤塞，祭天从长乐广石移至亭江怡山院。据统计，台湾有天后宫或妈祖庙 500 余座，其中北港的朝天宫最负盛名，香火最盛。

在中国传统文化中，人们对至高精神境界的憧憬和敬仰常寄托在对神祇的景仰中。祭祀，实际上是一种仪式，旨在教化后人慎终追远，使民风淳厚，明耻知荣。神俗的祭祀也是一样。明代嘉靖年间，从福州渡海出使琉球的陈侃对航海时供奉的妈祖有如下描述："飞航万里，风涛叵测；玺书郑重，一行数百人之生，厥系匪轻。爰顺舆情，用闽人故事，祷于天妃之神，且官舫上方为祠事之。舟中人朝夕拜礼必虔，真若悬命于神者。"郑和船队下西洋在福州港驻泊时都要祭祀海神，祈求远航平安。1409 年，郑和第三次下西洋时，在长乐文石乡建一座妈祖庙，虔诚致祭妈祖海神。1431 年，郑和最后一次下西洋前还专程至此，复修佛宇神宫，刊立《天妃灵应之记》碑，历陈远洋盛举及对"天妃之神护佑之德"的崇敬之情。郑和七下西洋，随员中多为福建泉州漳州一带的水手，他们笃信妈祖，郑和祈信益虔，平安归来后都奏请致祭酬谢，曾两次亲诣湄洲庙祭祀加封，增修庙宇，三次驻节长乐候风均致祭妈祖。

妈祖的信俗文化以"立德、行善、大爱"为核心，演化出妈祖祭奠、妈祖习俗、传说故事等相关内容。妈祖祭祀典礼一定程度上是传承了中华民族宗教祭祀、名邦礼仪的礼仪文化，因此被广为推崇，甚至闻名海内外。妈祖信俗还备受台湾同胞推崇。2009 年 9 月，妈祖信俗被列入联合国教科文组织《保护非物质文化遗产公约》人类非物质文化遗产代表作名录。这标志着妈祖信仰已从以华人为主的信仰圈，走向人类共同拥有的文化遗产行列，妈祖精神成为人类共同的精神财富。

中国古人常将崇敬之心化作祭祀的虔诚。在船政天后宫附近，船政衙门后方，有一处左沈二公祠旧址，为的是纪念船政的缔造者左宗棠和沈葆桢二人。妈祖等人由人而神，因其功德被崇为"圣"奉为"仙"，并经过历代册封而成为"神"，这也是中国民间神祇的普遍发展历程。

在世界各地的天后宫里，妈祖的陪祀各有不同。在船政天后宫里，妈祖的陪祀为临水陈太后和柳七娘。临水陈太后又名陈靖姑，民间俗称"奶娘"，尊称也很多，如临水陈太后、顺天圣母等。

明嘉靖年间，高澄出使琉球，使团成员多数为闽人。传说当时使团在海上遇险时，众人求救于妈祖诸神，后经妈祖降箕，说："吾已遣临水夫人为君管舟矣，勿惧！勿惧！”回到福州后，高澄偶然在福州水部门外发现了临水夫人祠，忙请教祠中道士。道士说：“神（临水夫人）乃天妃之妹也。生有神异，不婚而证果水仙，故祠于此。”又补充道：“神面上若有汗珠，即知其从海上救人还也。今岁自夏至秋，汗珠不绝，或者劳于海舶焉。”自此以后，福州地区临水夫人信俗更加兴盛。

关于临水夫人身世的传说见于《闽都别记》。相传唐大历元年（766年）正月十五，福州下渡陈昌家生了一个女婴，临盆时异香满室，取名靖姑。靖姑幼年聪敏，15 岁前往闾山学法，拜许真君为师。

临水夫人信俗始于唐代，到了宋代淳祐年间，临水夫人被朝廷敕封为“崇福昭惠慈济夫人”，后来，临水夫人信俗在八闽广为传播。元代，临水夫人祭祀正式进入国家祀典。元明清各代多有敕封，封号有“天仙圣母”“护国太后元君”“顺天圣母”等。明清以后临水夫人的神职范围逐渐扩大，传说她同时掌管江海，成为航海保护神，为人所崇祀，其信仰更加兴盛，影响遍及浙江、江西、台湾、香港以及东南亚地区。

柳七娘是马江的地方神。在罗星塔下，有一位向着江涛深处凝神远眺、似有所盼的美丽异乡女子，她正是柳七娘。她是马江人民心中的女神，就像高高的罗星塔给迷航的船指引家的方向一样，海神柳七娘是江上渔民内心安宁的保护神。

据王应山《闽都记》对柳七娘和罗星塔的记载，柳七娘原是宋朝岭南（今广东）李氏之女，与勤恳老实的柳七郎结为连理，一直过着简单平凡的生活。但造化弄人，柳七郎被诬陷，并作为苦役被发派福州。柳七娘随夫来闽，但柳七郎在押运途中被折磨致死。七娘伤心欲绝，变卖他们的所

◎ 罗星塔美景

有家产，在丈夫殒命之处造木塔，替亡夫祈求冥福。据说七娘所建的木塔就是罗星塔的前身，但该木塔早在明万历年间就已毁于海风。如今人们所见之塔，乃明天启四年（1624年）重建，并改用石砌而成。明代大臣叶向高的诗句“冶城东望海天遥，谁遣中流一柱标”正是对“七娘之塔”的无限感慨。

罗星塔永远指引着岸的方向，温柔坚贞的柳七娘也成了人们心目中的女神，人们把七娘作为地方海神陪祀于船政天后宫，寄托了人们对航海的人们平安归航的祝愿。

闽安村迴龙桥头有一座祀奉齐天大圣的圣王庙。在郑和七下西洋期间，一些船员由于多种原因留在了马来西亚、马六甲、新加坡等地区，齐天大圣的信俗也因此传播开来。

闽安村迴龙桥头的圣王庙建于宋朝，于1923年重建，至1989年又几度重修，占地面积405平方米，坐北朝南，背山临水，金瓦丹柱，飞檐翘脊，斗拱重叠，前为跨街走马，后为殿庑，气势恢宏，古色古香。跨街亭平面呈长方形，木构架，重檐歇山顶。殿内祀三尊主像：大王爷、二王爷、三王爷。两厢奉齐天府四健将：侯祈、朋保、牛平、康安塑像；左右壁画八将、差役、皂隶等神像，形态各异，状极威猛。至今圣王庙香火不断。据说庙神是斗战胜佛孙大圣的化身：大王爷象征着玉封“齐天大圣”显爵期的尊仪，二王爷即在花果山统御灵长万类时期的英风，三王爷则是降妖除魔的战斗行者。

拏公，又称“拿公”，或作“拿王爷”“协佑尊王”，是福建民间道教信俗中的一位神祇。

◎ 闽安迴龙桥头圣王庙

知识链接

拏公的传说

清代《榕城考古略》记载：（拏公）按神卜姓，籍邵武之拿口镇。先是尝夜见二鬼，放蜂蛇于乡井，黑气漫空。王知其有异也，坐井畔以待。俟汲水者至，告以故，并乞水自饮，以取信；须臾面色黧黑，须发尽落，嗒焉物化。乡人因立庙祀之。明洪武初，征南将军汤和率师平闽，由海道诣五虎门，先遣使入城招安，会守城将杀其使，和因大张号令，云："入闽不留一人。"王恻之，乘巨浪、驾小舟、诣和营，曰："君号令中，今易一字，吾导他港以进。"和许之，遂导由粗芦门入。既抵南关，辞去，曰："吾福州土神拏公也，顺命导公，欲安百姓，今已入关，以'留'字易'杀'之可乎！"言讫，不知所之。和知其神也，长驱会城，秋毫无犯。旋以事入告，敕封今号。按：今藩署祀为库藏之神，称"护国天下兵马都元帅拿君福主协祐尊王"。以上见清朝布政使钱琦碑文。

拏公信俗主要分布在闽江流域，尤其在闽江下游的福州较为盛行，也是福州民间的重要信俗之一。福州地区的拏公庙，见于记载的有闽县石鳖山左的拏公庙和南台山拏公庙等，其中以南台山拏公庙最为著名。

陈文龙也是福州人极为崇敬的英雄，生而为英雄，死而为神灵，被民间封为水上保护神。据记载，宋朝时兴化客商出入福州都要在阳岐坐船，就在阳岐化龙道码头设立了小庙妈祖亭，供祀海神妈祖。明初，聚集在阳岐的水运商贸商人和水上渔民，据说需要男性英雄作为神灵来镇压水里的妖魔。万寿尚书庙的清乾隆碑文曾提及陈文龙"数出入风涛间为涉险者助"，民间传说陈文龙逝世后化为神灵，曾在海上救助渔民。这一点类似海神妈祖，且其祖籍同妈祖一样为莆田，所以渔民们认为忠臣英雄陈文龙就是护佑苍生的水上保护神，便拜陈文龙为"水部尚书"。因此，民间在妈祖亭内并祀陈文龙。

知识链接

陈文龙的故事

陈文龙，生于兴化玉湖乡（今莆田木兰溪畔阔口村）。1268 年，宋度宗为他改名文龙，并赐字君贲，授宣议郎、镇东军节度判官。陈文龙因不愿依附贾似道被排挤出朝廷，后朝廷又几次任用陈文龙，陈文龙深知国家已危在旦夕，决心以死报国。

宋端宗在福州登基不久后，元军占领福州后进攻兴化，陈文龙坚持抗元，在城头竖起“生为宋臣，死为宋鬼”的大旗明志。鏖战多日，因内奸投敌，城破，陈文龙被俘，宁死不降，元将无奈，将其械送杭州。1277 年，陈文龙要求拜谒岳王庙，在焚香自诉后，吞灰自尽于庙中，时年 46 岁，诏谥“忠肃”，庙号“昭忠”。后百姓因敬佩陈文龙，就集资建庙，奉陈文龙为海神，称作“水部尚书”，供奉陈文龙的庙也因此被称作“尚书庙”。

福州人民自古景仰正气忠贞的历史人物，对尚书公陈文龙也是倍加拥戴，故福州有多处尚书庙，各尚书庙至今都香火鼎盛。尚书庙还分炉至马祖、台湾等地。

旧时，迎尚书是福州迎神活动之一。迎尚书有出海典仪。尚书出海的龙舟较为讲究，用木板钉好后还要绘上彩画，舟中设有神座与三十六间店，称为“状元船”。出海时，将龙舟放入大江中，任其随波漂流。沿江各乡若见状元船漂至，都视其为吉祥，要迎接庆祝，演戏谢神，然后再任其漂往海中。

◎ 福州万寿尚书庙

第二节 撷英采风

研学目标

1. 通过实地考察，搜集考察资料，筛选资料并进行分类整理，了解船政事业在近代创始时期的艰难和早期船政人坚毅的品格。
2. 了解传统文化现象，分析文化现象的成因及其在传统沿革中的变化，探索船政文化精神继承和发展的合适路径。
3. 树立“实业报国”的志向，建立“以天下为己任”的责任意识。
4. 开展志愿者活动，为船政遗址模拟申报世界文化遗产设计标志、制作文创作品，培育实践创新能力。

研学线路一 闽安古镇—罗星塔公园—船政天后宫

实践点 马尾

考察点① 闽安古镇

闽安是著名的千年古镇，宋时列福建四大名镇之首，存有大量唐、宋、元、明、清时期的文物古迹。

闽安迴龙桥，建于公元901年。清代，闽安左右营隔江设立，来往于此桥。曾任金门总兵的江继芸和大量戍台将士捐款助修过迴龙桥。

迴龙桥南北横跨邢港，有罕见的船形桥墩，花岗石平梁结构。迴龙桥石栏柱的柱顶雕刻奇兽等，栩栩如生，展示着中国古代精湛的石刻技艺，演绎着繁荣的文化景象。迴龙桥的绝妙之处在于，它不是我们常见的独体桥梁，而是与桥南的玄帝亭、桥北的圣王庙及观音阁三座古建筑浑然

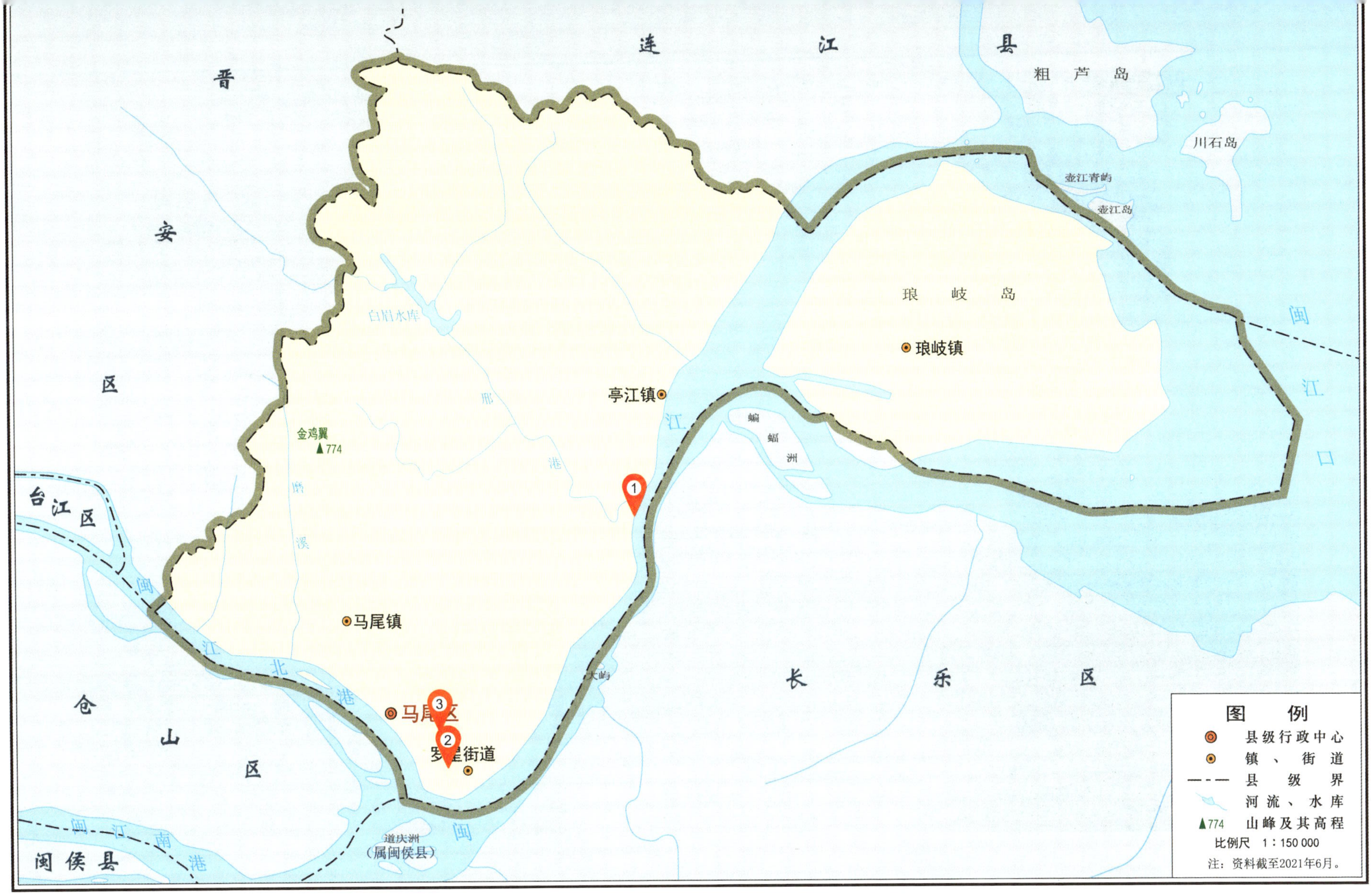

审图号：闽 S〔2021〕76 号

◎ 马尾区地图

◎ 闽安迴龙桥

一体。桥南引桥上的玄帝亭是桥亭的结构形式，穿过亭下可移步石桥。圣王庙呼应般建造在北引桥驳岸上，跨街廊亭与古石桥的驳岸共用一连体基础，当年的能工巧匠把他们浑然天成地融为一体，使跨街亭、圣王庙、观音阁一层层地拱卫着孤峰挺拔的棋盘山。从桥南向北眺望，石桥、庙宇、山峦形成一个整体。他们还把位于圣王庙东侧、高踞悬崖之巅、掩映于绿树苍岩中的尊王庙景观也糅合进来，为他们的“杰作”再添上一抹重彩，使桥南到桥北错落有致地连成了一组最具唐宋风格的古建筑群落。1991 年 3 月，此桥被定为省级文物保护单位。

任务清单

· 小学 ·

1. 请你留意研学路上的庙宇，制作一张表格对庙宇的相关信息进行记录，例如庙宇的地点、供奉的神祇名称等，并描摹庙门。

2. 采访当地人，向他们打听当地庙宇所供奉的神祇的神迹故事，记录下来，在班级故事会中进行交流；并选择其中一个故事或一位神祇的神迹故事制作成一个小画册，思考人们在神话中寄托了哪些愿望。

3. 闽安巡检司衙门口的照壁上刻有一只神兽，请你向当地人问询这只神兽的名字及其相关故事，并手绘一张明信片来宣传它。

·初中·

1. 闽安是著名的侨乡，有很多热爱家乡的华侨对故土怀有深厚的感情，他们纷纷捐资振兴闽安古镇。若海外游子回乡，来此参观游览，请你当导游，你会选择哪些内容向他们介绍？如何介绍？

2. 如果让你为闽安的海外乡亲制作一套“闽安经典景点”手绘明信片，你会选择哪些景点？为什么？

·高中·

1. 向闽安当地的百姓了解孙悟空的神迹故事，并制作一张相关内容的简图，便于导游向游客介绍孙悟空信俗的发展历程。

2. 考察闽安孙悟空的祭祀流程，并留存相关资料，与船政天后宫的祭祀流程作比较，并分析神祇所代表的精神。

考察点② 罗星塔公园

罗星塔公园位于福州市闽江下游三江交汇处的罗星山，山顶屹立一塔，砥柱海天，这便是闻名中外的罗星塔。

罗星塔山现已开辟成公园，穿过公园入口处的牌楼，园内四季花木繁茂，风景宜人。几株参天古榕，紧紧相挨，郁郁葱葱，像一座绿色的城墙，环抱着巍巍古塔。在山顶远望闽江两岸的风光，近看港区建设新貌，一幅幅色泽鲜明的图画，水天一色，尽收眼底。

罗星塔公园是船政文化主题公园的一个组成部分，占地面积2.88公顷。罗星塔塔下的郑成功古堡城寨遗址上有柳七娘雕塑。罗星山南面山腰有观战亭，面江迎风，江面即明清抗击外侮的水战战场。亭侧石径下方，旁竖清乾隆福州知府、书法家李拔“砥柱回澜”碑，亭下有“试剑石”。据民间传说，郑成功兵败后屯兵于此，有人送他一把宝剑，他看见一块巨石，祷告上天，祈求指示行军方向，一剑劈下，石分两半，上边指向东方，郑成功才决定向台湾进兵。

◎ 罗星塔远景图

罗星山山脚有花岗石岩洞，尚残留海蚀地貌。相传明初郑和下西洋时曾停船于三江口，修船候风出航。岩洞凉爽，郑和常与部属在此下棋消遣，人称“三宝洞”。

山上有郑成功古堡城寨及清初罗星塔遗址，新建有儿童游乐场、鸽子场、潮江楼等。山侧有一名木，叫“中国塔榕”，是福州十大古榕之一，见证了船政的兴衰及马江海战的历史。潮江楼附近有一株红榕，马尾仅此一株，相传是左宗棠督师福州时亲手种植。

罗星塔公园也是中国船政文化旅游的一个主要景区，塔下有全国文物保护单位船政建筑群所属的一号船坞（青洲船坞），坞中有猎潜艇一艘。

任务清单

· 小学 ·

1. 罗星塔下就是马江，请你找一个合适的角度，为罗星塔和马江拍摄一张照片或画一幅画，并为这幅照片或画作附上一首诗。
2. 给柳七娘的雕像找一个好的拍摄角度，并为她设计一张明信片。

· 初中 ·

1. 向当地人了解柳七娘的故事，并为柳七娘写一篇小传。

2. 罗星塔下有一副这样的对联：“朝朝朝朝朝朝夕，长长长长长长消。”请你试着为它断句，并与同行的伙伴讨论对联的意思。

3. 说说罗星塔下的这副对联“朝朝朝朝朝朝夕，长长长长长长消”所反映的自然现象。

· 高中 ·

1. 如果请你在罗星塔下为柳七娘立碑，你会选择在哪里安置碑身？选择什么材质作为碑体？碑文的内容是什么？请你说说设计的理由。

2. 罗星塔公园中有不少对联，请你与同学们合作，收集这些对联，制作一个“罗星塔公园对联集”。通过对中国近代船政的了解，你认为还可以在公园的哪些地方增加对联？为什么？

3. 如果罗星塔公园还需增加文化景观，你认为可以在哪里增加，增加什么内容？为什么？

4. 罗星塔下有一副对联：“朝朝朝朝朝朝夕，长长长长长长消。”请绘制示意图说明这副对联所反映的自然现象。

◎ 罗星塔下的对联

考察点③ 船政天后宫

船政天后宫位于马尾婴脰山上，1868 年春建，同年夏至落成。1929 年天后宫改为林孝女祠，1971 年天后宫被拆毁。2006 年 10 月，马尾区政府投资在原址重建船政天后宫，建筑主体工程于 2008 年初竣工。

重建的船政天后宫占地面积 7 205 平方米，建筑总面积 1 500 平方米，门楼高 12 米，总体布局为一轴二进二院的清代风格建筑。一进为门楼，下中庭为戏台，上中庭为拜阁；二进为供奉妈祖及配神的大殿；后院为魁星阁。

为保持原来的风格，船政天后宫的上下中庭、大殿、魁星阁全部采用波罗格木建造，中间的雕花用香樟木雕刻而成。因此，重建后的船政天后宫是世界上唯一的木质天后宫。同时，在天后宫旁还增加了一处人工景观瀑布，瀑布落差为 36 米，是目前福州最大的人工景观瀑布之一。船政天后宫共分三个功能区：祭祀妈祖庙宇区，接待陈列与附属设施区，园林休闲区。

任务清单

·小学·

1. 搜集并临摹天后宫的书法作品，尝试制作一个“天后宫书法作品集”，并向大家做一个比较完整的介绍。

2. 妈祖的故事你听过吗？举办“妈祖故事会”，把自己了解到的妈祖故事与同学们进行交流。

3. 船政天后宫打算在廊侧墙上绘制神迹故事，你会建议选择谁的故事？设计哪些情节？具体设计在什么位置？并说明设计的理由。

·初中·

1. 请以集拓的方式收集天后宫书法作品，尝试制作一个“天后宫书法作品集”。

2. 如果让你来给台湾游客作游览向导，你会选择什么路线、什么内容来介绍？请你绘制一张导览图。

3. 搜集民间有关妈祖或陈靖姑的戏曲唱段，学唱相对完整的一段，在班级联欢活动中表演。

·高中·

1. 如果要为天后宫写一副对联或立一座碑，请你为对联设计字体，为碑文撰写内容，并为之选址，并说明设计和选址的理由。

2. 考察船政天后宫和闽安孙大圣的祭祀流程，分析两者之间的异同，并尝试向当地百姓了解其中的原因。

3. 选择妈祖或陈靖姑的一段神迹故事，模仿民间有关妈祖或陈靖姑的戏曲节目，编写一段合适的唱词。

4. 请你询问庙祝关于天后宫祭祀的细节，并分小组还原祭祀的步骤，分析祭祀中所蕴含的传统文化。

研学线路二 船政衙门—昭忠祠

实践点 马尾

考察点① 船政衙门

船政衙门位于福州市马尾区，在马尾婴脰山下。船政衙门是清末直属于中央的职能部门，是船政领导机构，同时也是船政钦差大臣及其幕

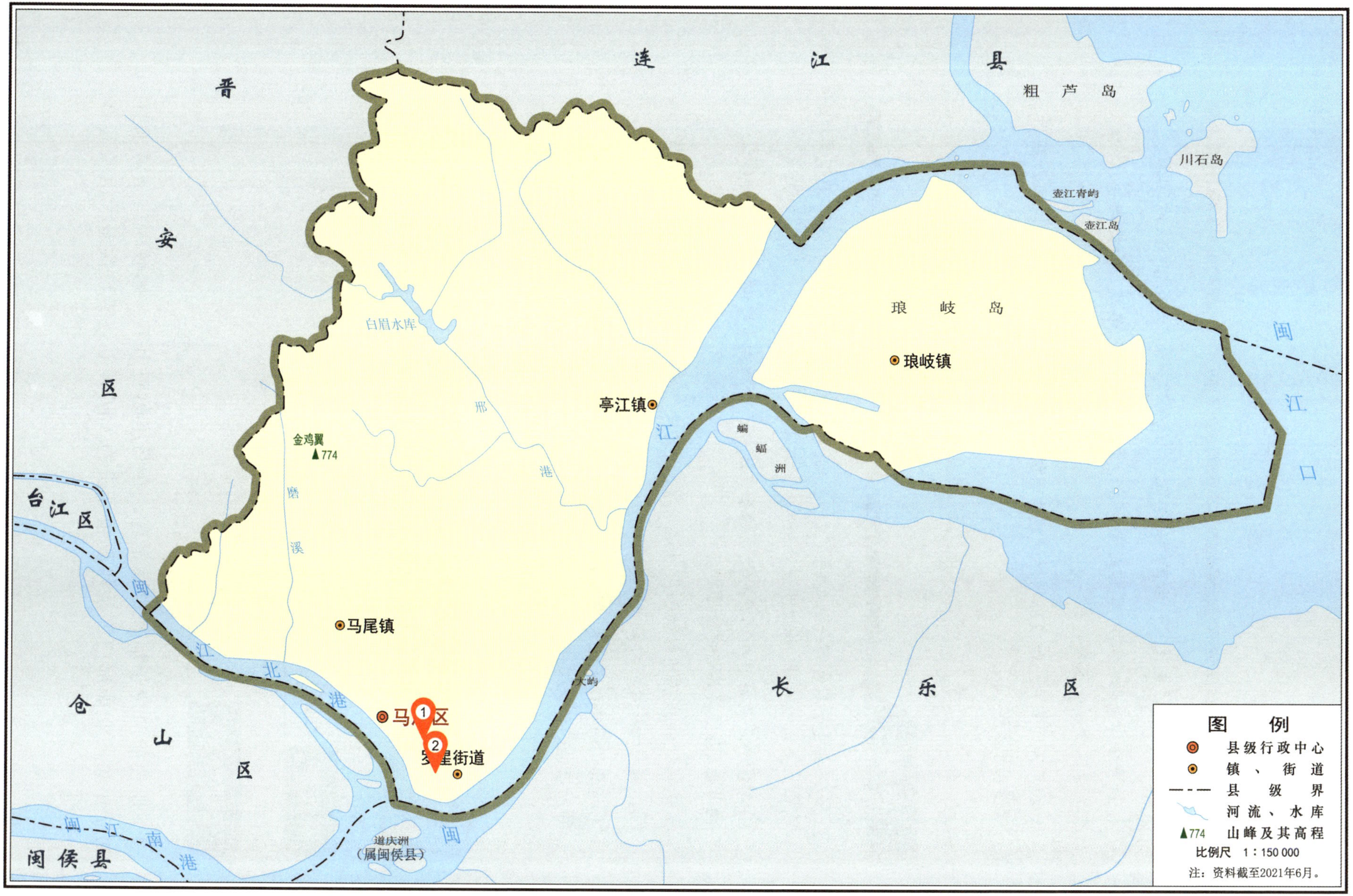

审图号：闽S〔2021〕76号

◎ 马尾区地图

僚办公、议事、休息的场所。船政衙门前为辕门，竖两杆旗杆；衙门分设中、左、右3个大门，每扇大门均画着巨幅门神。

1866年，清政府批准了闽浙总督左宗棠的奏折，在福建福州马尾设立总理船政事务衙门，并开设造船厂和船政学堂，迈出了建立近代海军的第一步。

◎ 船政衙门屋檐

任务清单

·小学·

1. 收集船政衙门里的对联和题字，从中选择词句进行书法临摹，在班级内开展以“船政衙门”为主题的书法作品展示活动。

2. 船政衙门前的空地曾是“船政印象”的主题演艺舞台，请你和同学们一起为“船政印象”编一段舞蹈。

·初中·

1. 船政衙门有多处沈葆桢的题字。请你搜集完整的题字，包括对联和匾额，制作一份“船政衙门沈葆桢题字集”。

2. 找出船政衙门和船政学堂的经典景点，以小组为单位为景点制作一套手绘明信片或书签。

3. 请你和你的同学一起为“船政印象”设计一个舞台布景。

· 高中 ·

1. 请你游览船政衙门和船政前后学堂，为主要景点设计参观牌，并为每处景点写 20 字左右的介绍文字。

2. 请你拍摄一幅船政衙门的照片，参照梁思成《中国建筑的特征》一文介绍船政衙门的建筑特点。

3. 请你和你的同学以“船政印象”为主题编写一个故事。

考察点 ② 昭忠祠

昭忠祠位于马尾马限山东南麓。1884 年 8 月 23 日，法国远东舰队闯入马尾港，企图侵占福州。船政水师仓促应战，死难水师官兵达千余人。部分烈士遗体安葬在马限山麓，并立碑纪念。昭忠祠正厅放置刻有烈士姓名、职务的碑石，两边回廊分立昭忠祠碑和记叙烈士战绩的碑刻。厅中陈列有马尾港地形沙盘，西厢及廊庑陈列大炮、炮弹及烈士遗物等。祠西有墓台，台高约 1 米，环台三面各设一座五层台阶，台正中有一座圆顶雕花四柱的石碑亭。昭忠祠后山岩壁有“仰止”“铁石同心”等摩崖石刻。

◎ 昭忠祠

任务清单

· 小学 ·

1. 请你向工作人员了解昭忠祠的故事，挑选祠内代表性的物件，为昭忠祠设计导览路线。

2. 收集“昭忠祠”里的对联、题字和摩崖石刻文字，为每一幅作品写 2～3 句的介绍文字。

· 初中 ·

1. 登马限山，寻找摩崖石刻，以小组为单位和同学们合作，尝试制作一册马限山摩崖石刻拓本。

2. 昭忠祠的建筑采用中国传统建筑的模式，请你仔细观察，并寻找其传统建筑的特点，绘制成建筑画册。

· 高中 ·

1. 每年七月初三是昭忠祠的烈士祭祀日，请你向工作人员了解祭祀的过程，并详细记录。在中国礼仪传统中，从帝王到百姓都注重祭祀。中华民族的祭祀文化和儒家的重“礼”的祭祀态度在祭祀仪式中得到传承，请你与同学们分小组进行合作，解释昭忠祠祭祀过程与天后宫祭祀过程的异同，并分析其中的原因。

2. 昭忠祠的建筑采用中国传统建筑的模式，请你辨认其特点，并比较其与天后宫建筑特点的异同。

第九章 海丝枢纽

定海湾位于福建省连江县筱埕镇定海村东南海域，平均水深约 18 米，水流平稳，少有风浪，适宜甲壳类生物繁殖。当地居民在采摘这类生物的时候，经常能捞起青色或者黑色的陶碗和瓷碗，还有少量的瓷罐。20 世纪 80 年代末，一位考古工作者在定海渔民的家中意外发现这些来自海底的物品，进而发现定海湾古代沉船的遗址。

1990 年至 2000 年，定海湾进行了四次水下考古调查和发掘，出土了大量宋瓷、元陶、铜钱、铁器、古舢板、司南、铜铳、铜炮等珍贵文物，其中含 300 余件陶瓷器，大多数为黑釉盏。这批黑釉盏的形制相似，规格、尺寸相近，属仿建窑兔毫盏的产品，从胎质、釉色、器形等方面分析，初步推定为 12 世纪后期至 13 世纪前期（南宋时期）福州亭江长柄窑及闽侯南屿、鸿尾等窑烧制。

定海湾是中国古沉船分布最密集的水域之一，你知道这里为什么会有众多古沉船吗？沉船中运载的货物原本又是要运往何处呢？

◎ 定海湾海底的陶瓷器

第一节　开洋重镇

福州是海上丝绸之路的重要起点，在1 000多年的海上丝绸之路发展过程中，多次创造了对外贸易的辉煌，将我国的特色产品销往世界各地，也成为中西方文化交流的桥头堡。马尾作为福州的海港门户，在海丝历史上占据重要地位。

丝路悠久

自古以来，闽人就“习于水斗、善于用舟”，凭着临海而居的独特地域优势，发展海上经济贸易。而福州海上丝绸之路绵延千年，地位突出。自汉代以来，福州一直是东方对外贸易的重要港口。公元前110年，闽越王无诸置东冶港，将福州辟为对外交通和贸易的港口，并与中南半岛、旧交趾（今越南）、日本、澶洲（今菲律宾）等地开辟了交通贸易航线。

唐五代时，福州港的发展进入空前繁盛的时期。唐朝奉行开放的对外政策，许多外国使者、商人等纷纷来华。唐中期，陆上丝绸之路受阻，海上贸易成为唐朝与海外诸国进行商贸往来的主要渠道。凭借临近台湾海峡的独特区位优势，福州海上贸易勃兴，并在唐中期至五代期间，成为中国海上丝绸之路的交通枢纽、重要港口城市和经济文化中心，并与广州、扬州并列为唐代三大贸易港口。福州形成了东洋、西洋和南洋三大航线，其中东洋航线东达日本，以文化交流为主，大量日本僧人和海

◎ 福船

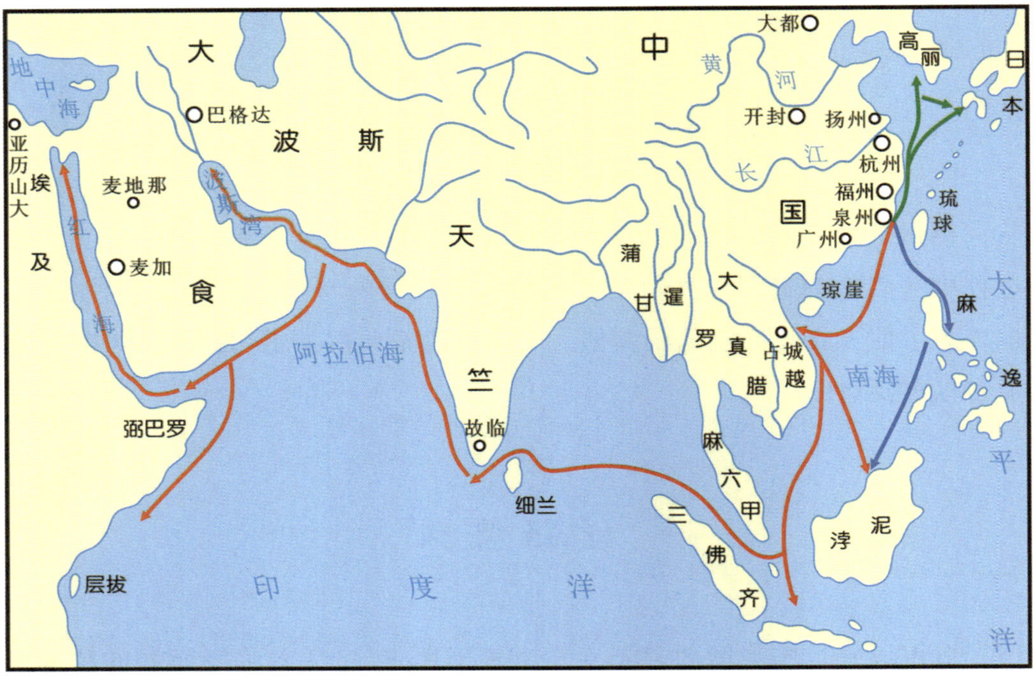

◎ 宋元时期海外交通示意图

船入闽，或留在福州交流学习，或北赴长安；西洋和南洋航线则以贸易为主，开辟了三佛齐（今苏门答腊岛等地）、天竺（今印度）、大食（今阿拉伯地区）等多条新航线。随着往来商人、使者和僧人的增加，福州呈现出“万国之梯航竞集”的盛况。

随着福州与海外的贸易往来日渐频繁，五代时期，时任闽王的王审知派人清除闽江水道的怪石暗礁，疏通水道，开辟甘棠港，在今琅岐岛开港开航。甘棠港闸设在福州今鼓楼区庆城寺与法海寺之间，各国商船通过甘棠港，随着涨潮可以直达今福州市中心鼓楼区。王审知还设立了专门处理外商贸易事务的榷货务，闽人出海贸易呈现空前的盛况，政府从海外贸易中获得了大量财政收入。福州位于闽江河口，河运也十分便利，城内水道四通八达，闽江上游各地船舶可直接驶至福州城下，由此大量入闽的舶来品，还可经闽江转运往中原地区。

开辟甘棠港、拓展对外贸易新航线、设置海上交通贸易管理机构等一系列举措，奠定了福州港居于南北海运枢纽的贸易地位，对福建海上丝绸之路起到了助推的作用。王审知治闽期间，福州已成为经贸发达的“闽越都会，东南重镇”。

知识链接

开元寺

由于外国僧人频频来到福州交流与学习，唐代中期，福州开元寺作为官方接待各国来闽僧人之会所。804年，日本僧人弘法大师空海一行到福州后，就被安排驻锡于开元寺，与开元寺僧人交流、研习佛学，并留下《灵源深处离合诗》等诗稿。唐文宗时，印度高僧般若恒罗在福州开元寺传授佛法，慕名前来学习的日本僧人甚多。852年，到日本进行贸易活动的唐朝商人钦良辉的商船自日本启航回国，在海上航行6天，于闽江口的福州连江登陆，随船而至的还有日本僧人智证（圆珍）、丰智、闲静等。智证大师等人进入开元寺学习，在福州居留长达6年之久，858年才搭乘唐商李延孝到日本贸易的商船回国。智证大师在开元寺期间，从寺僧存式学《妙法莲华经》《华严经》《俱舍论》，还向驻锡于开元寺的印度僧人般若恒罗学习悉昙章、梵字和密教，回国后创立了日本佛教天台宗寺门派。906年，又有“西天国僧声明三藏”来开元寺交流佛法，还有印度商人屡次到福州开元寺交流佛法，新罗僧人也常至开元寺研习，并带回开元寺刻的经书。

◎ 福州开元寺

随着福州海内外贸易日渐繁荣，位于闽江入海口的闽安镇（今马尾亭江镇闽安村）以其优越的地理位置，成为海上的贸易重镇和闽江口的物资集散中心，出现万商云集、商船往来的景象。

闽安四面环山，流经的迴龙河通江达海。优越的自然条件和近海优势，使闽安成为天然的避风港。83年，迴龙河因其地势优势被辟为南北货物中转站福州港的重要港口，闽越王在这里设吏治，负责进出口事宜。闽安邢港沿岸有三个古码头、六个古道头、八个古浦头，至今闽安还留存着“贡船浦”这一地点，它是汉代外国船舶进入福州、深入内陆而接受通关

◎ 迴龙桥

检查时停泊的地方。闽安邢港的五条内浦，潮位直达，水位深，可供海船停泊，也是商船、货船的停泊处。

1029 年，在当时的福建转运使上奏申请之下，朝廷在闽安镇设立了巡检司衙门，安排一名使臣，负责监纳商税，并负责附近沿海一带的治安。

当时的闽安镇官掌管军事、行政、财政等事务，闽安因此逐渐发展为闽江口一带的军事、政治、经济中心。明朝年间，闽安镇增设闽安镇税课局和福建省南北盐馆卡，管理福建沿海各地的盐船和缴纳盐税这一朝廷重要的经济来源，至今尚存的闽安口头街码头和南岸盐馆，就是当年盐馆卡的遗址。1472 年，泉州市舶司移置福州，福州设市舶提举司，外来的商船、贡船，都要到闽安镇停泊候检，使得闽安番船云集，繁荣异常。

1405 年，郑和开始下西洋，闽安镇港一直是郑和船队重要的候风放洋之地。郑和七次下西洋，历经 30 多个国家和地区，其中有六次驻泊闽安镇港，在此修造船只、充实补给、招募水手兵员，等候东北信风出海。闽安水军官兵熟悉航海路线和海上军旅生活，富有航海和海上作战经验，是郑和船队编员的首选对象。《明史·郑和传》记载："永乐三年，命郑和及其侪王景弘等通使西洋……自苏州刘家河泛海至福建。复自福建五虎门扬帆，首达占城，以次遍历诸蕃国……"郑和第七次下西洋，在太平港驻泊十个月，修建了三峰塔寺等建筑和天妃灵应之记碑（俗称"郑和碑"），碑文记载了郑和七下西洋的活动情况。

◎ 郑和下西洋航线示意图

由于郑和船队以福州港为驻地及放洋之地，所以随之而来的大量外国使臣在福州登陆。郑和出使西洋的伟大壮举，也推动了闽安镇乃至福州的贸易、造船业和航海技术的发展。

1683 年，福建海关设立，关口一驻福州南台、一驻厦门，闽安镇为福州南台分口之一，扼守水陆要津。为满足闽安海外贸易发展的需要，中央又在闽安海关的基础上增设了海关代报所，专门为外轮及商船代报进出关及税收手续，同时还增设了厘金安税关、闽安镇局。闽安口头街因海关的设置而成为繁华的街市，口头街码头番船、商船集泊，上岸报关交税的人络绎不绝，上岸购物、补给物资、从事商品买卖的人更是摩肩接踵。这一时期的闽安镇内衙门林立、街市商号密集，寺庙庵观棋布，既有府城型市镇的特色，又有边防重镇、海关口岸的风貌。闽安镇丰厚的关税课银，也成为日后兴办船政的重要经费来源。

新中国成立以来，福州的港口建设有了飞跃性的发展，马尾港作为福州港的河口港区部分，联通内外，枢纽地位日益凸显。2015 年，国务院发文支持福建建设 21 世纪海上丝绸之路核心区，福州作为海丝核心区建设的重要城市之一，立足优秀历史文化，迎接机遇与挑战，马尾区也趁此东风，积极参与，表现突出。

目前，福州积极开展国际深水大港建设，提升海运能力，江阴深水港相继开通“印尼线”“马尼拉线”“越泰线”等航线，加快建设江阴港区6号到9号泊位、罗源湾港区6号到7号泊位等项目，推进“丝路海港城”建设。截至2022年2月，福州港已有生产性泊位共157个。福州开辟至美西、日韩和东南亚地区的外贸航线，融入以航运为主题的“一带一路”国际综合物流服务品牌和平台，开发“丝路海运”航线。马尾港区在福州沿线港口群的建设中，积极升级设备，整合资源，不断提高运输能力，积极融入并打造以福州长乐国际机场为核心的福州综合交通枢纽建设，加强空港海港联动，强化自身枢纽功能，扩大腹地和影响，深化陆上、海上、天上全方位联通，向数字化、现代化的福州港迈进。

马尾还积极参与福州与海丝沿线国家的合作和交流活动。在探索21世纪海上丝绸之路旅游合作发展新模式的过程中，马尾挖掘、保护、利用丝路沿线文化遗产，以海丝文化为内涵，以海上丝绸之路（福州）国际旅游节为纽带，精心培育海丝旅游品牌；联合沿线城市开展区域旅游合作，打造海上丝绸之路旅游经济走廊和环南海旅游经济圈。

知识链接

海丝国际旅游节

自2015年首次举办至今，海丝国际旅游节的影响力逐年扩大，为海上丝绸之路沿线及周边国家搭建了对外展示、优势互补、互惠互利的旅游区域合作平台，已经成为具有国际影响力的旅游盛会。

2020年11月27日至12月31日，以“共建海丝之路，共促文旅繁荣”为主题的第六届海上丝绸之路（福州）国际旅游节在福州开幕。活动以“线上+线下”的形式呈现，活动包括启动仪式、文旅经济高峰论坛、“海丝旅游双十一”、福建旅游生活展等四场主体活动，以及“海丝旅游推广联盟”年会、第十一届温泉国际旅游节、福州文旅产品全国旅行商采购大会等配套活动。

封贡要地

海上丝绸之路的持续发展，促进了福州与海外各国的文化交流和技术传播。其中，明清时期中国与琉球之间的封贡往来表现得较为典型。

历史上的琉球国主要位于今天的琉球群岛，是明清王朝的藩属国，其国王由明清的皇帝派特使任命。福州与琉球的位置较为接近，1474 年，中央将市舶司移至福州后，福州成为往来琉球的唯一规定港口。

据史料记载，在出使琉球之前，使臣们于北京接受皇帝的诏敕与赏赐后，礼部会就册封相关事宜通知册封使臣及地方官吏，使臣到达福州后，主要事务有造船、募集船工舵手、祭祀、等待琉球迎封舟、向朝廷汇报在闽情况等，福州当地官员则配合使臣的活动。

◎ 琉球册封使乘坐的册封舟（模型）

册封使前往琉球行使册封之职时，均需乘坐专门的册封舟。册封舟要在海上经历长期颠簸，形制与江河间的座船不同。为了抵御海上风浪，一些册封舟的官舱不高，四周封闭严实。舟上供奉海神，配有用于牵引封舟靠岸的小船两只以及足量淡水，还置备刀枪、弓箭、佛郎机火炮等兵器以防不测。通船以红布为围幔，插有三十余面五色旗，以壮国威。除建造船舵的铁力木来自广东外，册封舟的其他木材大多取自闽山，其中建宁山区的木材最佳。巨木采伐后，历经山水，从建宁县运到福州，每过一个乡，就需要 400 多名民夫拖拉，沿途经过各府各县，大约需要 10 万人。

琉球与福州相隔万里，航程遥远，途中无可停靠船只的港口。因此，历次册封琉球使臣驻留福州时都十分注重造船技术及随行驾船人员的选派。闽江口暗礁众多且深浅不一，建造册封舟的技术要求很高。册封舟一般由漳州的船匠负责建造，使其坚固耐抵风浪；由福州的船匠负责设计，使其规格式样适于远航；还选择福州当地的船工驾驶船只，以顺利通过闽江口水道。明清册封使臣的记录中，都对人员的选用作了详细记载，许多随行人员在航程中发挥了重大作用，保障了册封活动的顺利进行。

与此同时，琉球国也大量派遣使团前往中国朝贡和开展贸易活动，闽安镇五虎门是琉球国贡船、商船航行中国大陆的首站口岸。据史料记载，琉球国进贡船进入福建沿海后，须泊于闽安镇亭头怡山边的邢港候检，初步审验由闽安镇巡检司官员负责，同时派遣军士在江港一带巡逻防范。随后，各相关部门官员前往审查进贡船的真伪，对琉球国的符文执照进行查验、备抄。验船完毕后，相关人员命令匠人将船舱加固密封，由军士护送驶入福州内港，进港后再经三司验封、过驳和会盘三道手续，确认无误后将货物贮存至进贡厂，琉球使者则入住福州城水部门外的柔远驿，经福州官员通报京师后，择期取道进京。

琉球群岛资源贫乏，当时主要通过对明朝的朝贡和贸易来发展商业经济，因而总以各种名义遣使中国，如进贡、接贡、庆贺进香、谢恩、报丧、请封、接封等，仅康熙年间，琉球就派遣使团38次。琉球使团通常由100～200人组成，抵达福州后，均被安排在柔远驿，除正副使臣一行20人左右北上进京外，使团其余成员留在福州从事贸易活动及学习各种技艺。明、清政府对琉球国朝贡均实行免税政策，凡琉球国进贡货物一概免征关税。政府赏赐给琉球国的给价银也可用于合法的民间贸易。除部分随贡物运至北京外，滞留福州的琉球人可在市舶司官员的监督下，将余下货物在福州进行贸易。琉球贡船在闽安镇停留等待接贡期间，当地民众与朝贡者及船员之间也多有交易。琉球输入货物种类繁多，有手工业品、医药、香料、矿产、海产和纺织品等，运走的货物则是陶瓷、漆器、丝绸等。中琉双方贸易弥补了明代海禁时期福建与朝鲜、日本及东南亚诸国经济往来的不足，促进了福建商品市场的繁荣，提升了福州港的国际声誉。

琉球使团除了朝贡和贸易，还随带琉球留学生在中国求学。入北京、南京国子监的琉球留学生被称作“官生”，留闽的被称为“勤学生”。勤学生通常在福州琉球馆求师业，读书习礼，或学习各种专业生产技术。明清时期，琉球人在福建学习的专业技能，大到石雕、造船，小至制泥、制墨，琉球人不仅掌握了诸多行业的手工技艺，并且在模仿学习的基础上加以创新。如1667年，琉球人陆得先在福州学习漆器制作，回国后广为传播，以琉球特产的生漆原料和夜光蝾螺，创新制作出了琉球漆器，成为皇室珍品。

◎ 琉球漆器

知识链接

福州传统技艺在琉球的传播

琉球国土地贫瘠，农业生产较为落后，粮食比较缺乏。1605 年，琉球总官野国在福州学会了番薯栽培技术，回国后大力推广番薯种植。1695 年，留学生翁自道来福州学习不同品种番薯的栽培方法。之后，番薯便成为琉球的主粮之一，极大地解决了琉球居民的口粮问题。其他农作物品种也在这一时期陆续传入琉球，如山药、冬瓜等，粮食与多种经济作物的丰富使琉球国民免除饥饿的威胁，提高了国民生活水平。

琉球的许多手工技术也师承福州。1659 年，琉球人国吉尝奉国王之命前往福州学习织缎技术，归国后推广，琉球纺织工艺得到飞速发展，到 1719 年徐葆光出使琉球时，当地已是“家家有织机，无女不能织”，市场上陈列着品种齐全的织布，如琉球蕉布、绸布、棉布、丝布、麻布等。1736 年，琉球人向得礼专程到福建学习绸缎纱绫的机织法，使琉球纺织产品种类继续向多元化发展。琉球印染业也随之兴盛，并形成其独有的印染方法。

明代，善操舟的航海者“闽人三十六姓”移居琉球，传播了造船航海等技艺，增强了琉球国的航海力量，促进了其朝贡和贸易的顺利进行。“闽人三十六姓”中多有闽安镇及福州河口周边的人。“闽人三十六姓”到琉球后，在那霸港附近的浮岛上建立了一个自己独立的村落，这个村落最早被称为“唐营”或“唐荣”，俗称“久米村”。由于通晓汉文，熟悉中国礼仪，同时还掌握了比较先进的航海技术，“闽人三十六姓”在琉球居于重要的社会地位，“赐闽人三十六姓，知书者授大夫、长史，以为贡谢之司；习海者授通事、总管，为指南之备”，[①]“闽人三十六姓”居民的后裔又多被琉球王以官生的身份派送至明清国子监留学，或以勤学生的名义到福州拜师学艺，他们学成归国后，则肩负起中琉外交的职责，成为与国王关系亲近的特权阶级。在“闽人三十六姓”及后续民间移民的帮助下，琉球造船航海业迅速发展，也极大地促进了琉球国的对外交往。除了有贡

① 读过书的授予大夫、长史之职，让他们掌管进贡答谢的事务；熟习海洋的授予通事、总管之职，让他们为海上航行指路。

船、商船等来往于中琉之间外，琉球与东南亚诸国的贸易往来也十分频繁，以海舶行商为业，成为“以舟楫为万国之津梁”的贸易中转国。

明清时期，我国与琉球之间的封贡活动使福州的文化技术在琉球得到传播，推动了琉球社会文化的发展，也缔结了两地的友谊，在福州的对外交往史上留下佳话。1875年，日本强令琉球国停止对清政府的朝贡，并于1879年将琉球强行并入日本，设冲绳县，琉球国覆亡，中琉就此断交。1981年，福州与冲绳（琉球的那霸市）结为友好城市，为两地间的友好交往史续写了新的篇章。

茶港瓷都

在海上丝绸之路漫长的历史中，经由福州港这个控海咽喉，丝绸、瓷器、茶叶等大宗物品远销海外。晚清时期，福州口岸的茶出口更是达到了海丝贸易的高峰，对中国与世界经济产生巨大的影响。

经由福州港出口的茶品主要是福建所产的武夷红茶和茉莉花茶。受饮茶习俗的影响，武夷红茶一直受到以英国为代表的西欧市场的青睐。武夷

◎ 武夷山梯田茶园

茶产于福建武夷山地区，在五口通商之前，主要通过陆路及河运，翻山越岭，舟车川流，南下至广州，再越洋过海至欧洲、美洲、大洋洲等地区，历时近一年。五口通商之后，福州港是距武夷山最近的海港，在晚清相当长的一段时期内，也是武夷茶唯一的海路出口口岸。

从福州出口的武夷茶多以帆船载运，远渡重洋，若航程不顺，可能导致茶叶霉变。因此，英国人设立了运茶竞赛，以马尾港罗星塔为起点，每年最早抵达伦敦的运茶船，其所载武夷茶以最高的价格出售。这项竞赛持续了 12 年之久，其中最快的航程纪录为 89 天，还因此衍生出一种两支桅杆、吃水较浅的快剪船。1866 年初，著名的快剪船“羚羊”号和“梯平”号之间进行了一次壮观的比赛，整个航行持续了近百天，最终“梯平”号超过“羚羊”号，先期抵达伦敦码头，到岸时它们之间仅相差约 16 千米。一般商船至少需半年的水上航行时间，而这次航行只花费了三个多月，可见茶叶贸易竞争对航海技术的巨大推进作用。罗星塔从此在海丝历史上留下特殊印迹。

◎ 快剪船

在福州港出口的茶叶中，还有来自福州本地自产的茉莉花茶。据汉朝史书记载，茉莉花起源于古罗马帝国，汉朝时通过海上丝绸之路传到古波斯、古印度，成为佛教圣花，后又传到福州。宋朝时，中国兴起了以香入茶的热潮。在古代，香是保健品，是药引，茶是药，能够解百毒。福州茉莉花茶将茶叶和茉莉鲜花进行拼和、窨制，使茶叶吸收花香，茶香与茉莉花香交融，有“窨得茉莉无上味，列作人间第一香”的美誉。

福州地处东南沿海，属海洋性亚热带季风气候，闽江穿城而过，城外群山环绕，是典型的河口盆地。福州市区四周的山峰海拔多在 600～1 000 米之间，日照短，多云雾，利于种茶。盆地中心的冲积平原为沙壤土，肥力高，水分足，扦插茉莉易成活且花品好，其单瓣茉莉为福州所独有，且具独特清香。福州历史上形成了“山丘栽茶树，沿河种茉莉”的种植格局。

福州茉莉花茶源于宋，成于明，盛于清，是我国著名的香茶之一。宋代许多史料都记载了福州茉莉花茶采摘、制作、品赏的全过程。自明代

◎ 制作茉莉花茶

起，茉莉花茶成为朝廷贡茶的精品，还随郑和下西洋的船队输往东南亚、阿拉伯和非洲等地区。清咸丰年间，福州茉莉花茶作为皇家贡茶，开始进行大规模生产。

五口通商后，外国商人先后来福州开洋行，茉莉花茶开始畅销欧美和南洋等地区。据统计，在福州当时的茶叶对外贸易中，茉莉花茶最为畅销。19 世纪中叶到 20 世纪 30 年代是福州茉莉花茶生产的鼎盛时期，福州成为全国窨制花茶的中心。1872 年，俄国人引进机械，在福州泛船浦开办阜昌茶厂，大量生产花茶出口。阜昌茶厂是第一家以蒸汽为动力的机械制茶厂，福州成为中国历史上最早的机械制茶区。据不完全统计，1900 年至 1931 年福州城内经营茉莉花茶生意的省内外茶商有 80 余家，1933 年福州茉莉花茶产量增至 7 500 吨，成为中国销量最大的茶叶品种。抗日战争爆发后，福州茉莉花茶输出量有所降低，1941 年至 1942 年，日本侵略者两次占领福州，福州茶叶企业积极响应政府号召，拒绝生产花茶销往日本，甚至把船沉在闽江口，阻碍日本舰队进犯。

作为福州的水上门户、军商要港，清代末期的马尾云集了大批的外国商人和海员。在饮茶和出口需求的驱动下，当地茶农利用“天时地利人和”的条件积极种茶。茶山位于双溪里，与鼓山岃崱峰对峙，远眺可望海，因其出产的茶大多销往海外，后被命名为“茶洋山”。

基于闽江口茶路的畅通，福州成为世界性港口，马尾罗星塔下，最多时云集了 150 多艘来自海外的运茶船。至 1860 年，福州茶叶出口量超 1 800 吨，居全国茶叶输出首位，占全国茶叶出口总额的 35%，福州跻身中国三大茶市之一，也是其中唯一的海港城市。福州因茶市而迅速繁荣，据《申报》记载：“福州之南台地方，为省会精华之区，洋行茶行，密如栉比。其买办多广东人，自道咸以来，操是术者，皆起家巨万。”南台地区是茶叶交易的主要场所，但大货轮一般无法逆流而上到达南台载货，只能停在马尾港里等候小驳船把货物运来重新上货，福州的贸易功能实际上延伸到了马尾港，南台地区和马尾港共同成为这一时期福州的商贸中心。

知识链接

茶港春秋

五口通商时期，福州被迫作为开埠港口之一。福州早期的茶叶贸易并不兴旺，一是因为福州战略地位的特殊性，清政府担心大量外商涌入难以掌控，因而对福州外贸加以限制；二是因为与其他开放港埠相比，福州港内暗礁众多，航道凶险，海盗猖獗，不如广州、上海等地安全。

1851 年，太平天国运动爆发，武夷山通往广州、上海的茶叶运输受阻。外商经考察发现，往武夷山收购茶叶，由武夷山下村镇装运，顺闽江而下，仅用 4 天便可运抵福州，随后即可出海。航运技术的发展也减少了闽江航道的风险，福州逐渐成为重要的外贸茶港。

19 世纪 80 年代后期，受国际市场上印度茶、日本茶、锡兰茶等冲击，加上福建茶叶在生产和经营上存在问题，福州的茶叶贸易额滑坡式下降，福州茶港逐渐沉寂。

茶港的兴起还对福州的对外交流、文化、生活等方面产生了巨大的影响。法国、荷兰、葡萄牙、丹麦、瑞典、挪威、德国等先后在福州派驻领事，以保护其在榕城的经济利益。1861 年，英国正式在福州设立海关，关址设在临江的泛船浦，开始了它对福州海上贸易长达几十年的管辖。闽江两岸建起了许多外国商行或公司，它们都是大洋行、大公司及海关总署和邮政局在本地的分支机构，福州的国际影响力空前高涨。

近代福州文教事业的发展也起步于这一时期。茶税带来的收入支持了船政的建立和发展，船政学堂培养出了中国第一批造船、航海以及其他相关行业的人才，对中国近代军事、外交、翻译、教育等事业的发展起到了积极的作用，对推动近代社会的发展、促进中西文化交流以及传播近代思想观念等都产生了深远的影响。同时，美、英等国引进近代学校教育模式，开设新课程、扩大教育内容，在福州开办了多所教会学校、女子学堂等，成为西学东渐的桥梁。在近代思潮的影响下，福州的书报业发展也走在了国内城市的前列，出现了多家报刊，或宣传革新，或倡导进步，对于开阔民众视野、启迪民智和传播文化都起到了重要作用。

◎ 怀安古接官道遗址

茶叶的出口需求也带动了用于盛茶、储茶的陶瓷器具的大量出口和茶文化的传播。南朝至元代，福州代表性的窑址就有闽清的义窑、连江的浦口窑、福清的东张窑、晋安区洪塘乡淮安村的怀安窑和北峰的宦溪窑等。这些窑场所烧造的陶瓷，远销日本、韩国和东南亚地区，是福州海上丝绸之路贸易重要的陶瓷生产基地和陶瓷供货地。

位于福州南台岛西北的怀安窑，是目前福建考古发掘中发现的最早的窑址之一。怀安窑以青釉瓷为主，吸取越窑、长沙窑的装饰特点，在日本博多、泰国南部安达曼海岸、文莱、越南会安等港口都曾大量出土。怀安村北侧的接官道（古渡），是元代以前海外货物与闽江上下游货物经福州转运的重要码头。

与怀安窑遗址相隔不远的另一个重要古窑址——洪塘窑，是福州宋元时期陶瓷器的重要产地，主要出产细泥胎质、外表施酱褐釉、薄胎轻巧的小陶罐。这种茶器在日本茶道中被称为“唐物茶入”，茶入即茶罐，主要用于盛放研磨细腻的茶末，是日本中世时期最受茶人、权势阶层珍重的茶道具。日本传世的唐物茶入大多是洪塘窑的作品，通常配置象牙盖和用丝绸或锦缎制作的锦囊，放置在雕漆箱中，并配有讲究的木盒，有的木盒上还附有名人的墨书，充分体现我国茶礼与日本茶文化之间的历史渊源。

◎ 唐物茶入

在新时代的海丝贸易中，我国现代的对外交流往来日益繁盛，马尾港也依托自身综合交通运输的优势快速发展冷链物流业。目前，马尾已形成辐射全国的冷链物流配送网络，拥有全球最大的远洋渔业捕捞船队、全国最大的水产品市场海峡水产品交易中心、国内唯一面向海外的水产品交易机构中国·东盟海产品交易所，并在非洲海域建成我国在海外占地面积最大的渔业基地。马尾港还拥有完整的水产品产业链，中等以上规模水产品加工企业超30家，不断拓宽水产品加工的广度和深度，冷藏设施连片布局、储存量大，冷库库容约占全市总量的70%、全省总量的25%。来源广泛、种类丰富的水产品，完善的基础设施，强大的加工能力及便利的运输

◎ 海峡水产品交易中心全景

条件，使马尾入选2020年国家骨干冷链物流基地建设名单，推进马尾冷链物流基地继续打造最大的海丝水产品商贸流通枢纽平台，成为衔接“一带一路”沿线国家和地区的国际冷链物流枢纽。

福州，将继续以海丝为牵引，放大海丝核心区、自贸试验区等多区叠加的整体效应，主动融入“一带一路”建设，打造21世纪海上丝绸之路战略支点城市。马尾作为海丝的枢纽之一，也将发挥当前“八区叠加”的制度优势，先行先试，制度创新，发挥海丝核心区建设的龙头引领作用，提升福州海丝经济文化交流枢纽的地位和功能。

第二节 海丝考察

研学目标

1. 考察福州海丝历史遗迹，结合海丝历史，探究海丝贸易对区际交流、区域发展的影响，培育家国情怀。
2. 运用资料查阅、实地考察等方式，探究影响福州对外贸易发展的主要因素，培养实践能力和科学思维。
3. 以 21 世纪海上丝绸之路战略支点城市建设为主题，为福州市及马尾区的发展建言献策，设计规划方案，培养战略发展眼光。

研学线路一 上下杭—柔远驿—河口万寿桥

实践点 台江

考察点① 上下杭

福州市台江区的上杭路和下杭路及其附近街区，俗称“双杭”，指的是从小桥头到大庙路之间的两条平行的横街。

上下杭在 1 000 年前是闽江沿岸的冲积沙滩，是船只靠泊的天然码头，上下杭的“杭”是福州话“航”的音衍化。自唐宋以来，上下杭街区便与三捷河、济南河等在市区并行，这些内河又与闽江相通，交织成网，水陆交通十分便捷，上下杭也逐渐成为闽江上下游货物集散的枢纽，呈现一派商贾云集、行栈林立的繁华景象。五口通商后，福州正式开埠，各地商帮纷纷在上下杭及苍霞洲一带建立商行、会馆，来自省内各地的商品汇集上下杭，而后又从这里运销全国以及东南亚地区，经营的商品达数百种，成为海上丝绸之路的重要港口。

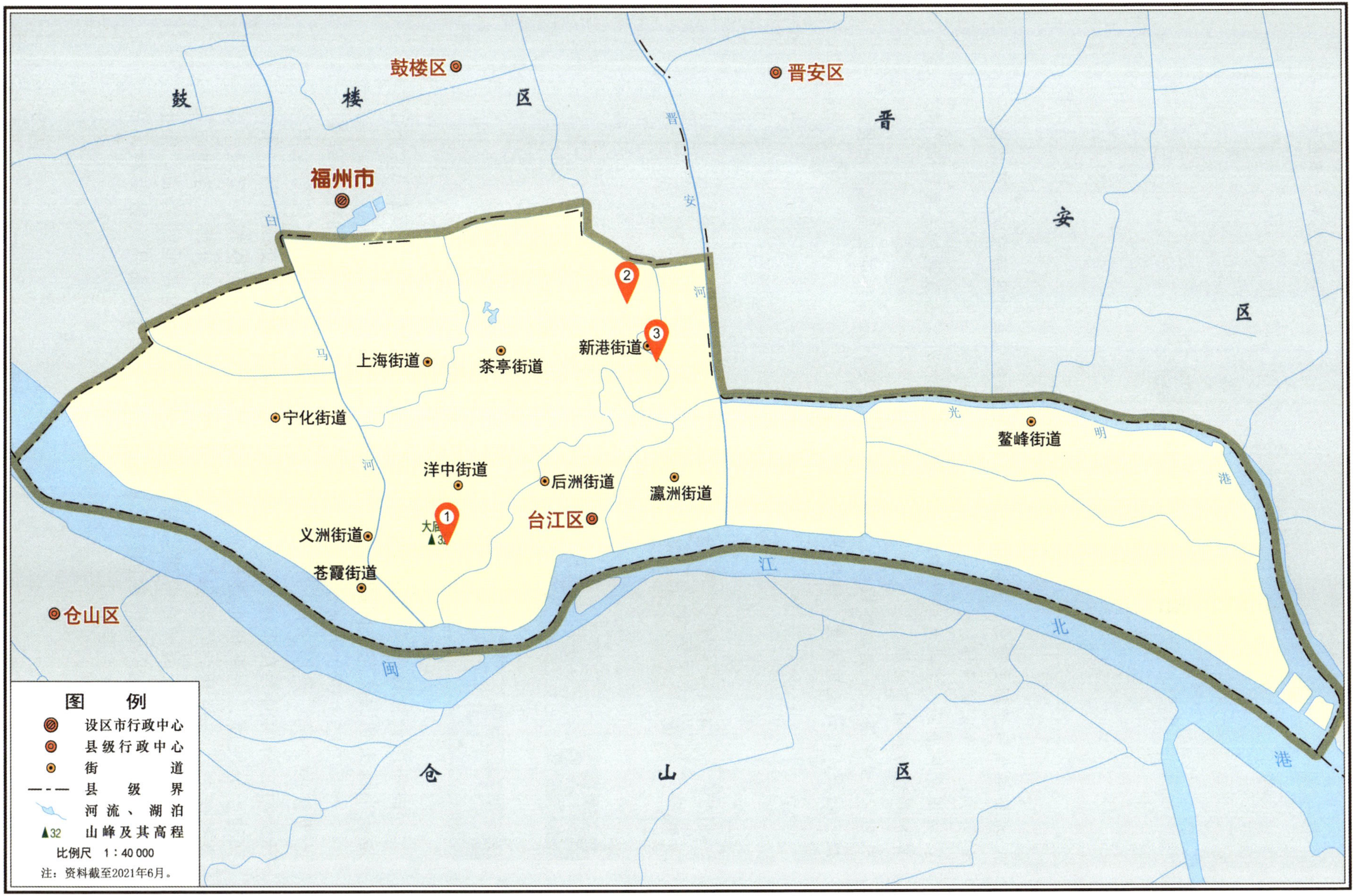

审图号：闽S[2021]72号

◎ 台江区地图

任务清单

小学

1. 上下杭街区中有多处会馆、商会和行会的遗址，它们见证了门户开放后港埠地区的商业生活。分小组找一找上下杭街区有多少会馆遗址，比一比哪个小组找得多。

2. 访谈游客：您喜欢现在的上下杭吗？为什么？结合收集到的意见，大家议一议上下杭还有哪些需要改进的地方。

3. 考察上下杭街区的卫生环境状况，观察商家和游客是否存在破坏卫生环境的行为，针对考察情况写一份主题为“爱护旅游街区环境”的倡议书，并张贴在合适的位置。

◎ 上下杭街区

· 初中 ·

1. 上下杭街区中有多处会馆、商会和行会的遗址，它们见证了门户开放后港埠地区的商业生活。请找到以下几个上下杭重要古迹或遗迹的位置，并在“上下杭区域空白示意图”上标注其大致位置。

星安桥　　张真君祖庙　　三通桥　　采峰别墅　　福州商务总会

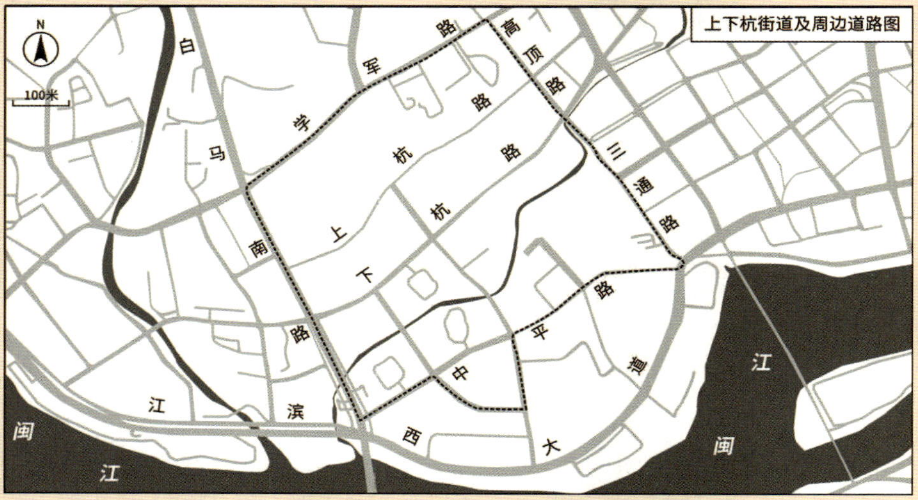

◎ 上下杭区域空白示意图

2. 上下杭街区保留了大量明清至民国时期的历史建筑，受西方文化的影响，部分居民和工匠将不同风格的建筑巧妙和谐地融合在一起，形成一种“洋式脸面”“传统里子”的建筑特征。请寻找并拍照说明上下杭历史建筑的这种特征。

3. 为福州海丝文化遗产的代表——上下杭设计一份海丝宣传名片。

· 高中 ·

1. 思考：如今的上下杭还能恢复以往舟楫林立的景象吗？试在实地寻找相关素材，撰写一篇图文并茂的文章加以说明。

2. 访谈游客：上下杭街区还在持续开发中，您对此有什么建议吗？整理访谈意见并结合个人思考，写一份上下杭街区开发建议书。

3. 小组合作，收集素材，设计文案，拍摄制作主题为“福州海丝历史”的系列宣传视频之上下杭篇。

考察点② 柔远驿

柔远驿是海上丝绸之路和中琉交往的历史见证，是琉球贡使、商人和船员等到福州后，安排食宿的地方。“柔远”一词取自《尚书·舜典》中的“柔远能迩”，寓意“优待远人，以示朝廷怀柔之意”。

柔远驿历经1668年重建以及数次修缮，于1992年再次被修复后，辟为福州对外友好关系史馆，馆址在原址大门的西侧，仅为原柔远驿建筑的一小部分。史馆主建筑为穿斗式杉木结构的双层楼房，占地面积约600平方米，馆内陈列各种中琉关系史的相关文物和其他展品，现为福建省级文物保护单位。

◎ 柔远驿

任务清单

·小学·

1. 参观福州对外友好关系史馆（柔远驿），找一找“柔远驿”名称的含义和由来，将其写成一段小故事，向自己的亲友介绍。

2. 根据讲解员的介绍，结合展厅的相关材料，分小组排演一小段情景剧，模拟历史上琉球使臣到达福州后的一系列活动。

3. 馆区内部有多处电子互动设备，你觉得哪些内容和形式设计较好，为什么？把你的想法写下来交给馆区工作人员。

· 初中 ·

1. 参观福州对外友好关系史馆（柔远驿），找一找它在历史上的主要功能，并分小组合作绘制一本图文并茂的小画册加以说明。

2. 第一展厅中展出了一幅历史上的柔远驿和贡厂建筑内部的布局示意图，结合史料，将其绘制成建筑平面图，比一比谁绘制得更加合理和准确，并说明理由。

3. 为福州海丝文化遗产的代表——柔远驿设计一份海丝宣传名片。

· 高中 ·

1. 参观福州对外友好关系史馆（柔远驿）的第二展厅，了解我国历史上对琉球国的文化影响，选择你感兴趣的方面，查找相关资料并制作成演示文档在班级进行交流。

2. 你认为我国明清两朝实行的“海禁”政策是否符合当时的国情和发展需求，为什么？如与同学的看法不同，可开展一场辩论赛，进行辩论。

3. 小组合作，收集素材，设计文案，拍摄制作主题为“福州海丝历史”的系列宣传视频之柔远驿篇。

考察点③ 河口万寿桥

河口万寿桥，又称“尚公桥”，位于福州市台江区新港街道万寿路。

此处原为万寿乡的一个渡口，俗称“河口渡”。由于河口渡狭窄、船小，竞渡者众，时有覆船事件发生。1668 年，鼓山涌泉寺方丈道霈为便利行旅，决定在渡口处建造石桥，并将建桥工程交予僧人成源主持。僧人成源募缘白银 2 000 两建桥，历时一年多建成。

万寿桥是石构平梁桥，全长约 35 米，宽 3 米。二墩三孔，桥东西各有石阶 10 级，桥中段高出 1 尺[①] 多，以便桥下船只通航。桥下作为福州内港，船只可从闽江直达西湖。1670 年，道霈方丈的《河口万寿桥记》刻在石碑上，嵌于桥边万寿庵左侧墙上，现石碑已移藏于山石碑廊。

① 1 尺约为 0.33 米。

◎ 河口万寿桥

明清时期，琉球王国使臣的贡船，必先停泊河口万寿桥而后登陆，人员入住附近的琉球馆，万寿桥作为进贡厂遗址的标志，是中琉关系史的重要史迹之一。

任务清单

·小学·

1. 数一数整座桥大约由多少条石梁组成，分小组合作用小木条制作一个万寿桥模型。

2. 选择一个角度给万寿桥拍一张照片或者画一幅简笔画，注意突出桥型的特别之处。

3. 打铁港公园是福州典型的串珠式公园，它是一种以内河沿岸步道和绿带为“串”，以有条件、可拓展的块状绿地为“珠”，串绿成线、串珠成链建设的公园绿地。设计访谈问题，访谈在公园游览休闲的游客和居民，了解他们对公园建设的感受和建议，将访谈结果整理成一份报告。

· 初中 ·

1. 万寿桥的修建是依靠潮水的涨退完成的，猜一猜古人是如何借助水流的力量建成石桥的，查阅资料或设计实验验证自己的猜想。

2. 访谈打铁港公园的工作人员、游客及附近居民，了解万寿桥及周边地区的历史变迁，设计访谈计划，做好访谈笔记，根据访谈内容自定主题完成一份访谈报告。

3. 为福州海丝文化遗产的代表——河口万寿桥设计一份海丝宣传名片。

· 高中 ·

1. 观察万寿桥的桥墩形状，思考其中的设计原理，和同学们一起做个模拟实验验证一下自己的猜想。

2. 小组合作，收集素材，设计文案，拍摄制作主题为“福州海丝历史”的系列宣传小视频之河口万寿桥篇。

3. 假设你是福州市人大代表，考察福州地区以万寿桥为例的海丝文物保护现状，为福州海丝文物遗迹的保护与开发提出合理建议，并形成一份议案。

研学线路二 烟台山—泛船浦

实践点 仓山

考察点① 烟台山

烟台山近代建筑群，位于仓山区烟台山，由乐群楼、美国领事馆、俄国领事馆、汇丰银行福州分行、英华中学美志楼、英华中学小礼堂、私立协和大学、兰记脱胎漆器店等旧址组成，建于清代至民国年间。2013 年被列为第八批省级文物保护单位。

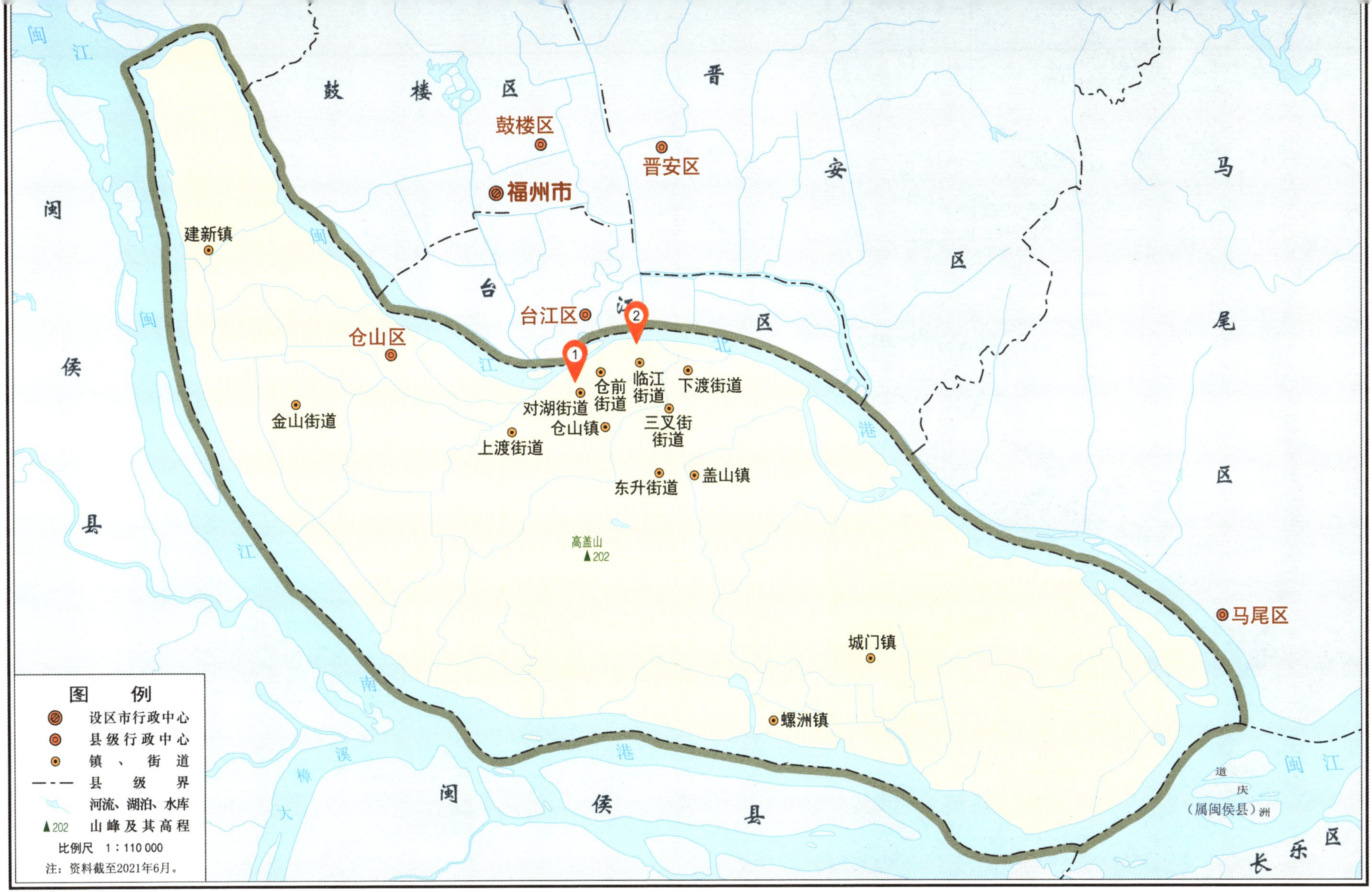

审图号：闽S〔2021〕74号

◎ 仓山区地图

◎ 石厝教堂

鸦片战争后，福州成为通商口岸，英美等国在仓前山设领事馆，外国商人、传教士涌入，开洋行、银行，建教堂、别墅，办学校、医院，仓前山成为洋人聚居区。在这里，人们可以看到哥特式建筑、法国古典主义建筑、文艺复兴建筑等，甚至可以找到古罗马的建筑元素。

任务清单

·小学·

1. 找到烟台山建筑群分布图上的历史建筑，设计路线，分小组在每个景点前拍照留影，完成打卡任务，比一比哪个小组完成得最多最快。

2. 选择一幢建筑，找一找它的窗户、屋顶等建筑细节和中国的传统建筑有哪些不同，看谁找得多。

3. 设计一个烟台山建筑群景点的卡通宣传形象，比一比谁的设计最有趣、最有吸引力。

· 初中 ·

1. 选择你最喜欢的一幢建筑，拍下建筑细节，查阅资料，与同学交流它的建筑特点和发展历史。

2. 结合烟台山近代建筑群改造前的老照片，找一找烟台山建筑群在建筑保护方面采取了哪些措施，讨论这些措施对文物保护和旅游开发的意义，并开展主题班会进行交流。

3. 小组合作，以烟台山建筑群为主题设计一类文创产品（如文具、明信片、挂饰、冰箱贴等），并进行小组间的交流与评比。

4. 为福州海丝文化遗产的代表——烟台山近代建筑群设计一份海丝宣传名片。

· 高中 ·

1. 参观考察美国领事馆旧址，观察其建筑风格，寻找与当地自然环境相适应的建筑设计和细节，用相机记录下来，制作成一份演示文档，在班级交流展示。

2. 对烟台山的现有开发状况进行实地考察，分别选择一项你认为开发合理或不合理的案例，撰写文章或制作演示文档阐述自己的理由。

3. 小组合作，收集素材，设计文案，拍摄制作主题为“福州海丝历史”的系列宣传视频之烟台山近代建筑群篇。

考察点 2 泛船浦

泛船浦旧名“番船浦”，包括今闽江大桥以南，观海路、朝阳路以北地段。古时这里江阔水深，大船可从马尾港直接驶入仓山。1498 年，太监邓元来闽监督船舶时，外国商人向其求购地盘停泊外国船只，邓元将此地许给外国商人开辟新港，称为“番船浦”，福州话“番”与“泛”谐音，后改称“泛船浦”，指广泛停泊中外大小船只的江浦。到明万历年间，泛船浦日渐淤积为洲地，引来居民垦荒、筑宅。

泛船浦天主教堂

1853 年后，随着福州茶叶贸易的兴盛，大量外国商船频繁来往泛船浦。外国商船到了罗星塔水域后，需用小船往返罗星塔和泛船浦之间，带着茶叶到外商大船上，码头岸边的搬运工人则忙着装卸、分类、包装货物。观景路、观海路上人潮涌动、商贩云集，福州古谚语“走马仓前观走马，泛船浦内看番船”描述的便是这样一幅景象。

任务清单

· 小学 ·

1. 泛船浦天主教堂是福建省级文物保护单位。教堂始建于 1864 年，1933 年重建，占地 8 400 平方米，建筑面积 1 253.7 平方米，至今仍为福建最大的天主教堂。请选择合适的角度，给泛船浦大教堂拍一张照片，比一比谁的构图更有创意。

2. 和小伙伴一起讨论一个方案，估算泛船浦天主教堂主体建筑的占地面积，比一比谁的方案更合理、更准确。

3. 今天的泛船浦一带，是闽江南江滨休闲公园的一部分。和小伙伴们一起到公园走一走，找一找公园里有哪些便民设施，用相机拍下来，看谁找得多。

初中

1. 在福州近代地图上找到泛船浦的位置，思考五口通商时期外国商人选择在此处停泊船只的原因。针对外国船只前来开展贸易的情况，如果你是当时的附近居民，你会选择从事何种职业谋生获利，为什么？和同学们交流自己的想法。

2. 中洲岛是位于仓山和台江之间、横亘闽江的一座岛屿，四面闽江环绕，靠解放大桥沟通两岸。请在地图上找到中洲岛的位置，根据它的位置，猜测五口通商时期中洲岛的主要功能，并查阅资料验证你的猜想。

3. 使用地图，估算中洲岛的大致面积，并查阅资料验证自己的估算是否准确。

◎ 中洲岛

◎泛船浦教堂内景

· 高中 ·

1. 结合地图进行实地考察，并搜集相关资料，说明泛船浦地区不再是远洋码头的原因。

2. 实地考察中洲岛目前的开发现状，访谈相关商家，结合个人思考和访谈记录，试提出若干促进中洲岛开发与发展的建议。

3. 小组合作，收集素材，设计文案，拍摄制作主题为“福州海丝历史”的系列宣传视频之泛船浦天主教堂篇。

研学线路三 福工皮具制造局（光神妙坊）—闽王祠

实践点 鼓楼

考察点① 福工皮具制造局（光神妙坊）

髹漆全皮箱制作技艺约始于清顺治末年。当时，福州一家名为“马总铺”的皮具工坊从原本生产战马所使用的马鞍工艺中，衍生出髹漆全皮箱制作工艺，开始制作及销售髹漆全皮箱。鼎盛时期，福州杨桥巷遍布几十家髹漆全皮箱制作店铺。

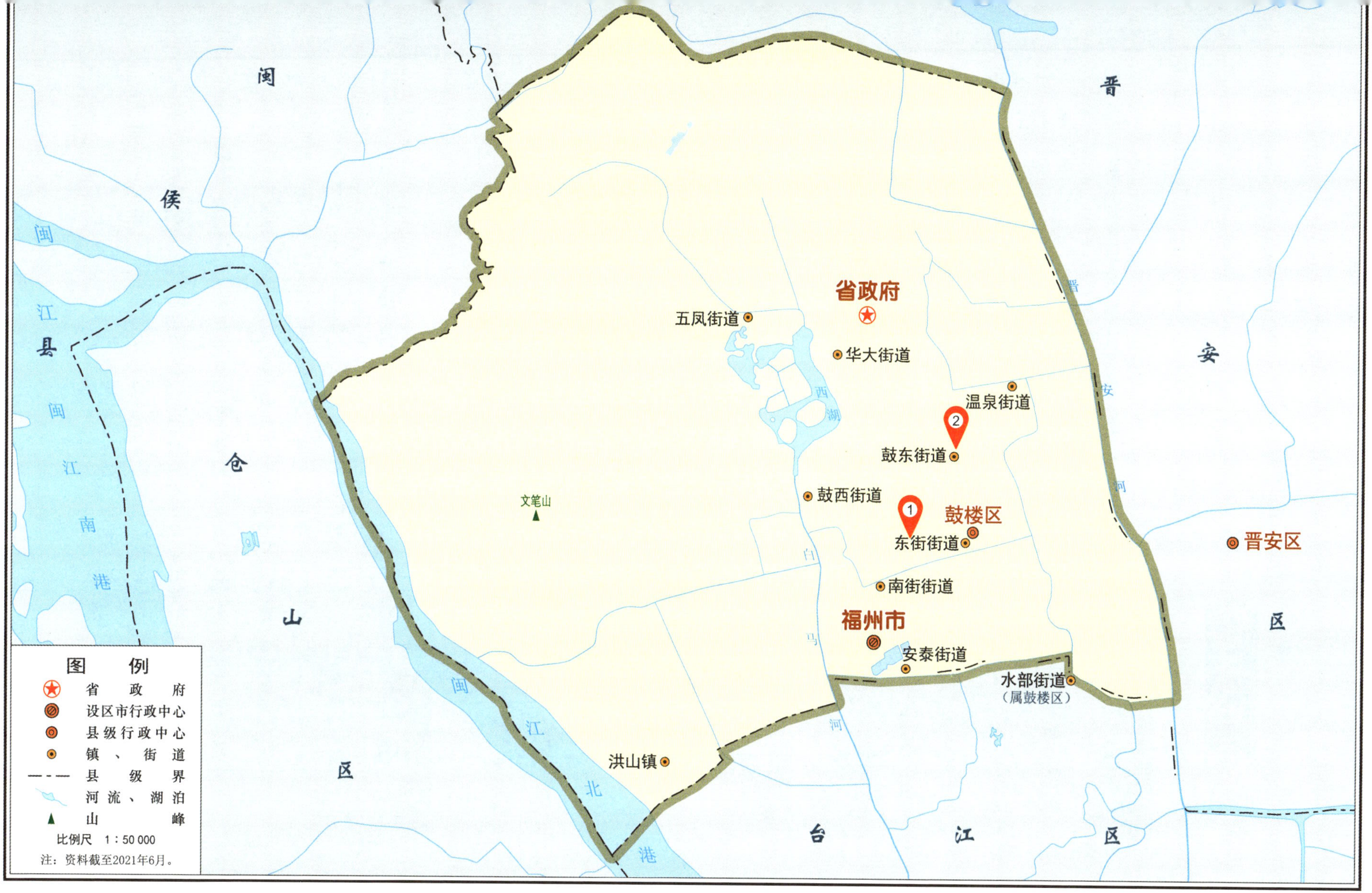

审图号：闽S〔2021〕70号

◎ 鼓楼区地图

任务清单

· 小学 ·

1. 访谈髹漆全皮箱制作技艺的非遗传承人，根据访谈结果，绘制一张髹漆全皮箱结构示意图，标注制作的材料、主要配件等，简要介绍其制作工艺。比一比谁画得有趣、介绍得详细。

2. 皮具制造局中还展示了多种多样的现代皮革制品。访谈商家，了解髹漆全皮箱目前在市场上的销售情况，和小伙伴们议一议这种工艺还可以在哪些领域得到应用，说说你的想法。

· 初中 ·

1. 做一个关于髹漆全皮箱制作技艺非遗传承人的访谈计划，整理访谈记录，撰写一篇关于这项非遗技艺的说明书。

2. 在福州的海丝历史上，商人们大都选用髹漆全皮箱装茶叶，用船运输到东南亚一带，再将皮箱和茶叶分开售卖。结合髹漆全皮箱制作材料及工艺，议一议商人选择用髹漆全皮箱装茶叶的原因。

3. 为福州海丝文化遗产的代表——髹漆全皮箱设计一份海丝宣传名片。

· 高中 ·

1. 征得髹漆全皮箱制作技艺非遗传承人的同意，搜集相关素材，小组合作拍摄并制作一个介绍髹漆全皮箱的小视频。还可以设计、制作一组关于福州非遗技艺传承的系列宣传片，在合适的时候参加相关主题的视频比赛。

2. 小组合作选择合适的材料，设计、制作一个仿制版髹漆全皮箱，并开展评比。

3. 参观三坊七巷中的福州茉莉花茶文化馆，了解福州茉莉花茶的制作工艺和流程，对比我国其他地区的茉莉花茶制作工艺，分析福州茉莉花茶在花茶市场上的优劣势并提出改进的建议，写成分析报告。

考察点② 闽王祠

闽王祠位于庆城路，原为五代十国时期的闽王王审知的故居。王审知是五代闽国的开国君主，自 898 年起接替去世的兄长王潮治理福建近 30 年，对闽国经济文化等方面发展的贡献巨大，被后世称为“开闽王”。

五代王审知及其家族在治闽时期，积极推进与朝鲜、高丽、日本及东南亚、阿拉伯地区进行贸易往来，并不断将海外商贸所得向朝廷进贡。闽王祠内的恩赐琅琊郡王德政碑记载了王审知治闽期间开辟甘棠港、促进福州海外交通、发展对外贸易的史实，是福州作为中国海上丝绸之路肇始地的重要见证。闽王祠于 946 年略加修缮后作为庙祀，以纪念王审知治理闽国时的德政。

闽王祠内的历代碑刻于 1961 年被列为福建省第一批省级文物保护单位。1981 年，闽王祠经修复后，开始对外开放。

◎ 忠懿闽王祠

任务清单

· 小学 ·

1. 参观闽王祠，查阅相关资料，排演一部小话剧，展示闽王王审知开辟甘棠港的历史。

2. 参观闽王祠，查阅相关资料，制作一份闽王祠的宣传海报。

· 初中 ·

1. 五代时期，王审知派人清除闽江水道怪石暗礁，疏通水道，开辟甘棠港，使福州的对外贸易进入繁盛时期。设计模拟实验，说明航道中心的暗礁为何会加大风浪。

2. 选择初中课本中你最喜欢的一篇人物传记，模仿其写作风格，写一篇介绍王审知生平的文章。

3. 为福州海丝文化遗产的代表——闽王祠设计一份海丝宣传名片。

· 高中 ·

1. 王审知为何被称为“闽王”？搜集相关史料，制作一个演示文档加以说明，其中须包含王审知开辟甘棠港的过程和影响。

2. 查找闽王祠中的碑文，选择你最感兴趣的一篇，试着拓印辨识，并将辨认出的文字翻译成白话文。

3. 小组合作，收集素材，设计文案，拍摄制作主题为“福州海丝历史”的系列宣传视频之闽王祠篇。

研学线路四　闽安村—长柄村—凤窝村

实践点　亭江镇

考察点① 闽安村

◎ 闽安村主要海丝遗迹分布图

闽安地处闽江下游北岸，三面环山一面向水，水陆交通较为发达，是亭江进入马尾、福州的南大门，是国家历史文化名村。闽安自古以来就是军事重镇与海上贸易重镇，村内留存迴龙桥、巡检司衙门、贡船浦等海丝遗迹，保存大量唐、宋、元、明、清的文物古迹。

迴龙桥，又名“飞盖桥”“沈公桥”，位于闽安村内，始建于唐朝，是当时内外贸易的重要通道，也是福州海上丝绸之路的标志性建筑。迴龙桥是福建石梁桥的代表，它是福州第一座平梁式石桥，也是福建现存最古老、最长的唐代石梁桥，这种五孔以上的唐桥在中国的建桥史上非常罕见。1991 年，迴龙桥被列为省级文物保护单位。

闽安镇的巡检司是基层行政机构，除了肩负防御边境和保卫地方治安的职能，作为琉球国贡船、商船进入中国的纳税通关口，还承担着对琉球船只货物的清查、护卫等工作。

闽安楼以展示闽安古镇的历史文化为主，布展凸显古镇海防、海丝、戍台等历史元素。展览共分为三层：一层展厅主题为“梦回邢港”，突出闽安海防、戍台等要素；二楼为海丝博物馆，展示闽安作为福州东部天然的水路门户，在海上丝绸之路上的重要地位；三层展示闽安非遗、民俗，重点展览闽安八将舞、板凳龙、肩头戏以及闽安百家姓等。

审图号：闽 S〔2021〕76 号

◎ 马尾区地图

◎ 闽安楼

任务清单

·小学·

1. 迴龙桥是我国最早的多跨伸臂平梁桥之一，是桥梁建筑艺术的瑰宝，查一查什么是“多跨伸臂平梁桥”。

2. 迴龙桥边的贡船浦公园有一座造型奇特的塔楼——龙溪坛，访谈当地居民，了解塔楼修建的时间和设计意义，画一幅简笔画，并作简要说明。

3. 参观闽安巡检司衙门，衙门大堂摆放着我国古代的十八种武器模型。和小伙伴一起猜猜它们各自的名称，不能辨认的可询问工作人员或查阅相关资料。

4. 认真观看闽安楼各楼层的相关展览，选择你最感兴趣的一段历史时期或某一历史事件和人物，查阅相关资料，制作一份主题简报，在班级进行交流。

· 初中 ·

1. 迴龙桥桥面横铺石板，有三十六块石栏，望柱顶雕饰为古桥罕见，但经岁月削蚀，原貌不再。找一找迴龙桥上有多少种雕饰，查阅资料，试将雕饰形貌还原，制作一个介绍其形貌和含义的演示文档。

◎ 巡检司衙门大堂

2. 贡船浦曾是历史上外国贡船入泊待检的渡口，但今天已难见其历史风貌。结合史料和现场考察，分小组制作一份贡船浦历史纪念公园的规划方案。

3. 参观巡检司衙门，结合展馆介绍，撰写一篇介绍历史上巡检司衙门历史背景、发展变化、主要功能和地位的文章。

4. 试为闽安楼拟一副分别带“闽”字和“安”字的藏头对联，体现闽安的今昔变迁，字数不限。开展班级评比，选出含义和形式俱佳的优秀作品。

5. 分别为福州海丝文化遗产的代表——闽安巡检司和迴龙桥设计一份海丝宣传名片。

· 高中 ·

1. 拍摄迴龙桥及附近地形和水域的情况，结合马尾区地图说明其修建的意义。

2. 迴龙桥横跨邢港南北两岸，四墩五孔，船形桥墩，为花岗岩平梁结构。拍摄桥梁结构、全景和细节，制作一份简报，配以文字适当说明。

3. 参观闽安楼，从展览内容中挑选主题，设计和开发展厅电子互动项目，增加展厅的趣味性。

4. 考察闽安村保护和开发的现状，对其古迹保护和旅游开发提几条改进建议。

5. 小组合作，搜集素材，设计文案，拍摄制作主题为“福州海丝历史”的系列宣传视频之迴龙桥篇。

◎ 迴龙桥

考察点② 长柄村

长柄村位于亭江镇东面，其历史悠久，唐代时属闽县合浦里，宋、元时属合浦北里，明万历后改属合北里，旧名“龙柄”，亦称“龙津”。清末民初，长柄村出现最早一批前往东南亚谋生的侨民。他们自行组建船队，拥有近百艘船只，带动附近十三乡村民出国谋生。如今，长柄村侨民人口约占全村总人口的 90%。

◎ 古铁冶场碑记

长柄村古铁冶场曾是福州地区铁矿开采的遗址，占地面积约 6 700 平方米。宋代，这里的采矿业和冶铁技术发达，大量生产军民两用的器具。因与闽安镇（今闽安村）毗邻，所产铁器经水运到闽安镇中转，再销往各地。历史上长柄村还有一座瓷窑，所产多为名品建盏，经由闽安销往东南亚地区，是海上丝绸之路上的重要商品。但窑窟已在清末没落，如今村民把遗址瓷器碎片固定在一小面土墙上，以纪念这一段历史。

任务清单

· 小学 ·

1. 根据长柄村内的路牌指引，找到古铁冶场和古瓷窑两处遗址，并拍照打卡。
2. 采访当地村民并查阅相关资料，了解长柄村村民下南洋的时间、缘由以及所从事的职业等，制作一份简报。

· 初中 ·

1. 找到古瓷窑遗址，观察土墙上留存的瓷器碎片，对比建盏图片，讨论该古窑盛产建盏的原因。

2. 考察长柄村的村容村貌在建设上有何突出之处，拍照收集素材，制作成演示文档进行交流。

3. 为福州海丝文化遗产的代表——长柄村设计一份海丝宣传名片。

· 高中 ·

1. 实地考察，搜集相关素材，就长柄村是否应以古铁冶场和古瓷窑两大遗址为乡村旅游开发重点展开讨论，并提出合理的建议。

2. 访谈村民，搜集素材，结合史料分析华侨对长柄村开发和发展的有利影响。

3. 小组合作，搜集素材，设计文案，拍摄制作主题为“福州海丝历史”的系列宣传视频之长柄村篇。

实践点 琅岐镇

考察点③ 凤窝村

凤窝村位于琅岐岛西北部，历史悠久，文化底蕴深厚，村内留存许多古风遗迹。在凤窝村金牌门南岸有一块巨大的金牌石，附近还留有一片火烧岩，据说是当时开辟甘棠港时留下的遗存。

◎ 凤窝里宋街井

任务清单

小学

1. 走访村民，了解王审知开辟甘棠港的故事，用漫画的方式将其绘制下来。

2. 凤窝村凤窝里街凤山陈氏宗祠北侧有两口古井，宋明时期，南来北往的海船多在此处停泊，汲取这两口古井的泉水饮用。选择合适角度，为两口古井写生，并配以简短的介绍说明。

3. 凤窝村山青林茂，环境清幽，历来有“凤窝八景”的说法来形容当地的八种美景。访谈当地居民，了解“凤窝八景”的具体内容，用照片记录你最感兴趣的一处美景。

初中

1. 在马尾区地图上找到甘棠港的位置，查阅资料，写一篇介绍王审知开辟甘棠港的文章，要求图文并茂。

2. 查阅资料，用图文展示当时的打井过程。

3. 分别为福州海丝文化遗产的代表——甘棠港和凤窝村设计一份海丝宣传名片。

4. 小组合作，完成一份介绍“凤窝八景”的简报，文字和图片材料要求原创。

高中

1. 关于甘棠港的确切位置，历史上有不同说法。查阅资料并结合实地考察，说说你支持哪种说法，为什么？据此写一篇论据清晰、观点鲜明的考据文章。

2. 设计实验，检测古井的水质，结合当地自然条件分析两口古井留存至今的原因。

3. 查阅资料，了解凤窝村在海丝历史上的地位和兴衰历程，分析其发展海上贸易的有利条件及其局限性。

4. 小组合作，搜集素材，设计文案，拍摄制作主题为“福州海丝历史”的系列宣传视频之凤窝村篇。

第十章 新区追梦

除了深厚的船政文化，马尾还是全国物联网产业的“马尾坐标”，你可曾想过我们收取的很多快递都途经闽江口的马尾？马尾还有亚洲最大的水产品交易市场、海丝沿线最大的国际冷链枢纽，你可曾想过世界各地的水产品和贸易多在这里中转？马尾的卫星测控站是东南沿海的前哨监测点，你可曾想过卫星们的正常运行，原来也有马尾的功劳？

“十四五”期间，马尾将以全方位推动高质量发展超越为主题，以改革创新为根本动力，以满足人民日益增长的美好生活需要为根本目的，着力打造创新驱动引领区、先进制造业强区、改革开放前沿区、生态文明示范区与共享发展先行区，构筑“多区叠加”的创新开放新高地，实现产业高质量、民生高品质、生态高颜值、开放高层次发展，推动新时代新马尾建设迈上新台阶、实现新跨越。到2035年，我们将建成经济繁荣、生活富裕、环境优美、人文和谐的现代化新马尾。

你能想象出马尾新区的未来会是怎样的图景吗？

◎ 马尾卫星影像图

第一节 马尾新貌

1991年，时任福州市委书记的习近平同志，提出“马尾的事，特事特办，马上就办，办就办好”，对马尾发展寄予厚望。1992年，他主持编制《福州市20年经济社会发展战略设想》，科学谋划了福州3年、8年、20年经济社会发展的战略目标、步骤、布局、重点等，简称“3820”工程，影响持久深远。

随着福州“东扩南进、沿江向海”发展战略的推进，马尾在深化改革开放和21世纪海上丝绸之路建设中的地位越来越重要。

两区合一

1985年，福建省第一个开发区——福州经济技术开发区在马尾成立，是首批14个国家级经济技术开发区之一。1992年，福州经济技术开发区与马尾区合并，实行“两区合一”的行政管理体制，即政府机构实行“一套人马、两块牌子”，这也是最早且少有的开发区与行政区完全重合的管理模式。

知识链接

经济技术开发区

经济技术开发区既着眼于产业发展规律，又着眼于区域发展规律。特别是在20世纪八九十年代，使不同的产业之间形成互补，突出产业的集聚优势，政府都发挥了较大的作用。进入园区的企业可享受一定的优惠政策，比如优惠提供工业用地和税收减免等。

福州经济技术开发区抓住政策优势，精准发力，领军人才、高新企业、重点项目纷至沓来，“马尾创造”渐成规模。

起初，福州经济技术开发区的基础设施落后。从福州中心城区到马尾虽然只有20多千米，但没有铺装路面，汽车车程要一个多小时，到马尾考察的外商说乘车颠簸得像是骑马。政府想引进外资，但区内一片荒滩泽地，缺电、缺路、缺地。

开发区成立后，经过十多年的开发与建设，马尾区内发生了翻天覆地的变化，交通和供电、供水等基础设施日臻完善。开发区坚持以工业项目为主，以吸引外资为主，以出口创汇为主，致力于发展高新技术产业，外向型经济发展迅猛，合同利用外资年均增长28.8%，工业总产值年均增长39.3%，出口总值年均增长49.2%，日本、韩国、美国、新加坡等几十个国家和中国台湾、香港地区的投资商纷至沓来，逐步形成了拥有电子信息、食品加工、水产饲料、造船等企业集群的现代化工业新区。

福州经济技术开发区的主要特色和发展重点是“对台”“高新产业”和“港口”。

◎“两马”同春闹元宵

深化对台交流。“十三五”期间，马尾区累计引进外资项目651项，注册外资321亿元，成为福州市外资最集中的区域。马尾区在全国首创“台湾社工引进和服务机制”，新开辟马尾港至台湾海运直航邮路，海峡青年节、“两马”同春闹元宵等品牌活动的影响力持续提升，对台交流领域持续拓宽。

产业提质增效。“十三五”期间，先进制造业和高新技术产业产值分别占规上工业产值的50.6%和35.2%，战略性新兴产业产值占规上工业产值的45.5%，居全市第二，培育形成了1个超千亿、1个超五百亿和2个超两百亿的产业集群，主导产业持续做大做强。全社会研究与试验发展经费投入总量年均增长11.7%，拥有国家企业技术中心4家、高新技术企业127家，院士工作站从2家增加至10家，数量居全市第一，创新活力不断迸发。三大产业结构愈发合理，实现做精第一产业、做优第二产业、做强第三产业，经济发展取得质的跃升。

新区创新

福州处于21世纪海上丝绸之路核心区枢纽城市、国家生态文明试验区、中国（福建）自由贸易试验区、福州新区、福厦泉国家自主创新示范区、海洋经济发展示范区、国家城乡融合发展试验区（福州东部片区）、国际医疗综合实验区等“八区叠加”的核心位置，马尾也进入建设发展快车道。

2015年，国务院批复同意设立福州新区，初期规划范围包括马尾区、仓山区、长乐市（今长乐区）及福清市部分区域的福州市滨海地区，规划面积800平方千米。马尾区地处闽江北岸，沿闽江航道从滨江到滨海，是连接滨海新城与老城区的重要枢纽，成为“大福州”拓展版图的必经区域。马尾区优越的区位条件、秀美的生态环境、坚实的产业基础、完善的港口设施、深厚的文化底蕴，在“八区叠加”建设拓展和海峡两岸交流合作中优势凸显。

知识链接

国家级新区

国家级新区主要是行政区划调整的一种措施，由中央政府批准设立并拥有相应的配套政策。新区的地理范围比较小，通常是一个市内的某一个区域。国家级新区的布局会更多考虑怎样通过新区的建设带动区域的发展，成为一个区域的增长极，影响整个区域的发展态势，形成辐射效应。

设立并建设好福州新区，是实施国家区域发展总体战略、贯彻落实国家支持福建省经济社会发展一系列重大政策的重要举措。这将实现在更高起点、更广范围、更宽领域内推进海峡两岸交流合作，推动福建积极参与、全面融入“一带一路”倡议，努力培育新的经济增长极、与平潭综合实验区实现一体化发展。福州新区建设要坚持生态优先、科学开发，以深化海峡两岸交流合作为主线，坚持开放合作、改革创新。

福州新区建设战略规划为“三区一门户一基地”。“三区”之一是两岸交流合作重要承载区。福州新区要先行先试，构建两岸对接的前沿平台。创新对台合作政策机制，要发挥闽江口“两马”中马尾的区位优势，深化与台湾经济、社会、文化的深度融合，使两岸交流合作纵深发展。“三区”之二是改革创新示范区。深入贯彻落实创新驱动发展战略，加快制订新区创新发展的顶层设计，提升区域创新能力。探索落实各项创新驱动的改革举措，吸引创新型人才，促进科技成果转化，建立利益分配激励机制等，发挥新区示范带动作用。创造城乡一体化发展新模式，创新电子化企业登记制度改革，打造更加市场化、法治化、国际化的公平、统一、高效的营商环境，总结推广马尾“两区合一”以来先行先试的改革开放经验。“三区”之三是生态文明先行区。构建绿色循环低碳发展模式，在“绿水青山就是金山银山”理念的指导下，优化国土空间的开发格局，推动城镇化绿色发展。强化生态文明理念，对现有园区实施循环化改造，重点推进生产与生活系统的循环链接，全面促进资源的节约利用。建立健全生态环境保护管理体制、生态补偿制度和资源有偿使用制度，推进经济社会与自然环境协调发展。“一门户”是扩大对外开放的重要门户。积极参与、主动融入“一带一路”倡议，发挥中国船政文化资源和区位优势，实行高科技造船，成为21世纪海上丝绸之路的“桥头堡”。大力发展开放型经济，探索新形势下对外开放的新模式。积极推动福建省自由贸易试验区建设，形成可复制、可推广的经验，推动开放合作迈出新步伐。“一基地”是东南沿海重要的现代产业基地。加快产业转型升级，着力发展高新技术产业和现代服务业，深度开发利用海洋资源，培育发展海洋新兴产业，壮大临港产业，实现新区建设与产业升级“双轮驱动”、协同推进，打造东南沿海重要的现代产业基地。

“十三五”期间，马尾区综合实力持续增强。地区生产总值、工业增加值、进出口总额等主要经济指标稳步增长，人均地区生产总值22万元，居福建省前列。五年累计完成固定资产投资1 350亿元，出口总额875亿元。

随着改革的持续深化，马尾区主动先行先试，从体制机制创新到产业创新，再到企业创新，成为“自主创新示范区”，探索出一条适合马尾快速发展的新路径。

构建科技创新体系。贯彻科教兴区、人才强区、创新驱动发展战略，以国家自主创新示范区建设为抓手，加快完善区域创新体系。聚集主导产业和新兴产业，加强物联网开放实验室和重大产业创新平台建设，发挥国家级、省级实验室和企业技术中心等平台作用，加强在电子信息、大数据、人工智能、新材料等重点领域的核心技术攻关和重点行业国内国际标准制订，解决行业共性、关键性技术难题。优化创新资源布局，高标准建设光电信息创新实验室等技术创新平台，积极筹建纳米级数字图像传感器工程实验室，形成布局合理、装备先进、开放流动、共建共享、高效运行的实验、研究和开发基地，争取更多重大科技项目落地马尾。

完善科技创新体制。健全科技成果转化机制，鼓励企业与高校院所共建集研究、孵化和产业化于一体的“产学研用”链条，提高科研人员成果转化收益分享比例。鼓励民营企业参与孵化器建设，大力发展众创、众包、众扶、众筹空间，推动“大众创业、万众创新”。强化知识产权创造、运用和保护能力，构建适应产权社会的共治模式，建立健全知识产权涉外风险防控体系、知识产权金融评估体系，加大对知识产权侵权、假冒行为的惩处力度。加大金融对科技创新的支持力度，增强金融对重点产业和关键环节的服务能力。落实研究与试验发展投入稳增计划，探索建立政府引导基金，实施梯度培养和分级扶持，进一步培育、做大新兴产业和优势产业。

优化营商环境。通过制度创新，提升区域创造力和竞争力，优化营商环境，聚集高端产业，完善金融服务，促进要素自由流动。继续深化商事登记制度改革，探索试行商事主体登记确认制度，实现“证照分离”改革全覆盖。

知识链接

商务便利

自贸区落地以来，作为福州片区核心区的马尾区落实了一系列简化企业登记措施，让企业办事更方便。首创的“三证合一、一照一码”登记制度改革，将企业登记时由工商、质监、税务部门分别受理并核发营业执照、组织机构代码证和税务登记证，改为一次申请，由工商部门核发一个加载统一社会信用代码营业执照的登记制度，企业无须再申请办理组织机构代码证和税务登记证。如今，经过多次升级后的“一表申报、一口受理、一照一码”登记制度，让企业和市民办事更便捷、更高效。原本企业注册登记需要近 15 天的时间，如今当天就能拿到营业执照；原本企业注册登记需要跑至少 10 个部门，办至少 7 本证，才算完成企业设立前期的手续，如今最多跑一趟甚至一趟都不用跑，就能办好全部手续；企业提交材料齐全，登记机关自受理之日起 3 个工作日内作出准予或不予登记的决定；企业名称预核准网上办理、简易注销、住所承诺登记制度等，让企业的创业门槛进一步降低，既方便企业办事，又减轻企业负担，省时又省钱。因此，更多优质的企业选择落户马尾。

2019年，马尾区提出实现产业的高质量发展，要抓好“数字马尾”“海上马尾”“平台马尾”建设，重点打造以物联网为核心的先进制造业、以现代渔港为主导的海洋冷链产业、以琅岐文旅和船政文化为重点的滨江滨海休闲文化旅游产业等三大产业。

在“数字马尾”建设方面，坚持以物联网产业为引领，加快实施数字经济领跑行动，至2020年，数字经济规模突破600亿元，年均增速超20%，将马尾努力打造成为“数字中国”战略技术创新高地、产业发展示范区和应用实践样板。

物联网是马尾区的“一号工程”。2021年中国中小城市高质量发展指数研究成果发布，马尾区位列全国科技创新百强区第67位。马尾科技创新的实力增强，主要归功于马尾物联网产业的进一步推动和发展。近年来，马尾区出台多个利好政策，扶持物联网产业发展。2017年《马尾区支持物联网产业发展五条措施》公布，2019年《中国（福州）物联网产业创新发展中心扶持政策》《企业使用华为云服务专项补贴政策》接连出台，不断鼓励优质项目在物联网产业创新发展中心集聚。同时，为了提高招商工作的精准度和效率，马尾区创新“1+N+X”招商机制：“1”是区招商办统筹，负责对外推介、对内派工；“N”是分管区领导和行业主管部门，对行业招商工作进行统筹安排；“X”是镇街、园区负责项目的落地建设服务及后续服务。2020年第一季度马尾“云签约”16个项目，签约金额达226.34亿元。在招商引资和项目落地的过程中，马尾区政府用贴心、暖心、安心的“三心”服务，让项目真正在区内落地生根。

吸引相关企业集聚。物联网创新发展中心建成运营，全区物联网企业185家，物联网核心产值达400亿元；一批工业互联网平台、第三方综合服务平台、供应链等相继落地，多种现代服务业进一步发展，催生新业态、新规模。

知识链接

物联网开放实验室

位于马尾的中国·福州物联网产业创新发展中心是福州市目前最大的物联网综合体，目的是要打造国内最先进的物联网智慧园区。利用窄带物联网、5G等技术，马尾区物联网企业生产的智慧停车、智慧

◎ 中国·福州物联网开放实验室

路灯、智慧井盖等产品，为企业提供人力智能分析、会议室智能预约、新风系统联动、智能停车等一系列智慧服务。

2017年4月，中国·福州物联网开放实验室在马尾区成立，这是全国第一家物联网开放实验室，吸引了各类芯片开发商、设备制造商、应用开发商等上下游企业集聚福州。它提供的新公共服务平台，对接马尾区市政管理处、城市管理局等20多家部门和单位，孵化10余个联合解决方案，致力于物联网技术在政务、民生、产业方面的推广应用，进一步完善马尾区物联网生态。福州市人民政府通过在马尾区落地的福州物联网云计算创新中心，面向福州全市基础公共服务、物联网产业链的上下游企业、高校、园区、创客空间等提供物联网服务，打造云端数据大脑，实现物联网数据加速汇聚、挖掘分析、共享交换、管理应用等功能，加速实现马尾区物联网产业的发展。

近几年，福州启用我国首个30万台规模的窄带物联网水表商用局。繁杂的人工抄表变为无线自动抄表，远传水表在线数据可对管网漏损情况进行实时反馈。在此基础上，中国·福州物联网开放实验室参与开发了智慧水务平台，实现对智慧水表设备的连接管理。实验室根据市场及客户需求研发产品，并反复对其进行功能验证，达到一定成熟度后，将产品和技术打包给合作同伴进行后续开发，实现技术服务、检测认证、企业孵化、人才培训等内容的一体化，致力于降低传统企业数字化转型的成本和风险。

在"'海上福州'马尾区行动"建设方面，重点发展冷链物流、远洋渔业、水产品精深加工、高端海工装备研发制造等海洋产业，加快临港产业转型升级。融入福州海丝国际旅游度假城市建设，全力推进船政文化城、琅岐国际生态旅游岛及"两马"旅游航线建设，加快发展滨江滨海休闲文化旅游产业。

做大海洋产业，就要落实“海上福州”战略，壮大马尾区海洋经济规模。新建并提升冷链项目，促进信息化、智能化发展，创新冷链物流的运营模式，推进冷链产品终端化、标准化、品牌化发展。加快国家骨干冷链物流基地的开发建设，建设低温冷库，引进大型电子交易平台、海洋科技、海洋总部，提升改造海峡水产品交易中心，推动东盟海产品交易平台复牌运作，打造海丝核心区最大的水产品商贸流通枢纽平台，建成衔接“一带一路”的国际冷链枢纽，引领区域冷链集约集聚发展。提升港区开发建设水平，推动马尾港务公司旧码头、东南造船厂码头转型，完善码头的配套设施，引进一批货代、船代、物流、海运、多式联运企业，打造一批远洋渔业专业港、游轮母港等，持续巩固港口优势。扩大贝类、低值鱼类等大宗产品精深加工及综合利用，延伸产业链，推动“一产接二连三”，打造更具竞争力的海洋产业集群。

知识链接

海峡水产批发市场

马尾成为水产集散中心，主要发挥了千年古港、百年船政的区位优势，认真贯彻落实福州市委、市政府关于“海上福州”建设的发展战略，大力发展海洋经济产业，海洋经济已成为马尾支柱产业之一。2019 年，马尾远洋渔获交易、水产品交易规模均居全国第一，马尾成为国内海产品源头价交易地和全国渔获交易地。马尾是全国最大的水产品入境口岸和中国远洋渔业最大的集散地，聚集全国近 1/3 的远洋渔获上岸量，拥有独一无二的东盟海产品交易所，马尾水产年销售额超过 300 亿元，马尾冷链仓储规模达 80 万吨。

在马尾，随着“买全球、卖全球”平台的搭建，过去我们主要从全球买，从 2020 年 5 月开始，全球卖全面启动，出口量逐渐超过进口量。如今，在充分调研的基础上，马尾提出要做足水上文章，打造成为水产品精深加工和创新研发的源头，依托国家远洋渔业基地，全力打造集渔获上岸、精深加工、中央厨房、冷链物流、展示消费、海渔文旅于一体的综合产业基地，同时依托马尾物联网产业、楼宇经济等优势，发展水产线上经济、直播经济、平台经济等，推动水产领域一二三产业融合发展，形成全产业链的海洋产业。打造海洋产业、发展海洋经济、讲好海洋故事，马尾全面吹响“向海进军”的号角。

在“平台马尾”建设方面，充分发挥马尾区现有的资源优势，重点发展物联网、跨境电商、冷链物流、基金等领域的专业化服务平台，构建以平台经济形态为鲜明特征的现代服务业体系。同时借力“三个福州”（数字福州、海上福州、平台福州）建设为产业赋能，为实体经济注入新动力、新活力，努力构建实体经济、科技创新、现代金融、人力资源协同发展的新产业体系。

开启跨境电商。2020 年 4 月 21 日，一批具有福建产业特色的服装、工艺品、电子产品等商品，以跨境电商“1210 保税出口”模式从位于马尾的福州出口加工区申报出区，之后通过空运发往境外消费者的手中。这标志着中国（福州）跨境电子商务综合试验区“1210 保税出口”通关模式正式开通，不仅让跨境电商企业享受入区即退税政策，提高企业资金利用率，降低物流成本，也让“福建制造”销往全球多了一条新通道。

知识链接

跨境电商创新模式

跨境电商是指分属不同关境的交易主体，通过电子商务平台达成交易、进行支付结算，并通过跨境物流送达商品、完成交易的电子商务平台和在线交易平台。

“1210 保税出口”模式也称“工厂电商出口”，是国内企业根据海外市场预期，将商品提前备货进入保税仓库，再在电商平台上架销售、分批出口的模式。过去的电商出口模式没有包含退税业务，而“1210 保税出口”模式整批进、分包裹出，能够实现入区即退税，可减轻生产企业的经营压力，特别适用于生产制造企业“卖全球”的电商货物，对福建外贸出口起到了良好的推动作用。同时，由于货物已在区内保税仓库内，接单后即可由物流公司从保税仓经机场、港口直接配送至海外消费者手中，省去中间环节，让产品售价更低、发货到货更快，增强企业市场的竞争力。除此之外，电商企业通过“1210 保税出口”模式出口的货物，还可以退回保税区进行重新清理、维修、包装后再销售，大大节省仓储成本，降低海外库存风险，缓解企业现金流压力。

除了跨境电商“1210保税出口”通关模式，跨境电商公共管理服务、跨境电商备案全程电子化等多项关检创新举措均已落地实施，一大批知名跨境电商企业纷纷入驻，相关配套设施也不断发展壮大。近年来，该片区业务占福州市跨境电商进口业务的97%以上。

◎ 福州·马尾基金小镇

开展金融创新。马尾区有一张非常闪亮的名片——福州·马尾基金小镇。不到3年的时间里，它实现快速发展，规模超千亿级，成为福建自贸试验区金融创新领域的发展典范。借助福州自贸片区各项优惠政策和良好的区位优势，马尾基金小镇率先探索和实践“基金服务实体经济”的发展模式，打造投融资信息对接服务平台，引导基金投向“独角兽”企业、企业技改项目以及新兴产业等领域，为基金找项目，为企业引资金，推动基金与实体经济融合发展。截至2020年4月，小镇入驻机构投向实体经济的资金已达237亿元，成功打造“基金服务实体经济”的样板。福建省企业技术改造投资基金在福州地区投放11个项目，总签约金额13.2亿元，总投放金额12.8亿元，助力企业技术改造升级；看好国内新能源行业的发展，基金平台协助投资者募资3 000万元设立新公司，从事新能源科技项目研发；签约马尾闽安古镇建设项目，做大文化产业等项目。不仅如此，为推动私募股权投资基金服务地方经济发展，基金小镇还搭建基金与项目的对接平台，举办“创响小镇”产融对接系列活动，有效推动基金与实体企业的融合发展。

马尾基金小镇是福州自贸片区大力开展金融创新的一个缩影，将继续在金融服务实体经济上取得新突破。推动资本项目可兑换、人民币跨境使用等跨境金融业务创新，做大固定资产贷款项下跨境融资、“反向风险参贷”等自贸区特色跨境融资业务的流量。先行探索区块链金融服务业务，推动海峡基金业务综合服务平台落地，串起与基金“募投管退”相关的各类机构与服务，实现对私募基金管理与服务的便利化、平台化、生态化。

创新市场主体。马尾区深化改革激发新活力，建立创新企业培育机制，打造“科技型中小企业—省级高新技术企业—国家级高新技术企业”创新群体。大力培育科技小巨人领军企业，培育一批行业龙头企业、一批拥有自主知识产权和自主品牌的创新企业。引导企业采用新技术、新材料，实施产品升级换代，推进产业价值链从低端迈向中高端。

知识链接

汽车智能充电站

插枪、扫码、充电……一辆新能源汽车只需半小时即可充满电。这种新式充电站除了配备充电桩和供电变压器，还有一个储能柜，这个储能柜相当于新能源汽车的充电宝，用电低谷时存储电能，用电高峰时用于车辆充电，从而降低充电站的运营成本。充电站同时还可以建设一排光伏板，利用太阳能发电。充电站不仅创新集成了电池安全检测功能，而且依托大数据，具备智能调度、能量管理等功能。与普通充电站不同，车主可自主选择电池检测服务，充电后会收到一份电池检测报告。车辆在充电过程中，无需拆卸电池，系统在云端检测电池的使用情况，相当于给电池体检。科技创新为相关企业带来可持续发展的机遇，比如在锂电池系统装备领域已经形成良好品牌知名度的，有望成为国内规模、产量、产值领先的锂电池系统装备提供商。未来还可在新能源汽车、储能发力发展的市场环境和政策推动下，不断做大做强。

◎“光储充检”汽车智能充电站

强化创新型人才集聚。持续开展人才引进等系列活动，实施“闽都英才”培育工程，引进和培养一批技术带头人、科技骨干队伍、高层次经营管理队伍和外向型经营人才。激发人才创新活力，建立政校企“三位一

◎ 福州台湾创业创新创客基地

体”的人才交流机制，聚集产业发展需求，培育高端创新人才和产业实用人才。健全人才服务体系，在快捷落户、人才公寓、资金补助、子女教育等方面提供优质服务保障。

作为两岸经济合作示范区，不断增进闽台合作与交流。福州台湾创业创新创客基地是福州成立的首个对台青创基地，许多跨越海峡而来的台湾青年来到马尾“孵化梦想”。为了吸引更多的台商、台胞来马尾安家，马尾区发挥区位优势，打好两岸交流牌。马尾区先行先试引进台湾社工管理团队，成立社工机构，共同推动两岸社工交流合作。大学生创新创业基地引进台湾博士参与创新创业教育，并与台湾教育研究机构开展教育培训和人才引进等合作。

2020 年 10 月，依托马尾港对台海运的区位优势，福州马尾—台湾跨境电商货物海运直航专线正式启动。该航线开通后，可实现对台跨境电商专线海运班次，为两岸跨境电商企业提供福州马尾与台北、基隆、高雄等台湾地区主要港口双向直航的海运干线物流服务，将进一步拉近马尾与台湾的货运航线距离，进一步深化两岸经贸文化交流。

城乡新貌

坚持“绿水青山就是金山银山”的发展理念，马尾区巩固提升环境质量，促进绿色低碳发展，构建高质量生态系统，打造山水兼备、河海相通、宜居宜游的国家生态文明示范区新样板。

马尾区的水系治理注重一河一策。采取针对性措施，采用生态修复创新技术，加大内河污染整治力度。结合底泥清淤、引水活流、河岸绿化等措施，加强治理黑臭水体，实施防治结合、分级推进、联动执法。

君竹河是马尾区中心区域内最大的内河。过去臭气熏天、蚊虫滋生，如今经过整治，河水干净了，河畔的君竹河公园成为市民早晚散步的好去处。君竹河周边多是老旧小区，过去没有实行雨污分流，大部分污水直接排到河中，这是君竹河成为黑臭水体的主要原因。君竹河周边龙珠新村的居民说，过去这条河就是一条臭水沟，每到夏季他们都不敢开窗。马尾加速整治城区黑臭水体后，结合君竹河黑臭水体整治及内涝防治，因河制宜对君西支渠与君竹明渠开展整治。在君竹河整治的过程中，有关部门对截污闸进行修复，对此前漏接的排水口进行截流，给内河洗个“干净澡”。君西支渠的河水流动性差，就对河道进行补水，增加河水的流动性，使污染物不易沉淀，并通过活化本土微生物，加强水体自净能力，再安装微生物净化装置，分解河内的污水，达到净化的作用。如今，居民常常能看到河内有小鱼游来游去。

垃圾处理，改善环境。马尾区在全市率先探索出最具特色的生活垃圾“公交化”收运模式，即按照每个垃圾收集站点的辐射范围和收集时长，串联起一条固定的线路，由不同种类的垃圾运输车像公交车一样准点到站分类收运垃圾，然后运至垃圾中转站或红庙岭进行无害化处理。在新港社区易安居小区门口生活垃圾集中收运点，立着一个特殊的“公交站牌”——虽没有公交车停靠，但每天早晚都会有一辆运垃圾不载客的“公交专线”来此“打卡”。垃圾转运专车每天定时抵达，把小区垃圾分门别类运走。

天马山公园原本是马尾的垃圾转运站和填埋点，大量的生活垃圾和建筑废物被堆放到这儿，十几年的时间里渐渐变成了一个占地 35 亩的巨型垃圾山，它就像一个毒瘤，影响着天马山的生态机能。马尾区重拳出击，把天马山上的这个“毒瘤”拔除，工人们在一个多月内清理了近 80 万立方米的垃圾和渣土，把原来的垃圾山清理了。如今，你所遇见的是天马山的生态之美。

城市花园，健康生活。过去，说到马尾的城区环境，很多人的印象是“冷清没人气”，作为一个以工业为主导的开发区，现在的情况发生了明显改变，“绿色”成为马尾发展的底色。行走在江滨大道上，你会望见两旁风格独具、样式各异的行道树茂盛地生长着。全长 8.7 千米的东江滨公园，是一个集运动、娱乐、生态特色为一体的河滨化生态走廊。天马山生态公园、东江滨公园、琅岐红光湖公园、闽安历史文化名村特色街区、亭江滨江公园等各大公园，都成了居民休闲的好去处。

挖掘特色，发展旅游。作为马尾新城的重要板块，琅岐的开放与开发，更是马尾新城建设的潜力所在、后劲所在。2014 年 1 月，琅岐闽江大桥横卧闽江，结束了几十年来琅岐岛居民靠轮渡出行的历史，方便了琅岐岛居民出行的同时，也带来了全新的发展契机。琅岐岛素有“闽江口明珠”的美誉，位于福州新区东海之滨的闽江入海口，成了镶嵌在新区滨海的一颗“龙珠”，是引领新区从闽江时代走向东海时代的窗口，也是对接平潭综合实验区乃至台湾的前沿。琅岐岛的开发，要以生态保护为前提，依托优越的生态、景观资源优势，深度挖掘旅游资源，将其打造成以生态旅游度假、健康养生、智慧创意、休闲宜居等综合服务为主体的国际生态旅游岛。加快推动琅岐国际海岛度假综合园、琅岐花海公园、琅岐海丝小镇、琅岐全域文旅建设，带动琅岐旅游发展。同时，提升琅岐万叶葡萄园、福菱山水庄园、阡陌休闲农庄的品质，推动乡村旅游整体发展。

增强意识，绿色生活。加强全社会生态环境宣传教育工作，加大对先进典型的宣传报道与舆论引导，培育公众绿色价值观和生态道德观，切实提高全民生态文明意识。

马尾区用足用好各种政策优势，完善基础设施，提升城市品质，城乡人居环境大幅提升，推动乡村振兴，无愧于“国家生态文明示范区”的称号。

城区面貌持续改善。提升城市品质，完成老城区“多位一体”的综合改造，打造了魁岐桥下体育公园、朏（fěi）头田园风光公园、建星路街区整体提升、福马铁路罗星段整治改造、君竹路示范段店牌店招改造、君山北山体景观提升等一批城市亮点，实现城市形象“里子”“面子”双提升。

整治农村人居环境。在实现乡村振兴“初级版”全覆盖的基础上，以村镇生活污水有效治理、乡村建筑风貌有序管控、可持续产业逐步培育等为重点，打造一批各具特色、个性鲜明的宜居宜游的示范村，健全乡村振兴的制度框架和政策体系，整合乡村发展投入的资金和力量，撬动更多资源服务乡村振兴。进一步推动乡村交通网络提档升级，改善提升农村公路的运行条件，推进城乡基础设施互联互通一体化的发展，形成城区乡村快速转换和无缝衔接的路网结构。完善农村水利设施，加快农村饮用水水源规范化建设，继续推进农村饮水安全巩固提升工程建设。优化农村能源供给结构，推动供气设施向农村延伸，加强新兴基础设施建设，依托物联网、云计算、人工智能等先进的信息技术，推进“智能乡村”建设。魁岐片区水系、磨溪水系通过清淤、截污、景观绿化提升等实现水清岸绿，东江滨公园升级后绿意盎然，成为宜居宜游的场所。

知识链接

宜居宜游的示范村

过去，亭江镇白眉村交通不便。自东部快速通道开通后，白眉村融入福州主城区“10 分钟生活圈”，逐步完成花田、邢港河两岸景观工程，百亩荷塘项目绿化工程，房屋立面改造等基础建设。长柄村道路整洁干净，墙面整齐美观，处处是怡人的乡村风光。笏（hù）山村建有街心公园，主打“解放亭江第一战”红色旅游牌和朱熹“天衢”摩崖石刻文化牌，游客越来越多。

白眉村还充分利用村内原有建筑，把老旧房子打造成“网红直播实训孵化基地”“侨批文创基地”，2020 年入选“福建省乡村旅游村”。整个亭江镇充分发挥侨乡优势，凝聚群众力量，拥有“全国文明镇”“国家级生态镇”“全国卫生镇”等国家级名片。

而一江之隔的琅岐镇，这里乡村的颜值也越来越高。琅岐英雄金砂红蟳公社以红蟳为基础，打造产业、宜居、文明、治理、富裕等五大场景。闽江村南侧过去杂草丛生，如今是宽阔的湿地公园，村里还在空地建起特色乡村民宿。

加快发展现代都市农业。按照“特色、优质、高效、生态、安全”的要求，重点发展水产、水果等特色产业，促进现代特色农业高质量发展。应用信息技术，发展“智能物联网农业”新模式，推广应用基质栽培、水肥一体化、智能操控系统等设施配备。以农产品加工业、休闲农业、乡村旅游和电子商务等新产业、新业态、新模式为引领，促进农村一二三产业融合发展。依托区位优势和都市农业的特色资源，推进农业与休闲旅游、教育文化、健康养生等深度融合，发展田园观光、农耕体验、研学、文化休闲等新业态，建设垂钓园、特色休闲农庄等休闲旅游景点。鼓励新型农业经营主体加强农产品初加工、仓储物流、技术指导、市场营销等关键环节的能力建设，拓展服务领域，发展壮大农业产业化龙头企业。

吸引优势产业落地。马尾农村环境提升，不仅留住乡情，增强群众的幸福感，而且吸引了优势产业落地。闽安村和白眉村之间形成了“闽白线”，迎来乡村旅游大发展。马尾镇的高新园区、亭江镇的智能制造基地以及琅岐国际生态旅游岛，迎来一个个落地项目。而亭江镇正加快建设新一代装备制造产业基地，打造一个可容纳万人的产业新城。

随着新一代信息技术的快速兴起，物联网、5G 等新技术所催生的新产业、新业态、新模式，将为马尾构建现代化产业体系，推动高质量发展带来新动能与新机遇。“多区叠加”的政策将赋予马尾更广阔的舞台，进一步增强跨区域、跨城市之间产业的互动性，创造更多的发展机会，在闽东产业融合发展中发挥更大的作用。

到 2035 年，马尾一定会翻开崭新的一页，以全新的面貌展现在我们的面前：

经济实力大幅提升。经济总量再上新台阶，人均 GDP 居全省前列。产业结构迈上中高端，形成一批知名企业和知名品牌，建成具有竞争力和马尾特色的现代化产业体系。

创新能力显著增强。马尾成为具有影响力的区域创新中心，创新体系更加完善，创业、创新、创优的环境更加优化，综合科技创新能力位居全省前列。

生态环境更加优越。全社会牢固树立生态文明理念，明显提升绿色发展水平，更加完善可持续发展体制机制，全面建成美丽马尾。

改革开放特色彰显。营商环境更为优化，两岸融合发展、海上丝绸之路核心区建设达到新高度，形成全方位对外开放新格局和双循环先行区。

人民生活更加美好。人民生活品质全面提升，城乡居民人均可支配收入保持全省前列，社会文明达到新高度。

马尾是福州新区的核心区块，不但是城市发展的新平台，更是青年创新、创业的大舞台。每一位来到马尾的同学都不是局外人，更不能当旁观者。只有我们主动融入、主动担当、主动作为，才能为新区的建设注入新鲜活力，创造马尾更加美好的明天。你做好准备了吗？

第二节 创新发现

研学目标

1. 实地参观福州物联网产业基地展示中心，了解数字马尾的发展历程，进一步认识物联网、智能充电站与生产、生活的关系，培育对国家发展智能制造政策的认同感。
2. 通过实地观察、资料查阅、调研访谈等方式，加深对生态马尾与海上马尾的理解，增强自主探究能力，培育热爱家乡、关心家乡与建设家乡的情感与责任感。
3. 通过动手实践，接受锻炼、磨炼意志，培养具有正确劳动价值观和良好劳动品质的时代新人。
4. 结合新媒体的方式，设计广告视频、主题网页、纸板游戏等研学产品展现马尾新区的风采，培育实践创新能力。
5. 通过对以马尾与长乐为代表的福州新区的实践调研，深刻认识中国特色社会主义的新发展阶段，充分理解福州未来发展必须“贯彻新发展理念，构建新发展格局”，成为福州未来发展的贡献者。

研学线路一 福州物联网产业基地展示中心—智能快充站

实践点 马尾

考察点① 福州物联网产业基地展示中心

近年来，马尾抢占数字经济的发展先机，将物联网定位为产业高质量发展的主攻方向。如今，物联网已成为马尾区域发展的全新“标签”。

福州物联网产业基地是中国（福建）自由贸易试验区福州片区重点平台之一，也是福建省唯一、国内第四个国家级物联网产业基地。基地以物

审图号：闽S〔2021〕76号

◎ 马尾区地图

◎ 福州物联网产业基地展示中心

联网产业创新发展中心、物联网开放实验室和物联网产业促进中心等为核心载体，依托本地物联网行业龙头企业，更加高效、精准地串联物联网产业生态链。

创新发展中心坚持创新理念，探索出了一套政府主导、市场运作、集约发展的物联网产业发展新模式。这种模式有利于项目快速聚集，省去了企业购地建厂的时间和资金成本，大大提高项目落地运营效率；有利于完善产业体系，精准招商，迅速形成产业体系。

任务清单

· 小学 ·

1. 通过参观与老师的讲解，结合日常生活，以“我与物联网”为主题制作一幅手抄报。

2. 拍一段 3 分钟以上的短视频，向游客介绍福州物联网产业基地展示中心，并给短视频配上合适的音乐和标题，与你的同学分享。

3. 从展示中心挑选一个你最感兴趣的项目，了解它的运作过程，并将你的理解用日记的形式记录下来。

· 初中 ·

1. 请绘制一张流程图，说明日常生活中的“物联网”。

2. 制作一个视频广告，展示人们在未来城市智能化的生活方式。

3. 与你的同伴合作，任意选择展示中心的三个项目，展开接力讲解，完成挑战任务，赢取“金牌讲解团”称号。

· 高中 ·

1. 结合日常生活与参观展厅过程中对“物联网”的了解，请用思维导图的方式描述物联网对于人们生活、生产的价值与意义。

2. 假设你是一名记者，要对“福州物联网的主要企业”进行调查，请拟写一篇新闻报道的提纲。

3. 与你的同伴开展一场辩论赛，正方辩题为“科技使生活变得更简单”，反方辩题为“科技使生活变得更复杂”。

考察点 ② 智能快充站

位于马尾物联网产业创新发展中心的“光储充检”一体化智能超级快充站已投入使用，这是福州首个“光储充检”一体化智能超级快充站。

马尾物联网示范站点共设 8 个快充车位，可供乘用车、物流车等车辆进行便捷、快速充电。该站点第一大亮点便是光伏系统。光伏系统是利用太阳电池组件和其他辅助设备将太阳能转换成电能的系统，能够有效地利用清洁太阳能发电供负荷使用，减少从电网获取的电能，从而真正实现绿色清洁能源的有效应用，降低环境污染。其次，该站点搭载的分体式非车载直流充电桩，单枪具备超级快速补电功能，可对车辆进行快速充电，极大地缩短充电时间，提高电动汽车日常出行效率。充电桩独有的充电进度显示功能，也让充电过程更加直观、便捷。最后，该站还创新性地集成了车载动力电池安全检测功能，可在充电的同时，实现对新能源汽车电池的快速检测，保障电池安全可靠，提高其使用寿命。

任务清单

· 小学 ·

1. 发挥你的奇思妙想，设计一辆未来的新能源汽车，并将它画下来分享给你的同伴。

2. 探究与思考：查阅资料，想一想，为什么新能源汽车还没有完全走入家家户户？

· 初中 ·

1. 绘制一张流程图，说明新能源汽车在智能快充站完成充电的全过程，并向你的同伴进行介绍。

2. 探究与思考：查阅资料，了解福建省有多少个城市已经建立了“电动汽车智能充电站”，请在地图上标注出来。仔细观察哪个城市建设的数量最多，想一想，建设这么多充电站有什么作用？

3. 请就如何激发大众对新能源汽车的需求，写出你宝贵的建议。

· 高中 ·

1. 充电站被国家纳入“新基建”，与5G基建、特高压电网、城际高速铁路和城际轨道交通、大数据中心、人工智能、工业互联网并列，成为国家基础设施建设的重点。试分析充电站被国家纳入“新基建”的原因，并为宣传马尾物联网产业创新发展中心的智能快充站绘制一幅宣传广告。

2. 假如你要制作一个介绍智能快充站的主题网页，这个网页主要面向青少年。请你写一篇吸引人的简介，并制作两到三个链接，例如“充电流程”，以便你的用户可以点击这个链接，浏览相关内容。

3. 通过实地调查、网络搜索或访谈相关人员等方式，了解智能快充站的基本运营状况，与你的同伴合作，设计1~2个合理的充电优惠套餐。

研学线路二 天马山生态公园—海峡水产品交易中心

实践点 马尾

考察点① 天马山生态公园

位于马尾区胐山支路的天马山生态公园是一座集登高览胜、运动健身、休闲观光、生态保护等功能于一体的山地公园。它以“生态带·景观带·记忆带”为主线，结合自然山林资源，以不同山势创造趣味各异的观江、观山、观城一体化景观。公园新建了1.35公里步道，这条步道与原有的天马山休闲步道相连，形成天马山“中环”。步道由不同的景点串联而成，漫步其中，步移景异，让人尽享生态慢生活。公园分为导向广场、生态停车场、儿童游乐场、生态花溪谷、赤桥寻江、马江观澜、春台晓日、铁甲雄风八大功能区。

◎ 天马山生态公园

审图号：闽 S〔2021〕76 号

◎ 马尾区地图

任务清单

· 小学 ·

1. 使用识别植物的小程序或 APP，拍照识别沿路的任意五种植物。可以将其拍照打印出来，并简要标注每种植物的特性，制作一张自然小报。

2. 寻找天马山休闲步道的船政元素，并将它拍照记录下来，比一比谁找得更多。

3. 与你的同伴合作，画一幅天马山生态公园的宣传画，吸引更多游客来天马山游玩。

· 初中 ·

1. 观察天马山休闲步道沿途的船政元素，把你最喜欢的一处记录在笔记中，并分享给你的同学。

2. 设计一种纸板游戏，教低年级的同学认识保护环境的意义或破坏环境的后果，制作成游戏卡片并展示给同学们看。

3. 与你的同伴合作，为天马山生态公园设计一张旅游海报，宣传“绿水青山就是金山银山”的环保理念。

· 高中 ·

1. 写一首诗，表达你与自然接触时的经历、感受或情感。

2. 设计一条天马山生态公园的游览路线，将沿途与船政元素相关的地点重点标注出来，并将你的线路解说拍摄成视频，分享给你的同学。

3. 与你的同伴合作，为天马山生态公园设计 1 组明信片（2~5 张），展现马尾生态文明示范区的成就。

考察点② 海峡水产品交易中心

海峡水产品交易中心，不仅是全国最具规模的水产品交易中心及远洋渔业产品集散地，更是亚洲最大的水产专业性市场，年进口水产品约22万吨，我国远洋渔业捕捞渔获60%以上通过马尾销往全国。海峡水产品交易中心占地面积8万多平方米，是集水产交易、冷链、物流、食品检测、加工于一体的多功能、配套齐全的交易平台。作为渔业产品集散地，不仅我省70%的远洋渔业产品集中在马尾交易，而且借助区域性的独特优势，全国远洋渔业产品也大多集中在马尾进行交易。水产贸易的活跃，也吸引着印度尼西亚、菲律宾等周边国家和地区，将渔业产品送到海峡水产品交易中心。

任务清单

·小学·

1. 利用实地走访、上网查询等方式，完成社会调查：(1) 个人可以到马尾海峡水产品交易中心批发市场购买海鲜吗？(2) 在海峡水产品交易中心都能买到哪些海鲜？把你不认识的海鲜记录下来，并自主查询或向老师请教。

2. 为游客画一张海峡水产品交易中心的布局图。

3. 选择一种你喜欢的水产品，研究它的生活习性、营养价值等，并绘制成一张个性化的海洋生物明信片。

·初中·

1. 利用实地走访、上网查询等方式，完成社会调查：(1) 海峡水产品交易中心的海鲜零售价比超市售价便宜多少？(2) 选择一种你感兴趣的水产品，向卖家了解它每日的进出货数量等，并对海峡水产品交易中心的布局、产品品种提出合理建议。

2. 请你想一想：为什么海峡水产品交易中心要设立消费维权服务点？带着你的思考去实地调研，了解这个服务点到底有哪些职责，并完成一份调研报告。

3. 选择一种你喜欢的水产品，研究它的生活环境、生长周期以及营养价值等，并将收集到的内容用思维导图的形式呈现出来。

· 高中 ·

1. 制作一份宴请十人宾客的海鲜大餐菜单，并简要说明每道菜的营养价值。

2. 观察海鲜市场的日常运营，以视频的方式给福州市人大代表或政协委员提交一份微提案。

3. 通过实地调查、网络调研等方式，与你的同伴合作，研究马尾冷链物流基地的现状，并探索如何将其打造成为最大的水产品商贸流通枢纽平台，成为衔接"一带一路"沿线国家和地区的国际冷链物流枢纽。请将你们的研究整理成一份调研报告。

4. 制作一本马尾新城的旅游指导手册，图文并茂地展示马尾的新发展、新成就。

研学线路三　琅岐南兜村游击队革命遗址—琅岐迎春阡陌农庄

实践点 马尾

考察点① 琅岐南兜村游击队革命遗址

琅岐南兜村游击队革命遗址，是解放前琅岐红色新区在南兜村建立起来的一个革命据点。琅岐游击队旧址，是解放战争时期琅岐岛首个党支部和首支革命武装的驻地、据点，是琅岐党支部创始人陈可珠、唐方和等领导发动当地农民，建立人民武装队伍，与国民党反动派展开武装斗争的

审图号：闽S〔2021〕76号

◎ 马尾区地图

驻地。为纪念南兜游击队的光辉历史，中共马尾区委决定在当地修建纪念馆，作为马尾区爱国主义教育基地。纪念馆建筑面积为 1 800 平方米，于 2011 年 7 月正式开馆。

◎ 琅岐南兜村游击队革命遗址

◎ 游击队英雄纪念碑

任务清单

· 小学 ·

1. 向你的同伴讲述琅岐游击队的故事。
2. 以弘扬革命文化为主题，与你的同伴共同绘制一幅宣传琅岐游击队英勇事迹的宣传画。
3. 写一篇参观琅岐南兜村游击队革命遗址的游记。

· 初中 ·

1. 录制一段小视频，向大家介绍琅岐南兜村游击队革命遗址，吸引更多的游客前来参观。
2. 认真参观纪念馆，挑选你感兴趣的一位革命烈士，查阅相关资料，为他编写一段纪念词。
3. 为来参观革命遗址的小学生出三道知识竞答题，并附上你的答案。

· 高中 ·

1. 以“琅岐南兜村游击队”为故事背景写一篇演讲稿，参加中学生党史学习教育宣传活动。

2. 为琅岐南兜村游击队革命遗址设计3条宣传标语。

3. 为了提高琅岐南兜村游击队革命遗址的知名度，请你与同伴共同设计一个研学方案。

考察点 ② 琅岐迎春阡陌农庄

◎ 琅岐迎春阡陌农庄

家庭农场作为现代农业的主要经营方式，引领现代农业发展、推动乡村振兴的作用日益凸显。近年来，马尾区按照“发展一批、规范一批、提升一批、推介一批”的思路，加快培育规模适度、生产集约、管理先进、效应明显的家庭农场，琅岐迎春阡陌农庄就是其中的一家。阡陌农庄地处闽江口明珠琅岐岛，庄园依山而建，草场纵横，俨然一派塞北风光；湖水环绕，廊桥跨波，又是江南水乡的意境。田野阡陌，鹅鸭戏水，鸡鸣树梢，葡萄架下果实累累。

任务清单

· 小学 ·

1. 选择一种农场里的劳作工具，向你的同伴一边示范操作，一边介绍它的用途。

2. 与你的同伴一起参加稻田南瓜接力赛，并分享活动的体验。

3. 采摘果蔬，感受劳作的乐趣，拍摄一段小视频分享给你的家人。

· 初中 ·

1. 开展稻田拔河赛，并与同伴交流你们的感受。
2. 利用大自然的材料，创作别样的服装，举办一场时尚服装秀。
3. 与你的同伴一起制作南瓜饼，并将制作的过程用流程图记录下来。

· 高中 ·

1. 制作南瓜饼，并将成果拍照制作成一张明信片，寄给你的家人或好友。
2. 制作一份小报，介绍农场里的一种劳动工具。
3. 到田间挖地瓜、烤地瓜，并将你的快乐通过视频的方式分享给更多人。

研学线路四 长乐飞思农庄—东湖数字小镇

实践点 长乐

考察点① 长乐飞思农庄

飞思农庄是集生态农业、地方文化体验、劳动实践教育等功能于一体的新型农庄，位于国家级生态乡猴屿，坐拥600多亩土地，农产品品类丰富多样、涵盖蔬菜、瓜果、大米等，并为客户提供专享宅送服务。目前，农庄已为不少优质企业及家庭提供更健康放心的餐桌解决方案。此外，农庄借助猴屿得天独厚的旅游资源，发展都市休闲农庄。

◎ 飞思农庄

审图号：闽 S〔2021〕80 号

◎ 长乐区地图

任务清单

· 小学 ·

1. 选择飞思农庄里的一种有机蔬菜，为它创作一个漫画形象，并说明你选择它的理由。

2. 亲手种植或采摘一种有机蔬菜，了解它的种植过程及其食用方式。

3. 与你的同伴一起拍摄农场风光，将其组成一组宣传画，并为它确定主题名。

4. 制作美味的饭团。食用后，对餐厨垃圾进行规整，进行垃圾分类。

· 初中 ·

1. 选择飞思农庄里的一种有机蔬菜，设计成新一期杂志的“封面形象”，并向你的同伴介绍它荣登封面的理由。

2. 亲手种植或采摘一种有机蔬菜，并将有机蔬菜种植的全过程绘制成流程图。

3. 与你的同伴分别拍摄农场风光，合成宣传小视频，并为其确定主题名。

4. 制作美味的饭团，并与同学分享。食用后，对餐厨垃圾进行规整，进行垃圾分类。

· 高中 ·

1. 选择飞思农庄里的一款有机蔬菜，与你的同伴共同将其设计成新一期杂志的“封面形象”故事，并拍摄成介绍短片。

2. 亲手种植或采摘一种有机蔬菜，并通过网络搜索、实地调研等方式了解有机蔬菜的相关内容，撰写一份健康饮食建议。

3. 与你的同伴合作，拍摄飞思农庄活动的小视频，并与其他同伴分享。

4. 根据主题分组制作美味的饭团，拍下照片制作成演示文档，向同学介绍各自小组的制作过程及其特色。食用后，对餐厨垃圾进行规整，进行垃圾分类。

考察点② 东湖数字小镇

东湖数字小镇地处福州市长乐区，位于滨海新城核心区，毗邻东海之滨，坐拥水域面积 3 600 亩的东湖。在全国众多特色小镇中，东湖数字小镇的产业城市发展融合了“数字 + 生态”两大要素，使这个东海之滨的特色小镇既有智慧城市的底色，又是环境优美宜居宜业的美丽社区。

东湖数字小镇是按照“数字中国”示范区目标打造的智慧新城，滨海新城将依托数字福建产业园，建设国家东南大数据中心，重点发展以大数据为核心的健康医疗产业、互联网产业、海洋产业，促进大数据与物联网、云计算、虚拟现实和人工智能融合发展。2018 年，东湖数字小镇成为首届数字中国建设峰会的官方合作伙伴，第二届峰会网络科技、数字健康分论坛也于小镇内的福州数字中国会展中心举行。与数字中国建设峰会的紧密合作，不仅大大提升了东湖数字小镇的品牌知名度，同时也加快了当地数字产业的发展，成功吸引许多企业在此落户。无论是人居社区环境，还是商贸、健康配套，处处充满了数字化。

东湖数字小镇还是国家 3A 级景区，充分利用毗邻大东湖、靠近海岸线的水体资源优势，将东湖湿地公园、亲水运动休闲场所纳入自身的人居生态体系。它是福州未来最大的湿地公园，是一个景色宜人的特色小镇。“数字 + 生态”赋能产城融合，助力东湖数字小镇吸纳更多人就业居住。

纵观东湖数字小镇，产业“特而强”、功能“聚而合”、形态“小而美”、机制“新而活”的特色正在加速凸显，将进一步推动产城融合向纵深发展。

◎ 东湖数字小镇

任务清单

· 小学 ·

1. 参观滨海新城规划馆，了解滨海新城功能区布局、交通规划以及产业规划，并将你感兴趣的方面记录下来，整理成一篇游记。

2. 参观国家安全网络示范基地，深入了解你最感兴趣的一点，以“网络安全，我知道”为主题发布一个微视频。

3. 参观国家健康医疗大数据展示中心，了解数据服务平台、数据安全与云资源以及医疗智能应用，并与你的家人分享你的参观感受。

· 初中 ·

1. 参观滨海新城规划馆，了解滨海新城的功能区布局、自然条件、交通规划以及产业规划，并整理成一篇报告。

2. 参观国家安全网络示范基地，以“加强国家安全网络”为主题写一份倡议书。

3. 参观国家健康医疗大数据展示中心，分析国家在保障人民健康医疗方面所做的努力，并将你的思考与你的同伴交流。

· 高中 ·

1. 参观滨海新城规划馆，请你以志愿者的身份，向同伴介绍“你眼里的滨海新城”。

2. 参观国家安全网络示范基地，请你自选角度，以“提高青少年的网络素养”为主题录制一个微视频。

3. 参观国家健康医疗大数据展示中心，并查阅相关资料，与你的同伴一起撰写一份医疗体制改革建议。

附录一

船政研学实践活动教学案例

小学生船政研学实践活动教学案例

一、研学目标

1. 参观船政时空隧道，初步了解福州舟楫发展史，简要说明福州在海丝历史上的门户枢纽地位，初步了解人防建设，理解变革的经验和启示，学会从历史中汲取智慧。

2. 通过船政之旅，梳理探究船政的发展历程，认识船政志士们在民族危机加深的背景下作出的努力，及遇到的困难。传承船政学风，以勇于创新、开拓进取的心态面对未来的挑战。

二、研学对象

四至六年级。（根据学生的年龄和认知能力，内容深度可适当调整。）

三、研学路线

船政格致园—船政时空隧道—中国船政文化博物馆。

四、研学时间

1 天。

五、研学条件

1. 场馆内灯光、投影正常运行；

2. 安排馆内较宽敞、安静的区域便于为学生集中讲解；

3. 投影设备。

六、研学过程

实践点：马尾

考察点 1：船政格致园（总时长：100 分钟）

1. 课程老师介绍研学的主要内容安排及相关注意事项和纪律。（10 分钟）

2. 课程老师介绍船政衙门楹联的内容、出处及船政衙门大堂、二堂等，学生抄写楹联并做好相关笔记，让学生猜一猜大堂两边执事牌的官职分别是哪位船政大臣，与学生互动。（40 分钟）

3. 学生参观后花园、舰船展厅及官厅池。（15 分钟）

4. 学生分享：说一说你知道的船政大臣和让你印象深刻的事。（15 分钟）

5. 步行前往船政时空隧道，沿途欣赏美丽的自然风光。（20 分钟）

考察点 2：船政时空隧道（总时长：70 分钟）

1. 闽人善舟。课程老师讲解造船业的起源、发展、鼎盛以及由盛转衰的过程，引导学生观察独木舟→竹方舟→福船的发展变化；引导学生仔细观察福船，说说其船型有何特点、不同福船的船身浮雕有何不同、有何寓意，并与学生互动。（20 分钟）

2. 课程老师讲解“海丝枢纽”，学生读图讨论，郑和七下西洋中的“西洋”是指现今的哪些地区？郑和船队最远到了哪里？（15 分钟）

3. 播放视频，介绍船政的“一首诗、一首曲、一幅画”。（5 分钟）

4. 参观人防科普展厅。在重点环节停留、讲解，并回答学生的问题。（20 分钟）

5. 参观结束时，教师点评学生的任务完成情况，并表扬表现优秀者。（10 分钟）

考察点3：中国船政文化博物馆（总时长：180分钟）

1. 课程老师介绍研学的主要内容安排及相关注意事项和纪律。（10分钟）

2. 课程老师或场馆工作人员讲解各层展厅的内容，并从第二层开始每层讲解后预留10分钟给学生阅读展板及观看视频，让学生对感兴趣的内容做相应的记录或拍照。教师巡视帮助或解答问题。（150分钟）

3. 教师点评学生的任务完成情况，表扬表现优秀者并让其分享心得体会。（20分钟）

七、研学任务

1. 给你印象最深的船政人、船政事画一幅画；选择一个自己最喜爱的中国船政文化博物馆主题展厅，为它写一段推介文；或选取一个地标性建筑，拍照并写一段不超过20个字的介绍词。

2. 参照馆内模型，利用竹竿、细麻绳等，小组分工合作制作一只简易的竹方舟模型或福船模型。

3. 做一期以“学习船政文化，弘扬船政精神”为主题的手抄报。

八、研学展示

1. 以画展、地标性建筑照片或手抄报的形式展示令你印象最深的船政人、船政事。

2. 以展览的形式展示手工模型。

九、研学评价

研学评价以鼓励为主，将过程性评价和终结性评价相结合，对学生进行优秀（80分以上）、良好（70~79分）、合格（60~69分）三个等次的评价。

指标	一级指标	二级指标	学生自评	小组评价	教师评价
研学旅行表现评价	过程性评价（50分）	安全意识：听从指导教师的安排和指挥，不擅自行动，没有危险行为。（10分）			
		文明礼仪：在公共场所遵守社会公德，约束个人言行，维护学校名誉。（10分）			
		参与度：按照要求完成研学任务，积极参与小组活动，不推诿，不作假。（20分）			
		专注度：在整个研学课程过程中不沉迷玩电子产品或其他与研学无关的事。（10分）			
	终结性评价（50分）	作品呈现：有自主分析思考过程的研学手册或手工作品。（15分）			
		作品完成度：按时完成研学作品，不拖沓。（15分）			
		内容原创性：有个人的创意和构思，不照抄照搬。（20分）			
评价总分					
最终成绩（学生自评×0.2+小组评价×0.4+教师评价×0.4）					
教师评语					

十、研学注意事项

1. 参观过程中，教师须随时关注学生的动态，禁止学生触碰模型等不恰当的行为。

2. 重点提醒学生须严格遵守相关纪律、安全注意事项。

初中生船政研学实践活动教学案例

一、研学目标

1. 参观船政时空隧道，初步了解福州舟楫发展史，简要说明福州在海丝历史上的门户枢纽地位，初步了解人防建设，理解变革的经验和启示，学会从历史中汲取智慧。

2. 通过船政之旅，梳理探究船政的发展历程，认识船政志士们在民族危机加深的背景下作出的努力及遇到的困难。传承船政学风，以勇于创新、开拓进取的心态面对未来的挑战。

3. 通过参观船政格致园、马尾造船厂旧址等地，探寻近代福州以船政为中心的实业发展历史，开展实地调研、劳动实践、合作探究、自主设计等一系列活动，培养自尊自信、勇于探索、独立思考、积极劳动的意识和能力。

二、研学对象

初中一、二年级。

三、研学路线

第一天：船政格致园—船政时空隧道—中国船政文化博物馆。

第二天：马尾造船厂旧址（二号船坞—铁胁厂—绘事院）—昭忠祠—马限山中坡炮台—罗星塔公园。

四、研学时间

2天。

五、研学条件

（1）场馆内灯光、投影正常运行；

（2）安排馆内较宽敞、安静的区域便于为学生集中讲解；

（3）投影设备。

六、研学过程

实践点：马尾

考察点 1：船政格致园（总时长：100 分钟）

1. 课程老师介绍研学的主要内容安排及相关注意事项和纪律。（10 分钟）

2. 课程老师介绍船政衙门楹联的内容、出处及船政衙门大堂、二堂等，学生抄写楹联并做好相关笔记，让学生猜一猜大堂两边执事牌的官职分别是哪位船政大臣，与学生互动。（40 分钟）

3. 学生参观后花园、舰船展厅及官厅池。（15 分钟）

4. 学生分享：说一说你知道的船政大臣和让你印象深刻的事。（15 分钟）

5. 步行前往船政时空隧道，沿途欣赏美丽的自然风光。（20 分钟）

考察点 2：船政时空隧道（总时长：70 分钟）

1. 闽人善舟。课程老师讲解造船业的起源、发展、鼎盛以及由盛转衰的过程，引导学生观察独木舟→竹方舟→福船的发展变化；引导学生仔细观察福船，说说其船型有何特点、不同福船的船身浮雕有何不同、有何寓意，并与学生互动。（20 分钟）

2. 课程老师讲解“海丝枢纽”，学生读图讨论，郑和七下西洋中的“西洋”是指现今的哪些地区？郑和船队最远到了哪里？（15 分钟）

3. 播放视频，介绍船政的“一首诗、一首曲、一幅画”。（5 分钟）

4. 参观人防科普展厅。在重点环节停留、讲解，并回答学生的问题。（20 分钟）

5. 参观结束时，教师点评学生的任务完成情况并表扬表现优秀者。（10 分钟）

考察点3：中国船政文化博物馆（总时长：180分钟）

1. 课程老师介绍研学的主要内容安排及相关注意事项和纪律。（10分钟）

2. 课程老师或场馆工作人员讲解各层展厅内容，并从第二层开始每层讲解后预留10分钟给学生阅读展板及观看视频，学生对感兴趣的内容做相应的记录或拍照。分析展厅内悬挂的船政中外人员收入表，分析数据并得出结论，小组内交流讨论。教师巡视并帮助或解答问题。（150分钟）

3. 教师点评学生的任务完成情况，表扬表现优秀者并让其分享心得体会。（20分钟）

考察点4：马尾造船厂旧址（二号船坞）（总时长：40分钟）

1. 课程老师介绍研学的主要内容安排及相关注意事项和纪律。（10分钟）

2. 课程老师介绍船政造船厂各分厂、车间、船坞的功能和布局，与学生互动。（30分钟）

考察点5：铁胁厂（总时长：50分钟）

1. 课程老师或场馆工作人员介绍中国首架自制飞机模型——“甲型一号”水上教练机，学生观察、提问。师生互动。（10分钟）

2. 课程老师或场馆工作人员讲解铁胁厂展厅的内容。学生参观铁胁厂，了解铁胁厂建筑结构的演变，仔细观察保留下来的钢铁结构的连接特征，与如今的钢铁结构连接方式进行对比。了解铁胁厂在船政发展时期的作用。仔细观看铁胁厂内展示的“甲型一号”水上飞机的制造过程。（30分钟）

考察点6：绘事院（总时长：90分钟）

1. 课程老师或场馆工作人员讲解绘事院展厅内容，学生边听边做记录或拍照留档。提醒学生仔细观察舰首模型，说说都有哪些样式，讨论不同样式的舰首对作战的影响。师生互动。（40分钟）

2.“平远”号是船政制造的第一艘全钢甲巡洋舰。学生观看绘事院展厅内循环播放的纪录片《“平远”号的诞生》，讨论衡量一艘军舰作战能力的指标有哪些。(10 分钟)

3. 学生分小组，在课程老师的安排和场馆工作人员的配合下，利用展厅内配备的互动触摸屏，试着设计一艘自己心目中的超强军舰，为军舰取名并打印出来，与同学交流设计意图。(20 分钟)

4. 学生在绘事院外墙的墙面上找一找马江海战中法国军舰炮击船政厂区时留下的弹痕。(5 分钟)

5. 学生参观综合仓库、机修车间、机装课仓库、甲居课保障组等建筑和建筑内展品，观察绘事院楼的建筑风格及轮机厂门内外的两侧墙体与门的角度，并了解新中国成立后马尾造船厂造船业的发展过程。师生互动。(15 分钟)

考察点 7：昭忠祠（马江海战纪念馆）（总时长：50 分钟）

课程老师或场馆工作人员介绍不同时期修建的马江昭忠祠碑，讲解“马江之殇”和“闽海警钟”等展厅内容。学生认真听讲解并仔细观察昭忠祠的传统建筑特点，与同学、老师交流；师生共同于烈士陵园缅怀甲申中法马江海战的烈士。(50 分钟)

考察点 8：马限山中坡炮台（总时长：40 分钟）

1. 攀登马限山，课程老师介绍研学的主要内容安排及相关注意事项和纪律。(10 分钟)

2. 学生寻找摩崖石刻。

3. 课程老师介绍马限山中坡炮台。学生远眺闽江，观察马限山的地理位置和地形特点，说一说马限山中坡炮台与原前坡、后坡炮台如何进行火力配合。从古炮的射程和射击的角度，与同学讨论该处炮台设置的意义。师生互动。(40 分钟)

考察点 9：罗星塔公园（总时长：90 分钟）

1. 课程老师介绍研学的主要内容安排及相关注意事项和纪律。（10 分钟）

2. 课程老师介绍船政时空步道，学生回顾船政造船工业发展的三个时期及其代表舰船。（5 分钟）

3. 课程老师或场馆工作人员讲解罗星塔公园内的左沈共襄雕塑、罗零基准点、严复晨读雕塑、罗星塔及柳七娘雕塑等景点。学生试着为罗星塔下没有断句的对联："朝朝朝朝朝朝夕，长长长长长长消"断句，并与同行的伙伴交流对联的意思；在望江亭处远眺闽江，感受三江口的宽阔江面和远处的沙洲美景。探讨沙洲形成的原因。（60 分钟）

4. 参观结束时，教师点评学生的任务完成情况并表扬表现优秀者。（10 分钟）

七、研学任务

1. 中国船政文化博物馆的展厅内有六位正聚精会神听讲的船政精英群雕像，他们都是船政学堂的优秀毕业生，曾到欧美等国留学。归国后，六人通力合作，设计制造出了中国第一艘巡海快船和中国第二艘钢甲巡洋舰。找到这六位精英，并选择其中的两位将他们的事迹撰写成解说文稿。

2. 观看央视纪录片《船政学堂》，挑选最触动你的一集，写一篇观后感。

3. 结合博物馆中的地图，讨论船政选址在福建马尾的原因，分析其利弊，写一篇不少于 800 字的报告。

4. 为马尾造船厂旧址内的建筑各设计一个参观指示牌，并附上一段 50 字以内的介绍性文字。

5. 为马尾造船厂旧址内的建筑画一幅简笔画或设计一个景点打卡印章。

6. 根据实地观察，绘制马限山炮台的布防图，并在图上标明火力配置。

7. 查阅资料，说说克虏伯大炮有什么特点，在扼江防守时具有哪些优势和不足，小组合作将其绘制成思维导图并进行说明。

8. 举办以“美好的旧时光”为主题的摄影展，以你的视角提交满意的照片，并附上推荐理由。

9. 用宣传画的形式向游客展示船政的发展历程。

10. 观察中国首架自制飞机模型——“甲型一号”水上教练机，小组合作制作一架小型飞机模型。

11. 畅想未来：你认为未来的飞机或者船舰应该是什么样子的？请你画在绘图纸上，并与同学们进行交流。

八、研学展示

1. 举办研学报告会；

2. 举办摄影展；

3. 举办展览会。

九、研学评价

研学评价以鼓励为主，根据学生的个人实践能力、集体协作实践能力以及从情感、态度、价值观等方面对学生进行优秀（80分以上）、良好（70~79分）、合格（60~69分）三个等次的评价。

指标	一级指标	二级指标	学生自评	小组评价	教师评价
研学旅行表现评价	个人实践能力（30分）	观察与发现问题的能力（6分）			
		运用地理知识阐释地理现象的能力（6分）			
		运用地图和地理信息技术的能力（6分）			
		查找和获取地理信息的能力（6分）			
		记录信息的能力（6分）			

续表

指标	一级指标	二级指标	学生自评	小组评价	教师评价
研学旅行表现评价	集体协作实践能力（30分）	小组活动参与度（10分）			
		和组员共同探究发现问题的能力（10分）			
		分工协作能力（10分）			
	情感、态度与价值观（20分）	研学态度（5分）			
		组织纪律（5分）			
		家国情怀（5分）			
		人地协调观认识程度（5分）			
	研学成果（20分）	研学报告、研学总结撰写或美篇发布（20分）			
评价总分					
最终成绩（学生自评×0.2+小组评价×0.4+教师评价×0.4）					
教师评语					

十、研学注意事项

1. 参观过程中，教师须随时关注学生的动态，禁止学生触碰模型等不恰当行为。

2. 重点提醒学生须严格遵守相关纪律、安全注意事项。

扫码获取
- 中国船政文化博物馆
- 船政记忆收藏夹
- 云游数字博物馆

高中生船政研学实践活动教学案例

一、研学目标

1. 参观船政时空隧道，初步了解福州舟楫发展史，简要说明福州在海丝历史上的门户枢纽地位，初步了解人防建设，理解变革的经验和启示，学会从历史中汲取智慧。

2. 通过船政之旅，梳理探究船政的发展历程，认识船政志士们在民族危机加深的背景下作出的努力，及遇到的困难。传承船政学风，以勇于创新、开拓进取的心态面对未来的挑战。

3. 通过参观船政格致园、马尾造船厂旧址、闽安古镇等地，探寻近代福州以船政为中心的实业发展历史，开展实地调研、劳动实践、合作探究、自主设计等一系列活动，培养自尊自信、勇于探索、独立思考、积极劳动的意识和能力。

4. 考查闽江下游和马江段两岸的重要港区，结合地图和历史资料，通过小组交流、合作探究，能够深入探究福州港埠兴衰以及新港区发展的自然和社会经济背景。

二、研学对象

高中一、二年级。

三、研学路线

第一天：船政格致园—船政时空隧道—中国船政文化博物馆。

第二天：马尾造船厂旧址（二号船坞—铁胁厂—绘事院）—昭忠祠—马限山中坡炮台—罗星塔公园。

第三天：闽安古镇—亭江炮台。

四、研学时间

3 天。

五、研学条件

（1）场馆内灯光、投影正常运行；

（2）安排馆内较宽敞、安静的区域便于为学生集中讲解；

（3）投影设备。

六、研学过程

实践点1：马尾

考察点1：船政格致园（总时长：100分钟）

1. 课程老师介绍研学的主要内容安排及相关注意事项和纪律。（10分钟）

2. 课程老师介绍船政衙门楹联的内容、出处及船政衙门大堂、二堂等，学生抄写楹联并做好相关笔记，让学生猜一猜大堂两边执事牌的官职分别是哪位船政大臣，与学生互动。（40分钟）

3. 学生参观后花园、舰船展厅及官厅池。（15分钟）

4. 学生分享：说一说你知道的船政大臣和让你印象深刻的事。（15分钟）

5. 步行前往船政时空隧道，沿途欣赏美丽的自然风光。（20分钟）

考察点2：船政时空隧道（总时长：70分钟）

1. 闽人善舟。课程老师讲解造船业的起源、发展、鼎盛以及由盛转衰的过程，引导学生观察独木舟→竹方舟→福船的发展变化；引导学生仔细观察福船，说说其船型有何特点、不同福船的船身浮雕有何不同、有何寓意，并与学生互动。（20分钟）

2. 课程老师讲解“海丝枢纽”，学生读图讨论，郑和七下西洋中的“西洋”是指现今的哪些地区？郑和船队最远到了哪里？（15分钟）

3. 播放视频，介绍船政的“一首诗、一首曲、一幅画”。（5分钟）

4. 参观人防科普展厅。在重点环节停留、讲解，并回答学生的问题。（20分钟）

5. 参观结束时，教师点评学生的任务完成情况并表扬表现优秀者。（10分钟）

考察点3：中国船政文化博物馆（总时长：180分钟）

1. 课程老师介绍研学的主要内容安排及相关注意事项和纪律。（10分钟）

2. 课程老师或场馆工作人员讲解各层展厅内容，并从第二层开始每层讲解后预留10分钟给学生阅读展板及观看视频，学生对感兴趣的内容做相应的记录或拍照。找到馆藏二级文物——签发于1883年的船政学生黄季良的毕业证书，与同学探讨：为何它由船政提调委员签发且加盖的是船政提调关防印章，这背后隐藏着怎样一段历史？教师巡视并进行帮助或解答问题。（150分钟）

3. 教师点评学生的任务完成情况，表扬表现优秀者并让其分享心得体会。（20分钟）

考察点4：马尾造船厂旧址（二号船坞）（总时长：40分钟）

1. 课程老师介绍研学的主要内容安排及相关注意事项和纪律。（10分钟）

2. 课程老师介绍船政造船厂各分厂、车间、船坞的功能和布局，与学生互动。（30分钟）

考察点5：铁胁厂（总时长：50分钟）

1. 课程老师或场馆工作人员介绍中国首架自制飞机模型——“甲型一号”水上教练机，学生观察、提问。师生互动。（10分钟）

2. 课程老师或场馆工作人员讲解铁胁厂展厅的内容。学生参观铁胁厂，了解铁胁厂建筑结构的演变，仔细观察保留下来的钢铁结构的连接特征，与如今的钢铁结构连接方式进行对比，了解铁胁厂在船政发展时期的作用。仔细观看铁胁厂内展示的“甲型一号”水上飞机的制造过程。（30分钟）

考察点 6：绘事院（总时长：90 分钟）

1. 课程老师或场馆工作人员讲解绘事院展厅内容，学生边听边做记录或拍照留档。提醒学生仔细观察舰首模型，说说都有哪些样式，讨论不同样式的舰首对作战的影响。与学生互动。（40 分钟）

2. “平远”号是船政制造的第一艘全钢甲巡洋舰。学生观看绘事院展厅内循环播放的纪录片《“平远”号的诞生》，讨论衡量一艘军舰作战能力的指标有哪些。（10 分钟）

3. 学生分小组，在课程老师的安排和场馆工作人员的配合下，利用展厅内配备的互动触摸屏，试着设计一艘自己心目中的超强军舰，为军舰取名并打印出来，与同学交流设计意图。（20 分钟）

4. 学生在绘事院外墙的墙面上找一找马江海战中法国军舰炮击船政厂区时留下的弹痕。（5 分钟）

5. 学生参观综合仓库、机修车间、机装课仓库、甲居课保障组等建筑和建筑内展品，观察绘事院楼的建筑风格及轮机厂门内外的两侧墙体与门的角度，并了解新中国成立后马尾造船厂造船业的发展过程。师生互动。（15 分钟）

考察点 7：昭忠祠（马江海战纪念馆）（总时长：50 分钟）

1. 课程老师或场馆工作人员介绍不同时期修建的马江昭忠祠碑，讲解“马江之殇”和“闽海警钟”等展厅内容。学生观察昭忠祠的建筑模式，与同学、老师交流其建筑特点；师生共同于烈士陵园缅怀甲申中法马江海战的烈士。（50 分钟）

考察点 8：马限山中坡炮台（总时长：40 分钟）

1. 登马限山，课程老师介绍研学的主要内容安排及相关注意事项和纪律。（10 分钟）

2. 课程老师介绍马限山中坡炮台等，学生参观山顶炮台旧址，远眺闽江，观察马限山的地理位置和地形特点，说一说马限山中坡炮台与原前坡、后坡炮台如何进行火力配合。与同学讨论分析该处炮台设置的意义。从古炮的射程和射击的角度，探究该处古炮台存在的问题，提出改进意见。师生互动。(30 分钟)

考察点 9：罗星塔公园（总时长：90 分钟）

1. 课程老师介绍研学的主要内容安排及相关注意事项和纪律。(10 分钟)

2. 课程老师介绍船政时空步道，学生回顾船政造船工业发展的三个时期及其代表舰船。(5 分钟)

3. 课程老师或场馆工作人员讲解罗星塔公园内的左沈共襄雕塑、罗零基准点、严复晨读雕塑、罗星塔及柳七娘雕像等景点。学生试着读一读罗星塔前的一副对联："朝朝朝朝朝朝夕，长长长长长长消。"说一说这副对联所反映的自然现象，分析这种自然现象形成的原因。罗星塔原本为木塔，明万历年间被海风摧毁，1624 年重建为石塔，而后又历经多次重建和修缮。探究石塔发挥的重要作用以及在后来被称为"中国塔"的原因。罗星塔所在的罗星山古时是江心岛，如今已经和陆地相连，学生探讨导致这种变化的原因。在望江亭处远眺闽江，感受三江口的宽阔江面和远处的沙洲美景。学生探讨沙洲形成的原因，并分析沙洲的变化趋势。(60 分钟)

4. 参观结束时，教师点评学生的任务完成情况并表扬表现优秀者。(10 分钟)

实践点 2：亭江镇

考察点 1：闽安古镇（总时长：120 分钟）

1. 课程老师介绍研学的主要内容安排及相关注意事项和纪律。(10 分钟)

2. 课程老师介绍闽安古镇历史，学生参观闽安古镇，在纸质地图或电子地图上找到闽安村，说一说闽安村所处的地理位置；实地观察闽安村所处地理位置与闽江的关系。(20 分钟)

3. 学生游览迥龙桥，观察桥上的石刻石雕，给桥上的石刻石雕拍照或临摹几幅石刻石雕；观察迥龙桥桥墩的形态特征，说说这种桥墩的作用和其所

反映的邢港河的水文特征及形成的自然原因。在地图上找到迴龙桥的位置，结合马尾区地图说明其修建的意义。（20分钟）

4.学生参观闽安协镇署（闽安协台衙门），研究《重修闽安协署碑记》及《英军犯顺厦门报警》石碑上记录的内容，梳理从宋代闽安巡检司衙门至清代闽安协台衙门的发展脉络。（40分钟）

5.观看并参与蟛蜞酥、蟛蜞酱、白丸仔、闽安芦鱼等闽安古镇特色美食的制作过程，品尝特色美食。（30分钟）

考察点2：亭江炮台（总时长：90分钟）

课程老师介绍亭江炮台的主要构成和布局。学生依次参观临江炮台—前沿炮台—山巅炮台、坑道、暗道等，认真观察并与同学探讨炮台的布局与该地地形的关系。（90分钟）

七、研学任务

1.参观中国船政文化博物馆展厅，选择最触动你的内容写一篇观后感。

2.撰写小论文分析船政对台湾基隆工业化的推动作用。

3.编排剧本“求是堂艺局的一天”，重现船政前学堂或后学堂的日常学习生活。

4.根据资料，在实地找一找当年马限山炮台弹药库的位置。你觉得弹药库的位置是否合理，为什么？将你的想法整理成书面报告。

5.目测马限山中坡炮台与江面的相对位置和距离，结合克虏伯大炮的射程、射界方位角等数据，你觉得炮台对溯江而上的来犯之敌能否形成有效的军事打击？为什么？将你的想法整理成书面报告。

6.在罗星塔公园望江亭处远眺闽江，感受三江口的宽阔江面和远处的沙洲美景。探讨此处沙洲形成的原因，并分析沙洲的变化趋势。

7.迴龙桥横跨邢港南北两岸，四墩五孔，船形桥墩，为花岗岩平梁结构。为桥梁的全景和细节拍摄照片，并制作一份简报，配以适当说明。

8. 观察迴龙桥桥墩的形态特征，说说这种桥墩的作用及其反映的邢港河的水文特征，分析形成这些特征的自然原因，并整理成书面报告。

9. 以蟛蜞酱为例，探究闽安地理环境对食材供应、食材加工及保存方式的影响，并整理成书面报告。

10. 考察福建戍守台湾将士墓群，瞻仰先烈的丰功伟绩，缅怀先烈，弘扬爱国主义精神，开展鞠躬、献花、默哀等悼念活动。探究将士戍守台湾的时代背景，统计戍台牺牲将士的籍贯，探究戍台将士的来源及其原因，并整理成书面报告。

11. 考察闽安村开发和保护的现状，对其古迹保存和旅游开发提出几条改进建议。

12. 以郑成功收复台湾、清政府统一台湾、闽安戍守台湾及台湾光复等重大历史事件为背景，组织开展诗歌朗诵、话剧表演等主题活动。

13. 以小组为单位，制作主题为“马江研学，探究船政”的美篇或演示文档。

八、研学展示

1. 举办研学报告会，与同学分享研学成果；

2. 举办摄影展；

3. 举办展览会；

4. 开展诗歌朗诵、话剧表演等主题舞台活动；

5. 缅怀先烈悼念活动。

九、研学评价

研学评价以鼓励为主，根据学生的个人实践能力、集体协作实践能力以及从情感、态度、价值观等方面对学生进行优秀（80 分以上）、良好（70~79 分）、合格（60~69 分）三个等次的评价。

指标	一级指标	二级指标	学生自评	小组评价	教师评价
研学旅行表现评价	个人实践能力（30分）	观察与发现问题的能力（6分）			
		运用地理知识阐释地理现象的能力（6分）			
		运用地图和地理信息技术的能力（6分）			
		查找和获取地理信息的能力（6分）			
		记录信息的能力（6分）			
	集体协作实践能力（30分）	小组活动参与度（10分）			
		和组员共同探究发现问题的能力（10分）			
		分工协作能力（10分）			
	情感、态度与价值观（20分）	研学态度（5分）			
		组织纪律（5分）			
		家国情怀（5分）			
		人地协调观认识程度（5分）			
	研学成果（20分）	研学报告、研学总结撰写或美篇发布（20分）			
评价总分					
最终成绩（学生自评×0.2+小组评价×0.4+教师评价×0.4）					
教师评语					

十、研学注意事项

1. 参观过程中，教师须随时关注学生的动态，禁止学生触碰模型等不恰当行为。

2. 重点提醒学生须严格遵守相关纪律、安全注意事项。

附录二

船政研学旅行拓展

规范化、课程化的研学旅行，与中小学课内外的其他教育教学活动有着千丝万缕的联系，为了扩大教育教学的效益，提高教育教学的效率，研学旅行可以向外拓展，形成“研学旅行 +”或“+ 研学旅行”的教育教学新体系。船政研学旅行，主要可以从以下几个方向进行拓展。

一、研学旅行向研学旅游的拓展

研学旅行与研学旅游既有严格的区别，又有密切的联系。在坚守研学旅行规范底线的前提下，可以通过高质量的研学旅行，带动研学旅游的健康发展。

当前，在研学旅行出现一些乱象、有些市场主体打着研学旅行的旗号进行牟利的情况下，首要的管理和整治工作是抓紧研学旅行的课程化。研学旅游也是富有教育教学价值的，可以作为课堂教学和研学旅行的延伸和补充，是课外教育教学很好的途径。

研学旅行向研学旅游的拓展首先表现在时间上。研学旅行纳入课程计划，占用课时，禁止在节假日，尤其在旅游旺季开展，而研学旅游短程的可以利用双休日，远程的更可以利用寒暑假。但在旅游旺季，考虑到学生，尤其是低学段学生是弱势群体，要特别防范安全风险。夏令营、冬令营是研学旅游特别有效的方式，又有集体生活，集中了研学的优势。

研学旅行向研学旅游拓展的第二个方面，是从大集体转向小集体乃至个体。研学旅游的个性化、灵活性可与研学旅行互补。由一个教师带领十来个学生进行小组合作是研学旅游较常见且有效的方式，兼得个性化与集体化之利。低学段研学旅游采取小集体的亲子游，由若干家庭个体联合也不失为比较安全的游学方式。

研学旅行向研学旅游拓展的第三个方面，是增加研学的层次。研学旅行规范范畴仅限于中小学，限于普通教育范畴，而研学旅游可以广泛涉及高等教育、学前教育、职业教育和成人教育。所以，研学旅行与研学旅游相互促进，可以大大丰富研学旅游的内容、形式、业态和产品。

研学旅行向研学旅游拓展，是船政研学发展的重要方面，船政已经具备了国家级研学旅行基地和国家级旅游景区的品牌，其丰富的旅游资源比较容易经过筛选、加工，转换成为研学资源。同时，研学旅行对船政旅游景区的建设起到引领作用，有利于避免“建设性破坏”和“破坏性建设”，促进船政文旅的健康发展。

船政研学旅行向研学旅游的拓展及其示例如下表所示。

·船政研学旅行向研学旅游的拓展·

	研学旅行	研学旅游	船政研学旅行引领研学旅游示例
活动性质	课程计划内的实践活动	野外实践学习活动	船政研学夏令营、船政研学亲子营
活动时间	占有课时，不得在旅游旺季	任何课外时间	船政节庆研学、船政一日研学
活动空间	研学旅行基地、营地	与研学主题相关的地点	船政全域研学旅游、外包食宿场所的船政研学
活动价值	与课程相关的研究性学习价值	实践活动学习价值	船政研学实践大赛、船政研学研发大赛
活动主体	普通教育小学高年级、初中、高中学段学生	各类教育各学段学生	高校旅游专业，高、中等职业教育的船政研学
活动指导	中小学研学旅行导师	教育部门、文旅部门人员	船政研学旅游线路产品
活动组织	班级、年级统一行动，小组研学	组织形式多样	船政研学兴趣小组、船政研学服务志愿者
活动评价	中小学研学实践导师评定	教育、文旅部门从业人员	船政研学锦标赛、社团船政研学评比
活动效益	普通教育成绩、中高考参考成绩	社会实践、社团业绩	爱国主义教育、国防教育等基地奖励研学旅游
活动经营	教育部门，研学基地、营地	文旅部门、文旅企业	船政宴体验、船政游船体验
活动材料	研学课程及读本、研学设施	研学旅游导游手册、游乐设施	船政影视欣赏、船政角色扮演体验

二、研学旅行向劳动教育的拓展

近期，国家出台了大中小学劳动教育的重要文件，事关大中小学为谁培养人、培养什么样的人、怎么培养人的教育根本任务。劳动教育已经成为中小学教学计划的规定课程，有规定的校外活动课时。研学旅行完全应该，而且可以与劳动教育相结合，即研学旅行的劳动化与劳动教育的旅行化和研学化。

研学旅行向劳动教育拓展，首先是在研学旅行中融入劳动教育的理念、内容和实践。研学旅行从广义的旅游范畴的属性上来看，是“劳作性旅游”的一种，即与“休闲性旅游”相对。研学旅行的根本目的不是享乐，而是通过学生自身的劳作，获取研究性学习的成果。从劳作的层面来看，研学旅行首先强调集中食宿行、集体研学，通过研学旅行学生首先要学会校外、异地活动中的独立生活。其次，研学旅行的研究性学习很多是要通过自身劳动来取得成果的，学生可以从中获取劳动的获得感。

研学旅行向劳动教育拓展，还要考虑新时代劳动的内涵。一方面，研学旅行中不可避免地会有“出力、出汗”的体力劳动，尤其在大自然环境中，研究性学习要通过艰辛的体力劳动才能开展。另一方面，新时代的劳动不只是体力劳动，还要“劳心”，要有更高层的脑力劳动。研学旅行的动手、动脚实践要与动脑相结合，通过复杂、综合的劳动，获得研究性强的学习成果。

研学旅行向劳动教育拓展，是要注重劳动的社会化。随着社会的发展，劳动的社会属性越来越强，研学实践对小组合作学习的要求越来越高。新时代的劳动要求学生培养集体主义的意识，有融入集体的态度，有合作劳作的能力。研学旅行一方面强调集体合作，另一方面也关注自主、独立的研学，防止滥竽充数，而个人的劳作即是使个人获得集体认可、为共同成果作出贡献的保障。

船政早就有作为中小学生工业劳动基地的历史，工业劳动是现代社会劳动的代表。船政劳作既有体力劳动，又有脑力劳动，劳动的工种、技艺结构比较完整，内容比较丰富，而这些劳动又与研学关系密切。航模和舰模比赛是国际性的，研学实践可以制作飞机和舰船模型，并运用现代科技，制作无人机、船。此外，船政劳动还有高层次、综合性的形态。例如，船政作为文旅景区申报和建设高层次国家品牌，就是高层次研学劳作的机遇，师生可以以志愿者服务的名义，为船政的各种品牌申报提供智慧服务。

船政研学旅行向船政劳动教育的拓展及其示例如下表所示。

· 船政研学旅行向船政劳动教育的拓展 ·

研学旅行	劳动教育	船政研学旅行引领船政劳动教育示例
传统先进帆船工艺研学	传统造船劳作	“福船”非遗传承拜师劳动、“福船”模型竞技
近代领先飞机工艺研学	近代飞机模型及现代无人机制作	船政飞机模型竞技、无人机制作与竞赛
船政绘事工艺研学	测绘劳务	现代造船测绘
船政选址环境研学	环境勘探劳务	马江山水考察勘测，无人机测绘及大赛
游艇驾驶研学	游艇驾驶劳作	游艇模拟驾驶及竞技、游艇驾照考核
现代造船工艺研学	现代船厂各工序劳作	现代造船工序拜师学艺、现代舰模竞赛
集装箱码头运作研学	港口运作劳务	集装箱码头模拟运作
马尾农业研学	传统与现代农业劳作	传统农艺传承体验、现代农艺体验操作

三、研学旅行向国防教育的拓展

新时代国家提出了大中小学国防教育的要求，当前学校国防教育的主要形式为军事训练，基本上是人民武装部门派员到学校进行训练，高校还设置军事理论课程，到校外进行国防教育的做法尚属鲜见。研学旅行的六大类课程中尚无国防教育类属，有一些国防教育园区供研学旅行用，主要是用于参观和军事技能体验，体验则主要是模拟的。上述这些国防教育的活动尚未达到较高的教育教学水平。

研学旅行向国防教育拓展，首先要促进国防教育目标和内容要求的完善。通过研究性学习，改变输入式的国防意识、国防理念，特别是国防责任的教育教学，转变为通过学生自主的主题研究探索以及亲力亲为的深度历练获得。国防研学在可能枯燥的国防课堂教学与限于实操的军事训练之间，架起了理论联系实际探究国防问题的桥梁。

研学旅行向国防教育拓展，要注意学科综合。国防意义、战略态势要应用思政课程，国防环境、军事背景要应用地理课程，国防史论、国防发展要应用历史课程，国防体验、军事训练要应用体育课程，国防科技、军事装备要应用数学、物理、化学、生物、信息技术课程，国防文化、军旅艺术要运用语文、音乐、美术课程。

船政有丰富的海防、海军史资源，有望建设成为海洋国防教育基地，这对于当前中小学课程改革中国家加强海洋权益、海洋战略的要求意义重大。船政海防教育的软、硬件建设任务繁重，价值很高。

船政研学旅行向海防教育的拓展及其示例如下表所示。

·船政研学旅行向海防教育的拓展·

研学旅行	海防教育	船政研学旅行引领海防教育示例
晚清陆防与海防之争研学	国情与海防战略教育	模拟海防与陆防之争辩论、海陆防之争资料库建设
甲午、甲申海战研学	海战战略战术教育	海战复盘及游戏操作、模拟兵棋海战演习
近代马江海防研学	近代海防布局教育	马江军事地理考察、马江海防布局模拟军事会议
当代海洋政治地理研学	当代海洋权益与战略教育	台海政治地理地位调研考察
闽江口海防研学	江海联防教育	闽江口海防军事训练、海防志愿者行动
海防武器装备研学	立体海防装备教育	海防装备观展、海防装备操作训练
海军生活研学	海军军事生活教育	海防前哨生活体验、海上舰艇生活体验
海防戍边历史研学	海防戍台、戍边教育	闽安戍台史调研、琴江海防戍边体验调研

四、研学旅行向美育的拓展

近期，教育部门出台加强美育的文件，这是我国教育整体改革的重要方面。应当理解，加强美育是广义上的，包括哲理上的审美、理念和情趣，行为上的审美习惯和能力，实体上的审美对象和载体。美育只靠校内、课堂教学是不够的，美的感受、体验、内化都需要身临其境的实践探究和作为。在研学旅行中感悟美、升华美是事半功倍的教育教学方式。

研学旅行向美育拓展，首先要提升对研学旅行综合实践活动属性的认知。综合实践不仅仅是中小学各门课程的综合，必须提升到我国教育方针五育并举的顶层层面上来认识，即研学旅行是德、智、体、美、劳五育并举的校外综合实践活动。在设计每一个研学主题时，都要考虑美育的价值、目标和任务，做到心中有数、循序渐进。

研学旅行向美育拓展，不是简单地体现美育元素、拼凑审美活动，而是高屋建瓴地以美育宗旨指导探究学习，以美的本质协调策划研学活动。研学的目标要讲求协调与和谐，例如，协调校内外教育，践行研学旅行课内外教学的衔接；协调各类研学实践，以一类为主，兼顾其他类型；协调研与旅的关系，使旅行真正成为研学的载体；协调劳作与审美，体验劳动创造之美，适当放松身心；协调自然与社会审美，探究科学与人文的和谐；等等。

船政具有很高的审美价值。首先是自强救国的情操美，研学内容要剔除忠君思想、封建腐朽、列强压迫等糟粕，提炼爱国、报国、敢于抗争、勇于创新的志向美。其次是科技创新的理性美，研学活动要让受众沉浸式体悟科技探索和创造之美、智慧之美。再次是船政选址布局的环境之美，研学探究要充分利用闽江下游山水独特的格局之美，充分利用马江山水布局之美。造船工艺之美应贯通古今中外，从福船的世界之最到飞机舰船的世界赶超，延续到当今船舶工业的科技领先，应据此设计各种参与式的美学体验活动。

船政研学旅行向船政美育拓展及其示例如下表所示。

・船政研学旅行向船政美育的拓展・

研学旅行	美　育	船政研学旅行引领美育示例
山水美研学	马江山水美育	马江山水摄影、美术教学及竞赛
工艺美研学	造船工艺美育	福船、船政造船设计、工艺美探究及文化创意
文学美研学	船政文学美育	船政诗词、楹联、散文、政论文等文学美研讨、写作
演艺美研学	船政演艺美育	船政曲艺、戏剧、影视剧鉴赏、评议、创作、演出
创作美研学	船政文创美育	船政文创工艺品鉴赏、创作、比赛
影像美研学	船政影像美育	船政摄影、摄像美术创作及比赛

五、研学旅行向体育的拓展

近期，教育部门也出台了一系列加强体育教育的文件，这也是我国教育整体改革的重要方面。研学旅行与体育关系密切，旅行不但是养成健康体魄的有效途径之一，旅行加研学更是培育心理健康的有效途径之一。同时，体育也是支持研学旅行常态化开展的必要保障。

研学旅行从顶层设计开始，就要有意识地安排旅行、研学与体育的融合，行程兼顾锻炼与放松，张弛有度，劳力与劳心互补，动静相济。研学旅行设计的难点在于节奏的合理把控，避免过劳和过于闲适。

研学旅行的内容与形式的设计，也要融合研学与体育，自然研学要有一定的野外行军，社会研学要有一定的劳务活动。研学活动要包括一定的修身养性行为。

研学旅行的评价也要与体育相结合，除了考核研究性学习的过程与成果之外，也要考评体育参与和身心健康状况的变化。

船政研学旅行要充分发挥军事体育运动及其训练的功能。综合海防教育与海军军训，大力建设海洋体育软、硬件，大力开展为数尚属不多的海洋体育运动及研学活动。船政的体育研学空间应包括闽江下游至马祖澳及其沿岸，体育研学的载体包括船只、水上运动器具、陆上运动器具，体育研学活动包括有器具的和无器具的运动、训练、比赛，体育研学的类型包括健身与健心。

船政研学旅行向船政体育拓展及其示例如下表所示。

·船政研学旅行向船政体育的拓展·

研学旅行	体　育	船政研学旅行引领体育示例
传统武术研学	马江水师传统武术体育	水师传统武术健身、比赛
现代军体研学	现代海军军事体育	现代军事体育健身、比赛
山水野营研学	马江山水野营体育训练	山水野营拉练级竞赛
驾船研学	驾船体育	帆船、摩托艇、龙舟训练及竞赛
游泳研学	军事游泳体育训练	武装泅渡、潜水训练及竞赛
趣味体育研学	趣味体育训练	水上骑行、漂流瓶、放王船等趣味活动及竞赛

附录三

船政全域研学旅行

船政研学旅行课程研发团队，关于马尾区开展全域研学旅行一事，对各方面所提问题阐述如下。

问题 1　船政研学旅行为什么要扩展到马尾区全域范畴的研学旅行？

答疑：诚然，教育部批准的首批国家级研学旅行基地只是船政文化城，并非马尾区全域。然而，从研学旅行的初衷，乃至研学旅行的综合实践活动课程的宗旨来看，囿于船政文化城是无法体现船政博大精深的研学旅行价值及综合实践活动功能的。就船政文化城论船政研学，难以达到国家级研学旅行应有的综合实践活动课程水平，会造成船政研学资源的浪费，令全国各地慕名而来的研学旅行团队失望。所以，船政研学旅行绝不只是船政文化城的事，也不只是马尾区文化部门的事，必须本着新时代全域旅游的新观念，举马尾全区之力，研发好船政研学旅行供给，不负全国研学旅行需求侧市场对船政研学供给侧的众望。

问题 2　船政研学旅行在马尾全域化的依据是什么？

答疑：近年来有一系列宏观的依据，包括新时代中小学教育立德树人根本任务的要求，新时代中国旅游内涵丰富和外延拓展的需求，特别是新时代旅游兼具休闲性与劳作性、生活性与生产性的服务业性质的转型和完善等。从直接相关的视角来看，则是旅游的全域化发展趋势。从广义上说，研学旅行毕竟也是一种旅游活动，国家倡导的全域旅游也适用于研学旅行这类特殊的旅游。当然，这些都是必要性使然，加上马尾全域富有真实情境，既适合全域旅游的开发，也适合全域研学旅行的发展。

问题 3 如何理解船政全域研学旅行？

答疑：可以借鉴对马尾区全域旅游的认识来认知船政全域研学旅行。由于船政是马尾旅游与研学不容置疑的全国性乃至全球性的旅游品牌和研学实践品牌，所以马尾区全域旅行就以船政全域研学旅行为代表。时至今日，还有人对“全域旅游”的“全域”二字有误解，只从全地域角度来理解，以为是将船政研学空间从船政文化城扩展到马尾区全地域。确实，全域旅游是有全地域旅游的一重含义。但必须重视的是，全域旅游还有一重意思是“全领域”，即马尾区的各领域、各部门、各行业。只有马尾区全地域、全领域一起来做，全域旅游才能实现，全域研学旅行才能高水平践行，全面获益。

问题 4 船政全地域研学旅行表现在哪些方面？

答疑：具体而言，船政全地域研学旅行是以整个马尾区所辖的全部地域作为研学范围的。这是一种无景区（点）旅游，即不依赖景区（点）的研学旅行方式。换言之，如果船政文化城不严格按照文物和非物质文化遗产的保护性修复要求，而修建成一般旅游的景区，则只能吸引以休闲娱乐为主要目的的一般客源，而不能吸引研学旅行的生源。富有内涵的船政研学旅行，必须包括船政赖以生存和发展的自然地理环境和社会环境，而这两个环境的地域范畴则远远超出目前的船政文化城。从船政的选址开始，与创办船政有关的马江段山水均属全域研学旅行的范围。从船政的投入—产出运营来看，原材料的输入、产品的输出和使用，马尾区的上、下游船政区位，都在研学范围之内。考虑到船政几经迁移的原因，与我国台湾地区的关系，以及郑和航线、琉球封贡，乃至古今海上丝绸之路的发展历程。

问题 5 船政全领域研学旅行表现在哪些方面？

答疑：船政从一开始就是“船政”，而不是“船业”，层次高、领域广，研学资源品位高、维度众多。船政研学，最直接相关的是造船与用船领域，还包括军用与民用两方面。要造船、用船就要有港口和航道，包括内河港口和航道，沿海港口和航道，乃至外海港口和航道，港口还包括始发港、终到港、中转港，其间有航道沟通，历史上港口、航道的选址还与冬、夏季风的风向、风季相关，港口和航道还与陆上驿道、近现代陆路交通网相衔接，古代马江航道直接与闽江中上游相通，直抵武夷山麓转为陆运，接通陆上丝绸之路或茶道。船政还兼有飞机、潜艇制造功能，海陆空立体交通部门齐全。军事领域还涉及水师和陆上岸防的建设和运营，涉及相关海战。与军事领域密切相关的还有外交领域，包括合作与冲突两方面。船政拉动的中国经济近代化，远不限于交通部门，还广泛涉及开矿冶炼、机械装备制造等工业部门。旗营落户农垦，规模庞大的船政农产品供给、船政戍台推广近代农业、丝绸之路丝、茶、糖生产等，使船政研学广泛涉及农业各部门。船政还拉动金融业、邮政电信业、仓储物流、建筑与房地产等近代生产性服务业。船政拉动国内和国际商贸业的规模巨大。船政带动的开放型经济从来都不是孤立的，必然带动社会、文化领域的开放，社会民俗、劳动就业、法治、医疗卫生，研学领域广阔，尤其是教育、科学技术领域研学价值突出，此外还有宗教、艺术等方面的近代化，乃至近代各学科的建设等，研学资源十分丰富。船政全领域研学旅行见下图所示。

- 船政全领域研学旅行
  - 经济领域
    - 交通运输
      - 船舶修造：历史福船、鼠船、近代轮船、现代船舶（运输船、科考船）、工厂、船坞
      - 航运码头：内河码头、驿站、沿海码头（大陆码头、海岛码头）
      - 航道建设：马江航道、闽江航道、福州市区航道、海运航道、客运航线、货运航线、郑和航线、琉球航线、海丝航线、茶道
      - 陆路建设：驿道、近代公路、现代高速交通网
      - 飞机、潜艇的制造与使用
    - 工业
      - 矿冶业：铁矿、煤矿、配套矿产、金属冶炼
      - 制造业：造船、机械制造、装备制造、贸易商品制造（丝绸、陶瓷、茶）
      - 能源业：历史能源、现代能源
    - 农业
      - 供给农业：种植业、养殖业、捕捞业
      - 出口农业：桑蚕、糖蔗、茶、茉莉
    - 服务业
      - 商贸业：国内商贸、丝路商贸、琉球商贸
      - 建设建筑：商埠建设、城乡聚落建设、房地产建设、工厂建设、基础设施建设
      - 物流：历史物流、现代物流
      - 金融：历史金融、现代金融
      - 通信：古代通信、近现代邮政、近现代电信
      - 旅游：历史旅游、现代旅游
      - 生活服务
  - 文化领域
    - 遗产：文物、非物质文化遗产
    - 民俗：日常民俗、节事民俗
    - 制度：古代、近代、现代、当代法律制度
    - 宗教：本国、民间、外来宗教
    - 艺术：中外文学、演艺、工艺、园艺、创意、影视
    - 新闻报道
    - 科技：古代、近代、现代、当代科技
    - 教育：古代、近代、现当代教育、普通、职业教育
    - 精神：船政精神、近代化精神、现代化精神、哲学中外交流
  - 社会领域
    - 劳动：就业
    - 福利：医疗、脱贫致富
    - 社会团体：工人运动

- 政治领域
  - 军事
    - 海防观念
    - 军事训练
    - 海战
  - 政策
    - “一带一路”倡议、新发展理念
    - 新区、自贸片区、开发区、改革开放示范区、台胞登陆第一家园
    - 特事特办、马上就办
  - 外交
    - 历史上抵御外侵、开放合作
    - 现代命运共同体
- 生态领域
  - 地理位置：海陆位置、纬度位置、海拔位置、相邻位置
  - 地质地貌：火成岩地质地貌、流水地质地貌、建筑材料
  - 气象气候：水、热、风、光照、空气质量、气候舒适度
  - 水系水文：江河、河海（咸、淡水）、潮汐、水资源、水深、水量
  - 植被土壤：森林覆盖、土壤肥力、生物多样性
  - 环境生态质量

▲ 船政全领域研学旅行

问题 6　船政全域研学旅行除了考虑地域、领域外，还要考虑什么？

答疑：船政全域研学旅行，还要考虑时间上的问题。首先，船政研学的对象是数千年来持续发展的，从不间断，必须追溯到上古时代从福州盆地还是海湾时就有的“闽人擅舟楫”“靠山吃山，靠海吃海”，不能局限于近代船政。而对于漫长的船政史，研学要分时段，从古代、近代、现代到当代，不同时代有不同特点，研学内容和形式都要因时制宜。同时，船政研学不能局限于近代，还要一直研学到现当代，要梳理揭示当代造船业的特色，特别是进入新时代，船政精神的传承与发展、船政内容的改革，都要进行研发。其次，一年当中开展研学旅行要做季节性安排。研学旅行一般安排在每个学期的半期考试之后，与“春游”“秋游”相结合，春秋季节的气候舒适度较高，比较适合旅行。冬、夏两季，则可以从研学旅行向研学旅游拓展，结合冬、夏令营开展。不同季节的研学内容应随自然时令和人文事件而定，以增强研学的情境感和体验感。要细分随时节变化的研学资源和环境，开发研学产品和市场。

问题 7　船政全域研学旅行目前认知度如何？

答疑：“全域旅游”是近年来国家文旅部门提出的旅游新理念，即便是旅游界对此的认知度也不高。业界较多的认知是全地域旅游，即“无景点（区）旅行”“将城乡建成景区”，对全领域旅游还比较陌生。认知全领域旅

游是当务之急，因为自从国家倡导产业融合以来，各行各业以旅游为“黏合剂”，出现了“旅游+”“+旅游”的新业态，目前绝大多数旅游目的地、旅游项目都已超出了旅游领域，不在文旅部门的管辖之下。当前颇为矛盾的是，在文旅部门管辖下的行业内旅游人才过剩，而其他部门管辖下的旅游业态人才奇缺。当旅游因不可抗拒力大面积滑坡时，研学旅行作为刚需突起，而且非文旅部门管辖下的研学目的地研学价值更高。所以说，船政研学旅行必须强调全域性。

问题8 船政全域研学旅行的当务之急是什么？

答疑：船政全域研学旅行，是船政研学旅行的当务之急。而船政全域研学旅行的当务之急，则是构建全域研学旅行的体制与机制。研学旅行本身综合性就强、涉及面就广，故而以教育部为首的有11个部门联手发布文件，从规划、资金、安全、交通、文化等方面共同保障研学旅行的开展。但从船政全域研学的视角来看，还是不够的。船政研学对象和资源权属分别属于国防（含人民武装）、外交与外事、工业与信息化科技、农业与农村（含海洋港口）、商务、环境保护、水利、自然资源（含地质、林业）、住房和城乡建设、体育等众多部门，应当由马尾区党政牵头，成立多部门广泛参与的全域研学旅行领导和管理体系，构建全领域整合领导、规划、运行的全域旅行体制，进而构建各部门协调的高水平全域旅行运营机制，从一开始就使全域研学旅行走上轨道。例如，军事研学的开展，没有国防部门批准成立的海防教育基地提供舰船设备，没有人民武装部门提供海防民兵体验真实情境，是无法实现的。又如，航模、舰模的制作和赛事，没有体育部门引入国际竞赛机制，是无法提高研学质量与品位的。

问题9 从船政全域研学旅行发展的要求来看，目前存在哪些主要问题和短板？

答疑：在中国经济社会发展的“十四五”规划中，更加重视“多规合一”的理念。马尾区文旅部门也应当制订全域旅游规划，这一规划反过来也会促进“多规合一”。基于这一规划，可细化制订全域研学旅行的规划，补上目前这一短板。缺失全域研学旅行规划，则全域研学资源可能会被破坏或流失，造成不可挽回的损失。缺失这一规划，研学旅行只能在低位运行，达不到国家级研学基地的标准要求，难以吸引全国学生来开展研学实践活动。缺乏全域联动机制，则船政文物的保护、修复和利用缺乏全面的、系统的制度安排，难免发生“建设性破坏”和“破坏性建设”等现象，不能提供真实的、可体验的、有价值的研学产品。条块分割和行业分隔造成的各自为政，很难互通资源、产品，可能造成设计、开发、建设、营销等环节的低能、低效、低质，使一流的船政文化和资源，无法形成一流的研学产品和市场。人才短板也是掣肘船政研学的关键之一，马尾区从事教育、文旅等相关行业的人才不少，但各行各业融合性低。在全域研学旅行的视角下，有助于打造一支各行各业融合的研学旅行指导和服务的专业人才队伍。

问题 10　船政全域研学旅行的规划主要考虑和解决哪些问题？

答疑：无论从必要性还是可行性来看，船政研学旅行既然必须是全域的，那么制订船政全域研学旅行发展规划就是当务之急。全域研学旅行规划最好基于全域旅游规划，也可以先做全域研学旅行规划，并以此促进全域旅游规划制订。全域研学旅行规划首先要依据正确的指导思想、法律法规、政策文件等，定位船政全域研学旅行的性质和地位，从而确定全域研学旅行的目标、战略和原则，从全地域的视角，界定全域研学旅行的空间范围，进而进行空间格局的布设。再从全领域的视角，策划各领域各行业研学旅行的发展。规划成效的关键在于协调利益相关各方的行为，从政策、体制、机制、资金、人才、市场、产品等方面全方位保障和支持船政研学旅行的发展。

问题 11　短期内船政全域研学旅行如何以项目为导向开始启动？

答疑：应选择几个必要性和可行性都很强的研学旅行项目，作为全域研学旅行启动的抓手。例一，推出船游研学项目，从台江码头出发，至闽江口外马祖澳，停留闽安、马尾造船厂旧址、太平港、旗营村等节点，进行船政选址、船政与马江主权管控、船政与贸易、船政与海军等的综合研学，建设一条基本研学线路。例二，开发新旧船厂对比研学项目，以新船厂现代造船业为主，从选址的地理环境、造船业发展的社会背景、船业的经济性质、对国家海洋权益和海洋战略的贡献、同行业中国际国内地位、业态和规模、科技水平、与两岸的关系等方面全面进行比较探究。例三，借鉴福州郊区经验，在琅岐岛建设以色列式工厂化农庄，作为研学旅行实验基地，生产供给船政研学旅行的食品。例四，借鉴龙岩经验，由军队院校设置海防教育基地，参与正式的民兵预备役海防军训和军事行动。例五，申报国际正规航模（无人机）、舰模竞赛，以船政飞机舰船为航模、舰模为载体，建设国家体育部门航模舰模运动训练基地。例六，借鉴湖南省经验，由省教育行政部门主办、省旅游协会协办，以船政为研学内容和场所，开展高校旅游专业本科师生为中小学研学旅行设计开发课程的旅游职业技能大赛。

问题 12　船政全域研学旅行人才如何培训？

答疑：省教育行政部门已经以船政为研学对象，在全国率先成功举办中学研学旅行导师培训班。可以借鉴此经验，由教育、文旅、工信、交通、国防等部门联合举办旅游从业人员、中小学教师、研学旅行相关行业从业人员的研学旅行服务、指导研发管理等培训班，解决研学旅行人才匮乏的突出问题。全域研学旅行人才培训的理念，是要使所有参与船政全域研学旅行的“产”“官”“学”“研”人员明确全域研学旅行的概念及其内涵和外延，理解船政研学旅行全域化的必要性和可行性，从而统一思想，步调一致。全域研学旅行人才培训的目的，是要构建一支涵盖各相关领域的船政全域研学旅行专业团队，明确分工与协同，明确各自的责、权、利，着眼全国，落地马尾全区，履行好新的职责。全域研学旅行人才培训的内容主要包括：船政研学旅行全域化的意义、价值、效益，船政全域研学旅行课程化的任务，船政研学旅行国家级基地和营地的全域拓展，船政研学相关国家级教育基地的申报和融合建设，船政全域研学旅行课程的全国推广，船政全域研学旅行带动的全域旅游开发，船政全域研学旅行标准规范体系的建设和实施，船政全域研学旅行资源的物化和上线，船政全域研学旅行活动的时空细化研发与实务，船政全域研学旅行赛事、展示、节事的策划和实施，等等。船政全域研学旅行从业人员的培训，资源非常丰富，方式也可以很多，但从组织、时间和资金来看，培训的机会还是难得的。船政全域研学旅行的方向既定，则人力资源的水平就是决定性因素，各利益相关方对此一定要有充分的认识。必须制订统一的人才队伍建设规划和方案，统筹各方资源和力量，进行系统的培训。尤其要利用各行各业的培训机会，争取培训经费和时间。所在地党政领导机构要统一谋划，切实依靠高校、研究机构、学术团体，聘请理论联系实际的专家，争取培训实效；还要严格市场准入制度，加强研学旅行从业的资质管理与考核。

附录四

中国教育学会地理教学专业委员会
研学旅行课程标准

研学旅行课程标准（一）

——前言、课程性质与定位、课程基本理念、课程目标

段玉山[1] 袁书琪[2] 郭锋涛[1] 周维国[1]

（1. 华东师范大学，地理科学学院；2. 福建师范大学，地理科学学院）

前言

“读万卷书、行万里路”是我国求学的优良传统。读万卷书所获得的知识，是要通过行万里路在亲身实践中加以检验和应用的；而行万里路的实践和体验，则是要在读万卷书的知识指导下进行。当前我国的基础教育偏重“读万卷书”，而缺少“行万里路”。研学旅行的提出，就是要统一“读万卷书”与“行万里路”的求学过程，是我国学校教育改革的重要举措。

2013年国务院办公厅印发的《国民旅游休闲纲要（2013—2020年）》首次提出要逐步推行中小学生研学旅行的想法。教育部从2013年开始开展研学旅行的试点工作，取得了较好成效。随着我国从温饱社会走向小康社会，近年来国务院发布了一系列促进旅游发展的文件，其中都有明确要求积极开展研学旅行，把研学旅行纳入学生综合素质教育的范畴。2016年初，教育部发布《关于做好全国中小学研学旅行实验区工作的通知》，确定了10个全国中小学研学旅行实验区以及研学旅行基本原则、实施时间等。2016年底，教育部会同国家发展和改革委员会、公安部、财政部、交通运输部、文化部、食品药品监管总局、国家旅游局、保监会、共青团中央、中国铁路总公司等11个部门联合发布《关于推进中小学生研学旅行的意见》，将研学旅行上升到落实立德树人根本任务的高度，并纳入学校教育教学计划。2017年，国家旅游局开始实施《研学旅行服务规范》。

2017年9月，教育部印发《中小学综合实践活动课程指导纲要》，明确了综合实践活动是必修课程，并将研学旅行纳入综合实践活动课程的范畴。2017年12月，教育部办公厅印发《关于公布第一批全国中小学生研学实践教育基地、营地名单的通知》，对于研学旅行基地、营地的性质、功能有明确的示范意义。

然而，虽然教育部门关于研学旅行的文件多次下达，相关部门发布了若干文件，但研学旅行作为课程，尚缺乏规范实施的课程标准。相关文件之间也存在一些不相吻合之处。各地研学旅行的实施尚处于初始阶段，因认识上、安排上的不统一，难免出现泛化、偏差等问题。研学旅行容易与研学旅游、游学等活动相混淆。为避免发生“只旅不学”或“只学不旅”等现象，研学旅行活动课程迫切需要制订标准，明确其课程性质、课程定位、课程理念、课程目标，规范其课程结构、课程内容、课程实施、课程评价，统摄其课程基地、集体营地、活动线路、实践点研学任务、用书等课程建设要素。综上所述，研学旅行课程标准的制订已迫在眉睫。

作为一门新型课程，中小学研学旅行不同于以往的分科实践教学，其学科综合的范畴非常宽广，其课程标准的研制与活动教学的实施应以地理、历史、思想政治、科学（物理、化学、生物）、语文、艺术等学科为主，整合各相关学科的教学和教研力量，突破学校课堂教学及分科教学的局限，探索构建理论与实践相结合，多学科融合的创新型校外活动课程模式。

为全面贯彻党的教育方针，坚持教育与生产劳动和社会实践相结合，引导学生深入理解和践行社会主义核心价值观，充分发挥研学旅行在中小学综合实践活动课程中立德树人的优势，保证中小学研学旅行的课程建设标准化、教学活动有效化、组织管理规范化、学业评价合理化，促进研学旅行活动健康持续发展，特制订本标准，可用于指导各地、各领域、各等级、各类型研学旅行专门课程标准的制订和评价。

一、课程性质与定位

（一）课程性质

研学旅行是由教育部门和学校有计划地组织安排，通过集体旅行、集中食宿方式开展的研究性学习和旅行体验相结合的校外教育活动，是学校教育和校外教育衔接的创新形式，是教育教学的重要内容，是综合实践育人的有效途径。

研学旅行具有以下明显的特点：第一，计划性。研学旅行不是泛泛的游学，而是纳入教育部门和学校教育教学计划的重要教育教学活动，是参与学生一个也不能少的集体教育活动。第二，实践性。研学旅行是学校理论教育与校外实践教育相结合的教育教学方式，面对自然界与社会的真实情景，让学生在“做”“考察”“探究”“旅行”“反思”“体验”等一系列实践活动中发现和解决现实问题、体验和感受真实生活。第三，整合性。研学旅行是跨学科的综合教育教学课程，尤其是以跨自然与社会学科两大学科领域的地理学科为纽带，整合教育教学内容和方式，鼓励学生综合运用各学科知识和方法，思考、认知、解决综合性问题。要求学生综合考虑与自然、与他人、与社会、与自我的关系。第四，开放性。研学旅行打破了学校课堂一言堂的课程格局。研学的情境是开放的，现实问题没有唯一的答案，有利于发散思维。研学活动是开放的，学生面向真实的世界，与开放的社会互动。第五，趣味性。研学旅行离开学生常住地，旅行经历、异地景观和研学实践容易引发学生探究兴趣，提高学生的生活品位、审美情趣和创新意识。

（二）课程定位

研学旅行是中小学综合实践活动的重要方式，是各个学段课程方案中的必修课程。研学旅行属于综合实践活动课程，与学科课程并列设置、相互补充，是中小学课程结构不可或缺的组成部分。研学旅行是学科课程内容的延伸、综合、重组与提升，既是学科课程基础知识、基本原理的应用，也是对学生各学科核心素养养成的实践检验、各学科领域学习成果的拓展和加深。研学旅行推进中小学研究性学习的开展，培养学生良好的学习习惯。

研学旅行推进中小学地方课程、校本课程的建设和实施，使各学科的地方课程、校本课程突破地域限制，开展异地研学，拓宽地方课程、校本课程的视野，提升地方课程、校本课程的品位和实效。高中地理课程是唯一将实践力作为学科核心素养的高中课程，地理实践力表现为考察、调查和实验，多要通过研学旅行来实现。

随着高校和高中招生考试的改革，综合素质评价成为招生录取的重要参考，研学旅行作为综合实践活动的有效方式，对高考和中考的影响日益凸显。

研学旅行对于全面培育人文底蕴、科学精神、学会学习、健康生活、责任担当、实践创新等学生发展核心素养，综合学生培育各学科的核心素养，落实立德树人根本任务，培养德智体美劳全面发展的社会主义建设者和接班人意义重大。

二、课程基本理念

（一）以全面落实立德树人根本任务为宗旨

研学旅行课程帮助中小学生了解乡情、市情、省情、国情，使中小学生开阔眼界、提升家国情怀；着力提高他们的社会责任感、创新精神和实践能力；促进中小学生培育和践行社会主义核心价值观，激发中小学生对党、对国家、对家乡、对人民的热爱之情；创新人才培养模式，引导学生主动适应社会，推动全面实施素质教育；增强他们对中国特色社会主义的道路自信、理论自信、文化自信和制度自信，全面落实教育立德树人的根本任务。

（二）以真实问题情境为学生素养培育的课程内容

研学旅行必须走出校门，学生面对的不是传统课堂中抽象化的知识点和虚拟环境，而是现实世界的真实问题情境。研学旅行在课程建设、基地规划、线路选择、课程实施、教学设计、课程评价等各个环节，都要以培育学生发展核心素养为主线，基于真实的问题情境，促进课堂学习与旅行探究深度融合，获得对自然、社会的真实体验，启发学生发现问题、分析问题，依靠集体合作，解决现实问题。

（三）以引导探究和合作学习为课程教学方式

研学旅行从教育均衡和学生发展素养出发，强调集体旅宿、集体研学，在改变学生个人接受性学习方式的同时，也注重学生独立探究和个性发展。在自然、社会的真实情境中开展丰富多样的实践活动，突破学科界限，突破学生个性差异的局限，推进多学科融合、主题式学习，倡导研学课程资源共享、研学创意和成果分享，发展团队合作精神，培育学生主动学习的态度和多样化的学习方式。研学旅行的学业评价既要注重集体业绩，也要防止滥竽充数，还要进行个性化写真描述。

（四）以思维品质的培养作为重要的课程目标

研学旅行课程具有开放性，要求研学活动过程中将发散思维与收敛思维相结合，将辩证思维培养作为重要的研学目标，不追求任务结果和呈现方式的一致，而是注重培养学生思维的深度和广度，思考解决同一问题的不同路径和表现方法。研学旅行课程又要基于一定的主题开展，要精心挑选适宜学生发展的活动内容并加以整合。实践活动不能停留在肤浅的操作层面，必须以综合思维引导操作，从实践中实现思维进阶。研学旅行的学业评价必须兼顾研究的深度和操作的合理化程度。

三、课程目标

（一）总目标

研学旅行课程的总目标是通过亲近和探究自然，接触和融入社会，关注和反省自我，体验和感受集体生活，使中小学生养成价值认同、实践内化、身心健康、责任担当等意识和能力。

1. 价值认同

欣赏祖国大好河山，感受中国传统美德，体验社会经济巨大发展成就，尊重中华民族优秀文明成果，了解中国共产党的历史和光荣传统，理解、接受并践行社会主义核心价值观，形成国家意识、文化自信和拥护党的意识和行动，培养家国情怀和人文底蕴。

2. 实践内化

在校外真实情境中，经历问题研究的过程，获得探究体验和经验，形成发现问题、提出问题、分析问题、解决问题的志趣和能力，在实践中内化、提升知识和素养，培养批判质疑、勇于创新的科学精神。

3. 身心健康

缓解学业紧张和压力，放松身心，提高审美情趣。磨炼体魄和意志，培养吃苦耐劳的精神和抗挫能力。培养安全意识，提高自我保护和生存能力。体验社会文明建设，养成健康的行为习惯和生活方式。学会生活，提高生活质量和品位。

4. 责任担当

适应集体生活和研学，形成团队意识和互助精神。学会交流和分享研学成果和创意，提高与人交往能力。养成规则与法治意识，明辨是非，自尊自律。养成文明礼貌、宽和待人的品格以及积极参与和谐社会建设的意愿和能力。形成社会责任感以及积极履行公民义务的意识和能力。在现实情景中培育可持续发展理念、绿色生活方式和行动能力。

（二）学段目标

研学旅行课程针对基础教育三个学段，主要覆盖小学四至六年级，初中一、二年级，高中一、二年级共七个年级。研学旅行课程各年龄段学生的生理、心理发育有很大不同，学生通过研学旅行课程培养的价值认同、实践内化、身心健康、责任担当的意识和能力也有因年龄而导致的程度差别。本标准针对不同学段学生的价值认同、实践内化、身心健康、责任担当制订了不同的学段目标。

	小学四至六年级	初中一、二年级	高中一、二年级
价值认同	感受乡土河山之美，感知乡土文化中的优良传统，了解当地的革命史迹，了解家乡历史和发展与祖国的关系，知道并初步践行社会主义核心价值观，初步形成国家意识、文化自信和拥护党的意识。	了解旅行目的地生态环境优势，体会地方文化反映的中国传统美德，认知地方历史演变和现实发展中的革命传统和改革理念，接受并践行社会主义核心价值观，形成国家意识、文化自信和拥护党的意识。	认知旅行目的地体现的祖国大好河山、中国传统美德、革命光荣历史，理解旅行目的地历史和现实所反映的在中国共产党正确领导下中华民族复兴的光辉业绩和宏伟前景，理解、接受并践行社会主义核心价值观，形成国家意识、文化自信和拥护党的意识和行动，培养家国情怀和人文底蕴。
实践内化	在校外真实情境中，对于给定的简单问题，初步学会收集、处理简单信息，初步掌握研究问题、使用工具的简单程序和方法，学会集体生活、集体研学，能够初步提炼实践经验，整理、总结和展示研学成果，并从中获得体验乐趣，初步形成动脑筋探索、动手实践，以及与人合作、师生互动的习惯。	在较为复杂的校外真实情境中，对于给定的较为复杂的课题，能够收集、处理相关信息，应用所学知识，发现其中较为简单的科学问题，初步运用科学研究方法和手段分析和解决问题，能够主动接受教师指导，积极参与小组分工合作，学会整理、概括实践经验，获取新知识，掌握新技能，完成较为简单的研学报告或其他形式的研究成果，并能与人交流分享，从中获得成功体验，形成乐于实践、敢于质疑探索、实事求是的科学态度和初步的创新意识和能力。	在复杂的校外真实情境中，面对现实问题，能够运用所学的基本理论、基础知识，收集和处理有关信息，发现值得探究的实际问题，积极参与团队研学，制订科学的研究计划和路径，运用合适的研究方法和设备，主动争取教师和专业人员的指导，自主发现、分析和解决问题，完成研学成果的创作，展示和推广成果，获得成就感，养成科学态度和创新精神，培育科学伦理和人文素养，提升实践意识和能力。

续表

	小学四至六年级	初中一、二年级	高中一、二年级
身心健康	亲近自然，体验文明，放松身心。初步学会体验生态之美，初步树立中华民族文化自信，初步养成尊重生命、热爱生活的态度和爱美情趣，初步形成投身生态建设、文明建设的意愿。在集体生活中敢于面对困难，克服困难。磨炼体魄，锻炼意志，初步形成健康的生活方式、独立生活的能力。初步形成安全意识和自我保护能力。	走进自然，走进社会，开阔视野，缓解学业紧张和压力。学会发现和欣赏大自然和社会中的美，形成生态文明意识、传承中华民族优良传统的意愿，应用研学成果为生态建设、文明建设作贡献。在研学旅行过程中培养刻苦耐劳和抗挫折的精神和能力，形成积极锻炼的态度和健康生活的习惯。形成安全意识和行为能力，能够保障研学旅行安全。	养成热爱自然、热爱社会的情感和自然、社会审美情趣。学会自我放松，缓解学业紧张和压力。理解生态文明、社会文明的美学实质，形成陶冶情操、创造美的意识和能力。能够积极评价和参与生态建设、文明建设。养成艰苦奋斗的精神、坚韧乐观的心态和良好的心理素质。养成健康的生活方式和积极的生活态度，提高生活质量和品位。具备安全基础知识、基本理论和基本技能，以及积极参与安全建设的意愿和能力。
责任担当	置身大自然、社会和集体生活，初步了解乡情乡史及其所反映的家国关系，产生较强的爱乡爱国情感和努力学习建设家乡、报效祖国的初步志趣，初步感受到社会主义事业接班人的责任和荣誉。形成热爱集体、互爱互助、从小事做起表现自我价值的初步意识和能力。了解建设法治社会、和谐社会的基本内容，具有参与社区服务、保护环境的初步意愿和能力。	融入大自然、社会和研学团队，理解地方实情和发展问题以及地方与中央的关系，树立爱国理念和报国志向，具有社会主义接班人的意愿、学好建设家乡、建设祖国的本领并付诸研学行动。形成团队意识，自觉承担研学中的责任，在研学活动中服务社会，从中体验正确的自我价值和成就感。初步具有法治意识和生态理念，自觉维护法治、保护生态环境。	学会在自然考察和社会调查中认知国情国力、国家发展前景和问题，形成热爱社会主义祖国、成为社会主义事业接班人的高尚情操和人生观。培养集体主义和勇于担当的精神，有意识有能力取得解决现实问题、为社会发展作贡献的研学成果，并从中提升自身全面发展的素养。培养公民意识，履行公民义务，树立可持续发展观念，形成积极参加社会建设和生态建设的社会责任感。

研学旅行课程标准（二）

——课程结构、课程内容

郭锋涛[1] 段玉山[1] 周维国[1] 袁书琪[2]
（1.华东师范大学，地理科学学院；2.福建师范大学，地理科学学院）

四、课程结构

（一）设计依据

1. 学生发展核心素养的提升

切实将学生发展核心素养的培养贯穿在研学旅行课程的建设和实施中。研学旅行课程建设围绕“德、智、体、美、劳”全面发展的主线，体现德育为先、能力为重，认知为基础，强调社会责任感、创新精神和实践能力，注重研学活动的文化性、科技性、自主性和社会性，让学生通过研学旅行，在自然和社会的大课堂中提升终身发展所需的情商和智商，做全面发展的人。

2. 社会转型发展的需求

当前我国正处于社会转型发展关键阶段，经济增长方式和社会政治体制发生深刻变革，社会文化自信不断提升且文化日益多样化。时代背景对当前和未来的人才需求体现出重质量和多元化的趋势。研学旅行课程必须顺应社会发展，提供现实的、探究价值高的研学资源，满足学生深入探究和多元化学习的需求，帮助学生培养生活技能和集体观念，养成自理自立、文明礼貌、互勉互助、吃苦耐劳、艰苦朴素等优秀品质和精神，拓宽人才培养渠道，为培养高素质人才奠定基础。

3. 学科融合综合教育的趋势

当前突显核心素养的课程改革关注学科融合，打破学生偏科局限。研学旅行的课程包括地理类、自然类、历史类、科技类、人文类、体验类等多种类型，这些不同类型的课程内容内涵丰富，涵盖中小学各个学科。学生在研学旅行过程中将面对自然和社会复杂情境中的真实的问题，需要学生综合运用不同学科的知识和方法。因此，研学旅行是我国当前以学科教育为主的情景下试行综合教育的重要途径。

（二）结构

研学旅行课程需要在小学四到六年级、初中一到二年级、高中一到二年级三个学段实施，原则上要逐步建立和完善小学阶段以乡土乡情为主、初中阶段以县情市情为主、高中阶段以省情国情为主的研学旅行活动课程体系。在完成要求的研学旅行课程后，结合本地本校的实际情况，各学段的研学旅行范围可以在要求的基础上适当拓展，比如小学阶段也可开展国内的研学旅行，甚至到境外进行研学。

研学旅行课程可分为地理类、自然类、历史类、科技类、人文类、体验类等类别。每次研学旅行活动可以以某一类别的课程内容为主，更鼓励多种类别课程内容的融合。

小学阶段的研学旅行课程设计应以游览、观光、体验为主，重视游戏性、艺术性内容，减少讲授，以满足这一年龄段学生好玩、喜动的天性。初中阶段的研学旅行课程应设计更多理解性内容，适当增加竞赛、参与、探索性内容，以满足这一阶段学生强烈的求知欲、好奇心。高中阶段的研学旅行课程内容要以知识的拓展、理论的应用、综合性体验、研究性学习为主，辅之以观光、考察、游历等活动。

研学旅行的课程结构设计如下表所示。

学段	年级	研学旅行课程设计	研学旅行课程内容
小学	四至六年级	乡土乡情基础上的拓展	地理类、自然类 历史类、科技类 人文类、体验类
初中	初一、初二	县情市情基础上的拓展	
高中	高一、高二	省情国情基础上的拓展	

（三）学分与课时建议

研学旅行课程必须纳入中小学教育教学计划。中小学综合实践活动是必修课程，研学旅行是综合实践活动重要的组成部分。中小学研学旅行有课时保障，高中阶段的研学旅行有相应的学分。高中学生的研学旅行学业水平和表现是高校招生录取的重要依据。

中小学不同学段研学旅行的时间和学分建议如下表所示。

学段	年级	每学年累计研学时间	学分建议
小学	四至六年级	3~5天	—

续表

学段	年级	每学年累计研学时间	学分建议
初中	初一、初二	6~7 天	—
高中	高一、高二	8~10 天	4 学分

原则上，研学旅行要求集中食宿，即每次研学旅行至少要在外留宿 1 夜。因研学旅行课程条件、内容与形式多样，难以统一要求研学旅行时间，可根据实际情况灵活调整每学年累计研学旅行时间和每次研学旅行时间，尽量错开旅游高峰期，但是必须保证在三个学段研学旅行的有效实施。

五、课程内容

依据教育部等 11 个部门联合发布的《关于推进中小学生研学旅行的意见》，本标准将研学旅行课程内容划分为地理类、自然类、历史类、科技类、人文类、体验类六个方面。本部分不进行学段的细分，各学段开展研学旅行时可根据需要选择适宜的课程内容进行。

（一）地理类

地理类研学旅行内容包括地理位置与地名、地理要素与景观、地理环境、地理标志、人地协调观与地理审美等方面，主要体现地理、科学、艺术等学科在研学旅行中的作用，借助地图、地理信息技术等工具，依托自然和人文地理环境，通过自然考察、实验、社会调查等形式，探究地质地貌、气象水文、土壤植被等自然要素，人口、聚落、经济、文化、社会等人文地理事象，进而发现该区域存在的人地关系问题，并提出相应的解决方案。通过地理类研学旅行课程使学生认识到理论与实践相结合的重要意义，从中培育学生的综合思维、人地协调观、地理实践力等核心素养。地理类研学旅行的内容标准和活动建议如下表所示。

内容标准	活动建议
1. 地理位置与地名 ·实地确定地理位置与地名，认知和评价区域地理位置特征，了解当地地名与政区沿革的关系。 ·实地确定旅行线路、区域范围，制作简易地图。	·遵循野外作业规范，使用地图、定位仪器、测绘、观察、观测等装备，获取第一手自然地理信息。 ·遵循社会调研规范，使用调查量表、统计工具等，获得身临其境的社会地理信息。

续表

内容标准	活动建议
2. 地理要素与景观 ·实地认知地理要素与景观，了解其区域特征及成因。 ·了解地理要素与景观对区域发展的影响。 3. 地理环境 ·实地认知地理环境的整体性与差异性。 ·评价当地地理环境与区域发展的相互关系，对区域决策提出初步意见与建议。 4. 地理标志 ·实地认知和应用区域地理标志。 ·实地了解和推广地理标志产品。 5. 人地协调观与地理审美 ·践行人地协调观，检验和提升核心发展素养。 ·认知和实行地理审美。	·遵循取样、实验规范，使用取样、实验装备，采集岩矿、空气、水、土壤、生物、资源、物产等实物样品，进行地理实验。 ·遵循图文收集规范，收集自然、人文、区域的地理资料、文件、文献等的纸质、电子版本。 ·走访社区、部门、机构、行业、企业等，开展观察、体验和访谈。 ·遵循有关规范，对实践活动进行文字记录、填图、简易地图和统计图表绘制、声像摄取录制等，使用地理信息技术等建设地理信息库。 ·参与生态、经济、文化、社会、政治等的建设实务。 ·遵循安全规章，使用安全防护、救护装备，保障研学旅行安全有序。 ·采取小组合作与个人分工独立作业相结合的方式，全面开展考察、调查、实验、体验、旅游、探究、讨论、辩论、分析、评价、鉴赏、发现，创作、交流、展示等活动。 ·提交考察、调研、实验、评价、建言等报告和绘制的地图、创作的作品等，展示、交流研学旅行实践成果。

（二）自然类

自然类研学旅行内容包括欣赏自然现象与景观、自然资源与灾害、自然生态、自然规律等方面，主要体现地理、生物、科学、艺术等学科在研学旅行中的作用，借助生态、林草、地质、水利等学科的科学研究方法，依托自然保护区、风景名胜区、地质公园、矿山公园、森林公园、湿地公园、水利风景区、生态旅游区等自然保护地，深入了解自然环境与人类发展的关系，协调人地关系机制，进而宣传保护环境的理念，参与和体验环境保护志愿者工作，从中培育科学精神、社会参与等学生发展素养。自然类研学旅行的内容标准和活动建议如下表所示。

内容标准	活动建议
1. 自然现象与景观 ·现场识别自然现象与景观，认知其成因。 ·发现、欣赏当地自然现象与景观的美学特色。 2. 自然资源与灾害 ·现场认知自然资源与灾害的价值与危害，了解其成因。 ·认知当地自然资源与灾害的区域特征、提出对当地对策措施的初步评价和改进建议。 3. 自然生态 ·实地感受自然生态状况，了解区域自然生态特征及成因。 ·提出对当地生态建设的意见、建议。 4. 自然规律 ·实地印证所学自然规律，分析综合性案例。 ·应用自然规律，发现、分析、解决具有当地特殊性的自然科学问题。	·遵循野外安全防护规范，通过考察、采样、实验等方法，开展合作学习，深入探究当地自然现象与景观。 ·借助电子数码设备，摄录自然现象与景观声像，经后期制作，加以展示。 ·走访政府发展改革、自然资源等部门，调查代表性企业，访问相关网站，收集当地文献资料、统计年鉴等，考察资源赋存地，召开模拟意见咨询座谈会，评估当地自然资源开发利用和保护现状，提出整改意见。 ·走访政府应急管理等部门，调查地质、地震、气象、海关检疫、图书、档案等相关机构，访问相关网站，收集当地文献资料、灾害及救灾记录，考察灾害遗迹，访谈相关居民，举办模拟论坛，探讨当地自然灾害的成因，提出防灾、减灾建议。 ·走访政府生态环境保护等部门，实地调查生态环境破坏与修复问题，运用相关测量和实验设备实测和分析空气、水、土壤、植被等的理化性状，访问相关网站，收集当地文献资料，作为志愿者，参与生态环境保护工作。 ·以“负氧离子浓度变化”“植物精气与人类健康”“生物入侵及防治”“蔬菜生产安全”等为主题，举行专题模拟听证会，提出会议备忘录。 ·开展“跟着物理（化学、生物、地理、语文）课本去旅行”活动，通过考查、调查，比较课本上与真实情境中的自然规律及其表现，应用自然规律，发现、分析、解决实际问题。 ·提交、展示、交流及相互评价研学实践成果。

（三）历史类

历史类研学旅行内容主要包括历史遗迹、文物与非物质文化遗产、历史聚落、纪念场所、历史题材艺术、家国情怀等方面，主要体现历史、思想政治、社会、语文、地理等学科在研学旅行中的作用，借助历史考证、社会调研、人文探究、文艺鉴赏等方法，依托历史遗迹、革命遗址、博物馆、纪念馆、文艺展馆等人文遗产，欣赏、体会中华优秀传统文化、哲学智慧、道德伦理、文学艺术特色、传统科技工艺创造、历史名人名事声誉等，引导学生坚定文化自信、传承和弘扬革命传统。历史类研学旅行的内容标准和活动建议如下表所示。

内容标准	活动建议
1. 历史遗迹 ·现场识别历史遗迹，认知其年代。 ·还原遗迹的历史环境，了解名人名事。 2. 文物与非物质文化遗产 ·现场识别、认知文物与非物质文化遗产。 ·感受、体验文物、非物质文化遗产的历史背景与文化传统。 3. 历史聚落 ·了解历史聚落的文脉与文化价值。 ·体验历史聚落的文化传承与现代生活。 4. 纪念场所 ·了解纪念场所的历史观念。 ·评价、弘扬纪念场所的精神和价值观。 5. 历史题材艺术 ·感受、欣赏历史题材艺术。 ·初步学会历史题材艺术创作。 6. 家国情怀 ·践行、提升家国情怀素养。 ·传承优良传统，树立文化自信。	·参观古聚落、古遗址，访谈当地居民，走访政府住房和城乡建设、侨务、民族、宗教、文化与旅游等管理部门及图书、方志、档案、谱牒、文史、建筑设计、文化创意、艺术创作和演艺等相关机构，访问相关网站，收集当地文献资料，实地拍摄、测量，复原历史，举办专题研讨会、模拟考古发现发布会等活动。担任志愿者，参与寻根恳亲、乡愁体验等活动。 ·参观老革命根据地、革命活动和战争遗址、红色名人名事纪念场所，访谈当事人和相关人员，走访宣传、党史、民政、文博等部门及图书、方志、档案、文史、艺术创作和演艺等相关机构，访问相关网站，收集当地文献资料，实地体验环境与生活，担任志愿者，参与革命文化整理、革命文物保护、老革命根据地扶贫脱贫等工作，举办革命节庆或纪念活动、革命传统传承培训营、红色故事会、红色文艺创作班、红色文化采风展等丰富多彩、喜闻乐见的活动。 ·观摩非物质文化遗产和历史题材艺术展示和演艺，参与抢救、整理民间语言文学、故事传说，学习和实践工艺、演艺，举办文化遗产传习拜师，传统工艺、演艺宣传展示和传承学习汇报演示活动。 ·提交、展示、交流及相互评价研学实践成果，召开学校、学生和家长参与的总结、交流汇报会。 ·召开学校、学生和家长参与的恳谈会，以汇报、交流、展览等形式展示研学成果。

（四）科技类

科技类研学旅行内容主要包括科技发展、科技研发、科技建设、科技伦理等方面，主要体现数学、科学、物理、化学、生物、信息技术等学科在研学旅行中的作用，借助现代人工智能、VR、AR、3D打印等技术、科学探究和实验方法，依托科技馆、科技活动、科研机构、高等院校、国家重大工程、现代产业园区等场所，通过参观、培训、实验等形式，培育学生科学伦理、创新意识、劳动观念等素养。科技类研学旅行的内容标准和活动建议如下表所示。

内容标准	活动建议
1. 科技发展 ·实地认知科技发展过程及区域特征。 ·评价科技发展成果对当地社会发展的贡献。 2. 科技研发 ·初步学会科技研发程序、方法。 ·参与、实践科技创新。 3. 科技建设 ·现场体验重大建设项目中的科技应用。 ·参与科技建设，对当地科技建设提出意见和建议。 4. 科技伦理 ·评价现实科技项目中的科技伦理，在实践中提升科技伦理素养。 ·感受、创造科学美。	·参观科技场馆，体验科技实验、游艺设施，听取解说，参与互动，走访政府科技等管理部门及图书、科技情报、档案、方志等相关机构，访问相关网站，收集当地文献资料，调查科技重大项目的当地受众，撰写科技发展调查报告、科技实验报告，举办科技伦理讨论、辩论会，举办模拟科技立项论证会，结合校内设施开展小发明、小创新活动及举办成果展示汇报会。 ·参观高新技术开发区、高科技企业、高新农业园区、重大工程建设项目、科研机构和台站，体验实验、生产设施，听取解说，开展调查，走访政府科技工业与信息化、农业与农村、交通运输、生态环境保护、国防、教育等管理部门及图书、科技情报等相关机构，访问相关网站。收集当地文献资料，调查科技成果的当地受众，撰写科技应用调查报告，举办以“科技与生活”“科技与社会”“科技与城乡”“科技与环境”“科技与海洋”“科技与军事”“科技与艺术”“科技与人生规划”等为主题的讨论、辩论会，举办模拟科技立项论证会，结合校内设施开展与科研机构和高科技企业合作的科技活动，定期举办成果展示汇报会。 ·参加学校与社会合作举办的物种培育、农产品二维码追溯、无人机、3D打印、机器人、绿色用品、互联网营销、艺术科技等专题科技竞赛。 ·参加国际、国家和地方科技社团、机构举办的各种专题科技考察、团队、课题、竞赛等活动。

（五）人文类

人文类研学旅行内容主要包括人文特色、社会发展、人居环境、文化建设等方面，主要体现思想政治、历史、社会、地理等学科在研学旅行中的作用。借助社会科学调查、研究、评价、决策等方法，依托爱国主义教育基地、社会发展展馆、城乡聚落、战略发展项目、社会科学研究机构、高等院校、民族聚居地等社会研学基地，重点感知中华人民共和国成立以来，尤其是改革开放以来我国社会发展所取得的成就、国际地位的提升、人民生活水平的提高，探究当前我国转型发展的重大问题与发展战略。培育学生的家国情怀、世界眼光、社会责任感等素养。人文类研学旅行的内容标准和活动建议如下表所示。

内容标准	活动建议
1. 人文特色 ·实地感知、欣赏人文特色，了解其成因。 ·初步评价区域人文特征及其发展前景。 2. 社会发展 ·了解当地经济社会发展过程和现状。 ·初步评价区域社会发展质量，发现其问题，提出意见和建议。 3. 人居环境 ·体验当地生活条件及其与城乡建设的关系。 ·评价区域人居环境质量，提出改进意见。 4. 文化建设 ·感受当地文化建设成果，欣赏文化艺术特色。	·参观博物、文化馆、艺术场馆，开放的民族、宗教文化场所，访谈当地社区居民，走访政府文化与旅游、侨务、民族、宗教、台港澳事务等管理部门及图书、方志、档案、文史、建筑设计、文化创意、艺术创作和演艺等相关机构，访问相关网站，收集当地文献资料和艺术作品，实地摄录当地代表性人文景观与活动，参与民俗节庆、文化艺术活动，旅居当地民宿体验生活，参与文化交流活动和担任志愿者，举办文化交流会、文化专题研讨会、文化旅游展示会等活动。 ·游览市容乡景，参观城乡社区、城乡规划场馆、商业娱乐场所、休闲健身场所、地方特色服务餐饮场所、教育培训机构、医疗养生机构、体育运动场所、温泉服务设施等地，走访政府发展与改革、规划、园林、水利、住房和城乡建设、生态环境保护、文化与旅游、卫生与健康、民政、人力资源和社会保障等部门，访谈当地社区居民，到图书、档案、建筑设计、文化创意等相关机构，访问相关网站，收集当地文献资料，参与当地社会活动、社区活动，举办社会、城乡、生态等建设的展示会、研讨会、辩论会，为当地社会发展作出评价，出谋划策。 ·观摩文化创意、工艺、演艺、竞技，收集文化艺术作品，学习和实践工艺、演艺、运动，举办艺术推介展示和学习成果汇报演示等活动。 ·参观各行各业的企业、专业市场、物流场站，乘坐各种交通工具，观摩各种业态的商务活动，走访政府发展与改革、工业与信息化、商务、农业与农村、财政、交通运输、水利等管理部门及图书、档案、生

续表

内容标准	活动建议
·评价区域文化融合传承与发展创新及其与社会发展的相互影响。	产性服务业、各行业协会等相关机构，访问相关网站，收集相关文献资料，实地摄录经济、商务活动，参与各行各业专业研讨、营销、交易等活动，参与体验开放的生产、服务工作，举办经济发展专题研讨会、模拟商务营销会、模拟投资洽谈会等活动。

（六）体验类

体验类研学旅行内容主要包括体育与拓展运动、劳动与创业、集体生活等方面，主要体现劳动技术、信息技术、体育、艺术等学科在研学旅行中的作用，借助现代生产方法和技术、身心发展理论和方法，依托综合实践活动基地、劳动教育基地、团队拓展基地、国防教育基地、军营、体育训练基地、现代生产企业等场所，通过从事生产劳动、军事训练、团队拓展、职业体验、体育培训等形式，达到身心体验、精神提升和团队协同等目的，培育自我发展、健康生活、勇于拼搏、团队合作等素养。体验类研学旅行的内容标准和活动建议如下表所示。

内容标准	活动建议
1. 体育与拓展运动 ·参与、体验社会体育运动，学会减压放松，养成健康生活习惯。 ·参与、体验竞技体育、军事训练与拓展运动，提升刻苦拼搏意志、团队合作竞争意识以及相应能力。 2. 劳动与创业 ·参与、体验劳动与职业训练，培育劳动与职业素养和技能。 ·参与、体验创业训练，激发潜力，培育创新意识和能力。 3. 集体生活 ·体验、感受集体旅行、生活和研学活动。 ·培育集体荣誉、团结互助、遵守纪律等意识和习惯。	·走进体育场馆，观摩体验赛事和运动训练，参与体验运动，接受运动培训，组织团队进行集体竞赛。听取、体验、宣传健康生活和运动养生培训。 ·走进野外训练基地、营地，观摩、参加力所能及的野外拓展训练、军事训练、野外生存训练、山地运动、野外探险、定向行军、骑行驾驶等具有挑战性的活动，组织团队，集体竞赛。 ·走进劳动实践基地、营地，厂矿、乡村，亲身践行劳动过程，体验创业、工匠、团队等精神。 ·走进创意工作室、创业孵化基地等场所，观摩创业、创意工作，体验个性化创意、集体创新的过程。 ·集体参加志愿者活动，服务社会、社区、弱势群体。 ·应用体育、通用技术、信息技术等课程学习成果，学习、践行安全防范规则和措施。 ·举办体验活动实践成果汇报、展示会。

研学旅行课程标准（三）

——课程建设

袁书琪[1] 李 文[2] 陈俊英[3] 彭俊芳[1] 段玉山[4] 郭锋涛[4] 周维国[4]
（1. 福建师范大学，地理科学学院；2. 福州金山中学；
3. 福建教育学院；4. 华东师范大学，地理科学学院）

六、课程建设

（一）研学旅行基地建设

研学旅行基地，是富含研学旅行资源和具备研学旅行设施的研学旅行场所。研学旅行基地的申报和设置，必须符合相关标准。研学旅行基地有不同的类型层次。

1. 基地标准

• 具备法人资质，可合法接待研学旅行。

• 地理位置适宜，交通便利，周边非人口或娱乐设施密集的地区。

• 安全条件、措施与设施完善，不受自然灾害或人为危害的威胁。

• 研学资源、产品和设施具有相当的规模、相关特色和一定的示范意义。

• 研学课程开发较成熟、有特色，能保证较高的研学效益。拥有较高水平的研学导师、服务人员。

• 管理体制、机制较完善，发展规划合理，建设和经营有方。

• 申报和推荐程序符合规范，由教育主管部门批准设置，监管评估认可。

2. 基地建设

• 建设课程与研学教材，通过教育部门审定。

• 建设研学场所与设施，通过教育及相关部门的审查。

• 建设管理机构及制度，获得上级部门批准。

• 建设研学导师团队，持续通过资质考核。

3. 基地类型与层次

基地分综合型、专门型两种。专门类型的研学旅行基地有各种教育基地、纪念设施和遗址、展馆、自然保护地、生产场地、科研中心、代表性学校、青少年校外活动场所等。综合型基地是兼具两种及两种以上专门型基地功能的综合型研学旅行基地。

专门型和综合型研学旅行基地均可针对小学、初中和高中等不同的学段开展活动。研学旅行基地分为国家、省、市、县等级别。

（二）研学旅行线路设计

研学旅行线路，由研学旅行地点串联而成，不只是旅行交通路线，而且是研学过程逐步展开的探究路线。广义研学旅行线路，可以串联研学旅行基地、营地。狭义研学旅行线路，可以是空间尺度较大的研学旅行基地内部的研学线路，串联研学旅行实践点。研学旅行线路的选定和设计，必须符合相关标准。

1. 线路标准

• 所经由的地点、道路能合法开展研学活动。

• 安全条件、措施与交通服务设施完善，不受自然灾害或人为危害的威胁。

• 具有研学旅行产品性质，可以作为一次研学旅行的预订产品。

• 遵照研学旅行课程标准，可以据此完成一次研学旅行的全过程和全部任务。

• 研学资源、产品和设施集中，具有一定的典型性和代表性。

• 旅行路线合理，便于开展研学，时程长短适宜。

• 积累一定的研学旅行经验，研学活动效果好，线路设计比较成熟、稳定。

• 能兼顾集体旅行与集中研学的良好成效，能避免“只研不旅，只旅不研”的现象发生。

• 管理、运行、维护的体制、机制完善，可持续发展。

• 具有一定的弹性，适用面较广。

• 设计和投产程序符合规范，由教育主管部门及交通等相关部门批准、监管和评估。

2. 线路设计

• 实地勘探，确定走向、路程和时程，把握好旅行效率与研学效益之间的关系。

• 规划沿线交通、服务设施，必须支持研学旅行课程的实施，通过教育、交通等相关部门的评审。

• 设计适应天气变化的沿线休憩、服务设施，配置医疗卫生设施、公共厕所等。

• 配置研学旅行课程实施所必需的沿线指示、解说设施。

• 配置安全保障机构、预警、警示设施。

• 规划管理体制、机制。

3. 线路类型

研学线路分专题型和综合型两种。

专题型是研学某一专门主题旅行线路，包括地理类、自然类、历史类、科技类、人文类、体验类等方面专题线路。

综合型研学线路是多学科、多领域综合研学的旅行线路，关键是探究不同主题之间的关系。

专题型和综合型线路均可用于小学、初中和高中等学段，综合程度不同。

研学旅行线路分为国家、省、市、县等级别。

（三）研学旅行实践点设置

研学旅行实践点是开展研学实践活动的具体地点，在相应的实践点开展不同的研学任务。研学实践点的选择和设置，必须符合研学旅行课程标准实践点选取标准。

1. 实践点标准

• 研学旅行线路上，研学资源、产品、设施集中，具有地方特色。

• 地势较为平坦、相对开阔的地区，能够支持集体集中研学活动。

• 符合研学旅行线路规划，满足研学旅行课程、专题研学活动开展的要求。

• 不是人流量大、商业活动较密切的场所。

• 不是自然灾害、人为危险经常发生的地方，应急预案、应急设备配置齐全。

• 向教育和相关部门报备，接受教育部门监管、评估。

2. 实践点研学任务

• 依据研学目标，遵照研学课程标准，编制实践点研学任务清单。

• 围绕实践点研学主题，面对真实情景，激活习得知识，现场收集信息。

• 体验现实复杂情境，发现与主题有关的问题，提出问题。

• 应用有关信息、知识，通过思考和实践，分析问题，探究问题机制、成因。

• 针对现实问题，提出解决问题的措施。

• 实践点任务的数量和难度应有弹性，适应不同学段的需求。

• 研学形式多样化、合作化。

• 研学成果提高到学科核心素养和学生发展核心素养，促进学生持续发展。

（四）研学旅行营地建设

研学旅行营地，是能够接待一定规模的研学旅行中小学师生集中食宿的服务场所。富含研学旅行资源和具备研学旅行设施的研学旅行营地，也可以兼作研学旅行基地。研学旅行营地的申报和设置，必须符合相关标准。研学旅行营地有不同类型层次。

1. 营地标准

• 具备法人资质，可合法接待研学师生食宿。

• 教育部门已有的、符合研学旅行食宿接待要求的中小学实践活动、劳动教育、军事训练等的基地。

• 地理位置适宜，交通便利，不是人口或娱乐设施密集的地区。

• 接近研学旅行基地和线路，来往交通便利。

• 安全条件、措施与设施完善，不受自然灾害或人为危害的威胁，有监控、应急预案。

• 食宿及相关服务设施具有相当的规模、相关特色和一定的示范意义。

• 研学旅行接待服务较成熟、有特色，食宿服务质量较高，服务人力资源水平较高。

• 具备基本的医疗保障条件，周边有医院。

• 公共经费来源稳定，财务管理规范。

• 管理体制、机制较完善，发展规划合理，建设和经营有方。

• 申报和推荐程序符合规范，由教育主管部门批准设置，监管评估认可。

2. 营地建设

• 规划研学旅行接待服务功能、设施，通过教育部门审定。

• 建设餐饮、住宿、交通、安全等设施，通过教育及相关部门的审查。

• 建设管理机构及制度，获得上级部门批准。

• 建设专业服务与生活指导团队，持续通过资质考核。

3. 营地类型与层次

营地分综合型、食宿型两种，综合型营地兼有研学旅行基地的性质。营地还分公益型营地和市场型营地。专门类型的研学旅行营地可针对小学、初中和高中等不同的学段。研学旅行营地分为国家、省、市、县等级别。

（五）研学旅行教材建设

研学旅行教材是研学旅行教科书、研学旅行指导书、研学旅行读本、研学旅行用书等的统称，包括正式出版物和适用时空灵活性的非正式出版物。

1. 教材标准

• 属于实践活动教学用书，不同于课堂教学学术型课程教材。

• 必须能够指导师生研学旅行所有行为，包括师生互动行为、学生小组合作学习行为、多学科教师协同指导行为。

• 必须适用研学旅行全过程，包括行前预备、旅行研学、行后总结评估和成果推广应用。

• 区域性、部门性教材必须具备范畴内全局指导意义，应通过相应教育主管部门审定。乡土性、校本性教材是地方、学校研学旅行接受教育主管部门检查评估的重点之一。

• 地域性教材必须兼顾域内外学生的研学旅行活动需求。

• 可以分学段编制，也可以综合编制，综合性教材必须满足不同学段的选学需求。

• 提供充足的研学旅行所需知识、信息，作为研学活动的基础。

• 重点放在研学旅行活动上，必须包括认知活动、操作活动、思维活动、情感活动等，保证实用性和可操作性。

2. 教材内容

• 研学旅行的意义、目的和具体目标。

• 研学旅行的组织开展及其过程。

• 研学旅行的知识基础。

• 研学旅行的基地、营地、线路、实践点及其活动任务。

• 研学方式、方法和装备。

• 研学旅行的成果与评估。

• 研学旅行的注意事项与应急措施。

3. 教材体例示例

• 前言：教育主管部门的认定、教材依据。

• 知识认知基础：各专题概述，认知引入（活动引入、趣味引入、时事引入等），知识阐述，知识链接。

• 实践活动指导：实践活动目标，实践活动线路，每条线路上的实践活动点，每个实践活动点上的实践活动任务清单，实践活动方法。

• 研学旅行注意点（安全警示、行动提示、活动装备等）。

• 附录：专题活动攻略等。

• 图表：地图、示意图、景观图、资料表、程序表等。

研学旅行课程标准（四）

——课程实施、课程评价

周维国[1] 段玉山[1] 郭锋涛[1] 袁书琪[2]
（1. 华东师范大学，地理科学学院；2. 福建师范大学，地理科学学院）

七、课程实施

（一）教师指导

教师指导对于研学旅行作用重要，不可或缺，指导教师不可由一般导游等人员替代，需要有专业的研学指导教师。

1. 指导教师资质

研学旅行指导教师的资质由人力资源管理部门和教育部门认定，指导教师必须持证上岗。高校不同层次的教师教育专业应当设置研学旅行指导的人才培养目标、规格和学位，尤其是依托地理、旅游等专业，规范培养研学旅行指导教师。学校教师，尤其是地理、旅游等专业背景的教师，以及各行各业专业人员、旅游行业导游、会展行业解说员等必须经过教育部门系统培训，通过考核取得资质。必须杜绝研学旅行市场指导教师滥竽充数的乱象。

2. 指导教师职责

• 在研学旅行活动中，落实立德树人根本任务，达到综合培育学生发展核心素养的综合实践活动目标。

• 贯彻综合实践活动课程和研学旅行活动课程标准，开发研学旅行活动课程教材。

• 参与建设研学旅行活动基地、营地。设计研学旅行线路及其实践点的活动任务。

• 组织带领学生参加研学旅行活动全过程，在野外或社会现场指导研学活动的开展，在室内进行必要的讲课、个别辅导。

• 评阅学生研学旅行作业，公正、客观、科学地撰写学业评语。

• 管理学生的集体旅行、集体食宿、集体研学。做好学校、社会、家庭之间的沟通协调，共同完成研学旅行教学任务。

• 开展研学旅行教学研究，参与基于研学旅行的学校教育课程和升学考试的改革。

• 教育、监督学生遵纪守法、注意安全。

3. 教学设计

教学设计成功与否是研学旅行是否有效的关键。教学设计要达到下列要求。

• 明确研学旅行在学段课程方案中的地位和作用，科学制订研学旅行活动目标。

• 明确研学旅行活动的重点、难点和风险，制订突出重点、突破难点、规避风险的预案。

• 突出学生的主体地位，组织有效的师生互动、学生小组合作学习。

• 综合运用多学科基础知识、基本理论，综合培育多学科核心素养，提升学生发展核心素养。

• 综合运用多学科考察、调查、实验等研学方法，切实引领学生从真实情境中发现问题、提出问题、分析问题进而解决现实问题。

• 注重研学旅行成果的实践生成，留出适时修改和调整教学设计的空间。

（二）学生研学

学生研学是研学旅行活动的主体，学生研学的要求如下。

1. 预备学习

• 了解研学旅行活动的背景、意义、地位。

• 研习研学旅行教材，收集相关资料。

• 初步了解研学旅行基地、营地、线路。

• 准备研学旅行装备、生活用品。

• 了解研学旅行目的地的自然环境、社会习俗，做好吃苦克难、规避风险的身心准备。

2. 实践探究

• 按照研学旅行教材、学案，服从组织安排，遵循计划，规范参与研学旅行活动，遵守研学旅行纪律。

• 主动、积极体验研学旅行活动过程，把握好独立思考、自主操作与小组合作、师生互动之间的关系。

• 认真观察、调查，主动发现问题，积极提出问题，参与问题的分析与解决。

• 积极参与实践操作，在实践活动中争取发现问题，在分析问题中思考设计解决问题的可行性实践。

• 面对真实情境，积极整合多学科知识，综合运用多学科方法，抓住独立思考、自主提出解决现实问题意见的机遇。

• 认真倾听别人的意见，积极表达自己的意见，参与集体讨论和辩论。

• 安排好生活与学习，形成适应集体旅行、集体研学的节奏，关心同学，关心集体，养成团结互助的品格。

• 遵纪守法、履行安全规范。

（三）活动管理

活动管理是研学旅行顺利开展的前提和保障，对不同行政和教育管理部门的活动管理建议如下。

1. 学校管理

• 建立研学旅行管理体制，将研学旅行纳入学校课程教学计划，组织开发或选用研学旅行课程、设计或选用研学旅行线路、制订详细的研学旅行课程实施方案。

• 因校制宜或跨学科合作、自行开展或委托开展研学旅行活动的计划，按管理权限报教育行政部门备案。

• 对研学旅行方案作安全性审核，做好应急预案，组织研学旅行导师、教师先行实地考察，制订安全注意事项，做好行前安全教育工作，确认出行师生购买意外险，投保校方责任险，与委托方、家长签订安全责任书。

• 以地理教师为主，组织研学旅行导师队伍，开展导师培训，出台政策、建立制度，调动教师参与研学旅行工作积极性、主动性和创造性。

• 组织对研学旅行的考核评估，将其纳入学生学分管理体系和学生综合素质评价体系。

• 建立学校与社会合作开展研学旅行机制，组织利用各种社会资源，建设研学旅行支持平台。

• 负责沟通学生监护人，及早告知监护人研学活动意义、时间安排、出行线路、费用收支、注意事项等相关事宜。

2. 教育部门管理

• 制订辖区研学旅行课程方案和实施规划，组织制订辖区研学旅行课程标准、编制辖区研学旅行课程教材。接受学校制订校本研学旅行课程方案和课程标准的报备。

• 组织制订研学旅行基地、营地、线路的准入标准、评价体系和退出机制，接受企事业单位建设辖区研学旅行基地、营地、线路的申报，审定批准辖区研学旅行基地、营地、线路的设置。

• 牵头建立辖区相关部门协同实施研学旅行课程方案的体制机制，召集各部门有关负责人举行联席会议，研究、解决研学旅行相关问题，保障研学旅行顺利开展。

• 建立和监督实施学校或委托单位开展研学旅行活动的责任制，监督做到“活动有方案，行前有备案，应急有预案”。

• 接受学校各次研学旅行活动计划、研学旅行基地、营地、线路选用及安全保障措施的报备。

• 建设辖区研学旅行网站，推进辖区研学旅行智慧化，对外宣传辖区研学旅行基地、营地、线路，吸引辖区外学校来本区进行研学旅行。

• 建立针对学校开展研学旅行工作的检查评估机制，并组织实施。

• 组织辖区研学旅行师资培训，研学旅行基地、营地、线路管理，建立工作人员的培训、考核、准入和淘汰机制。

• 组织辖区研学旅行教学研究。

3. 相关部门协调

• 政府各相关部门建立各自协助支持教育部门开展研学旅行的管理体制和工作机制，保障研学旅行顺利实施。

• 部门负责人参加辖区各部门研学旅行工作联席会议，及时解决本部门负责处理的问题，落实本部门的分工。

• 制订和落实本部门支持研学旅行的优惠政策，监督学校实施政策，评价政策实施效果。

• 协同开展研学旅行的宣传和智慧化工作。

（四）学业评价

学业评价的目的是促进研学旅行课程的建设和优化，促进学生的全面发展，评定研学旅行的学业水平。

1. 评价原则

• 全面性原则：要从学生发现问题、探究问题和解决问题，自我规划、自我管理和自我发展，合作探究和交流，科学精神、态度和价值观，创新意识和能力，公民意识和社会责任感等方面全面进行评价。包括学生的个性化表现和学生团队的集体表现。

• 表现性原则：必须依据学生在真实情境中完成任务时所表现出来的理念、态度、能力、知识等，加以综合评定，即评价学生发展的核心素养。

• 开放性原则：依据研学内容的广泛性和现实问题情境的开放性，不能设置唯一正确的答案，要兼顾学生达成研学目标的一般情况和在某一方面的特别表现，顾及学生的个别差异进行评价，注重对发散性思维和创新思维的评价。

• 激励性原则：除了甄别区分功能外，要让学生通过评价认知自己的强项和潜能，激发学生学习的自信心和进取心，促进学生反思和持续发展。

2. 成果形式

学生的学习结果可以有多种形式，可以是一篇研究论文、一份调查报告、一件模型、一块展板、一场主题演讲、一次口头报告、一本研究笔记，也可以是一项活动设计的方案。不同学段、不同学校、不同学生可以根据实际情况采用最适合自己的方式提供研学成果。

• 成果表达形式：图画、照片、模型、实物、录音、录像、光盘、网页、诗歌、节目、口头报告、书面报告和论文等。

• 成果交流方式：班报、刊物、展览会、演讲会、答辩会、研讨会、节目表演、展板、墙报等。

3. 评价标准

评价标准可以按等级、分数、学分、评语等形式制订，可根据实际情况选择适当的方式。

• 高中阶段实行学分管理，评价标准按学分制订。其他学段可以采用其他方法制订评价标准。

• 不同评价主体的评价，如自我评价、小组评价、教师评价和社会评价等，可以采用不同的方法制订评价标准。

• 研学过程各个阶段可以采用不同的方法制订过程性评价标准。

• 研学旅行整体评价的构成比例可参照：目标检测 40%、过程管理 30%、成果评价 20%、社会评估 10%。

4. 评语编写

评语反映学生在研学过程中客观、真实的表现。

• 导师评价要有真情，描述学生的真实表现。

• 评语要充分肯定学生的优点，恰如其分地指出学生的不足，并提出中肯的建议。

• 评语针对学生的特长和独特的缺点，作个性化的描述。

• 评语编写原则如下：以客观公正为标尺，勾画出学生真实的人格；以鼓励表扬为引线，点燃学生希望的火花；以细腻具体为刻刀，雕镂出学生生动的个性；以亲切生动为雨露，滋润学生干渴的心田；以含蓄委婉为清泉，冲淡学生心头的阴影；以精练优美为画笔，描绘学生五彩的生活。

5. 建立研学记录袋

研学记录袋记载学生研学过程、学习成就、持续进步等全部表现，包括活动记录、研学成果、评价结果和其他相关资料。

• 记录袋装有学生自主收集课题的研究方案，活动记录（如观察日志、调查表、访谈记录、实验记录、导学卡等），研究成果（如研究报告、小论文、作品等），学生的自我评价、反思和体会，教师、同学和家长的评价等信息资料。

• 记录袋档案详细记录学生能力培养和素养形成的路径轨迹，记录的资料要求全面、完整和真实。

• 记录袋的形成也要发挥学生的作用，让学生参与设计制订评价量表和档案袋内容及形式。

• 记录袋要有学生在研学实践中所获得的体验，如学生的自我陈述以及小组讨论记录、活动开展过程的记录等。

• 记录袋要有学生学习和研究的方法和技能的掌握情况，如在研学旅行各个环节查阅和筛选资料，对资料归类和统计分析，使用新技术，对研究结果的表达与交流等。

• 记录袋要反映学生创新精神和实践能力的发展，记录学生从发现和提出问题、分析问题到解决问题的全过程中所显示的探究精神和能力，通过活动前后的比较和几次活动的比较来反映发展过程。

• 记录袋装有学生的学习结果，如一篇研究论文、一份调查报告、一件模型、一块展板、一场主题演讲、一次口头报告、一本研究笔记、一项活动设计的方案等。

• 记录袋有对学生研学实践的态度的评价，如是否认真参加每个活动，是否努力完成所承担的任务，是否做好资料积累和分析处理，是否主动提出研究和工作设想、建议，能否与他人合作、采纳他人意见等。

八、课程评价

课程评价是指检查课程的目标、编订和实施是否实现了教育目的，实现的程度如何，以判定课程设计的效果，并据此作出改进课程的决策。

（一）评价原则

1. 全方位评价原则

研学旅行作为综合实践活动课程，对其评价必须全方位进行。不仅要静态评价课程标准、课程建设档案、课程教材、学生研学成果等书面形式为主的材料，还必须实地动态评价研学旅行基地、营地、线路等项目，调查访谈研学旅行相关方的人员，包括学生、指导教师、家长、学校管理人员、基地和营地工作人员、相关部门的人员等。还可以采取暗访的形式，实时观察研学旅行过程。全方位评价包括支持研学旅行的 11 个部门对研学旅行课程建设的成绩。研学旅行如有采取服务外包的方式，则要对服务承担方也进行评价。

2. 多主体评价原则

研学旅行涉及面广，相关方多，需要多方参与对课程的评价。在教育主管部门主持组织下，学生、家长、指导教师等都可以作为评价主体，从各自的角度对研学旅行课程的开发建设、课程的实施、课程的条件、学生的研学业绩等进行评价。根据“短板原理”，只要有某一方评价不合格，则整体评价就不能合格通过。

3. 重实效评价原则

研学旅行作为综合实践活动课程，注重研学实效特别重要。实效就是学生通过研学旅行所取得的综合素养的提升，所以评价不能简单地依据研学课题的完成情况，不能简单定量评价，而且还要采取观察、体验、访谈等方式，定性评价学生发展素养通过研学旅行所得到的提升。

4. 顾全面评价原则

研学旅行要特别注意防止“只旅不研”“只研不行”的两种偏向。必须兼顾对研学、旅行二者的评价。一方面，要看旅行线路的设计是否有利于研学目标的达成，要看旅行的性价比，是否以较低成本的旅行保证研学任务的完成，或者在条件许可的情况下，以较高成本的旅行支持研学成果的创新和突破。另一方面，要看研学任务是否需要异地旅行的支持，要看研学活动是否充分利用了旅行所提供的研学机会。

（二）评价内容

研学旅行课程评价目的不只是说明课程的现状，更是课程的改进。研学旅行课程评价方式多样，建议从背景、输入、过程、影响、成效、可持续性和可应用性评价等方面进行系统评价，提供有效信息。

1. 背景评价

评价研学旅行课程背景，主要从需求、问题、有利条件和机会、教学目标和考核等维度进行评价。即回答下列问题：学生、教师、社会、学科对研学旅行有何需求？研学旅行活动的开展遇到哪些问题？专门知识和专家服务、指导教师、物质资源、经费等条件是否有利？研学旅行课程实施的时机能否满足需求和解决相关问题？研学旅行课程教学目标及其他配套服务目标是否明确？学校对研学旅行课程的师生考核方式和评价标准是否合理？

2. 投入评估

在背景评价的基础上，进一步评价研学旅行课程及其服务的策略、课程实施所需预算、课程实施的可行性和效用性。要评价达成研学旅行目标所需条件、资源，各种课程的目标、内容、方法、学业评价设计是否科学合理，哪一课程最佳，投入的人力、物力、财力是否足够等。

3. 过程评估

对课程实施过程进行监督、记录、反馈，以不断调整和改进实施过程。评价学校是否完成研学旅行课程建议课时和学分，是否全体学生参与研学旅行，课程实施状况以及实施过程中的事件、问题、费用是否得到合理解决，教师指导是否适时、适度、适当，评价过程中的反馈信息如何，课程实施过程是否需要调整和改进等。

4. 影响评价

评价研学旅行课程对目标受众的影响程度、课程实际服务对象与计划受益者吻合的程度，包括评价课程对学生的影响以及学生对影响的感知、师生教学实践总结和成果的质量、课程对学校和教师的影响、课程服务非预期受益者的程度等。

5. 成效评价

评价研学旅行课程实施成果的效用性。与影响评价相比较，侧重评价对受益者长久利益的影响，即评价学生、教师或学校发展所发生的质变。主要测评学生发展核心素养和学科核心素相应的提升、师生对课程的优缺点的分析、课程影响的深广度、课程目标达成的程度、与其他课程相比的成效等。

6. 可持续性评价

评价研学旅行课程能否制度化循环使用。包括评价学生、教师和其他利益方对课程可持续实施的看法、制约课程可持续实施的问题、课程可持续实施的概率等。如果课程可持续实施，即可着手建设研学旅行的资源包或教材。

7. 可推广性评价

评价可持续实施的研学旅行课程在何种程度上可以推广。评价其他地域、领域、学校、研学旅行目的地对该课程的态度、其他地区学生对该课程的态度，以及该课程对学生发展核心素养、各学科核心素养、各学段学业水平要求等的适宜程度。

附录五

研学旅行课程建设的探索与实践

国家标准修订与研学旅行发展

彭俊芳
（福建师范大学，地理科学学院）

任何行业的发展，归根到底是基于该行业资源的开发和利用。学校教育的发展，有赖于学校课程资源；旅游的发展，有赖于旅游资源。近年来，学校国本课程标准的改革，包含对国本课程资源观念及运用的改革，与对国家统一高校招生考试命题资源观念及运用的改革相呼应，真实问题情境越来越受到重视。这种新的课程和命题的资源观，得到学校研学旅行综合实践的有力支持。研学旅行导师从丰富真实的研学资源中获取高考模拟试题命制的第一手素材，已经在我国研学旅行开展较快的多个省市成为常态。诚然，研学旅行资源并不完全等同于一般旅游资源，而是在旅游资源的基础上通过教育学加工、转换而来的，但对旅游资源的理解发生变革，也会影响到研学旅行资源观念及运用。

一、旅游资源国家标准的修订

旅游资源国家标准是国家旅游主管部门为数不多的国家标准之一，由国家旅游局规划财务司、中国科学院地理科学与资源研究所共同起草的当前最新版本 2017 年版，于 2017 年 12 月 29 日由国家质量监督检验检疫总局和国家标准化管理委员会发布，替代了 2003 年版，2018 年 7 月 1 日起实施。这与教育部制订的我国普通高中课程方案及其唯一旅游课程《旅游地理》课程标准的版本及其实施在时间上相当契合。而课程方案中综合实践活动课程内的研学旅行课程，既是对国本学校课程改革的有力支持，也要参照新修订的国家旅游资源标准。与研学旅行密切相关的旅游资源国家标准的修订主要涵盖以下几个方面。

（一）从旅游地到景观

全面建成小康社会以来，国人旅游普及，大众旅游进入观光与休闲、度假相结合的体验经济阶段，可观光、可休闲、可度假的旅游景观成为主要旅游资源。

新版旅游资源国家标准除了沿用断层景观、褶曲景观、生物景观等旅游资源类别名称之外，自然旅游地、人文旅游地、山丘型旅游地、谷地型旅游地、滩地型旅游地等旅游资源类别均改为自然景观、人文景观、山丘型景观、沟谷型景观、滩地型景观等旅游资源类别，还增加了台地型景观旅游资源类别。此外，树木、光现象等事象从体验旅游资源的角度凝练为植被景观、天象景观，日月星辰也凝练为太空景观，还增加了景观步道、景观农田、景观牧场、景观林场、景观养殖场等旅游资源类别。与此相类似，峰、柱凝练为峰柱状地景，另增加台丘状地景、垄岗状地景等。

研学旅行不是肤浅的观光旅游。从地理学的视角考察，无论是在旅游地还是未作为旅游地的地域中，景观都是研学价值丰富的地理综合体。

（二）从遗址遗迹到文化遗存

文化是旅游的内涵，国家将文化与旅游的主管部门合并，深刻体现了旅游内涵。在走马观花式的旅游发展初级阶段，历史遗址和遗迹是不被看好的旅游资源，因其枯燥乏味，知之者少。而将其所蕴含的文化显化、活化，则是当前发展品质旅游的要务。遗址遗迹只有提炼出其中的文化遗存，才能成为研学资源，从枯燥乏味发展到趣味盎然。

新版旅游资源国家标准将史前与历史时代以后的两个旅游资源亚类合并重组，重新分为物质类文化遗存与非物质类文化遗存两个旅游资源亚类，凸显了历史遗存中的文化本质。物质类文化遗存中，除了沿袭建筑遗迹基本类型外，还增加了可移动文物基本类型，使文化旅游从单调的遗址遗迹观光向可操作、深体验的文物研学转型发展。

（三）从旅游商品到产业产品

必须弄清的是，旅游商品不等于旅游产品，旅游产品是旅游行业提供的观光、休闲、度假等服务，也包括研学旅行的教育服务，而旅游商品则是旅游地供应的实物商品，也属于旅游资源。当前，国内的旅游商品与国外相比还有很大的发展、提升空间，我国旅游业发展应当解决出境游“扫货”与境内游投诉“导购”之间的巨大反差问题。

新版旅游资源国家标准中的旅游商品，从仅有的1个亚类7个基本类型，扩展到3个亚类15个基本类型。相对于国家标准总体上旅游资源的亚类从31个减为23个，基本类型从155个减为110个而言，旅游购物资源占比显著提高。新设置了农业产品、工业产品、手工艺品3个旅游购物资源亚类。工业产品亚类除沿袭日用工业品基本类型外，还特别设置了旅游装备产品基本类型，突显旅游拉动制造业发展的重要功能，也为研学旅行提供了装备支持。农业产品亚类细分为种植业、林业、畜牧业、水产、养殖业等产品及制品基本类型，体现旅游拉动农业产业结构转型的重要功能，也为农业研学旅行的丰富和细分奠定基础。手工艺品亚类细分为8个基本类型，兼顾艺术与实用，丰富了研学活动资源。

二、旅游地理国家课程标准的修订

教育部制订的学校课程标准虽然尚未经由国家质量监督检查检疫总局发布，但毕竟是国家课程改革的最新成果和权威文件，学科教学和研学旅行必须贯彻执行。新的高中课程方案中，旅游课程只有《旅游地理》一门选修课程。在初中课程体系中，只有地理课程较多涉及旅游内容。而目前国家高考课目中也只有《旅游地理》一门选做课目。

（一）从旅游资源内涵扩展到旅游资源分类

分类是一切科学研究的基础，上述国家标准修订改动最多的，就是旅游资源的分类体系，足见旅游资源分类对于旅游和研学旅行发展的重要性。

新版高中地理课程标准沿袭旅游资源内涵，而将旅游资源多样性改为旅游资源分类。了解了旅游资源分类体系，旅游资源多样性也就清楚了。标准要求比较自然旅游资源与人文旅游资源，改为区别自然遗产与文化遗产。标准要求将说出世界遗产重要价值改为保护世界遗产的意义和方式。这也有利于旅游从观光提升为参与和体验，为研学活动开路。

（二）从旅游资源成因扩展到旅游资源价值

上述旅游资源国家标准对旅游资源的分类、调查最终要落到对旅游资源的评价上。评价旅游资源是生产和选购旅游产品的依据。

新版高中地理课程标准要求，将景区景观特点及其地理成因扩展到旅游资源成因和价值。而对旅游资源开发条件评价的要求，则由了解评价基本内容扩展到实施旅游资源开发条件，开通了一条研学旅行活动的途径。

（三）从旅游规划设计修改为旅游供需关系分析

旅游规划设计，包括对景区景点、交通和服务设施的规划设计，专业性太强，不是高中学生步入社会所必须具备的素养。而旅游供需关系分析，即分析旅游市场、确定旅游产品、购买研学旅行产品，是公民必备的旅游素养。

新版高中地理课程标准删除了对旅游规划设计的要求，增加了对旅游目的地和客源地之间关系分析的要求，有利于研学旅行计划的实施。

（四）保留旅游地理初步要求

初中地理课程标准保留的旅游地理初步要求，主要有运用地图和定位仪进行定向越野活动、参观气象与大气环境监测台站、辨识城乡景观、了解保护世界文化遗产的意义、了解区域旅游业发展优势、了解有地理特色的文化习俗、了解我国各民族风土人情与服饰、理解我国地方文化特色对旅游业发展的影响等。可以看出，这些标准要求与上述新版旅游资源国家标准、新版高中课程标准是相互契合的。

三、基于国家标准修订的研学旅行发展对策

对于学校学生发展而言，研学旅行的重要意义主要体现在以下几个方面。首先，研学旅行是学校教育立德树人的必要教育教学模式，是课堂教学的必要补充和检验。其次，研学旅行是全球化和全国化社会发展背景下学生发展核心素养不可或缺的途径，是深化改革开放背景下的育人方式。再次，研学旅行是现代公民对于自身人力资源再生产，通过旅游保证身心健康的一

种方式。从上述意义来说，旅游资源国家标准和学校课程标准的修订与研学旅行息息相关，是制订新时期研学旅行发展对策的依据。据此，提出如下研学旅行健康发展对策。

（一）重视打造景观研学活动产品

既然景观已成为旅游资源国家标准中重要的旅游资源类称，基于旅游资源的研学旅行资源也应当将景观研学资源放在突出的位置，重视打造景观研学实践活动产品。

首先，对景观要有深入的正确的理解。景观的科学意义绝不只是旅游景区的一般风光所能概括的。作为重点旅游资源的景观应当是地理学所研究的对象，即地理景观。在地理学中，景观所指不只是植被和自然带，地貌、气象、天象、水文和人文等的景象都属于地理景观，所以地理学中有景观学派，强调对景观的研究。因此，研学旅行要重视景观研学，必须弄清景观内涵与外延的博大精深与普适性。

打造景观研学实践活动产品，要从真实的自然、人文景观的考察、观察、观测、比较等做起。由表及里，提供在真实景观的真实情境中体验、参与的活动机会，从了解景观到评鉴景观，再到参与保护和发展景观。这与只体现景观的某一个侧面、某一个特点的景区、景点的概念不同。按照地理学的研究，景观是一个综合体，是足以提供综合研学实践活动机会的。例如，水域景观研学除了享受、鉴赏亲水之美外，还可以探究水域景观的由来、构成、内部运行机制，与其他景观的关联、与人类活动的关系，参与保护、发展水域景观的活动，因此水域景观的价值不限于旅游价值，还有关系到环境整体的生态价值。

（二）细分拓展研学旅行生源市场

在研学旅行发展初期，存在一种供需关系认知上的误区，也成为研学旅行实施的重大障碍，即在本地近距离开展研学实践活动。研学旅行之区别于乡土或地本课程的重要标志之一，就是必须有旅行，教育部门的各种相关文件也警告说要防止“只旅不研”“只研不旅”的两种倾向。

研学旅行基地的打造应当是面向不同行程的研学旅行生源市场的。只有地理空间差异达到一定的程度，才能吸引研学旅行生源。即使是针对同一个研学旅行生源地市场，也要努力细分产品市场，保证有足够的研学产品满足不同生源的需求。

一些新的旅游资源类别有利于细化开发研学产品，例如台地型景观、植被景观、天象景观、太空景观、景观农田及种植业产品与制品、景观牧场及畜牧业产品与制品、景观林场及林业产品与制品、景观养殖场及养殖业产品及制品、台丘状地景、垄岗状地景、旅游形象标志物、岩石圈突变遗迹、各种可移动文物、各种手工艺品、农时节日等，异地具有新鲜感的细分了的研学旅游产品，具有很高的研学趣味和探究价值。

（三）利用旅游商品作为研学创新对象

一般地说，研学旅行市场不是旅游商品推销市场。研学旅行是政府财政支持的以公益性为主的学校教育行为，不能因推销旅游商品而加重学校和学生不必要的经济负担。然而，新设置的旅游资源类别却启示我们，可以将传统意义上的旅游商品转变为研学创新的对象。

作为传统旅游商品的农产品，主要是衣食用品，是加重旅游经济花费的消费品。新的旅游资源类别，突显农业各部门的产品及制品，结合乡村振兴计划，农村从输出初级产品向就地加工、提高附加值的方向转型提升，农产品加工制造的过程如同农产品生产过程，可以作为研学对象，延长研学活动链。

工业产品除了日用品，新增的旅游装备产品与研学旅行关系密切，要充分利用这些装备，拓展研学的深广度。为此，要有针对性地开发研学旅行装备产品，发展研学旅行装备租赁业态。当然，也可以将装备生产过程作为研学对象。

至于传统的手工艺品，各地有不少已经落后于消费市场需求的，需要加以改造。传统的资源类别中的产品要与时俱进。一是要加强文化创意，文化作为手工艺品的灵魂，蕴含着很高的研学创新价值。二是创新各行各业的产品及制品，创造既实用又艺术的产品，这过程也是研学的对象。

（四）构建学校研学旅行课程体系

既然研学旅行是与课堂教学互补的课程，就应当从学校课程的整体建设着眼，从研学旅行的课程目标着手，构建学校研学旅行课程体系。仅就中学地理的旅游内容来看，初中与高中、必修与选修，也有相互呼应衔接的体系。要扭转研学旅行课程盲目化、片面化、碎片化的低效局面，学校应当从自身办学条件和特色出发，从总体上建构各学段、各年级的研学旅行课程体系。

构建研学旅行课程体系要从落实立德树人的高层次立意，从学校总体育人目标出发，而不囿于某个专题或某个学科，尽量考虑综合效应。在此前提下，再参考各门课程中与研学旅行相关，或对研学旅行依赖程度高的课程标准要求，综合考虑研学旅行目标、内容和方式。各地、各行业提供研学旅行产品也要作上述考虑和安排。中学与小学之间，相邻学校之间，在研学旅行课程体系的建设上也要相互协作和协调。

总之，研学旅行的健康、持续发展，必须基于大旅游的发展趋势，必须依据学校课程改革与发展的要求，特别是要关注旅游国家标准和学校课程方案及标准的修订与创新，以期实现国家倡导研学旅行的宗旨与初心。

研学旅行利益相关方分析与协调

彭俊芳[1]　陈俊英[2]　袁书琪[1]
（1. 福建师范大学，地理科学学院；2. 福建教育学院）

自教育部等11个部门联合发布推进中小学研学旅行的文件以来，各地研学旅行方兴未艾，取得了一批可喜的初步成果，也出现了一系列问题和困惑，这都是改革的必然。我国教育改革领域一些重大举措出台的开始阶段都会有点“乱”，更何况研学旅行涉及面特别广泛，利益相关方特别多。根据教育部推进中小学综合实践活动和研学旅行的文件精神、结合各地研学旅行的初步实践，采用利益相关方分析法，试提出和分析以下问题，并尝试提出一些对策。

一、学生是研学旅行最主要的受益者，必须确保学生受益的基本底线

研学旅行之所以区别于一般的游学或修学旅游，在于其根本目的是学校教育立德树人根本目标的落实。如果丰富旅游概念的内涵，拓展旅游概念的外延，则可以将研学旅行归属劳作性旅游范畴，本质上是公益性旅游。研学旅行中服务主要属于生产性服务业，主要具有事业性。这样说，不是意味着研学旅行完全没有产业、市场的某些特性，也不是说一些服务环节不能外包给企业，不能商业运作，但必须牢记研学旅行的初心，确保学生受益的基本底线，相关各方应积极承担推进研学旅行的时代使命。

对此笔者认为，必须明确什么是研学旅行学生受益的底线，这是一个值得有关各方深入研讨的重要课题。首先，研学旅行的效益评估必须有依据，最根本的依据就是我国学校教育各学段的课程方案，遵循课程方案对于综合实践活动的学段要求，达成研学业绩。既不能降低要求“旅而不研”或“旅而少研”，也不能抬高要求，降低效率或投入—产出比。有些项目确实有更加“高大上”的学习价值，但不是相关学段实践课程的课时、精力、财力所能支持的，因此不宜提倡。其次，研学旅行的成效应当参照学生发展核心素养和学科核心素养在相关学段的要求，对标综合考量，目标明确而不泛化，

不是看学生学到了什么，而是看学生做得怎么样，做出来的成果能否形成素养并可测量评价，其成绩可以分等载入学业档案。最后，研学旅行的内容还要与课堂教学内容衔接互补，研学选题必须与各门课程课堂教学内容标准相一致、相结合，综合而不能偏科偏题、厚此薄彼。可见，只有回归将研学旅行作为综合实践课程最佳形式的初心，才能确保研学旅行效益与效率的优化平衡，确保学生受益最大化。

二、学校是研学旅行的最主要组织者，必须担当规划、实施、评估全过程的重任

组织开展研学旅行是有风险的，这也是当前一些学校的主要顾虑之所在。但目前对风险的认知尚有片面性，主要顾虑研学旅行过程中的各种安全风险。这种担心固然是有道理的，尤其是在研学旅行文件中公安等部门的参与机制尚未法制化之前。但是研学旅行在教学上的风险尚未引起足够的重视，而在利益相关各方之中，只有学校才能避免和化解这种风险。

上文已经述及研学旅行的根本目的和性质，如果相关各方动用了大量人力、物力、财力，而研学旅行活动由于偏离主旨，设计不周，或者受到不正当利益的干扰，最终学生没有获得应有的受益，则风险成真，不但达不到补充课堂教学的目的，而且失去了作为新高考“一参考”的功用。对此，相关各方应有足够的认知和警觉。学校可以外包研学旅行的出行服务，也可以采购中介机构制作的研学课程，但决不能放弃研学课程内容确定、形式选定等主导责任。学校不能外包全程带队和指导研学的业务，不能转让研学旅行学业成绩评定和入档的资质。鉴于当前我国中小学班级学生人数众多、教师的教学负荷沉重，再加上对上述两大风险的顾虑，要求一般教师在短时期内具备组织指导研学旅行活动的综合能力难度很大。作为应急措施，各学校应当尽快成立包括研学旅行在内的综合实践教学专门机构，聘用专门的教师任教。学校应首先考虑地理教师作为研学旅行首席指导教师，并组织思政、历史、生物等相关学科教师加入研学旅行指导教师团队。

三、教育主管部门是研学旅行的最高管理者，必须履行领导与指导、协调与保障、监督与评估的职责

研学旅行是国家倡导的教育改革与社会发展的重大举措，因此是由教育部门牵头、联合众多部门共同发布文件。教育主管部门应当切实负起牵头的

责任，跨部门协调利益相关各方，严格监管研学课程规划与研学成绩评定这两头。由于国家尚未出台具体政策，各地教育部门也有一些困难和顾虑，与文旅管理部门的协作也还缺少有效的体制、机制安排。

当务之急，教育主管部门对内应当成立跨部门的研学旅行领导机构及其常设办公机构，赋予实责实权。应学习广东省教育部门倚重地理学科教研机构的行之有效的做法，充分发挥地理学科牵头的研学指导作用，构建专门的业务平台。不能满足于比较笼统的研学旅行活动方案，各地教育部门应尽快作出顶层设计，延聘专家制订有本辖域特色的研学旅行课程标准，用于指导辖域内研学旅行基地、营地、线路的制订，指导学校建设研学旅行课程规划、教学计划、评价体系与建设师资团队。

对外，教育部门应主动做好与辖域政府、相关部门的纵向沟通和横向协同的工作。主动争取政策支持，牵头成立跨领域跨部门的研学旅行协作体制、机制，构建研学旅行综合保障体系。当前特别要解决研学旅行风险防范、公共财政与公共服务保障等最基本的问题。

四、学校地理教学是研学旅行综合课程最重要的带头者，必须发挥地理教学独特、有效的优势

地理学科与旅游学科具有综合性的共性，地理学科的空间性使世界万物无不与地理学科相关，旅游与各行各业不无关系，“旅游+”是国际组织制订的21世纪人类社会可持续发展首要原则“产业融合”的最佳模式之一。旅游的内涵是文化，人文地理学是旅游的重要学科基础。旅游的外延依赖生态，自然地理学是旅游生态的学科基础。旅游本身就是一种空间行为，是地理学科空间研究的对象。在我国基础教育课程中，只有地理课程领域有“旅游地理”这门唯一的涉旅课程，在我国目前的高考中，旅游地理也是重要的选考内容。地理科学工作者大量参与我国旅游规划研发工作，基于地理学科的旅游专业办学质量往往名列前茅。

在我国学校教育改革中，只有地理课程将“地理实践力”作为学科核心素养之一。地理实践力的培育依靠自然考察、社会调查和实验，而这些正是研学旅行的主要方式。在学校各门课程关于思维的学科素养中，也只有地理

课程所提出的思维素养是综合思维，与综合实践活动及其主要形式——研学旅行是最吻合的。而研学旅行的六种类型：自然研学、文化研学、地理研学、历史研学、科技研学和体验研学，与地理课程领域的自然地理、人文地理、历史地理、地理信息科技和地理实践活动吻合度也很高。

综上所述，地理教学应当成为研学旅行课程的牵头者，地理教师应当在研学旅行活动中担当教学带头人。为此，地理教师应作为研学旅行的主要导师，首先接受研学旅行培训，争取通过为研学旅行基地、中介机构编制课程标准、教材发挥学科优势，积累指导经验。

五、相关部门是研学旅行的支持者和受益者，应履行促进研学旅行的责任并从研学旅行中获益

与教育部门共同发布研学旅行文件的相关部门，是研学旅行必要的支持保障者，一个也不能少，必须履行各自的责任，为研学旅行制订相关的支持政策、制度和运行机制。虽然研学旅行具有公益性，但一些相关行业仍然可以通过为研学旅行提供服务而拓展经营。除了研学旅行文件上的相关部门外，还有不少与研学旅行相关的部门、行业，其作用也很重要。地质公园、森林公园、湿地公园等属自然资源部管辖，水利风景区属水利部管辖，几乎所有的国家政府序列部门都可以是研学旅行的支持者。它们下属的研学旅行目的地并不属于文旅部门，研学价值高但旅游吸引力未必大，稳定的研学客源使它们也成为受益者。

总而言之，研学旅行具有课程性。但研学旅行也具有有限的市场性，不但需要市场运营其部分环节，而且确实可以拉动非特定意义的研学旅游和一般旅游。跨自然、人文两大学科领域的地理课程是研学旅行的主干课程，研学旅行也是地理实践力素养培育的最佳途径。

研学旅行课程的地理担当

李　文[1]　吴小勇[2]　张晓霞[1]
（1. 福州金山中学；2. 福州第四中学）

中小学生研学旅行是由教育部门和学校有计划地组织安排，通过集体旅行、集中食宿等方式开展的研究性学习和旅行体验相结合的校外教育活动，是学校教育和校外教育衔接的创新形式，是综合实践育人的有效途径。研学旅行融社会调查、参观访问、亲身体验、资料搜集、专家点评、集体活动、同伴互助、文字总结等为一体，是一门基础教育课程体系中的综合实践活动课程。地理学科从课程内容到学科素养的培养都与研学旅行有较高的契合度。因此，地理人应勇于承担促进研学旅行课程实施的责任，在构建研学旅行课程框架、建设研学旅行基地、设计研学旅行线路、指导研学旅行成果的形成及评价方面发挥重要作用。

一、研学旅行课程框架的构建应参考地理课程

2016年11月教育部等11部门印发的《关于推进中小学生研学旅行的意见》指出，各地要结合当地实际，把研学旅行纳入学校教育教学计划，与综合实践活动课程统筹考虑，促进研学旅行和学校课程的有机融合，要精心设计研学旅行活动课程。因此，研学旅行课程虽然没有统编教材，但并非可有可无，而是体现课程改革新理念、系统落实学科素养、全面显示课程育人功能的重要课程组成部分。

研学旅行体现着鲜明的地域特征，小学阶段以乡土、乡情为主，初中阶段以县情、市情为主，高中阶段以省情、国情为主。研学旅行课程的内容应主要包括自然生态、传统文化、红色文化、经济社会建设成就、科技创新五个方面。无论研学旅行课程是作为地本课程还是校本课程来开发，构建课程框架时最具参照价值的就是富有地域性的地理课程。在以往乡土课程、地本课程和校本课程的建设中，地理课程及以地理课程框架作为参照的课程，占有很大的比例。又由于地理课程跨文、理两大学科领域的高度综合性，对于研学旅行课程框架的构建有特别重要的融合、推动作用。

因此，建设研学旅行课程，地理教师作为中坚力量，责无旁贷。由于研学旅行课程没有统编教材，以地方和学校为主体的研学旅行课程建设及教材开发就显得特别重要，这也正是地理教师开展地本、校本教学研究的机遇和挑战。

二、研学旅行的基地建设、线路设计应发挥地理学科优势

研学旅行突出的是“研”与“学”，研学是主要任务，旅行是载体形式。研学旅行作为一种教育活动，其特征有二：一是研究性、探究性学习；二是主要采取校外异地游览的方式。地理学科有较强的实践性特征，在开展野外考察、基地建设、线路规划等方面积累了丰富的经验。因此，可充分发挥地理学科优势，组建以地理教师为主的研学旅行规划团队，使其承担起设计精品线路、构建研学旅行网络的重任。

开展研学旅行，还要依托自然和文化遗产、红色教育和现有的中小学综合实践基地、博物馆、展览馆、大型公共设施、工矿企业、知名院校、科研机构等，建设自然生态类、历史人文类、科普创意类、红色教育类、文博研习类、艺术体育类等不同类型的研学旅行基地；其接待规模、接待设施、交通条件、环境条件、安全条件、卫生条件要符合国家相关规定，并有明确的活动场所和统一的管理机构，坚持公益性质，经主管部门批准，对中小学生具有实践性、教育性。每个基地至少有一个研学旅行活动主题，有地域特色的研学旅行课程，能够满足不同学段学生研学与旅行的需求。

为了防止研学旅行走过场、流于形式，要结合课程教学从体验性、研究性、教育性出发，精选主题和线路，使研学旅行功能最大化。可根据年龄特点，分别开展省内、省外、境外不同类型的研学旅行，主题包括山水、文化、科技、历史等。要推动资源共享和区域合作，精心打造一批示范性研学旅行精品线路，逐步形成布局合理、互联互通的研学旅行网络。

三、研学旅行课程的实施应以地理教师为主干力量

一个完整的研学旅行，至少包含五个要素：研学课程、研学线路、研学基地、研学导师以及安全管理。其中应以学生为中心，以课程为核心，以导师为关键。研学旅行涉及地理、思想政治、生物、历史、音乐、美术、体育等多门学科，其中地理是一门兼具人文社会科学和自然科学性质的综合性学科，其固有的综合性特征有利于促进研学旅行相关课程的融合发展。因此地理教师要在研学旅行课程的实施中发挥主干作用。

比如福州市自然生态研学旅行，可组织学生走近福州的青山绿水，引导学生积极探索，发现自然之美，感受“清新福州”的魅力，用心感悟人与自然和谐相处的意义，增强作为一名福州人的自豪感，增强环保意识，为家乡的可持续发展建言献策。传统文化研学旅行，通过进行传统文化研学之旅，观赏文化表演，探究乡土文化，让学生了解福州深厚的历史文化底蕴，海纳百川的文化特色，以及传统文化遗产和优秀民间艺术。培养学生的文化认同和文化自信，激发学生热爱、保护和传承传统文化的热情。红色文化研学旅行，选择合适的红色传统文化和现代红色文化作为研学旅行的内容，让学生身临其境地与革命的重大事件的著名人物进行“沟通”，了解革命先烈们的英勇事迹，在革命传统教育中触摸历史，培养学生的爱国主义精神、革命意志、民族自豪感和历史使命感；了解福州作为改革开放先行先试的前沿，接触事实，培养学生的远大志向、创业意识、奋斗精神。建设成就研学旅行，要让学生看得见、摸得着，亲身体验，乃至有条件时亲手参与。主要研学对象是富有特色、具有规模、某种特殊意义和影响力的建设、大型工程、现代化的工业园或工厂、贸易物流基地、农业园及文化体育设施等。可组织学生参观福州城乡建设、港口建设、现代农业、现代工业、现代渔业、现代贸易等的成就，增强学生对国家和家乡发展的自豪感和自信心。通过向学生宣传和展示福州已迎来全国独一无二的“八区叠加”机遇，让学生树立为国家和家乡建设而努力学习的意识。科技创新研学旅行，可组织学生参观福建省科技馆、福州市科技馆、福建省地震局、福州市地震局、福州青少年活动中心天象馆、中国船政文化博物馆、海西高新技术产业园、福州软件园、闽台（福州）蓝色经济产业园、福州高新区、福州珍稀植物园及高校实验室等。在大学实验基地、科技馆、天文台、企业、科研院所等地，指导学生动手开展科技实验、创新小发明，丰富科学知识，激发学生对科技创新的热爱，体验科技带来的神奇和无限趣味。学习和研究科学技术在生活、生产实践和科学实践领域的应用，如环境保护、生态建设、节能、新能源的开发和利用、纳米技术、灾害预报等。

研学旅行，是在校外异地举行，运用寓教于乐的方法，以体验为主，以快乐学习为原则，以全面发展为目的的一种休闲教育。这种教育模式如何进行考核评价，也成为开展研学旅行课程的难点。鉴于此，研学旅行课程的实施，要加强统筹协调、强化督查评价。地理教师要在研学旅行的统筹协调中发挥重要作用，不但要指导研学旅行的过程，更要指导研学旅行成果的形成，并在研学旅行成果评价中发挥自身的专业优势。

“黑河—腾冲线”及腾冲研学旅行的深度开发

彭俊芳[1]　李　文[2]　袁书琪[1]
（1. 福建师范大学，地理科学学院；2. 福州金山中学）

2020 年 12 月，由《中学地理教学参考》《地理教学》《地理教育》三大地理教育期刊联合举办的首届全国研学旅行课程设计大赛暨研学培训会，在“黑河—腾冲线”南端的云南腾冲成功举办。此次盛会成果丰硕，对其进行“复盘”探究，可以总结出一些值得推广的经验。

一、高等级研学资源的深度探究

从全国范围来看，“黑河—腾冲线”属于高等级的研学资源，但这是一条贯穿中国版图的假想直线，组织开展实地研学活动不大可行。此次研学活动虽然只选择了该线上的一个端点，但必然会引发有关“黑河—腾冲线”的研学思考与实践。因此，分析“黑河—腾冲线”的研学价值，对其进行深度剖析，很有必要。

（一）“黑河—腾冲线”自然地域分界性能深度剖析

“黑河—腾冲线”是中国人口的地理分界线，其反映的人地关系是深刻的。因此，应当对“黑河—腾冲线”的自然地域分界性能进行深度剖析。读我国气温、降水分布图，比较“黑河—腾冲线”与 1 月 0℃等温线、7 月 20℃等温线及 400 毫米等降水量线的走向可以发现，其所显示的自然地域分界是多种地理要素相互作用的结果。“黑河—腾冲线”只有南段一部分与 1 月 0℃等温线的走向比较一致，而北段与秦岭—淮河一线几乎呈 45° 夹角；与 7 月 20℃等温线走向较为一致的部分相对较多，南北各有一段，但也不是全线一致；“黑河—腾冲线”北段与 400 毫米等降水量线的走向较为一致，南段则与 800 毫米等降水量线的走向较为一致。进一步探究“黑河—腾冲线”与我国气候类型分界线之间的关系就会发现，该线只有中段同温带季风气候与温带大陆性气候的分界线较为一致。可见，在多个气候要素综合作用下，“黑河—腾冲线”与气候地域分界线不完全一致。再将“黑河—腾冲线”与我国地势“三级阶梯”分界线进行对比发现，该线北段与第二、三级阶梯的分界线，南段与第一、二级阶梯的分界线较为一致。

综上所述，探究“黑河—腾冲线”的自然地域分界性能时，思维不能仅停留在要素综合的低水平上，要进阶到地方（区域）综合的水平，要将该线理解为自然地域宏观分界线，如季风气候区与大陆性气候区、高寒气候区之间，森林、农用土地与草原、荒漠之间，平原、丘陵与高原、山地、盆地之间，以及喀斯特、丹霞、海岸地貌与风沙、冰川、黄土地貌之间的分界线。而秦岭—淮河等自然地域分界线，依托山河等自然地理实体，分界性能更加细微、精准，与“黑河—腾冲线”的分界性能有一定的差异。“黑河—腾冲线”的形成显然还有社会因素的影响，这是开展研学活动时要加以注意的。

（二）“黑河—腾冲线”人文地域分界性能深度剖析

“黑河—腾冲线”是地理学家胡焕庸在1935年提出的划分我国人口密度的对比线。无论是初中地理还是高中地理，有关“中国人口”的专题教学都离不开对这条线的讲述。该线的提出依据，是中国第一幅“全国人口密度分布图”。这条线不但划分了人口占96%的东部与人口占4%的西部，而且也划分了土地占36%的东部与土地占64%的西部，反映出当年我国东西部人地关系的悬殊差异。“黑河—腾冲线”提出时，其多段与人口密度等值线拟合程度较高。人口密度是人地关系的综合反映，“黑河—腾冲线”研学目标的设定，不能局限于人口一个要素，而要达到渗透人地协调观的目的。

开展“黑河—腾冲线”研学旅行时，研学内容可从“人口”要素切入，逐步向其他人文要素延伸，综合思维水平也要从两要素综合向多要素综合进阶。与人口关系最为密切的要素是经济，特别是历史上的农业经济。因此，可将“黑河—腾冲线”视为我国东部耕种区与西部放牧区的人文地域分界线。结合当代现实，在研学过程中还可以依托该线，探究西部牧区放牧与定居圈养、东部农田非农化利用等问题。

（三）“黑河—腾冲线”时空变化深度探究

“黑河—腾冲线”是一定历史时期的产物，几十年来虽然相对稳定，但也不是没有变化。对该线的时空属性进行深度探究，可以丰富研学价值、提升研学水平。

“黑河—腾冲线”是基于我国地理环境的历史演变而形成的。我国作为季风气候最为典型的国家之一，史上旱涝灾害发生的时空频率都较高，对人类的生存和发展意义重大。追溯到1 000多年前，我国旱涝灾害频率空间分布等值线平行于经线，经度地带性明显。后来随着自然环境的演变，我国旱涝灾害频率空间分布等值线才与经、纬线之间逐渐形成大致相等的夹角，“黑河—腾冲线”的斜率也随之逐渐接近45°。因此，我们可以通过“黑河—腾冲线”深入探究我国气候、农业等的时空演化。

“黑河—腾冲线”提出以后，随着我国历次人口普查数据和版图面积数据的变化，“黑河—腾冲线”也有所微调。至20世纪80年代中期，“黑河—腾冲线”以东、以西的人口各占全国人口的94.4%和5.6%。可见，东西部之间的差距有所缩小，其原因值得在研学中深入探究。

进入新时代，世界和中国都发生了前所未有的变化，设计“黑河—腾冲线”研学时也要拓宽视野，加深探究。例如：可对比早期的“黑河—腾冲线”地图与当前的夜光地图，探究夜光地图反映的人口、经济、聚落等要素与我国东西部发展差异的关系；可以联系全球气候变化，培育学生的人地协调观。

随着全球升温，再过20~40年，我国水热分布格局可能会发生较大变化，西部降水量与蒸发量都可能增加，青藏高原南部的水热条件可能会得到改善，农业生产潜力有可能提升。而在我国东部，北方的农业生产潜力可能会提升，南方的农业生产潜力可能会下降。因此，在不久的将来，我国东、西部资源环境承载力可能发生变化，从我国西部可供养人口看，其北方可能增加1 200万，其南方可能增加2 700万，而我国东部却由于生态环境变化和自然灾害增多，人口容量可能会下降。“黑河—腾冲线”东、西两侧的人口密度差距可能会加快缩小，进而导致其走向发生变化。

（四）“黑河—腾冲线”实现突破创新的深度探究

“黑河—腾冲线”的提出，在地理学史上是一个创举，但不能将其视为不变的地理界线加以神化。我国的发展战略，尤其是进入新时代后提出的战略，着力解决发展不平衡的问题。因此，“黑河—腾冲线”的研学目的不在于探究如何维护该线的稳定，而应当探究如何创新突破该线所反映的地域发展不合理问题。新时代，“黑河—腾冲线”研学也应当探究如何打破该线所反映的我国人口密度地域分异规律，如何统筹规划东西部协调发展。

对于既有地理现象和规律的研学探究固然重要，但开展与创新性课题相关的研学意义更大、价值更高。随着“一带一路”倡议的提出和践行，尤其是需要面对大变局、创造新格局、注重国内大循环、发展国际国内外双循环的今天，探究西部大开发、向西大开放，为“黑河—腾冲线”研学赋予了新目标、新内容和新方式。

“黑河—腾冲线”研学活动的创新开展，可结合“三个公平”“三个追赶”原则。例如：依据创业公平原则，探究网络电商创新业态如何促进西部地区分享国家经济发展成果的问题；依据机会公平原则，探究西部地区如何共享数字金融服务的问题；依据红利公平原则，探究快递服务如何支持西部共享国家经济红利的问题。再如：依据场景追赶原则，探究二维码收款的“码商”机制；依据服务追赶原则，探究西部地区如何享有先进服务业的问题；依据助力追赶原则，探究如何加强数字金融对西部地区实体经济、消费、创业创新和农民经营的支持和促进。

“横亘”中国80多年的“黑河—腾冲线”，是过往中国国情的真实写照，富有很高的历史研学价值。在实现中华民族伟大复兴的新时代，如何突破“黑河—腾冲线”在自然、人文、科技等方面的创新研究，具有更高的价值。

二、丰富研学资源的广泛探究

腾冲地处西南边陲，与东部较发达地区及云南省主要城市的距离较远，前往腾冲开展研学旅行是否值得，可能多数人不甚了解。其实，腾冲的旅游和研学资源数量多、品位高、组合好，有驼峰机场提供便利。加之优越的气候和生态，以及对外开放的环境，腾冲十分宜居、宜商、宜游，是理想的研学旅行目的地。但研学旅行不是一般的旅游，旅游资源也不是现成的研学资源，如何筛选、加工、转换自然和文化资源，将其开发为研学旅行课程，组织实施研学实践活动，是当务之急。下面提供几个研学实践设计案例，以供参考。

（一）腾冲火山地质旅游与研学实践案例（见下表）

·腾冲火山地质旅游与研学实践示例·

资　　源	地质旅游	地质研学实践
90多座火山（多为休眠火山）	火山景观观光、登山运动	用无人机等探测火山、科学考察典型火山
火山博物馆	参观	引入“生态博物馆”的概念，在馆内外进行对应探索
高100米的大空山、高30米的小空山	登山观光、健身	对火山案例进行比较研究、开展“体育+信息技术”竞赛

（二）腾冲热海温泉旅游与研学实践案例（见下表）

·腾冲热海温泉旅游与研学实践示例·

资　　源	温泉旅游	温泉研学实践
约9平方千米的热海，有气泉、温泉群80多处	白雾景观观赏、温泉游乐	区域地热综合调研、考察，研发建议探索
大滚锅、眼镜泉、美女池温泉及其故事	观光游览	典型温泉考察，取样化验、成因探究
温泉疗养院、浴室	温泉浴、疗养	温泉康养机理探究，“大康养”产品研发
“串着卖的鸡蛋”等温泉膳食	温泉美食	温泉药食同源探究、个性化产品研发

（三）腾冲北海湿地旅游与研学实践案例（见下表）

·腾冲北海湿地旅游与研学实践示例·

资　　源	湿地旅游	湿地研学实践
国家湿地保护区	湿地观光、乘船游览	堰塞湖湿地成因追踪、旅游开发影响评估
湿地动植物多样性	乘坐“草排”观赏动植物	生物多样性环境评价、湿地环境容量测评
湿地周边负氧离子浓度高	湿地康养	负氧离子浓度分布监测、小气候舒适度监测

（四）腾冲和顺古镇旅游与研学实践案例（见下表）

·腾冲和顺古镇旅游与研学实践示例·

资　　源	古镇旅游	古镇研学实践
古镇明清格局与建筑	古镇历史怀旧、民宿休闲	汉族戍边历史调研、古镇风水格局建筑工艺探究
乡村图书馆及名人题字	翰墨观赏、故事鉴赏	中原文化传承调研，图书文献特色研究，名人轶事收集整理
腾宣、腾药	观摩、体验、购物	造纸工艺、食理、药理探究

（五）腾冲茶马古道旅游与研学实践案例（见下表）

·腾冲茶马古道旅游与研学旅行实践示例·

资　　源	古道旅游	古道研学实践
猴桥口岸	跨国一日游	茶马古道考察、模拟申遗，口岸调研
侨　　乡	观光民宿体验	“云商”调研、侨乡民宿调研

综上所述，在腾冲成功举办的全国研学课程设计大赛暨研学培训会，由学术单位主办、社会企业协办、在地高校和景区承办，模式可借鉴性强。当地研学资源丰富、品位高，旅游与研学相互促进，取得了良好的社会、经济、生态效应。

开启云上研学之旅

一起云打卡 船政文化发祥地

扫码起航

图书在版编目（CIP）数据

探究船政 / 李文主编. -- 福州：福建人民出版社，2023.11
ISBN 978-7-211-08993-2

Ⅰ. ①探… Ⅱ. ①李… Ⅲ. ①造船工业—工业史—研究—中国 Ⅳ. ①F426.474

中国版本图书馆 CIP 数据核字（2022）第 248491 号

探究船政

TANJIU CHUANZHENG

主　　编：李　文
副 主 编：陈俊英　彭俊芳
责任编辑：李冰洁
助理编辑：陈银洁　王丹艺
责任校对：陈　璟　李雪莹
美术编辑：白　玫
出版发行：福建人民出版社　　电　　话：0591-87533169（发行部）
网　　址：http://www.fjpph.com　　电子邮箱：libingjie24@163.com
地　　址：福州市东水路 76 号　　邮　　编：350001
经　　销：福建新华发行（集团）有限责任公司
印　　刷：福州德安彩色印刷有限公司
地　　址：福州金山工业区浦上标准房 B 区 42 幢
电　　话：0591-28059365
开　　本：787 毫米 × 1092 毫米　1/16
印　　张：28.5
字　　数：527 千字
插　　页：2
版　　次：2023 年 11 月第 1 版　　印　　次：2023 年 11 月第 1 次印刷
书　　号：ISBN 978-7-211-08993-2
定　　价：108.00 元
审 图 号：GS（2022）4881 号